Introducción a la Traductología

Curso Básico de Traducción

Gerardo Vázquez-Ayora

Georgetown University Press, Washington, D.C. 20057

Library of Congress Cataloging in Publication Data

Vázquez-Ayora, Gerardo.
    Introducción a la traductología.

    Bibliography: p.
    Includes index.
    1. Translating and interpreting. 2. English
language--Translating. 3. Discourse analysis.
4. Applied linguistics. I. Title.
P306.V3   418'.02   77-22172
ISBN 0-87840-167-9

International Standard Book Number: 0-87840-167-9

A Yvonne Alexandra

INDICE

RECONOCIMIENTOS

A los editores y autores que se enumeran a continuación, por la gentileza de permitirme utilizar pasajes de sus obras.

Jonathan Livingston Seagull, by Richard D. Bach. The Macmillan Company, New York, N.Y. Copyright 1970 by Richard D. Bach.

The Sun Also Rises, by Ernest Hemingway. Charles Scribner's Sons, New York, N.Y. 1970.

One Hundred Years of Solitude, by Gabriel García Márquez. Carmen Balcells Agencia Literaria. 1970. Bard/Avon/Harper and Row, New York, N.Y.

Topaz, by Leon Uris. Copyright 1967 by Leon Uris. Reprinted by permission of Bantam Books, Inc. Spanish language edition by Editorial Bruguera, S.A.

Mr. Sammler's Planet, by Saul Bellow. Fawcett Publications, Inc., Greenwich, Conn. The Viking Press, Inc.

The Blast of War, by Harold Macmillan. Harper and Row, New York, N.Y. 1967.

Final del Juego, por Julio Cortázar. Editorial Sudamericana, Buenos Aires. 1974.

INTRODUCCION

La presente obra tiene por objeto integrar en un curso básico algunos aspectos teóricos y prácticos de la traducción, enfocados desde el punto de vista lingüístico moderno. Se orienta al estudio de las posibilidades de la traducción como ramo de la lingüística aplicada: de sus principios, de sus métodos y de sus criterios de aplicación.

Para este fin se establece un sistema en el que las corrientes que se han destacado en el ramo se fusionan y reinterpretan con el análisis contrastivo generativo-transformacional, que de acuerdo con los planteamientos de sus propugnadores es el medio más adecuado, simple y explícito de describir el funcionamiento de las lenguas, y, por lo tanto, ofrece un enorme aporte a la descripción y explicación de los fenómenos y métodos de traducción.

Por un lado ha existido una corriente que tiende a la solución de los problemas con un sistema teórico, general, fundado en un análisis profundo al que se aplican los principios de la gramática transformacional y de la semántica estructural.

Por otro lado, y más generalizada pese a ser más reciente, prospera otra corriente orientada hacia la práctica, la cual, si bien no descuida el análisis lingüístico, tiende a cimentar unidades metodológicas de aplicación y ejecución directa en el texto que debe traducirse.

La primera corriente, cuya característica, según dijimos, es el análisis, por su carácter más teórico establece procesos amplios y generales, difíciles de concretar en unidades metodológicas específicas. La segunda, que facilita enormemente la praxis de la traducción por la acertada delimitación de técnicas y procedimientos, se sustrae totalmente a los principios y descubrimientos del modelo generativo transformacional.

Los dos sistemas son necesarios, en nuestro criterio, y sus razones las compendiamos en la introducción al capítulo octavo. Toda aplicación tiene que configurarse al análisis, lo cual es obvio,

1

pero de gran importancia. Es indispensable conocer los fenómenos
antes de hablar de métodos. Por una parte hay que profundizar el
análisis, sin el cual es imposible traducir, y por otra, ya que la
estilística anterior no ha sido del todo satisfactoria puesto que no ha
podido explicar la totalidad de los fenómenos de transferencia de
enunciados, es imperioso recurrir al medio descriptivo de la lengua
más riguroso y objetivo de la semántica generativa y estructural.

Junto a la necesidad de esa explicación se halla la inevitable
necesidad de facilitar la labor práctica ofreciendo al traductor, como
productos tanto de las teorías anteriores que han logrando conservar
su validez como de las nuevas formulaciones lingüísticas, los instrumentos para conocer la naturaleza de las lenguas y los mecanismos
de su funcionamiento, y para desarrollar las técnicas que se aplican
a la transferencia de ideas de una lengua y de una cultura a otra.

Ya no se puede soslayar ni tomarse a la ligera la importancia de
las nuevas tendencias; de ellas se desprenden notables consecuencias
bien sea en el plano didáctico, según se puede apreciar, por ejemplo,
en la descripción de la estilística diferencial (3.1.6) o de la técnica
de transposición en términos del modelo mencionado (8.3.2), o bien
en el de ciertos principios fundamentales como la creatividad y el
poder de expresión.

A estas bases esenciales añadimos una descripción de las relaciones
de la lingüística con la traducción, para lo cual se presentan en
esquema algunos de sus principios y se los aplica al análisis de textos
y a la descripción de problemas y soluciones. El curso consta pues
de varios capítulos que se dedican al enfoque lingüístico de los
fenómenos y, por tanto, el análisis constituye la parte más extensa.
Hay un capítulo en que se ofrece una visión total del discurso, seguida
de los procedimientos de traducción, revisión y crítica de traducciones.
Toda división, por cierto, es arbitraria, ya que las partes se relacionan íntimamente, y prescindir de cualquiera de ellas sería destruir
la dialéctica de la obra. Para facilitar el estudio integral hemos
recurrido a un sistema de remisiones correlativas.

Se notará a través de esta obra nuestro esfuerzo de no desalentar
o asustar al traductor no iniciado en la complejidad de teorías y
postulados. No queremos hacer difícil o imposible el aprendizaje;
evitamos todo dogmatismo o sistema demasiado orgánico, y las
teorías nuevas se presentan en forma paulatina a medida que lo
permiten los distintos aspectos y procesos que se enfrentan. Todos
los conceptos de la presente obra se bosquejan desde el punto de
vista del traductor y de sus necesidades y se basan en consideraciones eminentemente prácticas. No es pues una obra para lingüistas ni
gramáticos, quienes la encontrarán incompleta o demasiado tímida.
Debe comprenderse que los lingüistas expusieron sus presupuestos
teóricos y descubrimientos desde su propio punto de vista, mientras

que esta obra se empeña en extraer su utilidad para el traductor.
Nuestros planteamientos presuponen, sin embargo, que el traductor
posea una sólida preparación en materia de lenguas y literatura y un
grado satisfactorio de sensibilidad a los usos de la lengua.

Por obvias que ciertas aplicaciones parezcan a los lingüistas,
desde el punto de vista del traductor son trascendentales, ya que
éste no ha contado en el pasado con instrumentos aptos de descripción y resolución de problemas. Nos referimos de modo particular
a los aspectos cuya necesidad de tratarlos ha sido suscitada por la
experiencia cotidiana. No hay que descartar la posibilidad de que se
llegue a un método científico de la traducción. Muchas otras ciencias
y las demás ramas de la lingüística exploran y aprovechan las posibilidades que ofrece la gramática generativa, cuyos dispositivos
revelan las más importantes propiedades de las lenguas, y no es
posible que el traductor permanezca en el oscurantismo, esclavo de
los métodos medievales de la traducción literal.

No se puede prometer un modelo científico, ni un estudio exhaustivo, por compendiado que fuera, del vasto dominio de la traducción.
La presente obra es nueva y ambiciosa para el español que no tiene
tantos investigadores como el inglés; es difícil abordar un estudio
tan delicado, en especial cuando las corrientes se hallan todavía en
su infancia, sin cometer numerosos errores. Pero nos alienta el
incentivo de Georges Mounin, para quien no existe punto de partida
demasiado pobre, para llegar al objetivo que nos proponemos. Se
exponen los problemas desde distintas perspectivas para no escatimar
medios de encararlos. Las soluciones pueden no ser exhaustivas
pero se trata de delimitar los procedimientos y de abrir el camino
a la investigación.

La causa del atraso de nuestra disciplina se ha debido en gran
parte a la falta de objetivos. En la presente obra se trata de fijar
una meta a la que se debe tender: la explicación de los fenómenos
y proceso de traducción por medio de la teoría lingüística. Acogidos
a la influencia liberadora de esta teoría llegaremos a la traducción
fiel en el verdadero sentido del término, y a la emancipación del
literalismo milenario. En los albores del siglo XXI se pretende por
fin demostrar la posibilidad científica de la traducción. Tratamos
por ello de contribuir a ese propósito señalando al menos algunos de
los medios conducentes a demostrar esa posibilidad.

Queremos añadir una nota indispensable. Hemos dicho que el
presente estudio abarca aspectos de teoría y práctica de la traducción. Por falta de una terminología adecuada se ha dado en hacer
esa distinción: la teoría por un lado y la práctica por otro. La
solución nos viene por fin de Brian Harris, quien propone el término
de traductología que comprende los dos aspectos de nuestra disciplina.
En verdad, como explica este lingüista, la traducción es una

operación lingüística de primer nivel, esto es, una operación práctica.
Mientras que en el presente estudio, como en otros de esta índole,
existe otro nivel que es el de la teoría y análisis del sistema. En
otras palabras, de un lado tenemos la operación práctica y, de otro,
los conceptos de teoría, de descripción, de explicación, de modelo
y formalización, y de los criterios de aplicación. En este sentido,
traducción se equipara a pronunciación, que es la operación práctica
de la enunciación de los sonidos. La traductología corresponde a la
fonología, que significa una metaoperación de orden analítico y teórico.
Esta es la razón por la que ofrecemos nuestro aplauso a Brian Harris
y hemos dado a esta modesta obra el no tan modesto título de Introducción a la traductología.

En vista de lo expuesto, aunque las obras principales aparecerán
en el apéndice de referencias bibliográficas, deseamos reseñar aquí
las fuentes a las que hemos recurrido en el afán de articular los
elementos constitutivos de una traductología. Esperamos que
contribuya a que se comprenda mejor nuestra organización conceptual del sistema integrado que postulamos y la organización teórico-
práctica de la obra.

Parte teórica. Las teorías de Ferdinand de Saussure y los planteamientos y postulados de la lingüística contemporánea, en particular
de Martinet, Chomsky y el grupo de MIT, de Fillmore, Katz, Postal,
Fodor, Chafe, Lakoff, y otros.

El presente estudio trata de introducir al traductor novicio a los
principios fundamentales de la lingüística haciéndole ver su relación
con nuestra disciplina. Hay relaciones decisivas que lógicamente no
se pueden mostrar en los tratados de lingüística porque no persiguen
esa finalidad ni están dirigidos a la traducción sino a otros ramos, en
especial a la enseñanza de las lenguas. Pero sólo exponemos los
aspectos teóricos que tienen aplicación directa a los procesos que nos
ocupan.

Las conclusiones y aplicación del análisis contrastivo se basan en
las obras de Stockwell, Chafe, Di Pietro, Hadlich, y otros. Hay que
notar que las obras de estos lingüistas están orientadas únicamente
a la investigación lingüística y a la enseñanza de las lenguas. Los
resultados de su análisis tienen gran valor, por ejemplo, para la
enseñanza del español y del inglés, pero en cuanto a la traducción,
apenas si marcan un comienzo de la búsqueda sistemática de soluciones. Por lo regular el que empieza a estudiar la traducción debe
haber ya superado esa etapa que el mencionado análisis ha puesto de
relieve en las estructuras relativamente sencillas. Lo que necesitamos es una gramática contrastiva de las configuraciones lingüísticas más complejas. A falta de ella, el estado actual de las
investigaciones nos sirve de punto de partida para el estudio de las

estructuras más complejas que hay que resolver en la traducción. En
el análisis de fines pedagógicos, la lengua término es la lengua que
se enseña. En la presente obra se amplía la esfera del análisis a
los fines de la traducción y se cambia el punto de vista tomando el
español como lengua término.

Para reseñar la estilística nos hemos basado en las enseñanzas
de Bally, a las que se da importancia sobresaliente ya que es inútil
buscar la equivalencia de hechos de expresión que no se han identifi-
cado; pero se tienen también en cuenta las propuestas de Nida,
Greimas, Guiraud, Cressot, Enkvist, Turner, Castagnino, García
de Diego, y otros. A excepción de Bally y Greimas, la mira de estos
autores es la lengua literaria. Al limitarse el presente estudio a los
elementos de la traductología, no nos permite entrar directamente
en el análisis de la lengua literaria y poética, aunque nos referimos
brevemente a ella al tocar ciertas áreas, pero tratamos de investigar
los aspectos que guardan relación directa con nuestra labor.

Parte aplicada. Los procedimientos técnicos de la ejecución
estilística se orientan en las obras de Bally, Panneton, Malblanc,
Vinay y Darbelnet, Bart, A. Clas, Rey, y otros. Cabe advertir que
en estos autores no se aplica ni se tiene en cuenta el análisis contrastivo de los últimos años basado en el modelo transformacional.
Nuestra contribución en esta materia es notable. Al incorporar el
modelo transformacional-estructural no sólo a la descripción de los
procesos técnicos, sino a la alternatividad estilística, la creatividad,
la desambigüización, la sintaxis extraoracional, vamos más allá del
léxico y de los enunciados lingüísticos para entrar en la consideración del texto como sistema, pues en los tratados anteriores no
existe una teoría del texto.

A la luz de estas nuevas tendencias, todos los procedimientos
reciben un desarrollo particular, se amplían otros que se conocían
muy escuetos, como el desplazamiento, la inversión y la omisión; se
amplía la compensación al contenido, a diferencia de otros autores
que la contraen únicamente a la esfera de los matices, y se añaden
nuevas variedades a los distintos métodos que encuentran aplicación
valiosa en el tratamiento del español.

Un aspecto muy importante del presente estudio consiste en
extender la aplicación de los procedimientos a los grandes signos
a base de la hipótesis de Georges Mounin, la cual toca un aspecto
fundamental de la gramática diferencial y coincide con el empeño
actual de llegar a una taxonomía de unidades más extensas que las
unidades de pensamiento o que los simples monemas (8.3.4.17). A
medida que el traductor se aleja de la transferencia literal enfrenta
unidades cada vez mayores, y son ellas el origen de los más serios
problemas; su estudio debe ser, por lo tanto, esencial en

traductología, y por eso les hemos dado especial importancia exten-
diendo a ellas la influencia de los descubrimientos de la lingüística.

Además de los elementos proporcionados por los autores mencionados y de las valiosas nociones de estilística comparada de Vinay,
Darbelnet y Malblanc, hemos apoyado nuestro análisis en los postulados del círculo de Praga, y de una nueva pléyade de investigadores,
como Roderick A. Jacobs, Peter S. Rosenbaum, Richard Ohmann,
Thorne, y otros.

Nida expone el análisis en gran profundidad, pero desde un punto
de vista generalizado, sin el propósito de llegar a una taxonomía de
métodos de ejecución. Como confiesa que no desea concretarse a
unidades metodológicas de aplicación pragmática, las designaciones
de sus procesos son abstractas y difíciles de delimitar, al contrario
de lo que ocurre con Vinay, Darbelnet y Malblanc. Jacobs, Ohmann
y Thorne, se dijo ya, tienden de preferencia a la descripción del
estilo y establecen la pertinencia de la lingüística en el análisis y
la crítica literaria. La presente obra incorpora el análisis transformacional a la distinción de las significaciones y de las categorías
semánticas. Con este proceso se estimula la facultad de la intuición,
se agudiza el sentido crítico y analítico, se enriquece el poder de
expresión. El mismo modelo se aplica así mismo a los procedimientos
de revisión y crítica de traducciones. Al igual que Nida, damos
marcada importancia al análisis, pues no creemos que una obra de
traductología debe limitarse a dar fórmulas. Los hechos de lengua
son relativos y no se pueden resolver con la aplicación mecánica de
recetas, sin comprender los efectos ni consecuencias de sus ingredientes. Vale decir, no se pueden enseñar recetas sobre infraestruc-
tura inadecuada: la traducción es ante todo y sobre todo un proceso,
no una operación.

Es así mismo característica del presente estudio realizar una
exploración sistemática de temas de consulta frecuente, que deben
estar al alcance del traductor, pero que no se ven en otras obras
tocantes a nuestra disciplina, tales como el estudio del discurso en
su integridad, inclusive de las relaciones interestructurales y
extraoracionales, la ambigüedad, la redundancia, los anglicismos
de frecuencia, la equivalencia estilística, los diccionarios, la
revisión y evaluación de traducciones, etc.

Ejemplos. Por fuerza de las circunstancias, ya que no se ha
perfeccionado todavía un método o modelo científico de traducción,
la variedad y acopio de ejemplos ayudarán al lector a asimilar el
verdadero espíritu del sistema oblicuo. En efecto, toda enseñanza
de la traducción debe ser notablemente práctica y tocar el número
más grande posible de dominios.

En su mayoría los ejemplos van identificados. Hay otros que no lo están, primero, porque son casos que precisamente se trata de corregir, y queremos dejarlos anónimos; segundo, porque han recibido extensas modificaciones y se haría muy ardua la tarea de explicarlas. En cuanto a los más conocidos ejemplos teóricos que se intercambian entre lingüistas y que se han vuelto clásicos, hemos preferido adoptarlos por ser los más didácticos y si el lector desea continuar las investigaciones puede encontrarlos sistemáticamente explicados en las obras de los respectivos autores. Estos son pocos, después de todo, casi todos provenientes de las obras de Chomsky. Se han repetido tanto en numerosos autores que a veces es poco menos que imposible identificar su paternidad. La gran mayoría de los ejemplos prácticos, por supuesto, hemos coleccionado en forma esporádica durante la práctica en la disciplina.

Finalmente, abrigamos la esperanza de que esta obra llene el vacío en la enseñanza de la traducción. No se conoce un método para esta finalidad. La mayoría de los revisores de traducciones que hemos conocido no enseñan la traducción en forma sistemática. En realidad, no saben qué es lo que se debe enseñar, cómo debe enseñarse, ni cómo se debe proceder para realizar las investigaciones. Hay que reflexionar sobre los procesos para poder explicar a los traductores o estudiantes. La enseñanza debe comprender primordialmente el análisis lingüístico y luego la ejecución estilística en la forma integrada en el presente estudio para subsanar la necesidad de un texto que abarque las dos fases (no el análisis solo, ni la aplicación aislada) y que establezca la relación apropiada entre ellas, porque la diferencia entre la teoría y la práctica de la traducción es demasiado grande.

CAPITULO 1

ANALISIS PRELIMINAR DEL TEXTO

1.0 Introducción. La experiencia nos ha demostrado que los errores más comunes de traducción se deben a la falta de análisis. Sin análisis previo de un texto no se puede traducir. Con este capítulo empezamos a destacar lo que será la tendencia marcada de la presente obra: el análisis en el proceso de traducción es tan importante como la transferencia de ideas. Ahora bien, por su delimitación nebulosa, la palabra no puede servir de base para el análisis, y por ello, en su lugar, se adopta la unidad de pensamiento. Una vez segmentado el texto en unidades de pensamiento, se las transfiere a la lengua receptora. Para verificar la precisión, se comparan las unidades del texto original con las resultantes en la versión. Este último procedimiento es la traducción inversa, cuyo resultado debe ser un alto grado de aproximación de las correspondencias, salvo una tolerable diferencia que se conoce como el margen de libertad. Este modelo de análisis y transferencia no constituye sino un simple bosquejo del sistema que pretende crear la presente obra, y que se ampliará en los capítulos restantes.

1.1 Unidades de análisis

1.1.1 La palabra. Por las razones que vamos a analizar en breve, la palabra no puede servir de unidad o entidad lingüística básica de análisis o de transferencia en el proceso de la traducción. Muchos lingüistas han querido explicar el concepto de la palabra, ninguno está de acuerdo en la forma de definirla, pero todos coinciden en demostrar que, tal como se la ha entendido tradicionalmente en la gramática y el léxico, no puede amoldarse a la noción de signo lingüístico (2.1.1). Antes de discutir la parte teórica de la distinción que vamos a hacer entre palabra y unidad de análisis, repasemos a

8

vuelo de pájaro las formulaciones de unos de los tantos autores que se han ocupado del tema: "Habría que buscar una unidad palabra fuera de las palabras inseguras de los idiomas, que en unas lenguas es palabra y en otras sólo elemento de palabra" (Saussure); "¿Cómo decimos que díjoselo es una palabra, y se lo dijo, tres?" (Lenz); "Un segmento de oración que forma un grupo fonético y puede entrar como elemento constituyente de otras oraciones" (Wundt); "Concepto que no responde a ninguna magnitud formal de la lengua" (Alarcos Llorach); "La palabra es el resultado de la adscripción de un sentido en un conjunto de sonidos con un valor gramatical" (Meillet); "Signo acústico fonemático, capaz de campo simbólico en el campo de la frase" (Bühler); "Si la palabra es un valor relativo y acordado, es inútil buscarle una definición absoluta" (García de Diego); "La ilusión de la palabra" (epígrafe en la obra de Bally); "La segmenta- ción del discurso en 'palabras'--si se desea someterla al análisis semántico--no es ya pertinente" (Greimas); "Any serious modern view of language sees the elements of surface structure as only in- directly related to meaning, so that there is not much point in trying to find a concept that can be attached to each such element" (Chafe); "La palabra es una nebulosa intelectual" (Delacroix).

1.1.2 La unidad de análisis. De acuerdo con una perspectiva más avanzada que nos proporciona la lingüística, el punto de partida del traductor debe ser, pues, una UNIDAD diferente, sea que se llame DE TRADUCCION, DE PENSAMIENTO, o de otras diversas maneras, como se verá más adelante. Si la realidad es que el traductor debe traducir las ideas, no las palabras, y puesto que, como subrayan Vinay y Darbelnet "el traductor parte del sentido y efectúa todas sus operaciones de transferencia en el interior del terreno semántico", huelga decir que el traductor no puede basarse en las palabras sino en las ideas. La noción de unidad concreta de la lengua es muy diferente para la lingüística. Ya en su tiempo Saussure concluyó que "la lengua presenta el extraño y sorprendente carácter de no ofrecer entidades perceptibles a primera vista, sin que por eso se pueda dudar de que existan y de que el juego de ellas es lo que la constituye" (Curso de Lingüística General).

Si como lo pretendieron Luis J. Prieto y Hjelmslev, se hubiese en el plano del contenido logrado estructurar rigurosamente los signi- ficados, para llegar a la 'semántica estructural', tal como se estructuró la fonología en el plano de la expresión, la traducción no tendría problemas. Una semántica estructurada y científica sería, en la expresión de Georges Mounin, la varita mágica del traductor. Pero este instrumento ideal no se ha perfeccionado todavía; por tanto, no nos queda sino tomar como base la UNIDAD LEXICOLOGICA, que Henry van Hoff describe como "la combinación más pequeña de palabras que contribuyen a la expresión de un solo fragmento de mensaje y cuyo grado de interdependencia es tal que no se pueden traducir aisladamente en el cuadro del mensaje total". Esa premisa nos pone en condiciones de segmentar el enunciado, que se encuentra en la 'estructura patente' (2.3.1), en unidades de análisis concebidas a base de su sentido, no de su función. Podríamos decir entonces que en las expresiones: no hay de qué y Miguel de Cervantes Saavedra, que para nosotros tienen cuatro palabras, cada una constituye una sola unidad objetiva y significativa, desde el punto de vista de la traducción. En efecto, si no se considera la primera expresión como una sola unidad lexicológica se correría el peligro de traducirla por there is not of what, en lugar de you are welcome. En la misma forma, si aislamos el nombre Miguel, o el apellido Saavedra, ya podríamos también significar cualquier otra persona. En lo sucesivo explicaremos, sin embargo, que aun después de establecer el concepto de unidad de traducción, no se han resuelto con ella todos los problemas que entraña la transferencia de un mensaje de una lengua a otra. Esto obedece a que estas unidades, de igual manera que las palabras de un sintagma, pueden no tener valor por sí mismas sino que lo adquieren por oponerse a la unidad que la precede o a la que la sigue, o a ambas, pero realizando las remisiones anafóricas a la situación y al contexto como marco de referencia (5.1.5). Es decir, las variables contextuales de la unidad lexicológica serían más o menos las siguientes: (a) el sintagma considerado + la frase precedente, o (b) el sintagma considerado + la frase que le sigue, o (c) el sintagma considerado + la frase precedente + la frase que le sigue.

Esto se explica porque las unidades, como los términos de un sintagma, guardan entre sí ciertas 'relaciones lógicas' que forman el contexto inicial, que unido a la situación facilita la comprensión y transmisión del mensaje.

Para que una teoría sea rigurosa y formal, de acuerdo con Chomsky, debe reflejar la manera en que está formalmente construida, a fin de poder ahondar en la naturaleza de la teoría y de las entidades que le conciernen. Así, la teoría de la traducción posee sus entidades básicas sobre las cuales opera, y estas son las 'unidades lexicológicas'. Varios lingüistas interesados en los problemas de nuestra disciplina han coincidido en la necesidad de tomar como punto de partida estas unidades más seguras que la palabra, entre ellos J. C. Catford, quien trata de ellas al explicar las 'transformaciones de rango'; Eugene Nida, quien las describe como las estructuras semánticas más simples y más fáciles de manejar; A. J. Greimas, que las subordina a las unidades generales de 'manifestación' designándolas lexías o 'unidades de sentido'; Charles Bally, a quien se debe un extenso estudio de las unidades léxicas y fraseológicas;

Vinay y Darbelnet, que las definen como "las unidades lexicológicas en las cuales los elementos del léxico concurren a la expresión de un solo elemento de pensamiento".

1.1.3 Clasificación de las unidades. Los profesores Vinay y Darbelnet, los únicos que han agotado el estudio de estas unidades básicas, las clasifican de la siguiente manera:

1.1.3.1 De acuerdo con su función:

1.1.3.1.1 Unidades funcionales. Son unidades funcionales las que participan de la misma función gramatical:

En vano/ durante varios días/ día y noche/ me aconsejaban/ buscar trabajo/ en esa fábrica/.

1.1.3.1.2 Unidades semánticas. Son unidades semánticas las que presentan una unidad de sentido:

a sabiendas	wittingly
echar de ver	to notice
hacer de cuenta	to pretend
poner al corriente	to inform
echar llave	to lock

1.1.3.1.3 Unidades dialécticas. Son unidades dialécticas las que articulan el razonamiento: en efecto, de ahí que, por lo tanto.
Queremos hacer notar de paso que las 'unidades dialécticas', por simples que parezcan en una enumeración de esta naturaleza, son las que pueden causar mayor distorsión del mensaje. En efecto, corresponden a los medios conectivos del lenguaje para conseguir el discurso coherente, como se verá a propósito de la evaluación de traducciones (9.2.7). Sean cuales fueren las relaciones de las ideas en un discurso, lo esencial es que se definan con claridad el carácter de esas relaciones y el valor de los elementos que conllevan la significación de esas relaciones, es decir, las unidades dialécticas. Por lo regular, estas unidades, peligrosas en su empleo a causa de que, como las preposiciones, existen en número reducido y por tanto se recargan de funciones, no son simétricas (reversibles de una lengua a otra). Además, no se las ha podido sistematizar, y por lo tanto, requieren mucho cuidado del traductor a fin de no alterar el efecto total de un texto. Véase también el estudio de las relaciones interoracionales básicas (7.2.4).

1.1.3.1.4 Unidades prosódicas. Unidades prosódicas son aquellas cuyos elementos participan de una misma entonación:

¡Qué me dices!	What do you know!
¡Mira quien habla!	Look who's talking!
¡No me diga!	You don't say!

1.1.3.2 Según su correspondencia con las palabras del texto:

1.1.3.2.1 Unidades simples. Cada una de ellas corresponde a una palabra, como en <u>María compró cuatro libros</u>.

En esta secuencia, como es fácil apreciar, se puede reemplazar cada palabra sin cambiar la contextura de la oración.

1.1.3.2.2 Unidades diluidas. Son unidades diluidas aquellas en las que varias palabras forman una unidad lexicológica compartiendo la expresión de una sola idea. Al referirse a ellas Nida las llama "multiple-to-one equivalents":

a medida que	as
to the extent that	si
en tanto que	while
por lo regular	ordinarily
to put to bed	acostar
to make a mistake	equivocarse
as far as	hasta
in the nick of time	oportunamente
alumna universitaria	coed
productos químicos	chemicals
foreign exchange	divisas
joint and several	solidario
reconocimiento médico	medical
recién llegado	newcomer
rocking chair	mecedora
medios de subsistencia	livelihood

1.1.3.2.3 Unidades fraccionarias. Las unidades fraccionarias no son sino partes de una palabra. Consúltese también 'homonimia semántica' (3.1.3):

prender a un ladrón y prender el fuego
levantar un peso y levantar un destierro
tener miedo a una fresa y ser alérgico a las fresas
tomar asiento, tomar una cerveza y tomar la palabra

1.1.3.3 De acuerdo con criterios variables. Los mismos autores ofrecen otra clasificación, con la salvedad de que se trata de un criterio variable en que las categorías que pretenden establecer son más que todo puntos de referencia entre los cuales se puede encontrar casos intermedios y difíciles de catalogar:

1.1.3.3.1 Grupos unificados. Se denominan unificados a los grupos formados por dos o más palabras que ofrecen la máxima cohesión. A esta categoría corresponden las expresiones cuyo sentido no puede determinarse a base de las partes constituyentes y es forzoso considerarlas como un todo. Se conocen como expresiones semánticamente 'exocéntricas' y de ellas nos ocuparemos detenidamente en otro capítulo (8.4.5.9.6). La secuencia: <u>mi hermano está en la casa,</u> es expresión 'endocéntrica', pues la significación[1] del conjunto puede deducirse de las significaciones de las partes. Ejemplos de locuciones exocéntricas:

a manos llenas	liberally
a quema ropa	point-blank
mal de su grado	unwillingly
ir de mal en peor	to go from bad to worse

1.1.3.3.2 Agrupaciones por afinidad. Tenemos agrupaciones por afinidad cuando el grado de cohesión es menor, pero los términos están unidos por cierta afinidad y pocas veces pueden traducirse literalmente. Se subdividen de la siguiente manera:

Locuciones de intensidad. Pueden tener como base un sustantivo:

resounding success	éxito resonante
a dismal failure	fracaso rotundo
a massive dose	una dosis masiva
an incurable romantic	un romántico incurable
a pathological liar	un mentiroso patológico
prueba contundente	final evidence
rechazo categórico	a flat denial
pérdida irremediable	irreparable loss
conocimiento profundo	a thorough knowledge
mayoría arrolladora	an overwhelming majority
de importancia capital	of paramount importance

o un adjetivo, participio o verbo:

diametralmente opuesto	poles apart
estrechamente vinculado	closely linked
sordo como una tapia	tone deaf
muerto de cansancio	dead tired

| aburrirse de muerte | to be bored to death |
| lamentar amargamente | to bitterly regret |

Locuciones verbales. Son locuciones verbales aquellas en que un verbo seguido de un nombre equivale en principio a un verbo simple de la misma etimología:

dar saltos (saltar)	to jump
dar un paseo (pasear)	to take a walk
tomar la delantera (adelantarse)	to get ahead
poner de manifiesto (manifestar)	to make public
hacer alarde (alardear)	to boast
presentar la renuncia (renunciar)	to tender one's resignation

A esta subclase pertenecen los grupos formados por un sustantivo que recurre a un verbo determinado para conformar una frase, y este verbo no es forzosamente el mismo en las dos lenguas:

sufrir un revés	to suffer a setback
franquear una distancia	to cover a distance
hacer una siesta	to take a nap
dar un examen	to take an exam

Entre estas subclases de Vinay y Darbelnet intercalaremos dos casos adicionales: las perífrasis usuales y los grupos paralelos.

Perífrasis usuales. Las perífrasis usuales se conocen también como verbos sintagmáticos. Son numerosas en castellano y consisten en el empleo de un modal, gramaticalizado, [2] seguido de un verbo no finito; en ciertos casos al infinitivo se antepone que o alguna preposición, pero el participio y gerundio van sin intermediarios:

hay que tener cuidado	you must be careful
iba a salir	I was about to leave
debes de conocerle	you must know him
estaba comiendo	I was eating
lo tiene reunido (dinero)	he has (money)
tendré que devolver	I'll have to return
llevo andando (muchos kilómetros)	I've walked (many miles)
andar pensando	to go around thinking
andar diciendo	to go around saying

Grupos paralelos. Grupos paralelos son los que resultan de la aglutinación de monemas o sintagmas de construcción paralela y, de ordinario, de sentido más o menos idéntico. Son difíciles de traducir cuando no tienen equivalente, y más todavía si están fuera de contexto, como en este caso en que se dan sólo como ejemplos. Debido a las pérdidas semánticas que ocurren en el procedimiento de transferencia, remitimos al lector a la sección concerniente a las expresiones exocéntricas (8.4.5.9.6), cuyas modalidades son muy similares a las que ofrecen estas clases de expresiones:

sano y salvo	(to come out) safe and sound
al fin y al cabo	at long last
tarde o temprano	sooner or later
duro y firme	hard and fast
palmo a palmo	every inch
a tontas y a locas	without rhyme or reason
de la meca a la ceca	to lead one a dance
mondo y lirondo	clean and innocent
sencilla y llanamente	simply
moans and groans	quejas y regañadientes
day in day out	día tras día
time and again	una y otra vez
to huff and puff	amoscarse
to twist and turn	dar vueltas y rodeos
to groan and grunt	refunfuñar
to hate and despise	no poder ver ni en pintura
to rue and regret	lamentarse como un niño
to quiver and quake	temblar como una hoja
to shake and quake	temblequear
to rant and rave	gritar a voz en cuello
to pull and tug	tirar y forcejear
to weep and wail	llorar a lágrima viva

Locuciones adjetivas y adverbiales. Las locuciones adjetivas y adverbiales forman también unidades, como lo demuestra el hecho de que se vierten al inglés con una sola palabra. Consúltese también el caso de los 'adverbios' en el capítulo sobre anglicismos de frecuencia (4.2.1):

con aire de reproche	reproachfully
con ojo crítico	critically
en toda su amplitud	fully
a la ligera	carelessly

Muchos sintagmas se forman de un sustantivo y un adjetivo, pero sin efecto intensificador de la cualidad expresada por el primero. El adjetivo es con frecuencia empleado en sentido técnico:

los grandes almacenes	department stores
su buena voluntad	his willingness
un alto horno	a blast furnace

1.2 Segmentación del texto

1.2.0 Introducción. En la presente obra se estudiará el análisis del texto, requisito indispensable de la traducción. El análisis será de distintas clases, según el punto de vista desde el cual se lo realice o las bases en que se funde. Tendremos así dos clases primeras de análisis que veremos en el presente capítulo, las cuales consistirán en la segmentación del texto, primero a base de 'unidades de sentido' y luego a base de las unidades tradicionales de oraciones o frases (1.2.1.2). Más adelante se estudiará otra forma de análisis, que consideramos la más importante en traductología, y que se apoyará en los principios de la gramática generativa transforma-cional (2.3.7) y de la semántica estructural. Por fin, en el capítulo dedicado al discurso estudiaremos nuevas formas de análisis, como son el movimiento temático, la densidad sintáctica y el estilístico en general. El análisis del texto, como se verá en los capítulos su-cesivos, es tan importante que formará la mayor parte del presente estudio.

1.2.1 Formas de segmentación

1.2.1.1 Segmentación en unidades lexicológicas. Entre las dos primeras clases tenemos, pues, el análisis preliminar mediante la segmentación del texto original en unidades 'lexicológicas' o 'de sentido'.

Una vez dominada la técnica de segmentación se la puede practicar mentalmente en la mayoría de los textos sencillos, pero no son pocos los casos complejos en que el traductor no puede prescindir de hacerlo por escrito, a fin de (a) evitar los riesgos de la traducción literal, (b) no olvidar parte alguna significativa del texto original, (c) no amalgamar ideas que deben destacarse separada y distinta-mente, (d) reordenar los elementos (7.3.1 y sig.), lo cual se hace más fácil gracias a la perspectiva que se crea con la segmentación, y (e) evitar la 'sobretraducción' (8.9.4). En el curso del estudio se tratarán los términos técnicos que vamos encontrando en la presente sección y por el momento sólo nos interesa la segmentación propia-mente dicha, de la que procedemos a sentar un ejemplo:

La suposición de que / Remedios, / la bella, / poseía/
poderes / de muerte, / estaba / entonces / sustentada por /
cuatro hechos irrebatibles. / Aunque / algunos hombres /
ligeros de palabra / se complacían en / decir que / bien valía /
sacrificar / la vida / por una noche / de amor / con tan
conturbadora mujer, / la verdad fue que / ninguno / hizo
esfuerzos por / conseguirlo. / . . . La abandonó / a su
suerte, / confiando que / tarde o temprano / ocurriera /
un milagro, / y / que / en este mundo / donde / había de
todo / hubiera / también / un hombre / con suficiente
cachaza / para cargar con / ella. / (Gabriel García Márquez,
Cien años de soledad)

En el ejemplo dado, además de las unidades de la primera
clasificación, que son fáciles de precisar, se pueden constatar los
siguientes grupos fraseológicos: (a) Verbos y nombres que se
construyen con preposición: suposición de que, sustentada por,
complacerse en, cargar con; (b) Grupos afines: a su suerte, tarde
o temprano; (c) Agrupaciones por afinidad: hecho irrebatible, la
verdad fue que, hacer esfuerzos por, haber de todo; (d) Modismos:
ligeros de palabras, bien valer (valer la pena).
    La traducción de Gregory Rabassa es la siguiente:

The supposition that / Remedios / the Beauty / possessed /
powers / of death / was / then / borne out by / four irrefutable
events. / Although / some men / who were easy with their
words / said that / it was worth / sacrificing / one's life /
for a night / of love / with such an arousing woman, / the
truth was that / no one / made any effort / to do so. / . . .
She abandoned her / to her fate, / trusting that / sooner or
later / a miracle / would take place / and / that / in this
world / of everything / there would also be / a man / with
enough sloth / to put up with / her. /

La coincidencia entre las unidades en lengua origen (LO) y en
lengua término (LT) es casi exacta; adviértase la pérdida semántica
(8.10.2) en LT al traducir se complacían en por solamente said, y
la ganancia semántica al traducir la vida con el posesivo one's life,
de acuerdo con el proceder particular del inglés.
    Ahora bien, si al recurso de la segmentación de los textos de las
dos lenguas añadimos la enumeración de los elementos obtenidos,
tenemos un procedimiento apto para 'verificar las correspondencias',
como lo ilustraremos más adelante. Este procedimiento se utiliza
así mismo para verificar y evaluar traducciones, según veremos en
secciones venideras.

Con la técnica de la segmentación se ven las diferencias de estructura, ya que nos permite reconocer en la versión las unidades señaladas en el original, con todos sus aspectos y matices. Según el grado de 'oblicuidad' que se hubiera aplicado (8.2.2.1 y 8.3.1), puede a veces llegarse a una alteración notable de las unidades, pero sin que se pierda ni se aumente ninguna. En otras palabras, con la segmentación se comprueba que todos los elementos de sentido del enunciado original reaparezcan en la traducción, y nada más que ellos. Tiene este proceso la ventaja de revelar el conjunto de analogías y diferencias tanto al nivel de las estructuras como en el campo de las significaciones:

```
       1                    2      3          4          5
       It was morning, / and / the new sun / sparkled / gold /
6                       7
across the ripples / of a gentle sea. /
       1                       2                   3
       A mile from shore / a fishing boat / chummed the water, /
4      5         6                         7
and / the word / for Breakfast Flock / flashed through the
             8      9          10                      11       12
air, / till / a crowd / of a thousand seagulls / came / to
             13          14          15          16       17
dodge / and fight / for bits / of food. / It was / another
             18
busy day / beginning. /
       1      2         3      4            5
       But / way off / alone, / out by himself / beyond boat and
             6                            7
shore, / Jonathan Livingston Seagull / was practicing. /
```
(Richard Bach, Jonathan Livingston Seagull)

He aquí la versión de Carol y Frederick Howell:
```
       1            2      3          4         5        6
       Amanecía, / y / el nuevo sol / pintaba / de oro / las ondas /
7
de un mar tranquilo. /
       3               2                   1
       Chapoteaba / un pesquero / a un kilómetro de la costa /
4          7                         5                6
cuando, / de pronto, rasgó el aire / la voz llamando / a la
                         8      9                10
bandada de la comida / y / una multitud / de mil gaviotas /
```

```
11              12            13        14
se aglomeró / para regatear / y luchar / por cada pizca /
15        16          17
de comida. / Comenzaba / otro día de ajetreos. /
      1      2       3 y 4          5
    Pero / alejado / y solitario, / más allá de barcas y
          7                  6
playas, / estaba practicando / Juan Salvador Gaviota. /
```

Del análisis se desprende lo siguiente:

it was morning:	amanecía	concentración (dinamización expresiva)
a fishing boat:	un pesquero	concentración de la unidad diluida
chummed the water:	chapoteaba	concentración y equivalencia de onomatopeya
a mile:	un kilómetro	modulación por razones de uso
and	cuando	transposición conjunción/ adverbio
∅:	de pronto	compensación de la intensidad de flashed
flashed through the air:	rasgó el aire	modulación causa/efecto
the word:	la voz	modulación abstracto/ concreto, con pérdida
∅:	llamando	compensación de la pérdida anterior
till:	y	transposición de partículas (y modulación paratáctica para mantener la dinámica descriptiva iniciada con la frase)
came:	se aglomeró	ganancia expresiva (contexto semotáctico con multitud)
for bits:	por cada pizca	amplificación estilística por factor rítmico (carácter paroxítono del castellano)
busy:	de ajetreos	transposición adjetivo/ locución
way off:	alejado	transposición locución/ adjetivo
alone, out by himself:	solitario	concentración, aunque con pérdida del grado de intensidad (repetición) con

que el autor traza el primer
rasgo de la personalidad
de Jonathan Livingston Seagull.

Veamos en el siguiente ejemplo otras perspectivas que servirán
de preparación para el estudio del proceso traductivo:

```
    1              2      3                      2    4
    Nevertheless, / I felt, / while I was waiting, / that / the
              5      6                      7          8
    Government / had, / by a skilful use of / the Press / on the
              9    10                                        5
    previous day / and / by the Prime Minister's speech, / done /
    11              12          13                      14
    a good deal / to weaken / the moral position / of the Finns /
    15              16              17
    and even cast / a certain doubt / upon their good faith and

    courage. / (Harold Macmillan, The Blast of War)
        1              3                  2              6
        Sin embargo, / mientras esperaba / pensé que / la
                          7              8
    habilidad con que se usó / de la prensa / el día anterior /
    9    10                              5
    y / el discurso del Primer Ministro / fueron acciones /
    11          4                  12              13
    importantes / del Gobierno / para debilitar / la moral /
    14              15              16
    de los finlandeses / y aun sembrar / ciertas dudas /
    17
    respecto a su valor y buena fe. /
```

Análisis:

I was waiting:	esperaba	modulación aspectual
had done:	(fueron) acciones	transposición verbo/sustantivo
by a skilful use:	la habilidad con que se usó de	transposición doble, adjetivo/ sustantivo y sustantivo/ sintagma verbal (el cambio de estructura constituye transposición de signo mayor, 8.3.4.17)
a good deal:	importantes	transposición locución/adjetivo
position:	∅	omisión (8.9.7)

1.2.1.2 Segmentación en unidades mayores. La segunda clase de análisis preliminar se basa en el hecho tradicional de que el enunciado se compone de una jerarquía sintáctica en la que la unidad más alta es la oración y la más baja el morfema (2.1.1), teniendo como intermedias la frase o cláusula, el grupo y la palabra. La segmentación a base de este sistema menos estricto puede aplicarse, cuando hay que analizar un texto que no sea muy complicado, a las unidades de rango más alto de las que hemos visto hasta ahora, vale decir, a los 'grandes signos' (2.1.4 y 8.3.4.17). La segmentación servirá para esclarecer no sólo los elementos del mensaje sino las relaciones interoracionales de un párrafo y su cohesión interna. El análisis en signos mayores nos será también útil porque, como se verá en el capítulo correspondiente, a ellos se aplican varios de los procedimientos técnicos de traducción.

Sea el siguiente período:

This, in his view, was the great prize, and if a force could
be established there, not only would there be an important
gain in intercepting the iron-ore traffic and directing it to the
Allies, but there would also be at least a base on Norwegian
territory where the King and his Government could be in-
stalled, and the work of resistance carried on and developed.
(Harold Macmillan, The Blast of War)

La segmentación de la que hemos hablado resultaría más o menos en la forma siguiente (nótese que se realiza al mismo tiempo una separación de las configuraciones, según el grado aproximado de incidencia, y se obtiene un ordenamiento de estructuras indicando por distintos planos):

```
    This (in his view)
        was the prize
    and
        if a force would be established there,
not only
    would there be an important gain
        in intercepting the iron-ore traffic
                and
        directing it to the Allies,
but
    there would also be at least a base on Norwegian territory
        where the King and his Government could be installed
                and
        the work of resistance carried on and developed.
```

1.3 Transferencia y verificación

1.3.1 Proceso de selección de correspondencias. Una vez
identificadas las unidades, sean lexicológicas o de rango mayor, y
una vez realizada la primera fase del análisis del texto LO, empieza
la 'búsqueda y selección de correspondencias' para el texto de LT.
Como se dijo en un apartado anterior (1.1.2), hay que tener en cuenta
las relaciones entre contexto lingüístico y contexto situacional, pero
estos procedimientos se estudiarán detenidamente más adelante
(capítulo 5). Por ahora nos interesa sólo dar una idea general del
proceso. En la 'búsqueda de equivalencias' se trata de confrontar
los productos semánticos para seleccionar luego el que sea más
apropiado al contexto, en la siguiente forma:

This,	Este (se habla de un lugar)
in his view,	a su modo de ver, según su criterio
was the great prize	fue, constituía, el gran objetivo
(and) if a force	(y) si una fuerza, un ejército, destacamento
could be established there,	pudiera establecerse allí
not only could there be	no sólo habría, no sólo se lograría
an important gain	una importante ganancia, ventaja
in intercepting the iron-ore traffic	en interceptar, de interceptar el tráfico de mineral de hierro
and directing it to the Allies,	y dirigirlo hacia los aliados, (los países aliados)
but there would also be	sino que habría, se contaría también con
at least a base	al menos una base
on Norwegian territory	en territorio noruego
where the King and his Government	donde el Rey y (con) su Gobierno
could be installed	pudiera ser instalado, instalarse
(and) the work of resistance	(y) el trabajo, las operaciones de resistencia
carried on and developed.	(ser) continuadas e intensificadas.

Fase de reestructuración (2.3.7):

Este lugar constituía a su modo de ver el gran objetivo, y
si pudiera establecerse allí un ejército, no sólo se lograría
la importante ventaja de interceptar el tráfico de mineral de

hierro y dirigirlo hacia los países aliados, sino que también se contaría al menos con una base en territorio noruego donde podría instalarse el Rey con su Gobierno y desde donde se podrían continuar e intensificar las operaciones de resistencia.

Puede haber traductores que no reconozcan el valor de estos procedimientos en traducciones difíciles, o a quienes todo esto les parezca demasiado obvio. Sin embargo, hemos observado tantos casos en que hasta los más empíricos, cuando se encuentran con largos y enredados períodos, dejan de escribir su versión a máquina (o dejan de dictar si utilizan magnetófono) para intentar su traducción primero en "borrador". Lo que en realidad demuestran es que sienten la necesidad intuitiva de algún método de análisis. Su desconocimiento de la forma técnica y rápida de hacerlo les obliga a perder tiempo precioso en borronear y pasar a limpio, acaso con iguales imperfecciones que antes y con la misma insatisfacción de su trabajo.

Por requerir gran número de nociones lingüísticas más complejas, posponemos para otra sección (2.3.7) un nuevo método de análisis lingüístico por medio del mecanismo transformacional y semántico.

1.3.2 Verificación, traducción inversa y margen. Finalmente, el método de las unidades lexicológicas y de su segmentación en el discurso se aplica a la fase de VERIFICACION de las correspondencias y del mensaje global. Es uno de los sistemas que se utilizan en la crítica y 'evaluación de traducciones' y en el análisis de las diferentes clases de traducción (9.2.0 y sig.).

El medio que se utiliza para la verificación de textos importantes (tratados, leyes, resoluciones, declaraciones, etc.), relativamente cortos, es el de la TRADUCCION INVERSA. Esta consiste en identificar las unidades también en el texto LT, que a menudo están en distinto orden y distribución que en LO, y, siguiendo el camino inverso al realizado hasta ahora, trasladarlas a LO. No deben producirse discrepancias de sentido sino un razonable MARGEN de libertad (para seguir la terminología de la escuela canadiense), cuya importancia será insignificante si en el proceso anterior se ha logrado una delimitación semántica y contextual acertada. El margen que se produce se explica por el hecho de la alternatividad estilística (8.3.2), es decir, por las variaciones estilísticas que ocasiona la aplicación de 'tecnicas oblicuas' de transferencia, tales como la amplificación, explicitación, modulación y compensación, de modo particular esta última. Es lógico que si la estructura del original ha permitido una versión casi cercana a ella, sin muchos procedimientos oblicuos, como en el ejemplo visto de Gabriel García Márquez (1.2.1.1), no se presentará esa dificultad y el margen será mínimo. El traductor se maravillará al descubrir con este método los errores y defectos que se le escapan al más diestro, y de esta manera tendrá oportunidad

de corregir y evitar no sólo las deficiencias sino la sobretraducción
(8.9.4 y 8.10.5).

CAPITULO 2

LINGUISTICA APLICADA A LA TRADUCCION

2.0 Introducción. En las páginas precedentes el lector se ha visto ya frente a una serie de términos tal vez poco familiares pero que le han dado una idea del campo que hemos empezado a explorar. Es claro que, como lo adelantamos en el preámbulo, el presente estudio no pretende ser la última palabra en traductología. Nuestro propósito es introducir al traductor a la lingüística y guiarlo hacia la investigación de los hechos que la vinculan con la traducción y de la forma en que esta aprovecha sus principios. Al enfrentarse de pronto con esta terminología el lector ha vislumbrado también esas relaciones cuya descripción y aplicación es el objetivo principal de la presente obra. Es un hecho que la traducción desde hace pocos años ha llegado a ocupar el sitio legítimo que le corresponde en la lingüística contemporánea, a la que a su vez sirve de disciplina auxiliar. En una evolución paralela ha recibido de ella grandes contribuciones que siguen consolidando sus fundamentos científicos y sus procesos metodológicos. Estudiemos cuáles son estas contribuciones que la enriquecen y la liberan del ámbito oscurantista en que ha funcionado a través de los siglos.

2.1 Cuestiones generales

2.1.1 El signo lingüístico. Antes que en ninguna otra teoría, la traducción descansa en la del SIGNO LINGUISTICO, ideada por primera vez por el profesor suizo Ferdinand de Saussure, a quien se considera como el fundador de la lingüística moderna. El signo lingüístico, como lo enseñó él, es una entidad psíquica formada por dos elementos íntimamente unidos y que se reclaman recíprocamente. Esos dos elementos no son una cosa y un nombre, como solía enseñarse por tradición en la gramática antigua, sino un 'concepto' y una 'imagen sensorial', tomada ésta no en el sentido material, sino en el sentido de una huella psíquica. Para ilustrar su teoría representó el signo y sus elementos por medio del diagrama que reproducimos en la figura 2.1.

FIGURA 2.1 Signo lingüístico.

Dado un término cualquiera, lo importante es su concepto; la imagen acústica sola no constituiría un signo.

Por esta combinación de concepto e imagen acústica se dice que el signo tiene dos faces o caras, y Saussure reservó el término SIGNO para el conjunto y llamó al concepto SIGNIFICADO, y a la imagen acústica, SIGNIFICANTE. No debe sin embargo entendérselo como una simple suma de elementos sino como una fusión. En la faz del 'significado' nos representamos un concepto, o sea la clase de realidades no lingüísticas a las cuales nos remite, y en la faz del 'significante', su forma lingüística ya sea oral o escrita. Así, el signo árbol nos indica en primer lugar el concepto de árbol y luego el significante que es la parte sensorial, como se corrobora en el segundo gráfico del mismo autor (figura 2.2).

FIGURA 2.2 Significado y significante.

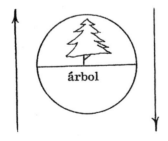

La lingüística es la ciencia que estudia los signos y sus relaciones. Los signos constituyen las entidades concretas y básicas de esta ciencia.

Pues bien, habíamos anteriormente notado a priori que las palabras tradicionales no se amoldaban a los signos. Trajimos a colación la preocupación de varios autores acerca de la falta de deslindamiento claro de la noción de palabra. Vamos a explicarlo con un ejemplo: salto de cordero se llama popularmente a una distribuidora de tráfico en forma de trébol, pero ese sentido no lo toma de la suma de las significaciones de las tres palabras tradicionales. En efecto, esa forma complicada de enlazarse las carreteras nada tiene de salto ni de cordero. Para la teoría saussuriana salto de cordero es una sola palabra lingüística, y representa un concepto y una imagen sensorial. Dicho de otra manera, el signo es la palabra lingüística.

Una vez comprendida esa distinción veamos las formas en que vamos a conocer estos signos de ahora en adelante: Al explicar Martinet la doble articulación del lenguaje (2.2.3) da el nombre de MONEMA, a todo signo mínimo, o unidad semántica mínima, que no es susceptible de analizarse en otras unidades más pequeñas poseedoras de sentido. El monema, por su parte, toma el nombre de LEXEMA si pertenece a los llamados 'inventarios ilimitados' (léxico, diccionario) y el nombre de MORFEMA, si pertenece a los inventarios limitados (gramática). Esta nomenclatura sencilla y clara puede solucionar la confusión que se ha creado en este sector de la lingüística. Pero, según lo advertido ya, la palabra tradicional se pierde en la gama completa de estos nuevos conceptos (2.4.2). Puede, en realidad, ser un lexema (producente), un morfema (contra), una combinación de un lexema y un morfema (contraproducente) o, finalmente, una combinación de monemas (díjoselo). A esta última se la llama también sintagma, pero se explicará más tarde el abarque de este último término.

2.1.2 Cúmulo e imbricación de significados. La teoría del signo tiene una segunda consecuencia importante en traductología: si bien las dos lenguas de las que vamos a tratar se manifiestan por medio de esta clase de signos, puede ocurrir que el 'significado' (faz conceptual) de un signo de LO no corresponda con exactitud al significado del signo de LT, aunque sus 'significantes' (imagen sensorial) se consideren permutables, o--en términos que emplearemos con frecuencia--un segmento de LO no recubre por igual al segmento de LT. De ahí que en nuestra disciplina se tenga que recurrir a diferentes técnicas para tratar de resolver las lagunas y las desigualdades ocasionadas por la falta de correspondencia perfecta de los significados de los signos. Añádase a ello que, aunque nos parezca sencilla la definición de la unidad lexicológica, un 'significante' puede tener una gama de 'significados'. Los varios significados constituyen el fenómeno de la 'polisemia', que también requiere de ciertas técnicas para resolverla. Y así mismo, lo que

viene a complicar un poco esta exposición, pero que tendrá gran
importancia en los procedimientos de traducción que estudiaremos
después, es que el sentido de un mismo significante puede estar
formado por varios elementos de pensamiento, unos centrales y
otros secundarios o periféricos, fenómeno al cual Bally dio el
nombre de CUMULO DE SIGNIFICADOS. Los rasgos situacionales
(clasemas) y el contexto indicarán cuál es el elemento predominante
de sentido para realizar una traducción más precisa; que será mucho
más difícil en el caso de la poesía en la que los 'cúmulos de significados' son constantes, como lo es también la 'imbricación de
significados', lo que da lugar precisamente al sentido figurado.
Como ilustración apelemos al lexema privacy, que tiene cúmulo de
significados, y por eso no puede traducirse con un solo lexema al
español. Damp tiene igualmente el significado de húmedo y de frío,
mientras que moist es húmedo y tibio. Boom no significa simplemente prosperidad, sino prosperidad repentina; spectrum, en el
sentido figurado en que lo emplea a menudo el inglés, quiere decir
a un tiempo problema y peligro; our commitment to the principles:
nuestra adhesión y apoyo a los principios. Cuando el traductor
novicio se lamenta que un término español no representa todo el
contenido del término inglés, es sintomático de que se encuentre
frente a un caso de cúmulo de significados de un signo.

2.1.3 Contenido y expresión. A propósito de la dualidad del signo,
a base de ella Hjelmslev formuló otra: el PLANO DEL CONTENIDO y
el PLANO DE LA EXPRESION. El contenido está constituido por conceptos de la mente humana; la expresión es física y fisiológica. Cada
uno de los planos tiene su forma; la asociación de esas dos formas, la
del contenido y la de la expresión, forma el signo lingüístico según la
escuela de Copenhague cuyo diagrama reproducimos en la figura 2.3.

FIGURA 2.3 Planos del contenido y de la expresión.

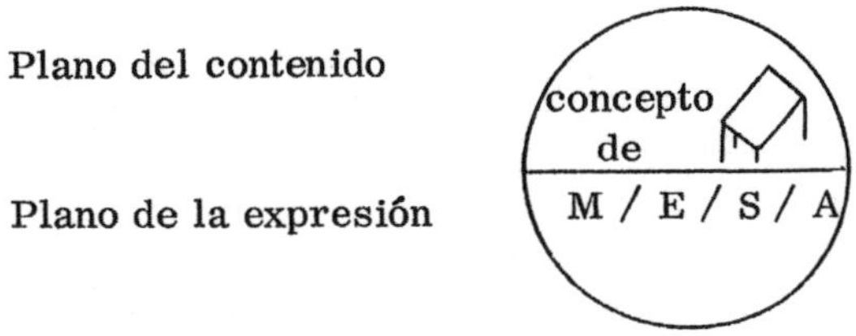

Plano del contenido

Plano de la expresión

Estas dos magnitudes son solidarias, no puede existir la una sin
la otra, y servirán de base a las diferenciaciones que haremos en
adelante.

2.1.4 Arbitrariedad del signo. Además de los aspectos ya vistos en los apartados anteriores, la teoría saussuriana nos enseña que el signo es ARBITRARIO. Tiene esto mucho que ver en nuestra especialidad, pues significa que un individuo no puede cambiar nada en un signo una vez establecido por un grupo (5.2.2). A manera de ilustración rápida, obsérvese que, caterpillar, al principio una marca de fábrica, se impuso con significación de tractor y kleenex, con la de pañuelo de papel. En cambio el término refrigerator encuentra resistencia y la gente vuelve al antiguo icebox.

En lo que concierne a consecuencias que tienen las teorías lingüísticas en traductología, y sobre todo al desarrollo del presente curso, señalamos una formulación de Georges Mounin, quien dio un importante paso respecto a estas nociones al sugerir que la 'arbitrariedad' del signo no se limita a las unidades mínimas o monemas, sino que el mensaje, la frase, o la oración, como signos lingüísticos mayores, a los que denomina los GRANDES SIGNOS, participan también de esa ley. Ejemplos: francés, j'ai mal à la tête, frente al italiano, mi duole il capo; inglés, blown away, frente al español, llevado por el viento. El planteamiento hipotético de los 'grandes signos' es de indiscutible importancia para el traductor, como se demostrará en secciones sucesivas, de modo especial al tratar de la transposición y de la modulación (8.3.4.17 y 8.4.5.9), pues a él le interesan esta clase de signos más que los signos mínimos. En efecto, muchas de las operaciones que se realizarán sobre un texto, afectarán a unidades cada vez mayores, que son las que en buenas cuentas causan las más notables dificultades de transferencia. Las dificultades provienen de que, si se las examina cuidadosamente, estas estructuras son diferentes en cada lengua, como se verá a propósito de las visiones del mundo (2.2.1).

2.1.5 Lengua y habla. Pero la verdadera doctrina revolucionaria de Saussure, que ha subsistido en la lingüística moderna, es la distinción entre LENGUA Y HABLA.[3] Para entender mejor esta distinción pensemos en términos de un 'código' y de un 'mensaje'. El código es un sistema lingüístico, el mensaje es algo que se puede transmitir. Pues bien, la lengua es ese código, o sistema de signos, y encierra las nociones tradicionales de léxico y gramática. El habla es la lengua actualizada, es decir, manifestada concretamente, por eso se configura al mensaje. De ahí que la lengua, cuya esencia es social, indique el valor o la VIRTUALIDAD de los signos, y que el habla, que es individual, indique SIGNIFICACION. Aunque la aplicación de los conceptos lingüísticos a la metodología de la traducción se hará en las secciones subsiguientes, podemos darnos cuenta desde ahora la importancia que tiene esta dicotomía de la lengua en nuestro campo. En efecto, la 'unidad viviente' de la comunicación o del mensaje no es un monema, ni un sistema gramatical de monemas que exista en nuestro cerebro, sino un acto del habla, es decir un acto por el cual el individuo selecciona en circunstancias particulares una forma que se vuelve contexto y transmite así su pensamiento a otro individuo que lo asimila.

2.1.6 Diccionario y contexto. El análisis semántico de una oración se sitúa en el plano del habla. "Lengua es disponibilidad permanente"--apunta Bernard Pottier--en la que un monema está "unido a un número elevado de 'zonas semánticas' posibles. Pero en el campo de la comunicación (en discurso particular), sólo algunas zonas están 'actualizadas'" y el monema funciona entonces "en un dominio específico". Continúa Pottier: "El diccionario intenta enumerar todos los dominios. Pero la noción de significación es siempre relativa, y supone una situación de discurso que actualiza un dominio". De donde se desprende, pues, que una palabra, por el solo hecho de constar en el diccionario, no cabe mecánica y automáticamente en un contexto, a menos que haya esa transformación de lo virtual a lo actual; en otras palabras, que se concretice ese dominio semántico particular (5.2.2 a 5.2.5). Las relaciones asociativas y semotácticas vinculan a unas palabras con otras (5.1.2 y 5.1.3); eso quiere decir que el valor de la palabra depende de las relaciones que se establecen con las demás palabras del sistema. Charles Bally compara ese campo asociativo que relaciona a un monema con los demás de la cadena con un "halo que rodea al signo y cuyas franjas exteriores se confunden en su ambiente".

Antes de pasar adelante deseamos hacer notar, en provecho de los que piensan ampliar sus investigaciones de la lingüística contemporánea, que, como lo expresamos hace poco, sigue siendo principio fundamental de lingüística la dualidad de 'lengua' y 'habla', pero que fue reformulada por Chomsky con las nociones de 'competencia' y 'actuación'.[4] El concepto de lengua fue considerado por Saussure simplemente como una nomenclatura de signos; en la escuela de Chomsky se amplía ese concepto con el de 'competencia' subyacente que es un sistema de procesos generativos. De estos aspectos nos ocuparemos en una próxima sección (2.3.3 y 2.4.8).

2.1.7 Obligatoriedad y opcion. Hay otra dicotomía que se desprende de las doctrinas precedentes: la OBLIGATORIEDAD y la OPCION. Hemos visto que lo arbitrario del signo lingüístico no se aplica únicamente a las 'unidades significantes mínimas', sino también a los 'grandes signos'. Hay obligatoriedades o tiranías que nos imponen la gramática y la sintaxis en toda la escala de rango, en el sentido dado a ésta por Catford, es decir, en toda la jerarquía de elementos sintácticos. El traductor no puede eludir ni lo obligatorio ni lo

optativo. Tenemos que aclarar, sin embargo, que hay una diferencia
en el grado en que le afectarán en su labor.

El 'análisis contrastivo', al cual se ha llegado gracias a los
adelantos lingüísticos de los últimos veinte años, al destacar las
diferencias entre lenguas, contribuye con sus reglas y descubrimientos
a facilitar la identificación y versión de las categorías obligatorias a
la otra lengua. No es tan simple el proceso, en cambio, cuando se
trata de los 'elementos optativos' de la lengua receptora, frente a
los cuales el traductor tiene que escoger entre alternativas. Son
estas 'alternativas y opciones', como nos reitera Nida, las causantes
de los más intrincados problemas. Las primeras, es decir las
categorías obligatorias formales son sólo parte del estudio que nos
proponemos realizar, parte de la tarea del traductor; la otra la forman las decisiones sobre las alternativas, como por ejemplo, el
'explicitar' los elementos ausentes del texto original pero que
pertenecen a una situación dada, los que están deficientemente
definidos en él, los ambiguos, o los que simplemente se hallan implícitos en LO. No es raro, así mismo, que lo que está explícito en LO
no pueda o no deba transmitirse en una versión, por razones que
estudiaremos en el capítulo de la estilística, y por las razones de
obligatoriedad que hemos mencionado. Estos fenómenos de selección
de opciones, de especificación u omisión, traen consigo ganancias en
la forma lingüística pero acaso también pérdidas en la significación.
Aunque nuestra lengua tiene como una de sus características más
valiosas la enorme libertad constructiva, las modificaciones que
resultan de las selecciones optativas tienen serias consecuencias de
afectividad, relieve o ritmo, y hasta de lógica. En la parte correspondiente a estilística diferencial ampliaremos el tema de los
escollos que nos plantean los elementos optativos de una versión,
ya que esta parte se dedica únicamente a hacer una reseña de las
relaciones que existen entre lingüística y traducción.

2.1.8 Asociación paradigmática y sintagmática. Por sus
consecuencias en el estudio de la semántica es necesario agregar
otra distinción importante planteada por el mismo Saussure entre sus
postulados sobre el signo lingüístico. Esta nueva distinción se refiere
a una clase de relaciones de los signos que es su SOLIDARIDAD.
Para Saussure, lo que constituye a un término son sus relaciones con
los demás términos del sistema. Estas relaciones de establecen por
las dos dimensiones de colocación de los términos, la SINTAGMATICA
y la PARADIGMATICA. Lo que se quiere indicar con esto es que cada
unidad de la cadena hablada actúa en dos relaciones: (a) Con una o
más unidades que aparecen efectivamente (in presentia) en la cadena,
con las cuales contrasta, forma una relación sintagmática. Esta se
ilustra de la siguiente manera:

Tienda de juguetes, tener la bondad de, tomar el ómnibus, etc.
Frases como éstas son prototipos de sintagmas. (b) Con otras unidades, caracterizadas por la facultad de aparecer no en la cadena
sino en el contexto (in absentia) a las cuales se opone, forma una
relación virtual o paradigmática. Por ejemplo, en lugar del lexema
temer, podrían aparecer en el contexto tener miedo, recelar. El
término enseñanza pertenece al conjunto paradigmático enseñar,
enseñamos, aprendizaje, etc. Esta oposición paradigma/sintagma
tiene gran importancia en semántica, como veremos al abordar esa
materia (2.4.6), ya que la estructura del significado es de 'orden
paradigmático'[5] y la de la significación es de 'orden sintagmático'.

2.2 Análisis de la experiencia

2.2.0 Introducción. Las vinculaciones de la lingüística con la
traducción son tan numerosas y se difunden por tan variados aspectos
que sería vano el intento de exponerlas minuciosamente todas. Nos
limitaremos a ofrecer al lector los casos más relevantes y a
sugerirle primero los campos en los que debe concentrar su atención y luego otros sobre los que podría gradualmente ampliar su
investigación.

En esta sección veremos que las diferentes civilizaciones y culturas tienen una visión particular de la realidad y experiencia humanas
y del mundo. Hay, sin embargo, rasgos en común, que pertenecen ya
al plano general de la concepción del mundo (cosmovisión), ya al de
la lengua y, más particularmente, al de la gramática. Estas zonas
comunes se denominan universales lingüísticos, que a la vez constituyen puntos de referencia para el estudio comparado de las lenguas
por medio del cual se determinan las discrepancias que hay que
superar en el proceso de traducción.

2.2.1 Visiones del mundo y análisis de la experiencia. Uno de
esos puntos esenciales es que la segmentación que la mente humana
hace de la realidad no es igual en todas las civilizaciones o en todas
partes del globo. La visión que cada pueblo tiene de la realidad
abstracta y concreta, o simplemente la VISION DEL MUNDO, como se
designa en lingüística, es diferente, por eso expresamos que hay
varias culturas. El postulado de las formas en que el hombre
analiza y subdivide la experiencia humana ha sido en los últimos
tiempos objeto de investigación de sociólogos, antropólogos y
psicólogos, que a la vez que formulan valiosas teorías aplicables
a sus ciencias, han realizado valiosos aportes a la lingüística. La
antropología ha desempeñado un papel de singular importancia en su
progreso a través de las obras de Boas, Sapir, Bloomfield y otros
muchos postuladores de conceptos y técnicas. Igual que los

sociólogos y psicólogos, han empleado la lingüística como vehículo para otras investigaciones. La llamada 'hibridación' de los conceptos lingüísticos con las tecnologías de los computadores y de la psicología experimental se ha convertido en uno de los aspectos más importantes del estudio del lenguaje.

Si bien es cierto que en lo antiguo se creía que las formas del conocimiento tenían un molde universal, en la actualidad todos estos científicos nos hacen ver las diferencias de los conceptos del universo en cada sector humano y los problemas que presentan en su comunicación, y no se pueden ya soslayar en el proceso de transferencia del pensamiento humano de una lengua a otra. Como veremos después, dicho proceso no es apenas una transmisión de una lengua a otra, sino de una cultura a otra. El problema teórico de la traducción abordado por Georges Mounin es precisamente la traducibilidad de aquellas diferencias producidas por la organización particular que cada lengua hace de la experiencia, o sea por las 'visiones del mundo'. "Hay que rendirse a la evidencia, dice Martinet, de que cuando se pasa de una lengua a otra, no cambian sólo las formas y las palabras (lo arbitrario de Saussure), no cambian sólo las nociones; cambia también la elección de las relaciones que deben expresarse" (Quelques traits). Por esta evidencia nos damos cuenta de que al buscar la integridad de un mensaje hay que ir más allá de las palabras y de las formas gramaticales, y analizar la estructura del discurso en todas sus implicaciones socioculturales y psicolingüísticas. Es tan agudo el problema que aun dentro de las mismas culturas hay marcadas diferencias que reflejan las convenciones sociales. Si no surgieran esas diferencias, si las costumbres y conducta social fueran iguales en inglés y en español, no habría entonces dificultades de traducción. Se traduciría sin obstáculos, por ejemplo, privacy al español.

La selección particular de rasgos en cada lengua depende en gran medida de la forma en que los hablantes interpretan su ambiente y estructuran las comunidades donde viven. No otra cosa significa el hecho de que en nuestros viajes por los países de habla española nos hemos encontrado con dificultades de entendimiento no por causa de las palabras o de las oraciones sino por la variación de esas relaciones lingüístico-sociales. Las proyecciones de estos principios se desarrollarán de modo especial cuando tratemos de la metalingüística (5.1.8) y del procedimiento de adaptación (8.6).

2.2.2 Universales lingüísticos. Consideradas desde otro aspecto, en las visiones del mundo, por supuesto, hay semejanzas. Numerosas características esenciales e intrínsecas del lenguaje humano son comunes al hombre de todas las sociedades. Forman, por decirlo así, una matriz universal, que por ser compartida por todas las lenguas se denominan UNIVERSALES LINGÜÍSTICOS. Precisamente el hecho de que comparten ese marco general nos proporciona el punto de partida para el análisis contrastivo de las lenguas.

Hjelmslev, de la escuela de Copenhague, el lingüista que más difundió y desarrolló las teorías de Saussure, menciona entre esos hechos universales del lenguaje: el hecho de que el lenguaje sea portador de una 'sustancia' y de que la 'forma' sea su vehículo; la oposición e interdependencia entre 'significante' y 'significado', entre 'expresión' y 'contenido', entre 'código' y 'discurso particular', entre 'orden paradigmático' y 'sintagmático'; las grandes funciones sintácticas como la 'parataxis' y la 'hipotaxis'; las categorías semánticas subyacentes o 'acervo semántico' universal.

Martinet, como se mencionó, estableció otro universal lingüístico, la 'doble articulación del lenguaje': la 'primera articulación' es aquella según la cual todo hecho de experiencia que se transmite se analiza en una serie de unidades dotadas cada una de una forma y de un sentido (monemas); la 'segunda articulación' se analiza en unidades no significantes (fonemas). La utilización de estas clasificaciones traería como consecuencia la segmentación de la oración en 'constituyentes inmediatos', los cuales se encuentran relacionados en virtud del carácter lineal (superficial) del lenguaje, en la forma demostrada por Martinet (Quelques traits y Eléments).

Ya hemos tocado algunos de estos universales y los demás serán examinados en secciones próximas. Se puede ahondar más en esta materia con el estudio de Universals of Language (Joseph H. Greenberg), y de Universals in Linguistic Theory (Bach y Harms), que contienen artículos de varios eruditos. En resumen, los universales son los rasgos que se encuentran en todas las lenguas, y, sean cuales fueren las consecuencias para otras disciplinas, son para nosotros centrales las que tienen incidencia en traductología, pues su función es interpretar la visión del mundo comprendida en un mensaje. Frente a las diferencias que hemos ponderado antes, queda un inventario de rasgos comunes que deben ser estudiados detenidamente por el que se dedica a ser el intermediario de la comunicación entre pueblos de distintas costumbres.

Estos postulados sobre las diferencias y semejanzas entre visiones del mundo y entre civilizaciones no han estado libres de penetrantes discusiones y controversias. Lo que queda en claro es que por muy distintos que sean los aspectos del lenguaje, hay rasgos que se encuentran en todas las lenguas. Esta teoría trae como consecuencia que aun cuando todos los valores connotativos (visiones del mundo) no sean transferibles automáticamente de lengua a lengua, al menos pueden transferirse las denotaciones (universales lingüísticos). Las mayores complicaciones de la teoría de la traducción provienen por tanto de las primeras. Si volvemos por un momento al ejemplo dado

a propósito de la segmentación del texto en unidades de traducción
(1.2.1.1), habíamos anotado que al traducir a mile a un kilómetro
(la exactitud de la medida no es de interés inmediato) habíamos
aplicado una modulación por razones de uso. Eso mismo ocurre con
el empleo de casi todas las unidades de medidas. Al hablante
español le es más natural concebir las distancias en kilómetros que
en millas, aunque conozca las reglas de conversión. Para valernos
de otra ilustración, los habitantes de Chile no tienen la misma
riqueza de términos que posee el esquimal para clasificar la nieve,
ni el habitante de una ciudad posee las decenas de palabras que
conoce el gaucho para los colores de los caballos. El aspecto de los
colores sufre diferentes subdivisiones entre diferentes culturas.
Las estaciones del año no son las mismas en los países latinoamericanos donde no nieva ni pierden su follaje los árboles como
en el invierno de la América del Norte. En estos aspectos es donde
la traducción se convierte en uno de los problemas de la lingüística,
pero le sirve al mismo tiempo de auxilio, y esto hace que ocupe
dentro de esa ciencia un lugar legítimo.

2.2.3 Universales sintácticos y formales. En el campo de la
sintaxis y de la semántica hay también componentes universales.
La perspectiva sintáctica general puede ser muy heterogénea, pero
hay un mínimo de funciones y relaciones comunes, precisamente las
mayores y más importantes que son como el puente entre lenguas
diferentes, y de ellas hablaremos en la sección correspondiente a
gramática generativa transformacional. Ya hemos anotado las
grandes funciones sintácticas estudiadas por Hjelmslev. A ellas
debemos añadir las clases semánticas de palabras, explicadas por
Nida, que pueden resumirse de la siguiente manera: todas las
lenguas disponen de palabras (monemas) que dicen relación con
'objetos'; palabras que entrañan 'acción' o 'proceso' (acontecimientos);
otras que representan 'abstractos', modificadores de las dos primeras clases; y, finalmente, términos de relación, o 'relacionantes'.
En general, los objetos están representados por sustantivos, las
acciones o acontecimientos, por verbos; los abstractos, por determinantes (adjetivos, artículos); y los relatores, por preposiciones. La
estilística halla una dificultad no pasajera en la clase de acciones o
procesos que en la estructura patente aparecen a veces en forma de
sustantivos, en vez de verbos, conforme se verá en varios casos
prácticos, como los de transposición (8.3.4.7). Estas clases de
palabras corresponden aproximadamente a las partes de la oración
descritas por Fries.
    Entre los 'universales sintácticos' se cuentan, por ejemplo, las
formas de 'ordenamiento', las cuales pueden ser 'jerárquicas', las
que recaen en la parte básica de la sintaxis, y 'lineales', las que

aparecen en la estructura patente de la lengua. En el orden 'jerárquico', la categoría primordial más extensa, que abarca todos los ordenamientos permitidos en una lengua, es la 'oración'. Los principales constituyentes de la oración son la 'modalidad' y la 'proposición'. El primer universal sintáctico de orden sería entonces: oración → modalidad + proposición. Esto significa que las unidades de modalidad y proposición están dominadas por otra de rango más alto que es la oración. El orden lineal en cambio se refiere al orden que ocupa cada unidad respecto de la otra. Por ejemplo, en la estructura patente, es universal el orden lineal sujeto + predicado. (La modalidad se refiere a las circunstancias que rodean a una locución, como tiempo, negación, modo, interrogación, aspecto.) La proposición está constituída por los elementos nominales y verbales y sus interdependencias y por las categorías de casos. El alcance de la presente obra no nos permitirá tratar en detalle los componentes de la gramática generativa que el lector interesado podrá encontrar en cualquier tratado de lingüística, en particular Chomsky, Fillmore y Di Pietro).

En la gramática generativa transformacional se conocen los llamados universales chomskianos, que han surgido de las estipulaciones de Chomsky, Charles J. Fillmore, Emmon Bach y otros, y de las formulaciones sobre teoría semántica de U. Weinreich, J. Katz, J. Fodor y varios otros lingüistas. Las lenguas tendrían según ellos un diseño o 'plan universal', constituído en primer lugar por dos estructuras que reciben el nombre de 'subyacente y patente' (2.3.1). [6] En segundo lugar, si se reduce la diversidad de las estructuras patentes a unos pocos elementos de estructuras subyacentes obtendríamos las categorías, funciones y reglas que según se constata son las mismas para todas las lenguas. Pero de las hipótesis de los lingüistas chomskianos se sigue que las estructuras subyacentes universales reflejan la universalidad de las relaciones extralingüísticas, y una de ellas, la más universal sería la semántica, 'universal sustancial'. Por otro lado, el funcionamiento del modelo transformacional, que abarca también formas comunes a todas las lenguas, vendría a constituir un 'universal formal'.

A esos universales, Roderick A. Jacobs añade los siguientes: la sinonimia, es decir, la identidad básica de sentido entre dos o más enunciados; en muchas lenguas, la construcción activa y pasiva; la ambigüedad, es decir oraciones que tienen más de un significado; la capacidad generativa del hablante y la capacidad de reconocer la falta de gramaticalidad; la extensión ilimitada de las oraciones que no tienen límite gramatical; y la negación.

No se puede negar la importancia de los universales lingüísticos y sintácticos como punto de partida para el estudio de la estilística

diferencial, y aquí nos vemos otra vez frente a una de las causas más
inveteradas de tropiezo del traductor, es decir, los contrastes y las
opciones.

2.3 Las nuevas tendencias

2.3.0 Introducción.

Tradicionalmente el sentido no formaba parte
de ningún estudio de gramática y lengua. Los procedimientos de análisis, el 'estructuralismo' en tiempos más recientes, se contraían a
segmentar y clasificar locuciones a base de sus propiedades formales,
sin hacer referencia al sentido de las oraciones o cadenas sintagmáticas que eran el objeto de su estudio. En el cuadro de la lingüística
'distribucional' de Harris y Bloomfield, y en el de las 'estructuras
sintácticas' de Chomsky se podía describir una sintaxis sin recurrir
a la 'semántica'. El problema de la 'ambigüedad' constituía una
barrera inexpugnable. En cambio, en la reformulación lingüística
actual, es uno de los principios fundamentales la importancia central
de la significación en todo estudio de lengua. El lector deduce sin
esfuerzo que el hecho redunda directamente en beneficio de la traductología. La corriente actual tiene por lema demostrar las relaciones que tienen lugar entre la 'lengua' y el 'pensamiento', entre
la lengua y la realidad, las cuales se convirtieron en los temas
importantísimos de las obras de Sapir y Benjamin Whorf, quienes
reorientaron el estudio de la semántica, que es, como hemos dicho,
el aspecto más universal de las lenguas. La significación pasó,
pues, a ser parte integrante del análisis lingüístico contemporáneo,
y se convirtió en el foco de los debates de psicólogos, filósofos,
antropólogos y lingüistas. Todos ellos han demostrado que era
imperioso tener en cuenta las relaciones significantes que existen
entre elementos del discurso y explicar las ambigüedades tanto
léxicas como estructurales (6.1). En los postulados lingüísticos
anteriores la 'desambigüización' era imposible, incluso en el de los
constituyentes inmediatos. Con las técnicas transformacionales y
los procedimientos de 'descomposición de contextos' enseñados por
Katz y Fodor, es posible analizar y describir las expresiones
ambiguas. El enfoque estructural anterior, que excluía la semántica,
como se dijo, hacía sólo la distinción entre fonología y morfología.
Las divisiones principales de la lingüística contemporánea obedecen
a la interpretación de la lengua en tres componentes distintos: el
fonológico, el sintáctico y el semántico. El último no se ha resuelto
todavía y está abierto el debate. La interpretación en tres componentes resulta de la unión de los distintos elementos discutidos
por varios teóricos, entre ellos Katz y Fodor, Chomsky y Halle,
Fillmore y Bach; con ella se permite la identificación y explicación

de los contrastes de las lenguas, que es la pauta fundamental del traductor.

En la presente sección vamos pues a ver la composición estructural de la lengua en su aspecto sintáctico-semántico. A un extremo de dicha composición se encuentra la estructura más profunda o conceptual y, al otro, la estructura superficial o patente. Entre estos dos extremos existen distintos niveles y relaciones estructurales que se revelan por medio de operaciones llamadas transformaciones. El proceso transformativo puede encauzarse desde la estructura profunda hacia la patente, o viceversa. Estudiaremos que al traductor le conviene realizar este último, esto es, la transformación inversa, pero no hasta su extremo más profundo, sino sólo hasta la estructura prenuclear. En este nivel realiza la transferencia de ideas. Luego reestructura el mensaje en su propia lengua, valiéndose de la transformación directa hacia la superficie. Este proceso de reducción (transformación inversa), transferencia y reestructuración (transformación directa) da por resultado el 'modelo transformacional' de la traducción.

2.3.1 Estructura subyacente y estructura patente. Hemos visto en una sección anterior que las lenguas poseen significación y forma, o contenido y expresión. La 'significación básica' o contenido se encuentra en dos niveles, uno que en el importantísimo modelo de lengua postulado por Chomsky y los lingüistas del MIT se ha llamado ESTRUCTURA SUBYACENTE, y otro más profundo todavía, el SEMÁNTICO (Wallace L. Chafe, George Lakoff, Langacker, y otros). La expresión se forma, se manifiesta o realiza en la representación superficial y observable de la lengua, que se conoce con el nombre de ESTRUCTURA PATENTE. Para los fines de la presente obra consideraremos únicamente la polaridad de estructura subyacente y estructura patente, como nociones básicas de la gramática generativa, en la suposición de que la estructura subyacente proporciona todos los datos pertinentes a la interpretación semántica de una elocución, según la teoría de George Lakoff. En otras palabras, la gramática generativa se compone de dos principales niveles de estructura: el 'subyacente', en el que reside la significación básica, y el 'patente' que es la forma lineal y progresiva en que aparece la lengua.

Se percibe mejor esta dicotomía por medio de ejemplos prácticos de sinonimia y homonimia construccionales, temas que trataremos con mayor detención más adelante.

En las secuencias:

(a) José Arcadio Buendía fundó a Macondo.
(b) Macondo fue fundado por José Arcadio Buendía.

(c) Fue José Arcadio Buendía quien fundó a Macondo.

(d) A Macondo fundó José Arcadio Buendía.

se dice que hay 'sinonimia sintáctica o construccional' porque todas significan básicamente la misma idea, aunque la frecuencia de uso no sea igual para todas ni tengan todas el mismo matiz de relieve. En otros términos, todas las secuencias del ejemplo poseen una estructura subyacente común.

Desde el punto de vista inverso, una sola idea (estructura subyacente o conceptual) se manifiesta por cuatro variadas formas de expresión (estructuras patentes). Veamos el siguiente diagrama, utilizando solamente las dos primeras oraciones del ejemplo:

Pero, al contrario, en la oración el perro de Juan, encontramos una sola forma de expresión (estructura patente) y dos ideas posibles (estructuras subyacentes), ya que podría entenderse que Juan tiene un perro o que Juan es un canalla; es el caso de la ambigüedad, vale decir, de la 'homonimia sintáctica' y la representamos de la siguiente manera:

En verdad, estos hechos demuestran que la sintáxis y la semántica, como lo corroborarán los apartados siguientes, están íntimamente ligadas, y que ninguna puede tratarse en forma provechosa sin referencia a la otra.

Como estudiaremos en diversos sectores del presente tratado, este reconocimiento de la disparidad entre estructura subyacente y estructura patente se constituye en uno de los conceptos fundamentales de traductología. Como desde ahora se puede ver claramente, una de sus aplicaciones consiste en la solución de ambigüedades. A medida que adelantemos en la materia veremos otros casos de aplicación, y también se estudiará que los sistemas semántico y sintáctico de la lengua poseen los principios que relacionan estos dos extremos de estructura.

2.3.2 Las transformaciones. La estructura subyacente y la estructura patente se relacionan entre sí por medio del mecanismo de las TRANSFORMACIONES. El mecanismo 'transformacional' realiza diferentes operaciones en las estructuras subyacentes y las convierte en estructuras patentes o superficiales. Esas operaciones pueden ser de 'adición', 'supresión', 'permutación' (cambio de orden) y 'sustitución' de elementos o constituyentes sintácticos. De esta manera las oraciones pueden ser 'simples' o 'complejas', cortas o largas. En principio una oración podría alargarse hasta el infinito, según la cantidad y clase de transformaciones que se le apliquen.

Las transformaciones parten desde los núcleos más simples y elementales que se hallan muy cerca de la estructura subyacente, y que se llaman 'oraciones nucleares'.[7] Son las más elementales de la lengua, simples y afirmativas, y pertenecen a un número muy reducido de clases. Las oraciones nucleares por medio de las transformaciones se alteran para convertirse en otras estructuras sin que cambie su significación básica, o se combinan entre sí para formar oraciones compuestas y complejas. Unas transformaciones son 'obligatorias' y otras 'facultativas'. Unas se realizan en una sola cadena (one-string transformations) y se llaman ELEMENTALES o UNITARIAS; otras, en dos cadenas (two-string transformations), y se llaman BINARIAS o GENERALIZADAS. Las oraciones que resultan de la aplicación de ciertas transformaciones se llaman TRANSFORMAS. Veamos algunos ejemplos para tener una idea más clara del mecanismo.

Partiendo de la siguiente oración nuclear: <u>Los textos escolares estarán catalogados a fin de año</u>, y aplicando una serie de transformaciones, obtendremos la siguiente variedad de secuencias.

Transformaciones unitarias:

(1) Pasiva:
     Los textos escolares serán catalogados a fin de año.
(2) Negativa:
     Los textos escolares no estarán catalogados a fin de año.
(3) Interrogativa:
     ¿Dónde no estarán catalogados a fin de año los textos escolares?
(4) Compuesta:
     Los textos escolares estarán catalogados y disponibles a fin de año.
(5) Alternativa:
     Los textos escolares estarán catalogados o disponibles a fin de año.

Transformaciones binarias:

Dada la oración nuclear: <u>Los textos escolares estarán catalogados a fin de año</u>.

(6) Modificada (relativización):
Los textos escolares que cambien estarán catalogados a fin de año.

(7) Nominalizada:
Es verdad que los textos escolares estarán catalogados a fin de año.

(8) Oración como elemento de tiempo:
El profesor estará aquí cuando los textos escolares estén catalogados a fin de año.

(9) Oración como elemento de lugar:
El profesor trabajará donde los textos escolares estén catalogados a fin de año.

(10) Comparación:
Los textos escolares estarán catalogados a fin de año como los demás libros.

(11) Oración nominal, interrogativa negativa:
¿Dónde no estarán los textos escolares catalogados a fin de año?

(12) Concesión:
El profesor trabajará aunque los textos escolares estén catalogados a fin de año.

(13) Condición:
El profesor trabajará siempre que los textos escolares estén catalogados a fin de año.

(14) Propósito:
El profesor trabajará para que los textos escolares estén catalogados a fin de año.

(15) Resultado negativo:
El profesor trabajará sin que los textos escolares estén catalogados a fin de año.

(16) Posibilidad:
Es posible que los textos escolares estén catalogados a fin de año.

Y así se podría seguir obteniendo todas las variedades posibles de oraciones. Igualmente, con otras transformaciones como las de relativización, nominalización, incrustación, autoincrustación, [8] etc., las oraciones pueden combinarse en secuencias y configuraciones más largas y complejas, como:

(17) Sean cuales fueren las razones académicas por las que haya sido elegido miembro del consejo directivo, el profesor, con su larga experiencia en el manejo de asuntos que conciernen directamente a la enseñanza pública, preferirá estar en la capital cuando los textos escolares estén catalogados como

los demás libros en la forma más completa posible, y con
la debida puntualidad a fin de año, de acuerdo con la orden
impartida por la Dirección Nacional de Educación.

Y si consideramos, además, el nuevo campo de estudio al que se
dedican unos pocos lingüistas de la actualidad, la gramática extraoracional, las oraciones se combinan y relacionan entre sí para
formar párrafos o textos (capítulo 7).

Como reseñaremos más adelante y en diversas ocasiones, conocer
una lengua significa conocer las transformaciones. Aunque no están
totalmente investigadas, las transformaciones se hallan a la base
del 'comportamiento de las estructuras' y del 'poder de expresión'
del escritor y del traductor.

2.3.3 Generatividad y competencia. Estas operaciones que hemos
venido realizando obedecen al principio de GENERATIVIDAD de la
lengua (2.1.5) al cual debe su nombre la nueva gramática. La
'generatividad' es una función básica de la gramática que consiste
en asignar a cualquier oración de la lengua la 'descripción estructural' correcta. La lengua viene a estar así representada por un
'proceso generativo' basado en 'reglas recursivas'.[9] En esta función está implícita también la selección, pues en las transformaciones que no cambian el sentido de una oración el escritor o hablante escogen una de las variantes, por ejemplo, la variante activa
o la pasiva.

El principio de la generatividad tiene gran importancia en traductología, y en dos aspectos básicos: Primero, en el aspecto
'onomasiológico', es decir el de la enunciación. En efecto, aunque
las ideas no son del traductor, la expresión sí lo es. Partiendo de
una 'oración nuclear', el traductor genera cualquier oración posible
y correcta de su lengua. Generar es la operación más difícil de la
traducción. De ahí que una persona que carece de aptitud generativa
en el sentido chomskiano del término, aunque comprenda un texto en
LO tenga dificultades en reelaborarlo en LT. La CREATIVIDAD se
basa en el conocimiento no sólo de la naturaleza de la lengua sino de
sus mecanismos de funcionamiento. Segundo, la generatividad
explica el hecho de la 'pluralidad' de formas de expresión o
ALTERNATIVIDAD ESTILISTICA. Como se verá en el capítulo
dedicado al estudio del discurso (de modo especial 7.6.1), además
de la recursividad que hemos mencionado, la aplicación de las
transformaciones da por resultado la pluralidad de estructuras para
la manifestación de una misma idea. Las transformaciones constituyen el origen de las variaciones estilísticas y enriquecen el
inventario expresivo del traductor. Por tanto, mientras más
exuberante es la 'alternatividad estilística' producida por el

dispositivo transformacional, mayor se vuelve la aptitud generativa
o creativa. El traductor que hace uso de tal mecanismo está capacitado para manejar las estructuras en forma tan variada como le
exijan la fidelidad al mensaje que debe transmitir y el espíritu y
naturalidad de la lengua receptora.

Ese potencial generativo y creativo del individuo que habla o
escribe, en nuestro caso, del que traduce, tiene su explicación en
otra noción de la misma gramática generativa, LA COMPETENCIA.
Habíamos ya dicho (2.1.5) que la dualidad saussuriana de 'lengua' y
'habla' fue reformulada por Chomsky. Pues bien, esa dualidad se
amplía con el concepto de competencia, que es una innata facultad de
lengua, la posesión de mecanismos universales capaces de realizar
las estructuras subyacentes de la experiencia no lingüística en las
estructuras patentes. La 'competencia' es el conocimiento intuitivo
e implícito de las lenguas, la aptitud de combinaciones, aún las
nunca vistas ni oídas. El traductor necesita manejar las estructuras
con efectividad y encuentra en el proceso generativo el mecanismo
dinámico de generación y elaboración del discurso, estableciendo
relaciones significantes entre ellas, combinándolas unas con otras,
estableciendo comparaciones o proyecciones de todas clases. 'Necesitamos en todo lo posible--aconseja Eugene Nida--explicar cómo
podemos tomar un mensaje único de la lengua origen y crear un
mensaje igualmente único en la lengua receptora'.

2.3.4 Interferencia lingüística. De las nociones expuestas se
deriva otra consecuencia axiomática para nuestra disciplina. Es el
fenómeno de la INTERFERENCIA LINGUISTICA que ha formado ya,
junto con el 'bilingualismo', un importante capítulo de la lingüística
actual, pero que entre los traductores sigue siendo ignorado y desconocido como muchos otros principios.

En la teoría de Chomsky se hace una distinción fundamental entre
COMPETENCIA (el conocimiento que la persona posee de su lengua)
y ACTUACION[10] (el uso real de la lengua en situaciones concretas).
La persona domina un sistema subyacente de reglas y se vale de él
en la 'actuación' concreta. Hay una realidad mental subyacente en
el que habla o escribe su lengua. Esa 'competencia subyacente' es
en verdad, como acabamos de ver en la sección precedente, un
sistema de procesos generativos, una capacidad innata de generar
una variedad de expresiones. En este sentido, el grado de pertinencia
de las equivalencias (LT) que el traductor procura encontrar para una
expresión dada (LO) será proporcional a su 'competencia subyacente',
es decir al conocimiento íntimo e intuitivo de la 'lengua materna'
(2.3.3).

Ahora bien, lo que interfiere con esa competencia es el poder de
una lengua extranjera que tenga facultades dominantes. Este fenómeno,

resultado del contacto lingüístico, se conoce con el nombre de
'interferencia lingüística', término muy usado por Weinreich. En el
caso de la traducción anglo-hispana, que concierne directamente a la
presente obra, el inglés tiende a dominar por las características que
posee, las cuales se bosquejan al tratar del plano de representación
de las lenguas (3.2.1). La lengua anglosajona, según se verá, tiene
grandes virtudes, como su economía y flexibilidad, porque su campo
de acción se contrae a la manifestación concreta de la realidad,
gracias a su riqueza de términos concretos para describir la experiencia humana, su facilidad de pintar la realidad en forma natural y
precisa con todos sus detalles y matices. Su estructura es apta para
la descripción cinematográfica de los procesos de realidad. El orden
riguroso y efectivo del inglés, su tendencia a la lexicalización, como
repetiremos en todos los casos en que se considere relevante, sub-
yuga a una lengua que se caracteriza por mantenerse en el plano de lo
abstracto, del intelecto, ajena a los detalles de lo concreto y de lo
objetivo. Aunque tanto el inglés como el español son lenguas
colonizadoras, la primera es internacional, como lo es el francés.
"La internacionalización tiene también--manifiesta Criado de Val--
junto a positivas ventajas, el peligro de una excesiva simplificación
de un idioma (debido al aprendizaje incompleto), que tiende a
reducirlo a un esquema básico y coloquial y que insensiblemente
contagia a la propia lengua metropolitana." El inglés por la ley del
número parece la preferencia lógica para las naciones no anglófonas:
se ha internacionalizado. En materia de sintaxis, la 'interferencia'
se hace sentir de modo especial a partir de las lenguas cuya expresión
tiende al 'orden fijo', es decir, de lenguas en las que la función de los
sintagmas está señalada las más de las veces por su posición en el
enunciado, y una de ellas es el inglés. La interferencia afecta más a
lenguas llamadas de 'orden libre', y una de ellas es el castellano. Lo
peligroso es que el traductor empírico no se da cuenta de ello, como
desafortunadamente la experiencia nos ha colmado de pruebas. Emilio
Lorenzo protesta justamente que "la presión de lo inglés continúa y se
acentúa en todos los sectores de la cultura hispánica susceptibles de
influencia, y en relación inversa con el grado de educación alcanzado
por quienes se ven sometidos a ella." De ahí que en vista de estos
dos hechos principales de la 'competencia' e 'interferencia lingüística',
en los medios en que la traducción es entendida en forma más científica y ha salido de sus niveles alquímicos, se exige que se traduzca a
la lengua materna, en la cual el traductor posee la verdadera
'competencia subyacente', o, lo que en términos menos especializados
solía decirse, el dominio de la lengua. Eugene Nida es enfático en
cuanto a esto e insiste en que la traducción debe hacerse a la lengua
materna. Martinet, al dedicar todo un capítulo a este fenómeno
expresa "Il n'y a, en fait, que quelques virtuoses qui soient capables

de manier deux ou plus de deux langues sans que se produisent
jamais chez eux les phénomènes qu'on désigne sous le nom
d'interférence linguistique. L'interférence se manifeste sur tous
les plans des langues en contact et à tous les dégrès. " Sería absurdo
negar que las lenguas se corrompen por el contacto. Esa es precisamente la razón histórica por la cual han surgido nuevas lenguas en el
mundo. Acaso después de unos años o siglos se establezca con
derecho propio el chicano, pero mientras tanto no se puede traducir
empleando palabras castellanas sobre una estructura o visión del
mundo extrañas a nuestra lengua. Pues, ¿qué resulta de la interferencia lingüística sino errores, literalismo e ininteligibilidad? Y
no debe interpretarse este fenómeno superficialmente: los procesos
de la lengua son psicológicos; la acción bilingüe contribuye a
desarticular el pensamiento. La interferencia que encara diariamente
el traductor, y contra la cual debe combatir sin tregua, se agrava
más aún si se pretende traducir a una segunda lengua o lengua
extranjera. La traducción en estas circunstancias no puede ser
dinámica ni exacta (8.2.1.1 y 8.3.1). Sólo destruye el 'genio de la
lengua' (3.2.2). Esa realidad se muestra en todas las 'bellas
infieles',[11] advierte Georges Mounin, que no descuida el tema en
su obra que es una de las más valiosas para la traductología.

Hay que mirar a fondo la cuestión para comprender mejor el
alcance de este principio que a algunos puede parecer a primera
vista sin importancia. En efecto, con lo que hemos expuesto hasta
ahora no nos hemos referido únicamente a la competencia de generar
oraciones gramaticales bien formadas, que sería más facil hacerlo,
una vez aprendidas las reglas. Las dificultades comienzan cuando
empieza a variar el 'grado de gramaticalidad' de las expresiones.[12]
La competencia y creatividad se asocian también con la capacidad de
'innovar', y no se puede innovar en una lengua que no es la propia.
Como hemos visto, la innovación de expresiones nunca vistas ni oídas,
pero gramaticalmente normales, es más asequible; no así la innovación
en el sentido de utilizar las desviaciones de la estructura normal y
las 'anomalías semánticas' con el fin de lograr los efectos expresivos
y literarios, por medio del juego de la alternatividad estilística
(2.3.3) y de los matices y resonancias expresivas. El lenguaje
figurado, la metáfora, la sinécdoque, que ahora encuentran descripción parcial en la gramática generativa, parten precisamente de las
formas aberrantes[13] gramaticales y de las 'anomalías semánticas'
(2.4.2). Si hay tantos traductores que apenas pueden entenderse con
las estructuras normales, ya que para ello teóricamente bastaría
dominar las reglas, ¿cómo podrían perseguir efectos expresivos por
medio de anomalías psicológicas y semánticas, como en literatura y
poesía, si carecen de esa facultad de lengua innata, de esa intuición
lingüística que se posee en la 'lengua materna'?

Como no es nuestro propósito detenernos en este aspecto, queremos sólo indicar algunos autores en cuyas obras puede el traductor ahondar en los problemas de la interferencia lingüística: Jakobovits, L. Selinker, I. A. Richards, Benjamin Lee Whorf (<u>Languages and Logic</u>), Uriel Weinreich (<u>Languages in Contact</u>), y otros más. Es importante, sin embargo, observar que los traductores que viven en comunidades de habla extranjera a menudo olvidan ciertos aspectos de su propia lengua. De ahí su obligación de preservar la competencia subyacente por medio de la lectura frecuente de buenos autores, de revistas y periódicos, que le permitan estar al día en los cambios y fluctuaciones del uso. A diferencia de otras organizaciones, la OEA fomenta los viajes de los traductores a los países de habla española por medio de sus numerosos congresos que celebra en ellos todos los años, y de esta manera el traductor no sólo mantiene la vivencia de su lengua sino que puede observar las modalidades que se manifiestan en cada país. La interferencia es un obstáculo en la aplicación de ciertas técnicas de las que nos ocuparemos más adelante, en especial de la modulación, la equivalencia y la adaptación (capítulo 8), y es el terreno abonado para los préstamos y el calco léxico y estructural. Como lo hace notar Charles C. Fries, "For the foreign speaker of a language who learns this new language as an adult, the words as stimuli probably never function with anything like the same fullness and freedom as they do for a native". El bilingüe ideal que puede existir en la persona hablante, en el traductor no existe. De todos estos problemas se tratará en un capítulo posterior a propósito de las convergencias y divergencias lingüísticas y culturales en la equivalencia y adaptación.

2.3.5 Análisis contrastivo: niveles de discrepancia y de similitud de las lenguas. Manteniéndonos en el cuadro de las nuevas tendencias, hemos establecido ya la dicotomía de la estructura subyacente a un extremo, y al otro, la estructura patente o superficial, que, conforme a lo expuesto (2.2.2 y 2.2.3), son comunes a las lenguas y por tanto figuran entre los universales lingüísticos. Los lingüistas llamados 'comparatistas' o 'contrastivistas' han explorado esos niveles extremos de estructuras y los niveles intermedios con el fin de analizar los 'contrastes' que existen entre las lenguas, proceso que recibe el nombre de ANALISIS CONTRASTIVO. Según estos comparatistas, entre ellos Robert Stockwell, Robert J. Di Pietro, Frederick B. Agard, Mark G. Goldin, Roger L. Hadlich, Eugene Nida, Oswald Werner, Donald T. Campbell, y varios otros, el área crucial de contraste se encuentra entre la estructura subyacente y la superficial y oscila entre ellas según las lenguas que se comparen. Las lenguas convergen más hacia la estructura subyacente, por tanto, en ella se encuentran, con mayor frecuencia las 'similitudes'. Por eso hemos dicho que en ese nivel se hallan los universales lingüísticos mencionados. Pero hay niveles de estructura intermedios que se extienden entre los más profundos y los más superficiales. Estos 'niveles intermedios' son los que forman el área de contraste porque en ellos las lenguas empiezan a revelar sus diferencias. Si analizamos la expresión:

It is raining   Llueve

hace notar el Profesor Di Pietro, hay diferencias en dos niveles intermedios del inglés: en primer lugar se genera un sujeto it y, en segundo lugar, se produce un aspecto progresivo, a diferencia del español que no tiene ninguna forma de sujeto, ni el aspecto progresivo (o durativo) se produce de la misma manera. Si comparamos el español con el francés veremos que la discrepancia se produce sólo en un nivel intermedio, y, por fin, si comparamos el español con el italiano, ya no encontramos ninguna diferencia. Por otra parte, cuando más nos acercamos a la estructura patente, tanto más se acentúan las 'discrepancias'. En lo que atañe a la traductología, aunque es claro que las similitudes entre las lenguas facilitan la operación de transferencia, las discrepancias son fuentes de todos los problemas, y en consecuencia, es esa el área que más le interesa. En efecto, las diferencias y contrastes y sus implicaciones inciden directamente en los elementos facultativos que forman la estilística, y al percibirlas el traductor se vuelve consciente del 'proceder particular' que sigue cada lengua en la manifestación de la realidad y la experiencia, no sólo en cuanto al vocabulario sino a la sintaxis. Contamos ya con la tipología que nos proporciona los datos de las semejanzas que encontramos entre las lenguas. Con el análisis contrastivo, si continúa su progreso en la forma en que lo hace en la actualidad, tendremos el instrumento más necesario a nuestra profesión: el conocimiento más riguroso y objetivo de las diferencias de las lenguas.

2.3.6 Nivel de transferencia. He aquí la utilidad básica que nos presta el 'análisis contrastivo'. Una vez que tenemos una idea de los niveles en los que las lenguas exhiben ya sea sus diferencias o sus similitudes, al traductor le interesa saber en cuál de ellos debe realizar la TRANSFERENCIA de las ideas de una lengua a otra. De lo dicho se puede ya colegir que sería más conveniente hacerlo en los planos en los que las lenguas tienden a converger, es decir, a mostrar más características comunes. En efecto, Eugene A. Nida inaugura el proceso. Si empezamos analizando los extremos, veremos que en el nivel de la estructura patente habría el peligro de caer en la 'literalidad', ya que a ese nivel no se pueden determinar

con eficacia las relaciones que se producen entre los elementos de un
enunciado, y se caería con facilidad, como ocurre con todos los
traductores no iniciados, en la llamada traducción de lexema por
lexema. Igualmente, al nivel de la estructura subyacente, cuyo
manejo es más difícil que el de cualquier otro nivel estructural, se
correría el riesgo de caer en generalizaciones y abstracciones,
puesto que mientras más al fondo de la idea se quiere ir, es decir,
mientras más nos alejamos del contexto, más abstracta se vuelve
ésta y más se diluye el pensamiento, hasta el punto de que la traducción se distorsiona. De ahí el valor de la solución de Nida, quien
aconseja que la 'transferencia' de la idea se efectúa en un nivel menos
profundo que el de la estructura subyacente.[14] Ahora bien, antes de
llegar a la estructura subyacente encontramos dos estructuras: la
ESTRUCTURA NUCLEAR, es decir la de las ORACIONES
NUCLEARES,[15] que según hemos visto son en el terreno de la
manifestación lingüística las formas de elocución más rudimentarias
y simples, y la ESTRUCTURA PRENUCLEAR, es decir, las oraciones
nucleares que han sufrido cierto grado de transformación. En la
'estructura prenuclear', las ideas se dejan transferir fácilmente con
un mínimo de distorsión. En el nivel de las oraciones nucleares
todavía se tendría gran dificultad, pues se producirían en series
desconectadas y la falta de estrecha relación entre ellas no coa-
dyudaría a la construcción efectiva del sentido. Nos hallaríamos
frente a la necesidad de establecer una relación más clara, que no
se consigue trantándolas aisladas en su nivel extremo, sino
conectándolas en ordenamientos algo más estrechos y significantes.
El nivel que interesa a la traducción es pues el de las cadenas
'prenucleares', ya por ser notablemente más similares entre las
dos lenguas que se comparen y ya por ofrecer un grado más alto de
equiparación entre estas estructuras y las categorías funcionales
estudiadas de los objetos, acciones, abstracciones y relatores
(2.2.3).

2.3.7 Modelo reducido: transformación inversa y reestructuración. El proceso de transferencia es simple una vez que se comprende el mecanismo transformacional. Recordemos lo dicho a
propósito del proceso generativo de la lengua: se parte de una
'frase embrión' o 'nuclear', se le aplica una serie de transformaciones,
unas obligatorias y otras facultativas, en determinado orden, y se
producen cadenas más largas, compuestas y complejas (2.3.2).
Sirviéndonos del mismo mecanismo de la gramática nueva, nos
corresponde ahora realizar el procedimiento inverso, 'reducido',
llamado TRANSFORMACION INVERSA, que consiste en partir de
una oración compleja, despojarla gradualmente de las transformaciones que había sufrido hasta lograr una manifestación o realización

completa en la superficie, y volver a obtener una oración nuclear.
Pero según el método que ya hemos enunciado no nos conviene
llegar al nivel nuclear sino únicamente a la 'estructura prenuclear'.
En otras palabras, el mecanismo transformacional nos permite
descender retrospectivamente desde la estructura lineal de una cadena del discurso, haciendo su desglose hasta llegar a las estructuras prenucleares que la sirvieron de base, y podemos también
volver a aplicarle las mismas transformaciones y reconstruirla o
restaurarla a su estado inicial. Richard Ohmann, Roderick A.
Jacobs, y otros lingüistas utilizan un procedimiento similar de
'reducción y reestructuración' para el análisis del estilo y de textos,
como reseñaremos más adelante (capítulo 7). [16] El sistema de Nida
se basa en esa flexibilidad transformacional y, aplicándola al proceso traductivo aconseja: "(1) reducir el texto original a las oraciones prenucleares estructuralmente más simples y semánticamente más evidentes, (2) transferir el sentido de la lengua original
a la lengua receptora, y (3) generar en la lengua receptora la
expresión estilística y semánticamente equivalente." Representamos
este procedimiento con sus tres fases en el diagrama de la figura 2.4.

FIGURA 2.4 Modelo transformacional de la traducción.

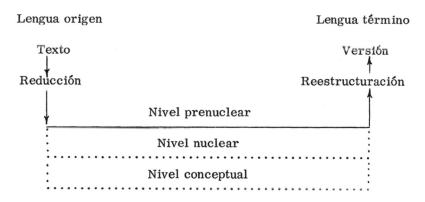

El valor que este sistema tiene en traductología es, en primer
lugar, el de constituir la base del método de 'traducción oblicua'
(8.2.2.1 y 8.3.1) y uno de los medios más eficaces de evitar la
'traducción literal' (8.2.1.2), fuente de la mayor cantidad de
errores y fantasmas, y, en segundo lugar, el de proporcionar un
'margen de adaptación' para lograr el contexto apropiado en la lengua
receptora. Si se presta debida atención a esta idea, lo más importante es darse cuenta de que el método de traducción, por medio
del cual se persigue la equivalencia no literal sino racional, no es
simplemente el de encontrar otro mensaje más o menos similar al

del original. La traducción debe siempre reflejar el sentido y la intención del original. Si no facilitara esa finalidad, sería inútil que nos propusiéramos continuar el desarrollo de la presente obra, la cual, como veremos más adelante (8.1.2), se propone sobre todo iniciar al traductor en todos los métodos posibles de análisis antes de acometer una traducción.

Recapitulando, el procedimiento traductivo consistirá, pues, en analizar la expresión del texto LO en términos de oraciones prenucleares, trasladar las oraciones prenucleares de LO a oraciones prenucleares equivalentes de LT y, finalmente, transformar estas estructuras de LT en expresiones estilísticamente apropiadas. El principio implícito que se debe observar estrictamente es que no se cambie el texto original, entendiéndose que lo que se persigue con la 'transformación inversa' (y con el 'decentramiento', según Werner y Campbell) es sólo la clarificación.

Recuérdese igualmente lo dicho al ponderar el aspecto generativo y la creatividad, que el proceso más difícil de este sistema es el de la 'reestructuración', como se puede entender sin dificultad ya que además de la generación de la expresión estilísticamente apropiada entra también en juego el contexto psicolingüístico y cultural, como se previó a propósito de las unidades de traducción y como se tratará en forma más amplia en el capítulo 5. En efecto, y lo reiteraremos con frecuencia a través del presente estudio, la traducción verdadera se realiza a nivel de los 'grandes signos', de los 'macrocontextos', del mensaje íntegro, no de simples series de lexemas o de fragmentos aislados del discurso.

Ejemplo práctico:

The privileges and immunities which the Government of the United States of America accords to diplomatic envoys accredited to it shall be extended, subject to corresponding conditions and obligations, to any person designated by a member state, other than the United States of America, as its Representative or Interim Representative to the Organization of American States; to the Permanent Observers of nonmember states; to such Alternate Representatives and Advisers of the missions of member states and Alternate Observers of nonmember states who have been appointed in accordance with Article 78 of the Charter of the OAS, excluding such persons who are serving in an administrative or other non-diplomatic capacity, and whose credentials have been verified by the Organization of American States and whose appointments have been notified by the Organization to the Government of the United States of America.

'Análisis' o 'reducción' a estructuras prenucleares (se hace también una ligera separación de 'planos de ordenamiento', según la prioridad de las estructuras (7.4.1):

US Government accords privileges to diplomatic envoys
    Presupposition
    diplomatic envoys are accredited to US Government
    Presupposition
    privileges are subject to conditions and obligations
privileges shall be extended
    (a) to any person
        a member state designates any person
        US does not designate any person
            person is designated (1) as Representative to OAS
                            (2) as Interim Representative to OAS
    (b) to Permanent Observers of nonmember states
    (c) to such Alternate Representatives and Advisers of the mission of member states
    (d) to Alternate Observers of nonmember states
        Presupposition
        nonmember states appoint Alternate Observers in accordance with Article 78 of the Charter
Requirements
OAS has verified credentials of (a), (b), (c), and (d)
OAS has notified appointments to US Government
Exception
persons who serve in administrative or other non-diplomatic capacity

'Transferencia' en el mismo nivel prenuclear:

El Gobierno de los EU otorga privilegios a agentes diplomáticos
    Presuposición
    los agentes diplomáticos son acreditados ante el Gobierno de EU
    Presuposición
    los privilegios están sujetos a condiciones y obligaciones
los privilegios serán concedidos
    (a) a toda persona
        un Estado miembro designa a toda persona
        EU no designa a toda persona
            la persona es designada como (1) Representante ante la OEA
                            (2) Representante Suplente o Asesor

(b) a los Observadores Permanentes de Estados que no son
miembros

(c) a los Representantes Suplentes y Asesores de las misiones
de los Estados miembros

(d) a los Observadores Suplentes de los Estados que no son
miembros
Presuposición
los Estados que no son miembros nombran Observadores
Suplentes de acuerdo con el artículo 78
Requisitos
la OEA ha verificado las credenciales de (a), (b), (c), y (d)
la OEA ha notificado los nombramientos al Gobierno de EU
Excepción
las personas que desempeñan funciones administrativas o
de carácter no diplomático

'Reestructuración':

Los privilegios e inmunidades que el Gobierno de los
Estados Unidos de América otorga a los agentes diplomáticos
acreditados ante él se concederán, con sujeción a las condiciones y obligaciones correspondientes, a toda persona
nombrada por otro Estado miembro como su representante,
representante interino, representante suplente o asesor de
la misión ante la Organización de los Estados Americanos,
de acuerdo con el artículo 78 de la Carta, y a los observadores
permanentes y observadores suplentes de los Estados que no
son miembros, cuando la Organización haya verificado las
credenciales respectivas y notificado los nombramientos al
Gobierno de los Estados Unidos de América, quedando
excluidas de la presente disposición las personas que desempeñan funciones administrativas o de carácter no diplomático.

Como veremos en capítulos posteriores, el proceso mental no es
estático en cuanto se refiere a todos los procedimientos de análisis y
estructuración. Al contrario, la mente del traductor, de modo
particular si está familiarizado con ellos, salta de una fase a otra,
avanza o retrocede, según lo exija el caso, mientras piensa y
elabora. No es necesario que se siga, salvo al principio,
detalladamente todos los pasos indicados. Casi siempre, cuando
ya estamos acostumbrados a este análisis, se lo hace mentalmente.
Pero también la experiencia nos ha demostrado que en muchísimas
ocasiones se tiene que hacer por escrito, al menos las partes más
complicadas de un texto. Para llegar a esa destreza hay que saber

manejar las estructuras por medio de las transformaciones y dominar estos mecanismos de la lengua. Cuánto tiempo se ha visto perder a los traductores que pretenden traducir textos complicados sin analizarlos detenidamente, o sin hacerlo con técnica alguna. De la ignorancia de métodos de análisis resultan las malas traducciones, las traducciones inexactas y las literales. El método que acabamos de estudiar intenta dar cuenta del proceso verdadero de la traducción resumido en la descripción de John Hollander: "Traducir una oración de una lengua a otra es descubrir por algún medio su significación y luego construir en la lengua término una oración que posea la misma significación".

2.4 Estado actual de la semántica

2.4.0 Introducción. Al iniciar nuestro estudio con el primer procedimiento y problema del traductor, el análisis preliminar del texto, comenzamos ya a darnos cuenta de que en medio de una disciplina en plena evolución carecemos de una varita mágica que tanto necesitamos para realizar nuestra tarea. Ese 'fiat' de la traducción no podría ser otra cosa que una 'semántica estructurada', o científica, o como se la llame. Hemos mencionado ya algunos puntos claves que forman el eje de la teoría de la traducción: (a) que la palabra no es una unidad delimitable y por tanto no ha podido constituirse en entidad básica de análisis del texto o de traducción; (b) que el sujeto de la traducción son los conceptos, pero que estos no coinciden con las unidades de la estructura lineal, ni con los contornos de conceptos similares de las otras lenguas; (c) que necesitamos un sistema que dé cuenta de los signos considerados no ya en un código o aislados, sino en contextos de diversas clases; y (d) que siendo la traducción un conjunto de procesos cuyo insumo y producto son las 'significaciones', debe emprenderse una seria investigación de estas últimas. Más adelante veremos todavía otras cuestiones más que están a la base de los problemas de traducción y que deben ser resueltos por la semántica. Pero en todo caso nos damos cuenta de que si este ramo debe encargarse de todos estos aspectos, ocupa por tanto un lugar prominente en traductología. Aun para la misma lingüística es su componente más importante. En efecto, si no se conoce la naturaleza de la estructura semántica que se encuentra al fondo de toda manifestación lingüística, ¿cómo se pueden describir todos los demás procesos que vienen después, es decir los procesos postsemánticos de los conceptos hasta su realización final en la estructura fonética y en la asimilación por el oyente? La lingüística se había dedicado ante todo a los fenómenos observables, que se prestaban al manejo objetivo, como la fonética, la gramática, la sintaxis, pero ha descuidado el más importante que se encuentra a la raíz de todos los otros fenómenos; y se

ve ahora ante la tarea de llenar una gran laguna que no se ha podido
llenar hasta ahora por haber dejado la semántica al cuidado de los
filósofos y de los científicos del comportamiento humano. En resumi-
das cuentas, mientras más se sabe de semántica, más se conoce la
naturaleza de la lengua, y mientras más se interesan los lingüistas
en la significación, más contribuyen al progreso de la traductología.
Es una lástima para el traductor que la semántica haya sido la
cenicienta de la lingüística. Sin embargo, para darle un rayo de
esperanza, queremos hacer notar que casi todos los lingüistas con-
temporáneos se están preocupando de la materia. Como lo expresamos
ya, la 'significación' es parte integrante de la gramática nueva y por
tanto se hacen progresos acelerados en su estudio. Existen variadas
teorías semánticas de gran aceptación, aunque no por eso han alcanzado
ya a resolver satisfactoriamente los más grandes problemas de la traducción. Queremos dar aquí sólo una idea general de los aspectos
más vinculados con la traductología, pasando revista a algunos de los
principios y tendencias más importantes, pero tratando de orientar al
lector para sus ulteriores investigaciones en este ramo.

2.4.1 La significación y sus clases. La SIGNIFICACION o
SENTIDO, que no se debe confundir con el 'significado' que es la faz
conceptual del signo lingüístico (2.1.1), puede ser de varias clases.
    En primer lugar, la 'significación' es 'lingüística', y con esto se
indica que no se refiere a nada que esté fuera de la lengua propiamente dicha, sino que emana de las relaciones significantes de las
partes constituyentes de las construcciones gramaticales. En la
secuencia la vieja casa, el sentido total no proviene solamente de
los elementos 'afectivos' y 'referenciales' de los lexemas aislados
vieja y casa, sino de la combinación de esos dos lexemas, como lo
ampliaremos más tarde en el examen del contexto lingüístico (5.1.1).
Así mismo, en montaña nevada o pantano intransitable, el segundo
componente de cada grupo califica al primero.
    La significación 'referencial' o 'denotativa', en cambio, tiene que
ver con el contexto cultural de los enunciados; es la que de ordinario
encontramos en los diccionarios, si bien a veces éstos nos facilitan
también ciertos índices para distinguir otros valores del léxico, por
ejemplo, los afectivos.
    Una tercera clase de significación requiere la distinción entre los
elementos AFECTIVOS y los INTELECTUALES o cognitivos del
lenguaje. Charles Bally, que hace de estos últimos el fundamento
de su estilística (3.1.3), nos ha legado el estudio más completo de
estos caracteres del lenguaje. La identificación del carácter
'emotivo' e 'intelectual' del léxico es capital para los fines de
nuestra disciplina. En realidad, el pensamiento oscila entre la
percepción y la emoción. De un lado tenemos el entendimiento, y

del otro la imaginación, las emociones; a menudo experimentamos a
un tiempo la idea y el sentimiento, y como se planteó desde el principio del presente trabajo, el traductor no traduce las palabras, sino
las ideas, los sentimientos, los deseos, en fin, las intenciones que
van detrás de ellas. A diferencia del vocabulario científico y técnico,
el de la lengua cotidiana está cargado de asociaciones afectivas, y es
esa 'atmósfera afectiva' que envuelve a las palabras la que se resiste
a la traducción, como lo explica Georges Mounin. Sabemos que la
diferencia de estos caracteres pueden llevar a un cambio de sentido,
como en un hombre pobre y un pobre hombre, un buen dentista y un
dentista bueno. Cuando uno habla de la fantástica belleza de una obra
de arte, el vocablo fantástica sirve para marcar la intensidad de la
idea fundamental y esa intensidad se expresa afectivamente: pero si
decimos que en sus orígenes la historia se alimenta de leyendas
fantásticas más que de hechos reales, la misma palabra aparece con
un valor esencialmente lógico o definitorio, es decir, intelectual.
En español la matización emotiva indiferenciada y el carácter valora-
tivo de los adjetivos alteran totalmente su orden de colocación respecto al sustantivo. Uno de los defectos más comunes de las versiones españolas es la posición de los adjetivos, y hay traductores
que pese a su gran experiencia y conocimiento del inglés afean de
principio a fin sus traducciones por no distinguir estos elementos
del lenguaje (4.2.5). La 'denotación' de los signos es objetiva,
tiende a la extensión del concepto y a sus aspectos intelectuales;
la 'connotación', en cambio, se orienta a la comprensión del concepto, a lo subjetivo, que hay que traducir también. Las lenguas
tienden a diferir más radicalmente en las significaciones afectivas
que en las referenciales, razón por la cual el traductor debe entender
que si los 'diccionarios de sinónimos' no son jamás satisfactorios, se
debe precisamente a que los elementos afectivos e intelectuales no
entran en el lenguaje en la misma proporción. La tropología, las
imágenes, la paronomasia (juegos de palabras), la intensidad y
atenuación de los modos expresivos, tienen su explicación en la
proporción desigual de esas dos clases de rasgos. La 'sinonimia'
tiende a indicar sólo cierto grado de identidad de los lexemas, es por
lo regular incompleta y se limita a la denotación.

En la estructura semántica hay además distintos grados de prioridad que diferencian otras variedades de significaciones: las 'centrales' y las 'periféricas'; esto nos lleva a entender los 'contrastes
semánticos', es decir, la razón por la que una expresión puede ser
gramaticalmente la misma y semánticamente diversa.

Hay otra clase de significación, la 'significación exocéntrica', que
en nuestra larga experiencia hemos observado que es ignorada por
los empíricos o principiantes. Es ésta la significación de expresiones
de forma fija o libre, pero de gran cohesión de sus partes, que se

insertan en el lenguaje como una sola unidad. Su significación no
puede predecirse por las significaciones de sus partes porque se han
fusionado para formar postsemánticamente un sentido global abstracto
e intangible. No hay delimitación exacta entre las varias denomina-
ciones aplicadas a esta clase de expresiones. Pueden ser modismos,
giros, frases hechas. Sin embargo, tienen gran importancia en traducción porque en su tratamiento se entra de lleno en el manejo del. lenguaje figurado y son fuente de pérdidas sémicas y de matices en las
versiones castellanas. Además, el procedimiento de traducción de
estas expresiones es más complicado y por eso trataremos este tema
en el estudio de la modulación (8.4.5.9.6).

Por último, queremos en esta coyuntura indicar un aspecto de este
tema que tiene singular importancia en traductología y en el espíritu
del presente tratado. Según varios lingüistas contemporaneos el
'modelo transformacional' (2.3.2) constituye una base muy útil para
la investigación de las significaciones. Su meta principal es, en
efecto, hacer explícita la relación entre significación y forma. En
la aplicación de este modelo hay que hacer una nueva distinción: se
dice que la SIGNIFICACION BASICA se encuentra en la estructura
subyacente y la SIGNIFICACION LINEAL o SUPERFICIAL en la
estructura patente. La significación 'lineal' o superficial se empezó
a tomar en cuenta una vez corregido el modelo chomskiano en el
sentido de que también las 'transformaciones' contribuyen a la
interpretación semántica de un enunciado, y de que, aunque no en
notable medida, en la estructura patente existen también elementos
que se suman a la interpretación semántica y, por tanto, tienen que
ver con la 'significación de un enunciado'. El hecho de que exista
una 'significación lineal' se demuestra por los efectos de las 'transformaciones': con ellas se pueden producir alteraciones ya sea
desplazando los constituyentes hacia posiciones sintácticas que re-
ciban el foco de atención o ya relegándolas a un plano en que pierdan
su prioridad (7.6.1). En otras palabras, las 'transformaciones'
descubren y revelan cierto comportamiento de las estructuras en su
realización lineal. En el presente estudio nos referiremos, pues, a
menudo a esta importante distinción entre 'significación básica' y
'significación superficial'. Véase la recapitulación a propósito de la
relevancia de la gramática generativa transformacional en la traducción (2.4.8).

2.4.2 Léxico y campo semántico. La semántica, como hemos
dicho, estudia las formas en que se combinan los elementos léxicos
para producir expresiones significantes. Sus partes esenciales son
el léxico y las reglas de proyección semántica. En cuanto al primer
componente, el léxico, comprende las 'unidades de primera articulación' o 'monemas' que, según la clasificación de Martinet (2.1.1),

son 'las unidades significativas sucesivas mínimas' de los enunciados
lingüísticos: ayer, es monema simple; trabajamos, monema compues-
to, pues consta de dos unidades: cierto tipo de actividad (trabaj-)
más el que habla y una o varias personas (-amos). De manera que
trabaj- y -amos son también unidades significantes. El léxico no
es una nomenclatura, según la vieja noción, sino un conjunto de
estructuras. Esta idea es la que hoy se expresa con el concepto de
CAMPO SEMANTICO, el mismo que Jost Trier, que fue su creador,
describe de la siguiente manera: "el campo semántico es el conjunto
de palabras, no emparentadas etimológicamente en su mayoría, ni
tampoco unidas entre sí por asociaciones psicológicas, individuales,
arbitrarias, contingentes, que, colocadas una al lado de otra como
las piedras irregulares de un mosaico, recubren exactamente todo
un terreno bien delimitado de significaciones". En otras palabras,
campo semántico es el conjunto de elementos léxicos cuyas significaciones poseen ciertos rasgos en común. Así puede hablarse de
campo semántico constituido por elementos léxicos que designan el
entendimiento, la autoridad, los cereales, la vivienda, etc. Se ve
nuevamente la importancia de esta noción porque está vinculada al
hecho ya mencionado de que cada lengua analiza a su manera la
experiencia humana y el mundo exterior (2.2.1). El ejemplo típico
de la manera diferente de ver la realidad es el de la clasificación
de los colores. El espectro varía con cada lengua. En el léxico se
indican estos campos o 'dominios semánticos' de los monemas. Así,
mesa puede pertenecer al dominio muebles; pero en la secuencia la
mesa aprobó la moción, pertenece al dominio autoridad. Con el
campo semántico de Trier y los monemas de Martinet se inicia el
análisis del contenido de significación al nivel léxico y sintagmático.

2.4.3 Anomalías semánticas y sentido figurado. Todas estas
clases de significación obedecen a la distribución de 'rasgos
semánticos' que forman su estructura. En la cantidad y selección
de rasgos semánticos comprendidos en un mismo 'campo semántico'
se basa también la distinción del 'sentido figurado' de un lexema:

Rémoras del Mediterráneo y rémoras del progreso
Carne de res, ponérsele a uno la carne de gallina, ser carne
   de cañón
Un caluroso eco
Precios incendiarios

Para explicar lo que en gramática generativa se conoce como
'oraciones aberrantes'[17] y anomalías semánticas, Geoffrey Leech
da como ejemplos de secuencias inaceptables por violar 'reglas de
selección' las siguientes:

*Water is in love with my friend   *El agua está enamorada de
mi amigo

*Happiness is green   *La felicidad es verde

*The mouse neighed   *El ratón relinchó

Y para explicar lo mismo, Langacker da por ilustración:

*The stone snores   *La piedra ronca

Sin embargo, si damos un vistazo a la obra poética de Pablo Neruda, encontramos por centenares casos como los siguientes:

Novia del mar, árbol de catedrales.
Ramo de sal, cerezo de alas negras.
Dentadura nevada, trueno frío.
Luna arañada, piedra amenazante.
Volcán de manos, catarata oscura.
. . . Deja que el tiempo cumpla su estatura
en su salón de manantiales rotos . . .
. . . noches deshilachadas hasta la última harina . . .
    (Alturas de Macchu Picchu).

Estos hechos de expresión no son exclusivos de la poesía, de ellos está llena la lengua literaria en general. Frases como ésta de Gabriel García Márquez (Cien Años de Soledad) abundan en cualquier escrito literario:

. . . y las maderas crujían por la desesperación de los
clavos y los tornillos tratando de desenclavarse . . .

El caso de las 'anomalías semánticas' es un capítulo en ciernes de la gramática generativa, que ha comenzado a describir, sea en el componente gramatical, como violaciones de ciertas reglas llamadas de 'subcategorización' y de 'selección', o en el componente semántico, como violaciones de 'restricciones psicológicas'. En efecto, los ejemplos dados se presentan como 'absurdos lógicos'. En el sentido en que las examinamos aquí, no constituirán infracciones sintácticas propiamente dichas, sino semánticas.

Para dar una idea de la infracción de reglas de selección nos limitamos a indicar lo siguiente (el lector encontrará la descripción completa en Chomsky, Aspects of the Theory of Syntax): Si decimos mi abuelo ronca notamos que el verbo roncar ha requerido un sujeto que tiene la característica, o 'rasgo semántico' de ser 'animado'. En la piedra ronca se ve claramente que el mismo verbo tiene por sujeto a una cosa que carece de tal rasgo semántico [−animado]. Ha habido pues infracción de las reglas de selección de rasgos semánticos y de 'coaparición'.[18] La infracción de estas reglas dan por resultado las 'anomalías semánticas', pero existen diversos grados de aberración o desviación que van desde las inaceptables, como *habían muchas sillas o *los niños soy inquietos (infracciones sintácticas), hasta las aceptables en el encuadre del 'lenguaje figurado' y de los hechos de 'efecto expresivo', en la lengua literaria, como en

Yo te interrogo, sal de los caminos,
muéstrame la cuchara, déjame, arquitectura,
roer con un palito los estambres de piedra,
subir todos los escalones del aire hasta el vacío,
rascar la entraña hasta tocar el hombre (Pablo Neruda,
Alturas de Macchu Picchu).

No es nuestro propósito discutir el valor literario de estos versos. Lo que deseamos destacar es que son esta última clase de formas aberrantes las que le interesan al traductor y las que le causan los mayores dolores de cabeza. Lo esencial es retener que las 'metáforas' tienen su punto de partida en la infracción de las reglas de selección en el campo semántico, y que el lenguaje metafórico no falta en la lengua hablada ni escrita. El lenguaje figurado, como las expresiones de significación exocéntrica (8.4.5.9.6), rehusan la traducción directa y requieren sus propias técnicas de transferencia a otra lengua. Además, por tocar un campo que trasciende las reglas normales de la gramática, se colocan en un nivel de fineza y abstracción difícil de manejar, a diferencia de las estructuras que se rigen por las reglas normales. Requieren, por lo tanto, mayores condiciones generativas y creativas (2.3.4). Teóricamente en la mente humana pueden surgir infinitas situaciones conceptuales muy complejas, aparentemente imposibles. El traductor debe verterlas haciéndolas lo más psicológicamente posibles. Las técnicas que se tratarán en capítulos subsiguientes nos abrirán el camino en la búsqueda de las correspondencias dinámicas que requiere la versión del lenguaje literario. Para el estudio más completo de las expresiones aberrantes, el lector puede estudiar a Levin, Thorne, y Hendricks.

2.4.4 Semántica léxica y combinatoria. Para establecer la relación entre un texto y su significado, que es la primera preocupación de nuestra disciplina, se necesitaría que la semántica fuera planteada en forma global e 'integrada' a las demás partes de la lingüística que se estudiaban por separado, como la fonética, la morfología y la sintaxis. La gramática se circunscribe enteramente al contexto lingüístico de los monemas. En cambio, es la 'proyección semántica'[19] con la que una lengua pretende explicar dos importantes clases de relación que tienen lugar, por una parte, entre cada monema o cada combinación de monemas, y, por otra, entre los contextos lingüísticos en las distintas situaciones del discurso particular, esto es, del acto de la comunicación (hechos de habla, 2.1.5). La primera relación, es decir, de cada monema en el contexto, es objeto de la SEMANTICA LEXICA; la segunda, de la SEMANTICA COMBINATORIA. O, lo que es lo mismo, la significación se asocia con las 'unidades discretas' (monemas), pero también gran parte de ella se deriva de la 'concatenación'. De ahí la razón por la que se afirma que la sintaxis y la semántica están íntimamente relacionadas y que no se las puede discutir en forma disociada. Tratar de explicar los demás hechos de lengua sin partir de la semántica es como tratar de explicar la fotosíntesis prescindiendo de la luz solar.

A fin de entender el sentido de una oración y sus relaciones semánticas con otras expresiones, hay que conocer no sólo el sentido de los elementos del léxico, sino también cómo están relacionados entre sí. Esto a la vez depende de la estructura sintáctica de la oración. Las relaciones de estructura subyacente, que por lo general no están presentes en la estructura lineal o superficial, son esenciales para la verdadera interpretación semántica. Podemos representar la organización del sentido con el esquema de la figura 2.5.

FIGURA 2.5 Esquema de organización del sentido.

Estructura conceptual

↑

Estructura subyacente

↑

Selección del léxico

Reglas sintácticas

↑

Estructura patente

Es decir que primero el concepto o la idea se forma en las estructuras más profundas, se simboliza con el concurso de los rasgos semánticos del léxico (semántica léxica), recibe la contribución de los rasgos significantes de la concatenación (semántica combinatoria) y finalmente se manifiesta en la estructura lineal o patente con su interpretación apropiada. De ahí que hayamos afirmado que la significación no está únicamente en la estructura subyacente, ni únicamente en el léxico, ni sólo en la sintaxis. Hemos dicho que la significación básica está implícita en la estructura subyacente (2.4.1). Pero las nociones de significación léxica y significación estructural son igualmente importantes en la traducción. Aunque en menor grado, también la estructura superficial contribuye a la formación de la significación, y para captar un mensaje completo hay que tomar en cuenta todos estos factores. Insistiremos más tarde, al hablar de la traducción literal, en el peligro que entraña intentar la interpretación semántica de un mensaje con los solos datos de los elementos superficiales. La literalidad sintáctica es tan peligrosa como la literalidad léxica, y por eso el traductor debe explorar no sólo el sentido de los monemas sino también de las estructuras sintácticas, pues es en este campo donde demuestra sus mayores debilidades.

2.4.5 Metalingüística. Dentro de este mismo ordenamiento, al decir relación con los contextos no lingüísticos queremos decir con la METALINGUISTICA, definida por Trager de la siguiente manera: "las relaciones entre el lenguaje y cada uno de los otros sistemas culturales contendrán todas las significaciones de las formas lingüísticas y constituirán la metalingüística de esa cultura" (The Field of Linguistics). Entre esos sistemas culturales se cuentan, por cierto, la religión, el derecho, la organización social, las convenciones, la tecnología, etc. Se añade así una nueva dimensión al significado, que no puede soslayar el traductor, como veremos en el lugar apropiado (5.1.8 y 5.1.9).

Si la traducción opera en este ámbito que había de crear la semántica 'integrada' en esta forma a la lingüística interna, por una parte, y, por otra, a las culturas, es lógico que constituye la transferencia no sólo de una lengua a otra, sino de una cultura a otra. De ahí que las 'divergencias metalingüísticas' de las que nos hablan Vinay y Darbelnet no se sujeten a transferencias literales y exijan métodos más avanzados, esto es, los 'oblicuos', en especial la adaptación.

2.4.6 Nuevas hipótesis: paradigmática y sintagmática. En la época actual el atrio del análisis semántico ha estado formado, como ya lo mencionamos, por los postulados de Hjelmslev y de Prieto. Hjelmslev, a base de las teorías saussurianas desarrolló las dicotomías de 'sustancia' y 'forma' y de 'contenido' y 'expresión'. En los últimos años la semántica ha tomado impulso gracias a la distinción enfática entre las estructuras sintácticas 'subyacente' y 'patente' de la gramática generativa, y numerosos lingüistas, entre ellos Katz, Fodor, y Postal, han planteado las primeras soluciones sistemáticas y explícitas al problema de la semántica, tomando como base la teoría de Chomsky. La tendencia parece haberse dirigido a elaborar una 'lógica natural' para la representación de estructuras semánticas. Desafortunadamente, la fonología, la morfología y la sintaxis, aunque no por completo esta última, son sistemas ya formalizados, mientras que el más importante para nuestra disciplina, la semántica, no ha sido perfeccionado todavía.

En cuanto a las nuevas teorías cuyo desarrollo es necesario observar con asiduidad, en el último decenio se han generalizado dos grandes hipótesis. Una de ellas se ha formado en torno a la estructura del 'significado' (faz conceptual del signo lingüístico) y es de 'orden paradigmático'. La segunda, en torno a la estructura de la 'significación' (unidad que comprende al menos dos significados) que es de 'orden sintagmático', sirviendo siempre de base la oposición saussuriana paradigma/sintagma (2.1.8). En este sentido, por tanto, se da suma importancia entre todas las distinciones que se han planteado hasta ahora, a la que separa las 'relaciones paradigmáticas' de las 'sintagmáticas'. El criterio de separación consiste en que a las primeras no atañe la noción de 'orden'; el orden es únicamente propiedad de las segundas. Así pues, ya en el plano de las relaciones sintagmáticas, en la estructura de la oración este orden o dependencia se manifiesta en los 'niveles de incrustación'. [20] Sin embargo, son las relaciones paradigmáticas las que han ᵛ ⸱ valecido en el análisis semántico de los últimos años, en es,ecia ¹ en las formulaciones de Bendix y Weinreich. Para Weinreich la finalidad de la teoría semántica es explicar la forma en que el sentido de una oración de una estructura especificada se deriva de los sentidos especificados de sus elementos. Su objetivo es llegar a una representación formal equivalente de 'expresiones simples' (lexemas) y de 'expresiones complejas' (sintagmas, cláusulas, frases); es decir, la 'semántica léxica' y la 'semántica combinatoria', ya mencionadas en secciones precendentes. En el terreno de la segunda, la significación viene a ser un cálculo de los 'significados' (cara conceptual del signo lingüístico) y de las 'configuraciones sintácticas', lo que confirma precisamente la estrecha relación de este ramo con la sintaxis, si bien hay que tener en cuenta que ese cálculo no es la simple suma del conjunto de rasgos suministrados por los diversos 'significados', ni se encuentra en la estructura lineal.

2.4.7 Teorías de Chomsky, Fillmore, Katz y Fodor. Chomsky ensayó primero una teoría asemántica en la estructura gramatical, pero ha modificado sus planteamientos en vista de que para caracterizar la 'competencia lingüística' la gramática debe contar con leyes de interpretación semántica. Aun en su segundo intento quiso antes establecer aisladamente un componente semántico que asignara a la 'estructura subyacente' una interpretación semántica, pero la nueva modificación incorporada a su teoría explica ahora que el 'componente semántico' no sólo opera en el producto del 'componente sintáctico

subyacente' sino también en el producto del 'componente transformacional' (2.4.1).

El error de Chomsky en <u>Aspects,</u> tratado en que propone la
estructura subyacente como paso principal a un 'componente
semántico', radicó en haber pretendido fundar el cálculo de la
significación en la estructura sintáctica de la frase. La descripción
lingüística, al contrario, debe organizarse en dos niveles principales
de operaciones transformacionales, uno sintáctico y otro semántico.

Se podría decir que estructura subyacente es lo mismo que
semántica, pero la semántica abarca mucho más de lo que se puede
describir con estructura subyacente. La estructura subyacente es
en igual medida sintaxis que semántica. Es decir, hay un nivel más
profundo que la estructura subyacente, una 'estructura conceptual',
según Chafe y otros investigadores (2.3.1). Diríamos mejor que la
semántica y parte de la sintaxis corresponden a la estructura subyacente; el resto de la sintaxis a la estructura patente, pero teniendo
en cuenta el principio de la 'proyección semántica' que conduce a su
interpretación. En el futuro puede ser que las gramáticas puedan
relacionar la significación abstracta directamente con la estructura
superficial si se perfeccionan las pautas propuestas en los últimos
años.

La descripción de las funciones gramaticales de Chomsky, sin
embargo, fue adecuada para el 'modelo sintáctico transformacional' que elaboró, aunque no para la descripción semántica.
Chomsky quiso servirse de las estructuras subyacentes para dar
cuenta tanto de la interpretación posible de una oración como de su
gramaticalidad, modelo que le fue imposible realizar.

Fillmore desarrolla más tarde su 'teoría de los casos' en un
intento de llenar las lagunas del análisis chomskiano, y en su sistema
generativo, la transformación permite una jerarquización que convierte la función de 'sujeto' en función secundaria con relación a la
del 'agente'. El 'caso' es una relación subyacente sintáctico-
semántica; el 'sujeto', en cambio, no aparece en la estructura subyacente sino que es una manifestación lineal. Todos los casos en
realidad pueden realizarse como sujetos en la estructura superficial. La gramática casuística de Fillmore, sin embargo, no ha
llegado a resolver por completo los problemas de la semántica.

En la actualidad la descripción de una lengua natural es una teoría
científica de la cual pueden derivarse hechos sintácticos y semánticos
de las lenguas. La lingüística actual tiende a construir una teoría de
la naturaleza de la lengua, todo ello para lograr nuevos hechos que
esclarezcan la noción de 'habla'.

2.4.8 Relevancia del modelo transformacional en traductología.
Los postulados de la gramática generativa, por una parte, se están

profundizando, gracias al empeño de una pléyade de lingüistas con-
temporáneos, y, por otra, se están aplicando a todos los ramos de la
lingüística, como tendremos oportunidad de ver en los capítulos
restantes.

El campo primero al que se lo ha aplicado, y acaso el más importante puesto que de él se han derivado valiosos métodos tanto
para la enseñanza de las lenguas como para la traducción, es al
'análisis contrastivo' (2.3.5), un ramo que ha evolucionado en forma
sorprendente desde hace unos quince años. Como se ha mencionado
y se mencionará en el curso del presente estudio, importantes comparatistas como Lyons, Crystal, Chafe, Stockwell, Di Pietro y
varios otros han llevado al análisis contrastivo a la vanguardia y han
sentado un alto tecnicismo en el estudio de las semejanzas y divergencias de las lenguas. Todos ellos consideran que el 'modelo
generativo' transformacional es hasta ahora el más explícito para el
tratamiento de los 'universales lingüísticos' y 'sintácticos', de las
'estructuras subyacente' y 'patente' y de la capacidad 'generativa'
de la lengua, y lo han adoptado como su modelo contrastivo. No hace
falta ponderar la importancia que tiene el análisis contrastivo para
la traducción puesto que es obvio que a ésta interesa más las discrepancias entre las lenguas, que son el origen de los mayores
problemas. El traductor es 'contrastivista' por definición, antes
de ser 'estilista'. Y es 'estilista comparatista', no simple estilista
como un escritor o un crítico literario. Su tarea va más allá de la
estilística interna (capítulo 3).

Con el nuevo modelo de la 'lingüística contrastiva' ha sido posible
penetrar con mayor rigor, o tal vez por primera vez con rigor y
objetividad, en el conocimiento de la naturaleza y conducta de las
lenguas. Los modelos anteriores han sido incapaces de tratar
algunas de las más importantes propiedades de éstas. Al mismo
tiempo que se estudian los hechos de la estructura patente o lineal,
en la actualidad se comprenden también los aspectos de la estructura
semántica, es decir, los hechos de la estructura lingüística que no
pueden relacionarse directamente con los hechos observables. Y
así mismo, el conocimiento de la naturaleza de la lengua entraña el
conocimiento de su funcionamiento; de los mecanismos generativo,
recursivo y transformativo.

La gramática transformacional ha hecho posible considerar el
significado en todo estudio de gramática, y tiene por meta hacer
explícita la relación entre forma y significación. La estructura
subyacente contiene la 'significación básica'; la estructura patente
da también cuenta de la 'significación lineal' que es una dimensión
extra y una parte de la significación total (2.4.1). Las transformaciones, al tiempo que preservan la significación básica,
constituyen la pluralidad de modos de expresión. Esa pluralidad

es la base de la selección entre dos o más enunciados básicamente
sinónimos. Por tanto, las transformaciones sirven, por un lado,
para acrecentar el inventario sintáctico del traductor y, por otro,
para sensibilizarlo a los efectos y matices que se producen por las
diferencias estilísticas que conlleva la selección de alternativas.
Conocer las transformaciones significa, pues, conocer los resortes
de la lengua y conocer la lengua misma, y si la escuela transformacional, pese a que se encuentra en los albores de su existencia,
tiende a hacer explícita la relación entre esas opciones de formas
y la significación, tiende también lógicamente a constituir el instrumento apto para el proceso de transferencia que debe comprender
tanto el traslado de la significación básica (gramática o sintaxis)
como el de la significación lineal (estilística).

Las transformaciones tienen gran importancia como mecanismo,
pero son más importantes todavía las relaciones estructurales que
ponen de relieve tales transformaciones, como veremos al tratar del
discurso y de varios procedimientos técnicos de traducción. Sobre
todo nos interesan las relaciones semánticas de las que no da cuenta
la gramática tradicional. Y no sólo las relaciones semánticas dentro
de una oración sino más allá de ella (capítulo 7). De ahí que hayan
tenido, como hemos visto en las secciones anteriores, tan grande
importancia en la investigación de una descripción 'semántica
científica'. La dicotomía de 'contenido' y 'forma' puede tener su
asiento en la dicotomía de la estructura subyacente y estructura
patente, y aún la explicación de los procesos psicológicos implícitos
en el funcionamiento de una lengua se beneficiará de este modelo,
como lo han demostrado ya varios lingüistas.

Ya hemos mencionado el valor de la 'generatividad' en el proceso
traductivo (2.3.3). En esa propiedad radica el difícil proceso productivo, que parte de estructuras fundamentales para llegar a
estructuras más elaboradas de la lengua, por medio de técnicas
de reordenamiento, adición o supresión. El entendimiento de este
mecanismo tiene relación directa con la 'descodificación' de un
mensaje.

A la vez, en la generatividad y la competencia se sustenta la
facultad de 'reestructurar' el mismo mensaje en la lengua receptora.
La 'competencia', como la entendemos ahora es la fuente de innovación, y se puede innovar únicamente en la lengua materna en la
que el individuo tiene facultades innatas (2.3.4). La capacidad
creadora e innovadora le permiten al traductor encontrar mejores
equivalencias semánticas. El traductor de antaño sin estas técnicas
era presa más fácil de la literalidad. Esta observación viene muy
a propósito para los que nos dicen que hasta ahora en el mundo se
han realizado millones de traducciones y los traductores lo han hecho
sin estas técnicas. A esa afirmación simplista contestamos que

precisamente a ello se debe que haya miles de traducciones que no sirven. Unos traductores fueron sabios y de gran percepción e intuición, y tal vez alcanzaron a hacer una labor encomiable. Nos inclinamos a pensar que con estos nuevos instrumentos la habrían hecho mejor. Pero los que no tuvieron esa genialidad, y desprovistos de toda clase de técnicas, son los que han desprestigiado a la profesión. Podemos hacer una comparación con la gramática. Ha habido también gramáticos por centenares hasta 1957; sin embargo, no han podido describir ni explicar, como acabamos de decir, los más importantes fenómenos de las lenguas, ni nos han dejado principios útiles a la traducción. La gramática, o en términos actuales, la lingüística, no fue empleada, como lo es la nueva, por psicólogos, etnólogos y hasta por psiquiatras. Si el modelo nuevo ha resultado útil a tan diversas profesiones, ¿debe el traductor permanecer en el oscurantismo? En verdad, en la Edad Media se traducía palabra por palabra, y en la actualidad hay innumerables aficionados que todavía lo hacen, y uno de los propósitos de la presente obra es precisamente inculcar el alejamiento consciente de todo apego mecánico a la letra. Cualquier avance de la gramática generativa transformacional tendrá irremediablemente sus efectos en traductología porque será imposible sustraerse a una corriente poderosa y efectiva. La gramática antigua no ofrecía bases para producir efectos similares por sus tendencias antimentalísticas en el sentido que nos explica Jerrold J. Katz. Desde 1957 en adelante se han iniciado las más vastas exploraciones para tesis doctorales y estudios llevados a cabo por profesores sobre toda clase de problemas lingüísticos y para el análisis contrastivo.

Sin fanatismo creemos que lo que el traductor buscaba era siempre el medio de identificar los problemas como los plantea Georges Mounin, y luego resolverlos. A esta altura de las investigaciones es bastante obvio que el manejo de las estructuras es un instrumento valioso. La 'competencia' le da la habilidad innata de reconocer si una oración es bien formada, es decir si es gramatical, y de percibir los diferentes grados de gramaticalidad que ocurren entre los extremos, y sobre todo percibir en qué medida son aceptables las de menor grado de gramaticalidad, según las formulaciones de Ross. La capacidad de formar juicios sobre la gramaticalidad y la aceptabilidad de las oraciones y de conjuntos de oraciones es una facultad indispensable del traductor. En la ignorancia de estos principios tienen su raíz las fallas y los engaños de los que traducen a segundas lenguas, su percepción se debilita cuando comienza una 'construcción aberrante'[21] una anomalía semántica, los contextos antisemotácticos, la significación connotativa y el genio de la lengua.

El manejo de las estructuras que 'descodifica' y 'reelabora', como lo repetiremos a menudo como un estribillo, constituye el fundamento de numerosos procedimientos de traducción. De este manejo se desprende, por ejemplo, la 'sinonimia construccional', que le permite una gama de opciones estilísticas, es decir, las que Ohmann, Enkvist, Jacobs y otros llaman la 'alternatividad estilística'. En efecto, dijimos que las transformaciones no alteran el contenido de las estructuras subyacentes, pero que pueden tener efectos en las estructuras lineales (capítulo 7), y en sus opciones estilísticas el traductor debe tener también en cuenta esos efectos (relieve 7. 6 y compensación 8. 10).

A los nombres de estos lingüistas debemos añadir los de Chafe, Thorne, Milic, Levin, Elgin, Grinder, en el enorme progreso que se logra en otro ramo muy valioso para el traductor: la 'descripción de textos', que comprende todos los problemas de la gramática o 'sintaxis extraoracional' (7. 1. 1), a la cual se aplican tanto el mecanismo transformacional como el análisis contrastivo. Se persigue una descripción más científica, no impresionista, de textos y estilos, para llegar a explicar en términos de procesos lingüísticos concretos lo que la 'crítica literaria' percibe por intuición y pragmatismo, y abarca también los textos literarios y la poesía. Sabemos ya que las estructuras superficiales solamente, aunque las analicemos con los métodos estructuralistas, no nos proporcionan información exhaustiva sobre las 'relaciones intraoracionales' y 'extraoracionales', las cuales se descubren únicamente tomando en cuenta las estructuras más profundas. Podemos mencionar, además, numerosos aspectos que empiezan a estudiarse seriamente y que serán de gran ayuda a la traducción, tales como la polisemia construccional, la naturaleza formal de los textos, la noción de estilo sintáctico, la teoría de las estructuras narrativas, la estructura de la metáfora y la metonimia, los modismos (Chafe), y se empiezan a construir las llamadas gramáticas bilingües ('trans-grammar' o 'transfer-grammars') que pronto serán nuestros nuevos instrumentos de trabajo.

CAPITULO 3

LA ESTILISTICA

3.0 Introducción. En este tema, como en los anteriores, el presente estudio no pretende ser un tratado completo sino guiar al traductor hacia las investigaciones que es necesario realizar para comprender mejor el sitio de la traducción como ramo importante de la lingüística. Hemos insistido ya en la importancia que tiene el principio de las diferencias y contrastes que separan a las lenguas, pues ellas forman la materia central de la traductología. Hemos subrayado igualmente la distinción entre la obligatoriedad y las opciones, principio básico al que se atiene la operación de transferencia, y hemos recalcado, finalmente, que son las segundas las que requieren mayor atención por constituir la fuente de los problemas más pertinaces. Estas premisas nos colocan dentro de la ESTILISTICA DIFERENCIAL que vamos a reseñar en el presente capítulo, y que constituye el foco central de toda metodología de traducción. El término 'diferencial', expresa Jean Darbelnet, es el que más conviene a esta parte de la lingüística, puesto que en ella se da primordial importancia a las diferencias. Malblanc analiza así mismo de preferencia las divergencias y no las similitudes entre lenguas. Bally, por cierto, y el círculo de Praga, fueron los primeros en describir ciertos mecanismos de 'estilística diferencial'.

La 'estilística diferencial', a su turno, forma parte de la 'lingüística diferencial' o 'contrastiva'. [22] La lingüística contrastiva se ha orientado hacia la enseñanza de las lenguas. En el presente estudio tratamos de reorientar sus resultados a la traducción, de modo especial los que han mostrado relación estrecha con ella. El 'análisis contrastivo' y la 'estilística contrastiva' se caracterizan esencialmente por la importancia que prestan a la descripción de las divergencias estructurales. A base de esas divergencias puestas de relieve por el análisis contrastivo se deben describir las tiranías, los

68

automatismos, los procesos de traducción obligatorios, y convertirlos en procedimientos metodológicos. La traducción es, en consecuencia, homogénea a la lingüística diferencial.

3.1 Estilística diferencial

3.1.1 Gramática y estilística: obligatoriedad y opción. La gramática se ocupa de las NORMAS OBLIGATORIAS, de los 'automatismos' o 'tiranías' de la lengua; la estilística, en cambio, estudia los hechos de OPCION. "La gramática es previsible--dice Saporta-- la estilística es clasificatoria, dinámica". Para ilustrar con un ejemplo, en la oración pasiva del español se usa el verbo ser cuando se especifica el agente, como en la configuración la casa es pintada por el propietario, pero no: la casa está pintada por el propietario. Se dice que éste es un caso de hábito de lengua, una servidumbre gramatical. Al contrario, en el hecho de que no se debe traducir one way street por calle de una vía o calle de una dirección, constatamos un factor de estilística. La explicación reside en que en estos casos no se trata primordialmente de traducir, sino de preguntarse cómo se diría la misma cosa si la noción se nos ocurriese por la primera vez en nuestra propia lengua (Jacques Barzun). La respuesta, en el caso de la ilustración, es dirección obligatoria, como en realidad se lee en los letreros de nuestras ciudades donde aún no se ha contaminado la lengua.

La distinción más clara entre gramática y estilística nos la da la escuela transformacional. Como se vio en otra sección (2.4.1) y se reiterará en otras de los capítulos restantes, la estructura subyacente contiene la significación básica y la patente, la significación lineal. Las transformaciones ponen en claro la relación entre esas dos clases de significación y la complementación de la una con la otra para dar la significación plena del mensaje. Pues bien, la gramática, o la sintaxis, actúan en el ámbito de la significación básica, y la estilística tiene que ver con la selección de alternativas que le ofrecen las transformaciones y con las consecuencias de esa selección o preferencia de una forma a otra de la significación lineal que es la más sutil y difícil. En efecto, ¿cuántas formas se le ocurren al lector para traducir la frase capsular: He looked his wish? ¿Cuál de ellas preferiría en un contexto dado? Son cosas que requerirán un grado más de sensibilidad y de lógica natural que para escoger simplemente entre una u otra regla de gramática. La estructura óptima no será necesariamente la misma que la del texto LO. Habrá diferentes medios de exteriorizar una relación de causa y efecto, en cuyo caso la selección será dictada por varias circunstancias y parámetros, como el grado de frecuencia, cuestiones de concisión, de claridad, de efecto total (explicitación, 8.8.2).

3.1.2 Estilo y estilística. La introducción que precede nos indica
que no hablamos ya de una estilística como la que se entendía tradicionalmente, referida al hecho literario o estético. Estos últimos
pertenecen al ESTILO, no a la 'estilística'. Según la formulación de
Charles Bally, la 'retórica' comienza donde termina la estilística.
Esto no significa que no haya afinidad entre la ESTILISTICA y la
expresión literaria. Para tener clara la posición de Bally hay que
tener presente que él prefiere estudiar la 'lengua común' y espontánea, no el estilo 'individual' o 'genético'. Todo estilo literario
tiende a ser un estilo individual. De éste se encargará la retórica
y la 'estética' y en él entrarán todos los elementos de los que hablan
los críticos literarios. Sin embargo, como lo expresamos ya, hay
muchos rasgos de la lengua común que pertenecen también a la
literatura. La hipérbole o hipersemia, tan frecuente en la lengua
hablada, es una figura literaria. "Frente al entendimiento, que
calcula bien, está el sentimiento, que exagera los cálculos", dice
García de Diego. El lenguaje figurado en general que es materia
propia de estudio en literatura, tiene vida innegable en la 'lengua
común'. Al estudiar, por lo tanto, gran parte de lo que forma la
lengua común se está también estudiando el lenguaje literario. Lo
que une a la estética con la forma literaria es precisamente la
expresión de los hechos de la 'sensibilidad'. En este sentido, la
noción de 'expresividad', que desarrollaremos dentro de poco, es
común a las dos. Más allá de la expresión de los hechos de la
sensibilidad entran los 'valores estéticos' de la lengua literaria, y
Bally deja esa parte a la retórica y a la estética. Al traductor, de
todas maneras, aunque debe conocer a fondo la literatura, le
corresponde el estudio de la estilística en el plano concebido por
Bally, es decir, el de las relaciones del 'pensamiento' con la lengua,
de la relación de la palabra con la vida real, y esta es la orientación
que se seguirá en el presente estudio. Estos planos se comprenderán
mejor con la distinción que se hará después entre estilística interna
y comparada. Se verá entonces que los hechos de estilística que nos
conviene estudiar resultan de la comparación. Lo que hemos dicho
hasta ahora, en particular la afinidad con la lengua literaria, tiene
que ver con la estilística interna. Si nos atenemos a las enseñanzas
de Bloomfield, el objeto que debe describirse no es la lengua escrita
sino la hablada, exenta de toda manipulación. El traductor, al
estudiar primero la lengua de todos, comprende la naturaleza de
la lengua mejor que los críticos literarios y filólogos.
    Las distinciones entre 'estilística', 'estilo', y 'retórica' son
fundamentales en lingüística contrastiva y, por lo tanto, en traductología. La primera estudia las potencialidades estilísticas de una
lengua. El estilo es el empleo voluntario y consciente de esos valores
expresivos, carácter que lo diferencia radicalmente de la lengua

espontánea. Pero conviene tener presente que el dominio de la estilística no se contrae únicamente al 'vocabulario'. Las 'construcciones sintácticas', las estructuras morfológicas y hasta los sonidos son medios de expresión. Claro está que el vocabulario es la fuente principal de la expresividad, pero en estilística tiene un papel importantísimo la sintaxis de la expresión. "Si el léxico es la carne del estilo--en frase de Pierre Giraud--la estructura de la oración es su alma". Uno de los aspectos estructurales más estudiados en los últimos años es el orden de los elementos léxicos en los enunciados (2.4.4).

3.1.3 Identificación de los hechos de expresión. La estilística que nos proponemos estudiar es, como se ve, la ESTILISTICA DE LA EXPRESION. Según Bally, ella "estudia los hechos de expresión del lenguaje desde el punto de vista de su contenido afectivo, vale significar, la espresión de los hechos de la sensibilidad mediante el lenguaje y la acción de los hechos del lenguaje sobre la sensibilidad". Tal estudio puede considerarse formado por dos partes. En primer lugar, expone los principios que permiten delimitar e 'identificar' los 'hechos de expresión'. En segundo lugar, destaca los caracteres 'afectivos' e 'intelectuales' de esos hechos de expresión.

Hemos visto ya la gran importancia de una de las formas de identificar hechos expresivos cuando se hizo la clasificación de las unidades de traducción (capítulo primero). La unidad, se dijo, no está determinada por la escritura. La unidad válida de análisis es la unidad de pensamiento, no la unidad gráfica (palabra tradicional). No nos interesa tampoco la etimología, pues la utilidad que ha prestado a la traducción es nula. Y ya que hemos dicho que la unidad significante mínima (palabra lingüística) puede corresponder a una fracción de palabra, como ish en boyish, a una palabra entera, como en ayer, y a un grupo de palabras, como en salto de cordero o nuez de Adán, de ello se colige que su delimitación sólo puede basarse en la semántica.

La delimitación e 'identificación' de hechos de expresión se puede realizar por distintos medios: los 'contrarios lógicos', los 'sinónimos', las 'homonimias semánticas' y la 'alternatividad estilística' (sinonimia fraseológica).

Un 'contrario lógico' es valioso para identificar y delimitar un sentido. La búsqueda de la expresión apropiada al discurso particular por este método es una manera natural de actuar de nuestra mente, el método con que relacionamos normalmente un concepto con otro, pero que no consta en los diccionarios. El carácter intelectual de un término es más fácil de apreciar por medio de la contrastación con su 'contrario lógico'; nuestra mente se guía de continuo por una oposición de ideas lógicas y sencillas:

prolongado / corto	sincero / falso
durable / breve	fecundo / árido
duradero / efímero	adicto / desafecto
lejano / cercano	observancia / desacato
irresistible / repugnante	inerte / activo
comunicativo / huraño	estático / dinámico
afectación / naturalidad	tardío / precoz

La búsqueda de 'sinónimos' es más conocida, pese a los problemas de 'sinonimia' y de los diccionarios de sinónimos a los que nos referiremos más adelante (5.2).

Las 'homonimias semánticas' tienen que ver con el sentido figurado (2.4.3), se caracterizan por el alejamiento de un término del campo semántico al que de ordinario pertenece:

declinar un sustantivo, declinar un ofrecimiento;
salir de prisa, salirle la criada respondona, salir aprobado en
los exámenes;
abrir una caja, abrir un libro, abrir un congreso;
apagar la luz, apagar la sed;
las fuentes autorizadas, las fuentes destruidas;
sala de estar, pido la atención de la sala.

No hay que confundir las 'homonimias semánticas' con las 'etimológicas', que forman un caso distinto: son lexemas de origen diverso, pero que se parecen fonética o gráficamente, tales como: toro/animal, toro/bocel; llama/animal, llama/fuego, llama/verbo.

La 'alternatividad estilística' es producto de la 'pluralidad' de medios de expresión, es decir, de la posibilidad de escoger entre las distintas maneras de expresar la misma cosa. Se la denomina también 'sinonimia fraseológica'. Como lo demostrarán los capítulos restantes, este poderoso recurso estilístico tiene grandes repercusiones en el proceso traductivo, y por esa razón se le da tratamiento amplio en diversas secciones (2.3.3, 7.6.1 y 8.3.2). Queremos aquí hacer notar solamente que son medios efectivos para identificar hechos de expresión. Véanse algunos ejemplos sencillos:

tiene por objeto, está destinado a, cuyo objetivo es, con miras a;
presidente, jefe de gobierno, jefe de estado, mandatario de la
nación;
no es mi intención, no desearía, en modo alguno quisiera, no
me propongo;
no me queda sino, no puedo sino, no me queda otra cosa.

Estos grupos fraseológicos tienen distintos grados de cohesión
que van desde las agrupaciones afines hasta las unidades indisolubles
que constituyen las verdaderas unidades fraseológicas, como las
clases de unidades estudiadas en el capítulo primero y las expresiones
exocéntricas (8.4.5.9.6).

Como puede deducirse fácilmente, muchos errores de los que
cometen los traductores provienen de un esfuerzo inútil de traducir
hechos de expresión que no han sido debidamente identificados. Por
supuesto, a toda identificación hay que añadir el factor del contexto,
como hemos insistido ya a propósito de las unidades lexicológicas.
Todo grupo fraseológico está rodeado de un contexto, pero el contexto o entorno de un hecho de expresión está constituido no sólo
por el simple contexto inmediato o lingüístico. Lo que tiene principal importancia es precisamente el estudio de la atmósfera entera
que rodea a un hecho de expresión, la que, según veremos más tarde,
está formada por la situación y la metalingüística (5.1.5 y 5.1.8).

Y entre los métodos para identificar los hechos de expresión, por
cierto, ocupa el lugar primordial la distinción de los caracteres
afectivos e intelectuales del lenguaje, para lo cual remitimos al
lector a la sección pertinente (2.4.1).

3.1.4 La expresividad y sus elementos. La noción clave del
estudio de la estilística es, como puede desprenderse de las secciones
anteriores, la EXPRESIVIDAD, o sea, los valores 'expresivos' e
'impresivos' propios de los diferentes medios de que dispone la
lengua. Hay dos valores semánticos importantes que determinan
la expresividad según la proporción en que entren en el elemento
léxico o en la expresión, y son el 'afectivo' y el 'concreto'. El
primero de estos valores, es decir, el afectivo, contiene a la vez
rasgos de distintas clases, entre los cuales figuran: (a) los de
'intensidad', como cuando decimos que 'ínfimo' es intensivo superlativo de 'inferior'. Otros ejemplos:

cándido de ingenuo	trillado de común
exorbitante de considerable	incólumne de ileso
patente de claro	efímero de pasajero
petrificado de asustado	divinamente de muy bien
aversión de desapego	canicular de caliente
exacerbación de enojo	desdén de indiferencia
altivez de orgullo	eufórico de alegre

Cabe considerar aquí la 'hipérbole', en la que se destaca el aspecto
intensivo, y abunda en el lenguaje común:

montañas de cartas	salir como una exhalación
el mercado está a cien leguas	no tiene un peso
la farmacia queda a un paso	un tropel de gente
de mil amores	puso el grito en el cielo

Como se puede observar en los ejemplos, los grados de intensidad ocurren no sólo con adjetivos y adverbios sino también con sustantivos. El corolario es que si se traduce del inglés al español:

It is clear	Es patente

estaríamos aumentando el matiz de intensidad que no conlleva el original, a menos que en el contexto hubiera algún otro elemento que lo justifique, condicione o compense. De este aspecto de conservación de matices, tan importante en traducción, se tratará con detenimiento en la sección de equivalencia lingüística (8.9.4 y 8.10.5). (b) los elementos de 'calidad', que corresponden en general a todos los apreciativos, como en encomiástico, laborioso, antigualla (peyorativo), afectado, etc. (c) los valores de 'relación' o 'asociación', por ejemplo la metáfora, como en: esta mujer es una perla, el cielo de París es un coctel de noche y miedo.

El otro valor semántico, lo 'concreto', se refiere a la relación entre expresión y 'complejo sensorial', la amalgama entre las sensaciones y percepciones con los elementos que provee la imaginación o la memoria. Son las impresiones

'visuales': rielar, diáfano, pomposo, rutilar, sonrojo, glauco,
    brillante;
'auditivas': estentóreo, metálico, sibilante, chasquido;
'táctiles': viscoso, deslizante, blando, pesado;
'gustativas': melifluo, catar, brebaje, edulcorar, fresco, acre;
'olfativas': algalia, aromático, viciado, podredumbre, incienso;
'sinestesias' y 'cenestesias', como en los siguientes pasajes
    en que se puede apreciar una serie de sensaciones de las
    clases enumeradas:

El barro de las orillas y las barrancas habíase vuelto color violeta. Las toscas costeras exhalaban como un resplandor de metal. Las aguas del río, hiciéronse frías a mis ojos y los reflejos de las cosas en la superficie serenada tenían más color que las cosas mismas. El cielo se alejaba. Mudábanse los tintes áureos de las nubes en rojos, los rojos en pardos (Güiraldes, Don Segundo Sombra).

Trataban de aplazar con esa precaución la necesidad de seguir
comiendo guacamayos, cuya carne azul tenía un áspero sabor de
almizcle. Luego, durante más de diez días no volvieron a ver
el sol. El suelo se volvió blando y húmedo, como ceniza vol-
cánica, y la vegetación fue cada vez más insidiosa y se hicieron
cada vez más lejanos los gritos de los pájaros y la bullaranga
de los monos, y el mundo se volvió triste para siempre. Los
hombres de la expedición se sintieron abrumados por sus
recuerdos más antiguos en aquel paraíso de humedad y silencio,
anterior al pecado original donde las botas se hundían en pozos
de aceites humeantes y los machetes destrozaban lirios sangrien-
tos y salamandras doradas. Durante una semana, casi sin
hablar, avanzaron como sonámbulos por un universo de pesa-
dumbre, alumbrados apenas por una tenue reverberación de
insectos luminosos y con los pulmones agobiados por un
sofocante olor de sangre. No podían regresar, porque la
trocha que iban abriendo a su paso se volvía a cerrar en poco
tiempo, con una vegetación nueva que casi veían crecer ante
sus ojos (Gabriel García Márquez, Cien años de soledad).

Como se constata en los ejemplos, los elementos que acabamos
de ver pueden encontrarse aislados o combinados:

gustativo y táctil: áspero;
olfativo y táctil: barro, sofocante olor;
visual y táctil: se hundían, aceites humeantes;
visual y auditivo: superficie serenada;
gustativo y olfativo: almizcle.

Pueden también acumularse, como se comprueba en los dos
párrafos, en un mismo tiempo y yuxtaponerse en el enunciado en la
forma discontinua. [23] En los 'efectos impresionistas' se puede
observar la relación asociativa que une términos in absentia, como
se vio al tratar de la asociación paradigmática (2.1.8 y 2.4.6).
Es obvia la importancia de este estudio que nos permite (a)
identificar rasgos expresivos en LO, (b) utilizarlos con efectividad
en LT, (c) evitar las versiones en las que la lengua pierda su fuerza
y viveza, vale decir, las versiones a 'lengua neutra'. En toda obra
hay una perspectiva, una serie de matices y resonancias según el
grado en que se utilicen los elementos emotivos, cognitivos,
sensoriales. Es de mayor urgencia aún el estudio de estos elementos en la lengua española, primero porque, según hemos visto,
se caracteriza por la afectividad y el subjetivismo, y también porque
mientras más literaria, más florida, vigorosa y brillante trata de
ser.

3.1.5 Estilística interna y estilística diferencial. La estilística de la que venimos hablando, que tiene como punto de partida el estudio de las virtualidades expresivas de una lengua mediante la oposición de los elementos afectivos a los intelectuales, es la que se conoce como ESTILISTICA INTERNA. La ESTILISTICA EXTERNA o DIFERENCIAL trata de descubrir el proceder propio y privativo de una lengua oponiéndola a otra. En el caso que nos ocupa, es la confrontación del sistema lingüístico inglés con el español, a fin de descubrir sus recursos estilísticos respectivos. En otras palabras, por medio del análisis contrastivo al que nos referimos en el capítulo precedente (2.3.5), se logran poner de relieve rasgos estructurales que, por el simple hecho del hábito, escapan al estilista que examina una sola lengua. Entendamos lo dicho por medio de ilustraciones. Si consideramos por separado el español, y queremos decidir entre la alternativa: él vendrá tal vez o tal vez venga; o cuando queremos escoger entre vi que peleaban con la policía, los vi pelear con la policía, los vi peleando con la policía, o, por último, entre como no se haya ido el experto o si no se ha ido el experto, estamos actuando en el campo de la 'estilística interna', porque estamos seleccionando alternativas de una misma lengua.

Cuando, en cambio, nos encontramos frente a los siguientes casos:

(1a)	después de su regreso	after his return
(1b)	después de que regrese	after he comes back
(2a)	the girl in the living room	*la muchacha en la sala
(2b)	the girl who is in the living room	la muchacha que está en la sala
(3a)	los artículos que son del interés de la América Latina	items which are of interest to Latin America
(3b)	los artículos que interesan a la América Latina	items which interest Latin America
(4a)	They said for him to leave.	∅
(4b)	They said that he should leave.	Dijeron que saliera.

En el primer ejemplo: se podría optar en español por a o por b sin mucha diferencia, pero no así en inglés que preferiría b. En el segundo ejemplo, a no sería aceptable en español, sino b, y en inglés alternativamente a o b, también sin mayor complicación. En el tercer ejemplo, aunque son corrientes las dos en español, a sería la opción del inglés. En el cuarto ejemplo, a y b son usuales

en inglés, pero no hay alternativa en castellano. Con este procedimiento hemos actuado en el campo de la ESTILISTICA COMPARADA
o diferencial, y el primer beneficiario de esta disciplina es el traductor. Como lo afirmamos antes, el traductor no puede sustraerse
al conocimiento de la primera, pero su labor se desarrolla en el
ámbito de la segunda. Ninguna de las dos está libre de problemas,
digámoslo de paso; en efecto, en la primera domina la expresión
optativa, cuyas dificultades hemos señalado en la primera parte del
presente capítulo, y la segunda abarca no sólo las categorías
optativas, sino las obligatorias, lo que es fácil comprender si se
toma en cuenta que a ella se incorpora la 'gramática diferencial'[24]
cuyas reglas son obligatorias. No se debe, sin embargo, concebir
a la una separada de la otra en la operación traductiva. Al contrario, entre las dos estilísticas se ejerce una constante interacción
que debe tenerse muy presente, y que es un fenómeno reiterado por
Nida y otros comparatistas, entre ellos Vinay y Darbelnet. "En LO--
expresan éstos--son las opciones las que deben retener principalmente la atención. En LT el traductor deberá tener en cuenta las
tiranías que entorpecen su libertad de expresión para transmitir los
matices del mensaje".

3.1.6 Posibles modelos de estilística diferencial y gramática
bilingüe. Hemos dicho que la estilística se desenvuelve en el campo
de las 'opciones' y 'alternativas'. A ella pertenecerán los criterios
que permitan decidir, por ejemplo, entre la voz activa y la pasiva,
entre los verbos ser y estar, entre la preposición y posposición del
adjetivo, la inversión del sujeto y predicado, entre el indicativo y
subjuntivo, etc. El campo de las opciones es muy extenso y la presente obra está orientada hacia la búsqueda de criterios que faciliten
su selección.

Para que sea posible la selección, se presupone que haya distintas
formas de expresar la misma cosa. Esto hemos visto al estudiar el
hecho de la 'pluralidad' o 'alternatividad' de medios de expresión
(2.3.3) y de las 'transformaciones' (2.3.2). Sabemos ya que ciertas
transformaciones, sin cambiar el contenido de una elocución, nos
proporcionan distintas formas de variarla. No contamos todavía con
una 'estilística estructural', aunque está en camino de formación
porque sus objetivos son claros, que nos enseñe o nos ofrezca los
medios de distinguir hasta qué punto esas distintas formas de expresión significan una misma cosa. Sin embargo, contamos con
algo que no había antes. Los sistemas tradicionales basaban su
estudio de los hechos de estilística en las formas superficiales o
patentes, pero no conocían el proceso por el cual un concepto se
transforma desde la estructura subyacente, a través de los niveles
intermedios, hasta realizarse en la estructura patente. No conocían

los pasos ni las selecciones que tienen lugar antes de su realización en la superficie. Hoy, con el conocimiento de ese proceso de selección que se produce en los niveles intermedios hasta llegar a la estructura patente, vemos más clara la selección de las 'alternativas estilísticas'. Sin esta propiedad de la lengua la expresividad dejaría de existir. Y si comparásemos ese proceso de una lengua con el de otra, nos sería más fácil descubrir la selección más apropiada en la lengua receptora. Es decir, aunque no tengamos un modelo de alto grado de sensibilidad para que nos señale las alternativas que se alejan de la significación central, la comparación de los procesos nos ofrece un fondo sobre el que se hacen resaltar las discrepancias. La gramática transformacional tiende así a sistematizar la comparación. Por ejemplo, si contrastamos las siguientes opciones:

(a) Hermosilla translated Homer
(b) Homer was translated by Hermosilla
(c) Hermosilla's translating of Homer
(d) Homer's being translated by Hermosilla
(e) The translation of Homer by Hermosilla
(f) Homer's translation by Hermosilla
(g) The translating of Homer by Hermosilla
(h) It was Hermosilla who translated Homer
(i) It was Homer who was translated by Hermosilla

(a) Hermosilla tradujo a Homero
(b) Homero fue traducido por Hermosilla
(c) *La traducción de Homero de Hermosilla
(d) El ser traducido Homero por Hermosilla
(e) La traducción de Homero por Hermosilla
(f) La traducción de Homero por Hermosilla
(g) *El traducir de Homero por Hermosilla
(h) Fue Hermosilla quien tradujo a Homero
(i) Fue Homero quien fue traducido por Hermosilla
(j) A Homero lo tradujo Hermosilla
(k) El traducir Hermosilla a Homero

llegamos a los siguientes resultados:

```
a --→ a        e            c --→ ∅
b --→ b          ↘→e        g --→ ∅
d --→ d        f ⁄          ∅ --→ j
h --→ h                     ∅ --→ k
i --→ i
```

lo que quiere decir que a, b, d, h e i tienen su correspondiente en
español; e y f tienen en común un solo correspondiente e en español;
c y g no tienen correspondiente en español; y, por fin, j y k carecen
de correspondiente en inglés.

En las transformas anotadas[25] el inglés le aventaja con una sola
variación. No obstante, si examinamos más a fondo, nos damos
cuenta de que casi todas las formas anglosajonas tienen mayor
vigencia, es decir, son más o menos usuales, mientras que hay
formas del español cuyo grado de tolerancia textual es bajo o nulo.
En el proceso de transferencia, como se confirmará más tarde, no
tendrá valor la selección de una forma que aunque corresponda
aproximadamente a la de LO no tenga también una aproximada
'frecuencia'.

En segundo lugar nos damos cuenta de que, si bien todas las
'transformas' mantienen el contenido de la primera 'oración nuclear',
en el último paso de la traducción, que es la reestructuración
(2.3.7), la efectividad en la selección de una alternativa dependerá
en gran medida de la sensibilidad, percepción y lógica del traductor
(competencia, 2.3.3). Por eso hemos reiterado que la fuente de
dificultades de traducción radica en las opciones, para cuya decisión
el traductor debe conocer y dominar todas las diferencias semánticas
y estilísticas y, en particular, de relieve y matices, tema al que nos
dedicaremos más adelante. En tercer lugar, corroboramos lo dicho
de que el estilo es parte de la significación o mensaje total, y para
conseguir la meta de que la versión fluya como si hubiera sido
escrita originalmente en LT, el traductor debe tratar de seguir de
cerca las modalidades o la preferencia particular de su lengua. No
queremos decir con ello que la gramática transformacional se haya
tomado aquí como una panacea para curar los males crónicos de la
traducción. Lo que queremos que vea el lector es que, ante todo,
existe un sistema que permite el 'manejo de las estructuras' de la
lengua, principio que hemos tomado como marco de la presente obra,
ya que con todo cuanto se ha enseñado tradicionalmente el traductor
no ha aprendido a utilizar los mecanismos del lenguaje. Luego
queremos puntualizar también que este sistema permite describir
los problemas de estilística estructural de la lengua origen, ya que
es indispensable realizar un análisis formal antes de acometer
cualquier versión. Por último, el hecho que el lector debe colegir
de la demostración que antecede es que no debe soslayar las consecuencias semánticas y estilísticas que trae consigo la selección
de una u otra de las alternativas que la gramática transformacional
le presenta.

El descrito es, pues, el marco general en que la estilística escoge
sus opciones. Pero hay un aspecto que aún no hemos recalcado y
que será objeto de desarrollo más exhaustivo en otro capítulo (5.1.5

a 5. 1. 7). Es el de que esa selección tiene un punto principal de referencia en las 'situaciones', que como no se tomen en cuenta pueden convertirse en un segundo factor de dificultades. Vinay y Darbelnet expresan enfáticamente que "el estudio de las situaciones es esencial en estilística comparada, pues son ellas las que en última instancia permiten decidir sobre la significación de un mensaje".

De esta manera puede ver el lector que con la estilística contrastiva, que ha logrado rápido progreso en estos últimos tiempos, tendríamos no sólo un modelo para decidir las alternativas sino también un medio de controlar la exactitud estilística de las traducciones, vale decir, la 'equivalencia estilística', que consiste en mantener el tono del original evitando las pérdidas semánticas, de efectos y matices (8. 10. 5). Al inventario de potencialidades estilísticas que despliega, el traductor debe añadir el conocimiento de los 'efectos' que hemos estudiado junto con los fenómenos de la expresividad, tales como los valores intensivos, afectivos, concretos y sensoriales de los medios de expresión. Se producirían muchas pérdidas semánticas y de matices si el traductor no conociera esos dispositivos de selección para poder transferirlos a LT. Los matices no son residuos descartables como creen los traductores sordos a las resonancias más finas de los efectos expresivos. La semántica y la estilística están íntimamente unidas en este proceso.

Cabe aquí repetir la pregunta que nunca escapó a ninguno de los traductores a quienes hemos iniciado en los nuevos caminos de la disciplina: ¿Y saben esto Julio Cortázar, o Carlos Fuentes o Hemingway, cuando escriben? Queremos entonces remitir al lector a nuestro tratado de la competencia y creatividad (2. 3. 3), que consisten en la posesión innata de la lengua y el instinto innovador, que sólo varía de un individuo a otro de acuerdo con su ingeniosidad, inteligencia y sentido de los medios tácticos de la lengua. Estas reglas de las que hemos hablado son seguidas indeliberada e intuitivamente por los escritores. A pesar de que el uso de los medios tácticos de la lengua en general se consideren voluntarios y conscientes (3. 1. 2), pues como solía decirse, la retórica es el arte de persuadir recurriendo a la sensibilidad. Pero el traductor, en cambio, lo hace deliberadamente.

Para abundar en el tema de las transformaciones, la gramática generativa ofrece magníficas perspectivas en el dominio de la estilística. Se vio que nos sirve para el análisis del texto, en el cual la 'transformación inversa' nos indica el proceso de selección que ha tenido lugar antes de la realización en la estructura lineal y nos permite reconstruirlo en la reelaboración. Luego después pone a nuestra disposición una serie de variantes estilísticas para encontrar el camino más fácil hacia la equivalencia más acertada que nos aleja de la traducción literal.

El ámbito de comparación y selección no es, por cierto, tan limitado y sencillo como el que hemos descrito en las páginas anteriores para facilitar la asimilación del sistema, iniciando gradual y paulatinamente al estudiante en la aplicación de los principios lingüísticos, conforme al propósito de la presente obra. Eso es apenas la parte visible del 'iceberg'. El inventario de potencialidades de la lengua se incrementaría enormemente si pudiésemos emprender la interminable obra de presentar también el análisis contrastivo mediante 'transformaciones binarias', con las que se obtienen resultados más complejos que con las 'elementales' que hemos visto hasta ahora (que se realizan en una sola cadena, 2.3.2). Sería posible entonces comparar la sintaxis de cada lengua, en una especie de 'gramática bilingüe', que esperamos se perfeccione en el futuro cercano. Pero además de las equivalencias sintácticas, esa gramática debería contener todos los elementos de la estructura subyacente, de la estructura patente y de los niveles estructurales intermedios, con la indicación del nivel en que comienzan las diferencias entre las lenguas (reglas de selección específica) y de los niveles en que esas diferencias se acentúan, a medida que se aproximan a la superficie (reglas de ordenamiento específico). Todos esos elementos deberán, naturalmente, indicarse también por orden de componentes gramaticales, es decir, los que corresponden al componente semántico, al sintáctico, los elementos intercomponenciales (que pertenecen a los dos componentes), y, por fin, con la indicación de su pertenencia a la gramática universal o a la gramática particular. No es nuestra intención desarrollar estos componentes en el presente estudio, pero el lector podrá profundizar en ellos con las obras de Fillmore, Katz and Postal, Chafe, Di Pietro y otros lingüistas.

3.2 Representación lingüística del castellano y del inglés

3.2.0 Introducción. A Alfred Malblanc debe la estilística diferencial uno de sus más importantes postulados de comparación en cuanto a la representación de las lenguas. Aunque aplicó su teoría de los PLANOS DE REPRESENTACION LINGUISTICA al francés y al alemán, Vinay y Darbelnet la aplicaron al contraste entre el francés y el inglés. El alemán y el inglés son lenguas germánicas, vale decir, están íntimamente relacionadas, de manera que lo que aplicó Malblanc al alemán, pudo aplicarse en su generalidad al inglés, como nos enseña el círculo de Praga (Roman Jakobson, Vladimir Procházka), pese a que no se las puede considerar lenguas completamente análogas. En la misma perspectiva, no obstante sus grandes diferencias, el francés y el castellano son lenguas romances.

Diferencias marcadas existen entre ellas, tales como el avance
rápido del francés a la sustantivación y a la lexicalización (7.3.1
y sig.), el racionalismo francés frente al marcado subjetivismo
español, y otras diferencias más que veremos más adelante. Sin
embargo, como lenguas romances tienen muchos rasgos en común,
y en base a ello, con las debidas salvedades, trataremos de aplicar
el postulado de los 'planos de representación lingüística' al contraste
del castellano y del inglés.

3.2.1 Planos de representación lingüística. Según la teoría de
Malblanc, son dos los planos de representación lingüística. El uno
se orienta hacia lo 'general' y 'abstracto', que denominaremos el
PLANO INTELECTIVO. El otro se ejerce en el mundo de las
'imágenes sensibles', de los aspectos particulares y perceptibles,
y es el PLANO DE LA REALIDAD. Para tener una idea inicial de
lo que se va a explicar, citemos este breve ejemplo:

As he felt his way along the   Así que le faltaba atravesarla
    hall to push open the bed-   a tientas, empujar la puerta
    room door . . .   del dormitorio . . .

El ejemplo carece de macrocontexto, es verdad, pero no es
difícil darse cuenta de que la persona trataba de entrar al dormitorio
en la oscuridad. Ahora bien, está claro que en español sobra el
aspecto particular, pues con empujar la puerta se basta el mensaje,
ya que se sobrentiende que así se la abriría. No se quiere decir con
ello que un detalle real y perceptible de una expresión sea siempre
una redundancia. Al contrario, muchas veces es una ganancia
semántica. En el ejemplo visto realmente el detalle está de más,
pero no en el siguiente:

And the chairman gavelled the   Y el presidente declaró abierta
    assembly into session   la sesión de la asamblea.

Un examen breve demuestra que el inglés conlleva un matiz que
agrega vigor a la expresión y que pasa inadvertido en español. No
podría tampoco el español pretender equipararse en esos casos al
inglés con un despliegue de explicación que robe la prioridad que le
pertenece a la idea central si se esforzase por decir: Y el presidente,
con un golpe de mallete, declaró abierta la sesión (véanse las
cuestiones de relieve y prioridad en las secciones 7.6.1 a 7.6.4).
Tendremos oportunidad de discutir después el manejo de esos matices,
por ahora nos interesa la distinción de los planos mencionados.
    La representación en el plano intelectivo se realiza por medio de
'palabras signos'; en el de la realidad, a través de 'palabras

imágenes'. Las imágenes sensibles dominan en el plano de lo real;
las relaciones de pensamiento y la subjetividad, en el plano intelectivo, o del entendimiento. Según los estilistas mencionados, la
representación inglesa se desenvuelve en el plano de la realidad, la
castellana en el del intelecto. Habrá muchos casos, por cierto, en
que el inglés penetre el plano intelectivo y el español el de lo real.
Se pueden ya anticipar estas excepciones con la siguiente ilustración:

The writer who enjoys the widest readership	El escritor que goza del mayor número de lectores (o de un mayor público lector)

en la que se ve que el inglés tiene recurso al término abstracto que
el español no conoce. Pero en rasgos generales, el español se
caracteriza por su tendencia a simplificar su estructura o giro y
a dejar que el contexto o la comprensión del interlocutor eviten la
ambigüedad. En su comparación de la lengua alemana con el francés,
Bally explica que la primera "mise en présence d'une représentation
complexe de l'esprit, tend à la rendre avec toute sa complexité,
tandis que le français en dégage plutôt le trait essentiel, quitte à
sacrifier le reste", el francés "laisse à la situation le soin de
suppléer ce qui est contenu dans les éléments" ". . . l'esprit des
Allemands est porté vers le detail et le devenir des procès, tandis
que celui des Français s'attache à en préciser les contours, à les
enserrer dans des formules nettes . . ." En forma análoga, en
español los índices son menores, tienen menor diferenciación y
acentos de intensidad menos marcados. La forma en que las dos
lenguas aprehenden la realidad es diferente. El castellano percibe
la realidad en forma afectiva, el inglés en forma descriptiva. El
inglés capta cinematográficamente el reflejo mental de la secuencia
de movimiento y contornos naturales. Obsérvese cómo en los
siguientes ejemplos la expresión se refleja en una visión progresiva
en que los hechos se suceden en el orden cronológico en que llegan
a la conciencia por medio de la percepción de los sentidos, con
coloridos y detalles realísticos que no siempre se pueden conservar
en español:

Said M. and his eyes glittered across the desk at Bond	Dijo M. y los ojos le brillaron cuando miró a Bond.
To brush shoulders	Codearse
He smiled into the warm brown eyes of	Lanzó sonriendo una mirada a los cariñosos ojos castaños de
He shut the door behind him.	Cerró la puerta.

And walked <u>over</u> to the <u>open</u> window and looked <u>down into</u> Regent's Park.

Y se acercó a la ventana y miró hacia el Regent Park (nótese el plano intelectivo en que se mueve el español que no se preocupa de especificar que la ventana estaba abierta).

The canvas roof slowly raised itself <u>up into the air</u> and folded itself <u>down and back into</u> a recess between the rear seat and the boot.

La cubierta de lona empezó a levantarse, para acabar plegado en su lugar entre el asiento posterior y el portaequipajes.

He sat down and <u>shook</u> out a cigarette.

Se sentó y sacó un cigarrillo.

The boss <u>waved</u> the messenger <u>to a chair</u>.

Le indicó al mensajero que tomase asiento.

And the bullet hit the rail and shined <u>off into the night.</u>

La bala rebotó en los rieles y se perdió gimiendo en la noche (también transposición cruzada).

He lifted him <u>off his feet</u> and swung him <u>around and back through</u> the swing doors <u>and into</u> the other man.

Lo levantó en alto y tomando impulso con un giro de atrás hacia adelante lo precipitó contra la puerta y contra el otro hombre.

El castellano es más abstracto, como hemos visto; el inglés da la 'visión concreta', a veces hasta con una exageración de realismo que la forma interior del español se resiste a aceptar, como nos dan una idea estos otros ejemplos:

Less than one farm boy or girl in a hundred in Latin America belongs to a rural youth club.

Ni siquiera un adolescente de cada ciento pertenece en la América Latina a algún club rural.

One out of four Americans

La cuarta parte de los norte-americanos (8.4.5.7)

La tendencia abstracta del español se orienta, sin embargo, a lo filosófico, y aun a lo religioso. El positivismo inglés y su visión objetiva del mundo dictan el orden lógico y racionalista. La conjugación inglesa es una ilustración, según los gramáticos, entre ellos Veslot y Banchet. El escaso carácter lógico del castellano se nota por ejemplo en que ha sido siempre difícil distinguir entre la causa lógica de la coordinación y el motivo determinante de la acción subordinada tanto en la historia de las conjunciones causales

como en el uso moderno del período causal. Podría no tener esto
importancia a primera vista, pero no cuando nos damos cuenta de
que la 'hipotaxis', y en menor grado la 'parataxis' (4.1.7), son
características del período castellano y por tanto con ellas tendremos
que ver en la mayoría de los hechos de discurso.

El inglés abunda en palabras imágenes, traza con efectividad el
escenario de las cosas valiéndose de su riqueza de sonidos y de su
capacidad para sintetizar. Es una lengua que se caracteriza en
general por la economía y concisión. Tiende a lo objetivo, lo simple,
lo concreto; al sentido utilitario y práctico, al slang esquemático, a
los matices de lo cotidiano. El acopio de sustantivos, preposiciones
y giros nominales corroboran su menor intensidad afectiva, la tendencia al sujeto indeterminado, a las formas indefinidas, a las
formas temporales del indicativo. El español, aunque no muy pobre
en la manifestación concreta, es analítico, observa las cosas y los
fenómenos 'por su interior', se desentiende del escenario para
elaborar mentalmente su 'lógica subjetiva'. Predomina en él la
subjetividad que se nota en su mayor intensidad afectiva, el extremo
personalismo (posee 15 equivalencias para el pronombre you y,
además distinción del grado de formalidad tú/usted). El predominio
subjetivo se confirma por la construcción envolvente[26] del adjetivo
(4.2.5), la abundancia de apreciativos (los diminutivos connotan
pequeñez, afecto, proximidad y menosprecio; los aumentativos
connotan fealdad, tosquedad, vulgaridad o deprecación. Ambas
clases de connotaciones son escasas en inglés), las nociones modales
del subjuntivo. Recuérdese lo dicho a propósito del carácter afectivo
del lenguaje: los rasgos afectivos son los que producen más diferencias entre idiomas, más aún si se considera que la asimilación
afectiva del español no va sólo a los objetos sino a las ideas. De ahí
que sus recursos expresivos fundamentales sean el valor aspectual
del verbo, la inversión por causas afectivas, la amplitud del sistema
verbal (un total de 46 formas distintas verbales comparadas con 4 o
5 del inglés). El sintagma verbal es origen de la mayor proporción
de dificultades que existen en la descripción estilística, como se
verá cuando demostremos las diferencias semánticas de los tiempos
y modos del verbo. En resumen, el español funciona en el plano
psicológico, es más anárquico y arbitrario frente a la realidad, deja
mucho a las presuposiciones psicológicas del interlocutor.

3.2.2 El genio de la lengua. Puesto que estos caracteres
descritos del inglés y del español persisten en todos los aspectos
de su manifestación, insistiremos en ellos toda vez que sea pertinente.
Lo esencial es recordar que cada lengua se caracteriza por un
'proceder privativo' y propio, que es su espíritu, y que constituye
lo que se conoce como el GENIO DE LA LENGUA. El genio de la

lengua es aquella 'preferencia secreta', a la que, según insiste Jean
Darbelnet, hay que prestar suma atención. La orientación conceptual y cultural imprime su sello en cada lengua y exige las
modalidades de expresión y los giros que sean auténticos para que
la traducción no parezca extraña, fría y disecada. Cuántos traductores hay que pese a su larga experiencia y a sus conocimientos
filológicos llegan a traducir con formas de expresión gramaticalmente
correctas y con léxico austero y riguroso, pero cuyo desconocimiento
de todo noción del genio de la lengua los lleva en forma inconsciente
a producir versiones anémicas y neutras. El lector no contaminado
por la influencia de otras lenguas no deja de sentir de inmediato que
se halla frente a un cuerpo sin alma. Las palabras y las frases
pueden parecerle españolas, pero los símbolos son extraños. Esto
hablando sólo de la falta de espíritu, del carácter distintivo de la
lengua. El problema es más grave todavía si la versión, no sólo
carece del espíritu propio sino que adquiere características de otra
lengua. Aunque esas características fueran virtudes de la otra
lengua, violentarían la naturalidad de una versión.

Hemos explicado que la estilística es una selección de opciones y
alternativas controlada por la situación, la sensibilidad y el discernimiento. Ahora estamos en condiciones de añadir a esa definición
otro aspecto no menos importante, y es el de que debe realizar esa
selección ciñéndose al genio particular de la lengua receptora.

Las características generales que hemos distinguido en el inglés
y en el español, y los aspectos diversos de los planos en que actúan,
vienen a formar la personalidad de cada lengua y ejercen su influencia en el campo del léxico, de la sintaxis y de la semántica.
Ciertos hechos estilísticos como la posición del adjetivo, el empleo
de la voz activa, la inversión de los elementos sintácticos, como
hemos visto, obedecen precisamente al carácter subjetivo del español.
Por tanto, si en todos los niveles lingüísticos vamos a encontrar
diferencias originadas en la forma preferida que cada lengua sigue
al expresar la realidad y la experiencia, es inútil pensar que la traducción pueda basarse en una transferencia verbum pro verbo. El respeto
al genio de la lengua será uno de los instrumentos en que insistiremos
en nuestro esfuerzo por llegar a hacer cada vez más posible la traducción oblicua (8.3.1).

3.3 Estructuras del castellano y del inglés

3.3.0 Introducción. En la mayoría de los estudios con que hemos
contado en el pasado, las características de una lengua se enfocaban
de manera general, basada en hechos históricos y sociales si se
quiere, pero permaneciendo casi siempre en la abstracción. No se
examinaban fenómenos que pertenecen con mayor precisión al

funcionamiento de los mecanismos expresivos, que es lo que realmente acrecienta el inventario de posibilidades de la traducción. Se analizaba, por ejemplo, el carácter del español desde el punto de vista histórico, las influencias que recibió de las aventuras de la raza, de su espíritu caballeresco, de la expansión al nuevo mundo; el temperamento del francés, acrisolado en la escolástica universitaria y en la especulación filosófica del siglo de las luces; el molde del inglés, producto de una gran expansión colonizadora que le convierte en lengua internacional. Otros estudios han tratado de penetrar un poco en las manifestaciones más concretas de las lenguas, pero sin llegar a la descripción o explicación sistemática de las diferencias estructurales. Se constataba ya que el inglés y el francés acusan una tendencia más marcada al empleo del sustantivo y de los giros nominales y que el alemán y el español prefieren las formas verbales; que dentro del sistema verbal, el inglés tiende a la visión factiva de la experiencia, cuando en el español domina la visión activa; en fin, que hay profusión de posesivos en el inglés y de verbos auxiliares y de movimiento en español. En la presente obra, en cambio, hemos tratado de evitar en lo posible las generalizaciones, los conceptos estéticos aislados, los juicios intuitivos. Lo que hemos peseguido desde un comienzo ha sido evitar la exposición de principios lingüísticos si no se hace ver su relación clara con la traducción, y concentrar la atención en la estilística contrastiva o diferencial para explicarnos el funcionamiento de los hechos de lengua que nos llevarán a la selección acertada de equivalencias semánticas.

Aun con el instrumento de la gramática transformacional son pocos y de alcance limitado los intentos que se han hecho en el análisis contrastivo de la sintaxis y la estilística. Según se vio en secciones anteriores, no se ha llegado a establecer una gramática bilingüe o una estilística estructural. Sin embargo, los pasos que se han dado son de innegable importancia para el español, aunque no se puedan comparar con los numerosos estudios de que ha sido objeto el inglés. Deseamos señalar en particular The Sounds of English and Spanish, por Robert P. Stockwell y J. Donald Bowen; A Transformational Grammar of Spanish, de Roger L. Hadlich; Spanish Case and Function, de Mark G. Goldin; Recherches sur la fréquence et la valeur des parties du discours en français, en anglais et en espagnol, de G. Barth; Semantic Structures in Spanish, de Frances M. Aid; Semántica Latinoamericana, de Charles E. Kany; The Grammatical Structures of English and Spanish, por Robert P. Stockwell, J. Donald Bowen y John W. Martin. Robert P. Stockwell fue el primero en aplicar el sistema generativo transformacional al análisis lingüístico, y tenemos la buena suerte de que comenzó con el español, porque hay que advertir que la lengua inglesa le aventaja mucho en estudios ya que es la lengua materna de casi todos los investigadores.

Contemporáneamente se compararon también la gramática del inglés y del alemán, y del inglés y del italiano, pero los autores de esos trabajos no salieron del marco del estructuralismo que por entonces declinaba precipitosamente. Stockwell y sus colegas dieron el golpe decisivo y siguieron la orientación nueva, reiterando al mismo tiempo un hecho básico de la comparación de las lenguas: con la sola traducción no se pueden establecer precisa y claramente las discrepancias. Si fuera así, los traductores ya no necesitaríamos entonces del análisis contrastivo. Lo que queremos demostrar en esta obra es precisamente que es necesario descender a la estructura subyacente y hacer las transformaciones necesarias hasta llegar a la realización de los equivalentes semánticos en la estructura patente.

3.3.1 Fundamentos del contraste estructural. Stockwell y sus colegas, desafortunadamente, trazaron su estudio para la metodología de la enseñanza del español, y la mayoría de sus conclusiones resultan bastante simples para fines de la traducción, pero algunas sirven innegablemente de puntos de partida. Nos proponemos aquí desarrollar unas pocas de las que ofrecen mayor relevancia en traductología, con los comentarios necesarios para que el traductor pueda hacer uso de esos aspectos del análisis contrastivo. Como los mismos autores lo afirman, es imposible lograr un modelo exhaustivo de decisiones en las dos lenguas en el estado en que se encuentra la investigación lingüística, y nos ofrecen únicamente una compilación fragmentaria de los rasgos más productivos.

Un hecho importante de este trabajo, que nos ayudará a comprender mejor el tema de las obligatoriedades y opciones que hemos presentado en otra sección (3.1.1), y los rasgos comunes de la gramática y la estilística, es que hay dos clases de 'opciones': opciones entre obligatoriedades o automatismos y opciones entre rasgos facultativos. Las dos clases de opciones deben tener en cuenta la significación. En la gramática puede haber distintas alternativas obligatorias de entre las cuales el traductor puede escoger, y a la vez, en la estilística habrá también selección entre hechos obligatorios y entre hechos optativos. Como lo hemos repetido, el campo de la elección entre opciones es el más difícil y en él debe concentrarse el estudio del traductor.

Como se mencionó, el enfoque gramatical que emplea Stockwell es el de la GRAMATICA GENERATIVA. Es ésta la gramática formada por un cuerpo de 'reglas rescriturales'[27] con las cuales se forman oraciones simples, activas y afirmativas ('oración nuclear'), al cual se añade un cuerpo de 'reglas transformacionales' que, al aplicarlas a las oraciones obtenidas por medio de las reglas sintagmáticas, producen 'adiciones', 'supresiones', 'reordenamientos' o 'combinaciones' entre una y otra en formas más complejas. Las reglas transformacionales, como quedó explicado en la sección pertinente (2.3.2), contribuyen a la observación y comprensión de 'relaciones interestructurales' o 'interoracionales'. Conociendo esas relaciones se puede entender con mayor latitud el proceder particular de las gramáticas de cada una de las lenguas que se comparan.

Uno de los hechos más importantes que ha revelado el proceso transformacional es que en todas las lenguas hay un reducido número, de seis a doce, de estructuras básicas (nucleares) de las cuales se obtienen formas más complejas por medio de las transformaciones. Stockwell, valiéndose de las correspondientes reglas sintagmáticas, establece como punto de partida siete oraciones nucleares:

(1) Sujeto + cópula + predicado nominal
    El   es   el nuevo cónsul
(2) Sujeto + cópula + adjetivo predicado
    El agua está   fría
(3) Sujeto + verbo intransitivo
    Ellos   corren bien
(4) Sujeto + verbo transitivo + objeto directo
    Ellos   quieren   el agua
(5) Sujeto + verbo transitivo + objeto directo + objeto indirecto
    El   dio   el libro   a Juan
(6) Sujeto + verbo transitivo + complemento nominal + objeto
                                                          indirecto
    Ellos   eligieron   presidente   a Juan
(7) Hay + nombre indefinido + circunstancial
    Hay   amigos   en las montañas

A partir de estas oraciones nucleares, aplica primero ciertas transformaciones llamadas 'elementales', que operan sobre una sola 'cadena' (construcción), y obtiene distintas 'transformas', y las compara con las del inglés. Luego aplica 'transformaciones binarias', que operan sobre más de una cadena, y obtiene 'oraciones compuestas' (unión o coordinación) y 'complejas' (subordinación). Como se dijo antes, obtiene sólo un número limitado de configuraciones de las cuales, comparadas con las del inglés, extrae numerosas discrepancias. Desarrollamos a continuación sólo cuatro de sus 82 casos.

3.3.1.1 El subjuntivo. Inglés $\emptyset \neq$ Castellano Ob (En castellano es obligatorio, en inglés no hay correspondencia).

El inglés emplea el indicativo; el castellano, SUBJUNTIVO o indicativo:

We deny that he has done all this.	Negamos que (él) haya hecho todo eso. [28]
	No negamos que (él) ha hecho todo eso.
We don't think Jacinta has arrived yet.	No creemos que Jacinta haya llegado todavía. [29]
	Creemos que Jacinta no ha llegado todavía.

Cuando hay restricciones concretas como las que se señalan en este contraste, las opciones pueden parecer muy sencillas; no es lo mismo, sin embargo, en la práctica, cuando penetramos en el campo del subjuntivo que, a pesar de ser uno de los más productivos en español, es tan complejo. Rebasaría las pretensiones del presente estudio el solo enumerar los innumerables casos en que el subjuntivo es el proceder expresivo natural que comunica a nuestra lengua gran vitalidad y riqueza de matices, mientras que el inglés va siempre a la zaga con escasas formas, y a veces sólo trata de aproximarse por medio de 'compensaciones' y 'modificaciones externas'. [30] Por otra parte, las versiones españolas tienen en el 'subjuntivo' el terreno abonado para un sinnúmero de defectos, sea por las serias dificultades o por la falta de sensibilidad a su uso. Para Bernard Pottier la oposición indicativo/subjuntivo depende del grado de 'realización' que el locutor o escritor quiere conceder al acontecimiento, es decir, de la visión de su realidad: si la visión es de fuerte eficacia (+), indicativo; si la visión es de débil eficacia (−), subjuntivo.

Si fuera de las reglas precisas que rigen el subjuntivo el traductor no percibe en el contexto inglés ciertas modificaciones de matices y grados, producirá naturalmente una prosa carente de 'equivalencia estilística' (8.10.5) que puede perjudicar el 'genio de la lengua' (3.2.2). Puesto que el inglés carece de formas de subjuntivo, puede éste estar implícito en él con un simple pasado (respaldado por el contexto), como en:

You know that I would come any time you called me.	Tú sabes que acudiría en cualquier momento en que me llamaras.

o expreso con la ayuda de un modal, como en:

If circumstances should allow it	Si las circunstancias lo permitieran

o, como lo adelantamos pocos renglones antes, por medio de una 'modificación externa', como en:

It's at least possible that he's leaving today.	Tal vez salga hoy.
I won't go so far as to say he caused any damage.	No diré que él haya causado daños (véase sobretraducción, 8.9.4).

o en una expresión de 'cortesía' o 'modestia', como en:

Could you possibly pay me a visit in the hospital?	¿Pudieras visitarme en el hospital?
I would like to see you if possible.	Quisiera verla a usted.

o en otras clases de expresiones, también provistas de modales:

I wish I could.	¡Ojalá (que) pudiera!

Si al uso de las formas del subjuntivo nos referimos, abundan también los escollos de la estilística, pues todavía se ven muchas versiones castellanas que emplean con frecuencia el futuro de subjuntivo que es un tiempo anticuado, como nos lo recuerda Emilio Lorenzo, y del cual la misma Real Academia expresa: "Hoy sólo se usa, aunque poco, en la lengua literaria" (Esbozo, pág. 482). Añadiríamos que se conserva con escasa frecuencia en el lenguaje jurídico. Por supuesto que las lexías petrificadas han de conservarlo, mientras dure su vigencia, como en sea lo que fuere, venga de donde viniere. Se subsanaría este problema si al presente del subjuntivo se lo llamara 'presente-futuro' de subjuntivo, y entonces quedaría en claro que no hace falta recurrir a la forma arcaica.

Hay versiones en las que también el español pierde su vitalidad por el abuso de una de las formas del subjuntivo pasado en -ra y -se, o por la mezcla indiscriminada de las dos, que traen graves problemas en su uso aun para el más experto en el significaco de los tiempos hipotéticos. Completaremos el estudio del subjuntivo cuando se realice el examen de los modales que, en compensación por la falta de subjuntivo, imprimen gran flexibilidad al inglés. El Esbozo de la Real Academia Española y la Gramática del español de Bernard Pottier traen muy buenas sugerencias sobre la relación temporal de las formas del subjuntivo y sobre su uso.

3.3.1.2 El imperfecto. En inglés, pasado; en español, PERFEC-TIVO, o IMPERFECTIVO PASADO, en todos los casos en que el aspecto del verbo es obligatorio:

| He spent his money care- | Gastó el dinero sin cuidado. |
| lessly. | Gastaba el dinero sin cuidado. |

El problema del imperfecto es en cierta forma semejante al del subjuntivo, si bien no tan amplio. Proviene precisamente del hecho de que el inglés carece de 'modificación explícita', [31] pero que puede recurrir a la 'modificación externa' para trazar el matiz de nuestro imperfecto. El contexto y la dinámica de la prosa sugerirán al traductor la acción imperfectiva pasada, pero en el inglés aparece disfrazado, como en el caso indicado he spent. Nos imaginamos lo disonante que se volvería nuestra prosa con una profusión de pretéritos y pobreza de imperfectos que darían al lector la impresión de lenguaje insólito y artificioso. El caso sería simple si el inglés se sirviera siempre de used to que nos daría la pauta. Al contrario, se nos vuelve más complicado por poseer la 'modificación de actualidad', el llamado 'aspecto progresivo':

| He was spending his money | Estaba gastando su dinero sin |
| carelessly. | cuidado. |

En este ejemplo, la traducción literal dada limitaría la significación a un tiempo especificado por la 'duración explícita' del español. Véase la diferencia entre: Luis escribía mal, y Luis estaba escribiendo mal. El aspecto progresivo no se realiza en la misma forma en las dos lenguas:

| It was raining | Llovía. |

El inglés emplea con mucha frecuencia el progresivo, y si se traduce al español con el sintagma verbal auxiliar + gerundio, la torpeza de la versión saltaría a la vista por convertirse en un 'anglicismo de frecuencia' (4.1). Lo importante sería distinguir en el inglés cuándo hay acción imperfectiva, cuándo se está en proceso de hacer una cosa, cuándo se está en medio, por así decirlo, de una acción que continúa:

I wanted to go (estaba en	Quería ir.
medio de la acción de	
querer ir).	

En otros estados de la acción, como el inicial, por ejemplo, quise ir, el inglés recurriría a otra forma: I tried to go. Hadlich presenta el siguiente ejemplo:

| He knew your number, he knew the man. | Sabía tu número, conocía al señor. |

al paso que:

| Supo tu número, conoció al señor. | He found out (or learned) your number, he met the man. |

claramente enfocan no la duración indefinida sino el comienzo del acontecimiento.

Hemos dicho que el español observa los hechos 'por su interior' (3.2.1), y su tendencia al imperfecto nos da prueba de ello, pues con él la conciencia parece detenerse ante una acción o acontecimiento. En la ilustración:

| It was morning . . . It was another busy day beginning. | Amanecía . . . Comenzaba otro día de ajetreos. |

el español muestra acciones vistas del interior; el inglés, acciones observadas del exterior. El 'imperfecto' da la visión del hecho en su desarrollo, pero a veces es una disposición o intención y por este motivo pueden hasta sobreponerse a su significación temporal, por ejemplo, en el imperfecto de 'cortesía': ¿Qué deseaba usted? Quería pedirle un favor. Nuevamente como en el caso del subjuntivo, las diversas tonalidades sólo podrán transferirse al inglés por 'modificación externa':

| El perro . . . husmeaba con inquietud. | The dog . . . stood sniffing anxiously. |

La actitud del imperfecto husmeaba se transmite no por el pretérito inglés, según lo explica L. Bonnerot, sino por el valor semántico del lexema stood, fenómeno que se explica a propósito del método de la compensación (8.10). La modificación externa puede también realizarse con would para transferir la visión de acción continuada (equivale a used to):

| Then, every time, his left wing stalled on an upstroke, he'd roll violently left, stall his right wing recovering, and flick like fire into a wild tumbling spin to the right (Richard Bach). | Entonces, cada vez que trataba de mantener alzada al máximo su ala izquierda, giraba violentamente hacia ese lado, y al tratar de levantar su derecha para equilibrarse, entraba, como un rayo, en una descontrolada barrena. |

El imperfecto es el tiempo de la descripción y por ello anima la narración aún atenuando su carácter imperfecto con visos afectivos: 'Ya estaba llegando. Picaba apresurado y firme. Ya iba a desembocar en el recodo. Ya desembocaba (A. Uslar-Pietri, Catorce cuentos venezolanos: El prójimo). Vinay y Darbelnet lo llaman "imperfecto afectivo', en el que el presente y pasado quedan abolidos y la acción es sentida como en el presente, y dan la siguiente ilustración: 'Una hora después el gabinete presentaba su renuncia". 'Al traducir una narración sin embargo, el traductor debe tener mucho cuidado para mantener con el imperfecto la dinámica que requiere la equivalencia estilística, pero conservando cierto equilibrio con el pretérito.

3.3.1.3 La cópula. En inglés, el verbo to be, en castellano ser o estar:

He's a teacher.	El es profesor.
The book is on the table.	El libro está sobre la mesa.

en todos los casos, excepto con sustantivos que indican acontecimiento, que actúen de sujetos:

The interviews will take place in the Embassy.	Las entrevistas serán en la Embajada.

o cuando un adjetivo hace de predicado (caso optativo en español):

John is young.	Juan es joven.
	Juan está joven.

La 'cópula' es un verboide desemantizado. Aunque no está exento de dificultades el uso de ser y estar a causa de las zonas 'imbricadas' de su significación, más difícil le es al traductor encontrar alternativas estilísticas para disminuir la frecuencia de estos verbos, sea por medio de diferentes giros, sea con otros verbos, para evitar la pobreza de estilo. Al mismo tiempo, se evitará traducir literalmente otros verbos que el inglés puede emplear a modo de cópula:

She looks beautiful (today).	Ella está guapa (pero no: ella parece guapa).

La variante semántica de estar es, por ejemplo, quedar: el aeropuerto queda a la orilla del río. Llevar también equivale a estar, y tiene infinidad de usos, entre ellos los de sentido temporal, como en: el técnico lleva aquí dos años (el técnico está aquí desde hace dos años). La zona de 'imbricación'[50] entre ser y estar se produce por 'conceptualización de la experiencia', como en: mi casa es en San Juan de Dios, caso en que se conceptualiza casa como escena de actividad y no como simple lugar (Stockwell). Pottier entiende que la oposición ser/estar descansa sobre la distinción entre la independencia de la visión, y su dependencia de un elemento exterior, como en el pasillo es oscuro (no hay ventanas) y el pasillo está oscuro (las ventanas están cerradas). Di Pietro nos ofrece la siguiente norma: estar es un estado de ser (María está guapa); ser indica una 'cualidad inherente' (María es guapa), un 'concepto unitario' entre un conjunto (María es una belleza) y una 'identidad' (María es la belleza). Es imposible reducir a normas objetivas que prevean sin residuo el uso de ser y estar que depende de la forma interior del lenguaje.

3.3.1.4 Los pronombres tú y usted: en inglés you, en castellano tú y usted. El problema de traducir el mayor o menor grado de formalidad de la segunda persona acosa a los que vierten al inglés, pues esta lengua no conoce el tuteo, y se tiene que recurrir al procedimiento de la compensación (8.10.5). El formalismo de usted podrá comunicarse por medio de términos honoríficos (Sir, Ma'am, etc.), o por una sintaxis más rígida y formal. Stockwell da igual importancia al problema al afirmar que "el único pronombre you empleado para traducir las dos formas españolas obscurece su valor". En lo que atañe al español, en primer lugar, you puede ser ambiguo por referirse al singular y al plural, en segundo lugar, el problema sería de 'omisión' (8.9.7), pues ya que posee el tuteo, no hace falta traducir los términos familiares que en inglés pueden aparecer como interjección, o en aposición: man, chum, Bud, Mac, girl, brother, sister, etc., según Vinay y Darbelnet, quienes además sugieren que se refleje la familiaridad con una sintaxis apropiada, y en consecuencia los giros sintácticos compensarán la ausencia del tuteo en inglés.

3.3.2 Comportamiento estructural de LO. Stockwell, como se echa de ver, no agotó las posibilidades de análisis transformacional, primero porque sólo se propuso realizar una compilación fragmentaria de los casos más productivos y, segundo, porque en realidad el análisis transformacional todavía no es un sistema perfeccionado. Para sus propósitos didácticos la cantidad de conclusiones a las que llegó es considerable. Pero en cuanto a la traducción concierne, puesto que ese no era su objetivo, apenas si llegó a divergencias entre importantes propiedades de las lenguas que permitan identificar y profundizar en los aspectos semánticos que nos sean de utilidad. Hay multitud de hechos sintácticos y estilísticos pendientes de una adecuada descripción o explicación. Vamos a ver por nuestra parte

otros de estos hechos, de número reducido también, pero con el
ánimo de abrir el camino a la investigación del lector. Hasta ahora
hemos descrito los hechos de lengua del español relegando un tanto
los del inglés. Esto puede haber dado la impresión de que sólo es
necesario conocer el 'comportamiento de estructuras' de la lengua
a la cual se vierte. Tal vez a ella se dé preferencia en la presente
obra, pero hay que recordar que si no se conocen los resortes de la
lengua de la cual se traduce, mal se puede dominar la selección entre
formas básicamente sinónimas. Es decir, si se aborda una estructura complicada del texto inglés, y se conoce su historia transformacional, se la puede analizar retrospectivamente para descubrir
sus formas y equipararlas con las posibles equivalencias del texto
LT, como lo comprobarán los casos que se examinan brevemente a
continuación.

3.3.2.1 Pronombre redundante con objeto directo e indirecto.
Como se establecerá más tarde en el epígrafe de los anglicismos de
frecuencia (4.1.6), el inglés acusa una preferencia por la 'voz pasiva',
y el español por la activa. Tomemos el ejemplo de pasiva, o 'visión
factiva', puesto que con ella la lengua muestra un fenómeno desde el
punto de vista del hecho, no del desarrollo de un acontecimiento: this
writing was submitted by the complainant. La primera correspondencia pasiva: el escrito fue presentado por el demandante. Para
alejarse de la pasiva y hacer las modulaciones necesarias, omitiendo
por ahora la forma activa propiamente dicha, encontramos: el escrito
se presentó por el recurrente. Esta forma no es ajena al castellano,
la misma gramática de la Academia Española y su diccionario la usan,
aunque con poca frecuencia. Con una transformación volvemos casi a
la activa, pero con 'inversión' (7.6.6) sujeto/objeto: el escrito presentó el recurrente, cuando el contexto lo permite. Con una nueva
transformación tenemos: el escrito lo presentó el recurrente. Se
conoce esta forma con el nombre de OBJETO DIRECTO REDUNDANTE.
Respecto a él expresa Hadlich que "está muy lejos de ser universal";
pero el Esbozo de la Academia Española es de otra opinión, por
sorprendente que nos parezca por venir de una institución considerada
archiconservadora: "la forma más frecuente y espontánea" que
"gracias a este recurso la lengua española conserva una libertad de
construcción poco común entre las lenguas modernas". En realidad,
el inglés no lo tiene. Sin embargo, cuando por razones estilísticas el
texto no lo tolere, o cuando no se quiere abusar de este recurso, por
lo explicado se sabe que posee carácter o valor de pasiva, y en base
a ello se puede recurrir a la transformación inversa y convertirla
nuevamente en pasiva: el escrito fue presentado por el demandante.
Lo mismo dígase del OBJETO INDIRECTO REDUNDANTE:

An incipient fuzz appeared on his upper lip.
Activa: Un vello incipiente pobló su bozo.

Pasiva: Su bozo fue poblado por un vello incipiente.
Pronombre redundante: El bozo se le pobló de un vello
   incipiente.

La última forma es la frecuente y espontánea en español, y por
medio de esas transformaciones se ve como se ha podido llegar a
ella.

3.3.2.2 Estructuras de sentido pasivo. Tiene así mismo sentido
pasivo la estructura:

John is easy to please = John is easy to be pleased.
Juan es fácil de complacer = Juan es fácil de ser complacido.
Juan puede ser complacido fácilmente.
A Juan se le puede complacer facilmente ('objeto indirecto
   redundante').

Pero obsérvese esta otra expresión cuya estructura patente es
igual a la anterior:

John is eager to please = John is eager to please somebody.
Juan está ansioso por complacer (a alguien).

En este caso no hay carácter pasivo y ha sido necesario cambiar la
cópula y la preposición. Si se confunden estas dos estructuras se
incurre en literalidad.

3.3.2.3 Oraciones bipartidas. Un caso que demuestra la tremenda flexibilidad del inglés es el de las ORACIONES BIPARTIDAS, 32
construcciones especiales que comunican 'prominencia temática' y
atraen el 'foco de la atención' sobre un determinado constituyente
sintáctico. Se llaman así porque dividen una misma oración en dos
distintas secciones, cada una con su verbo propio. Comienzan con
it seguido de la forma apropiada del verbo be, la cual a la vez es
seguida del elemento sintáctico al que se quiere dar relieve:

John wore his best suit to the party last night.
It was John who wore his best suit to the party last night.
It was his best suit (that) John wore to the party last night.
It was last night (that) John wore his best suit to the party.
It was to the party that John wore his best suit last night.

Como se explorará más tarde a propósito de los hechos de
'relieve' (7.6) y del método de 'desplazamiento' (7.6.5), por lo
regular los elementos oracionales del inglés adquieren énfasis al

final de las cadenas, y este caso de oración bipartida es una excepción, pues se ve que el elemento que adquiere énfasis es trasladado al principio de la construcción. Puesto que en castellano normalmente los elementos logran 'prominencia enfática' hacia el comienzo de la oración, no será necesario aplicar el desplazamiento.

Pero hay una segunda clase de 'oraciones bipartidas' en las que el relieve funciona de manera diferente. La transformación con la que se las obtiene, al mismo tiempo que mantiene una 'sinonimia lógica', desplaza un sintagma nominal hacia el fin de la oración, y con el, el 'acento intensivo' o 'foco de atención'. La transformación de esta clase de oración bipartida consiste simplificadamente en lo siguiente:

Tomemos el ejemplo: The untranslated statement established a concrete relation.

(a) Se coloca <u>what</u> al comienzo de la cadena:
What the untranslated statement established a concrete relation.

(b) Se coloca la forma apropiada de <u>be</u> al fin de la cadena:
What the untranslated statement established a concrete relation was.

(c) Se desplaza un sintagma nominal hacia el fin de la cadena:
What the untranslated statement established was a concrete relation.
What established a concrete relation was the untranslated statement.

El hecho que hay que tener en cuenta es que estas formas comunican gran flexibilidad al inglés y le sirven de recurso muy útil. En español, en cambio, aunque hay formas correspondientes, éstas no son usuales, y se las debe emplear con gran mesura. De otra manera habrá que realizar los 'desplazamientos' necesarios de énfasis. El traductor, al conocer las transformaciones, se sensibiliza a las diferencias estilísticas que entraña la preferencia por una u otra forma de expresión. Según se verá, ya que el español prepara la atención para la 'presentación del argumento' dominante, a veces coincide con el orden del inglés:

What you need most is a good   Lo que usted necesita es un
    rest.   buen descanso.

3.3.2.4 Extraposición y memoria temporal. El cuidado en la 'anticipación' y 'presentación del argumento' dominante que se vio en la sección precedente es muy importante para facilitar la 'asimilación'

del lector. Es frecuente encontrar en inglés la falta de esa anticipación, pero sus transformaciones le señalarán el camino de llegar
a la equivalencia normal:
Sean las expresiones:

That the organization is going to push the individual around
more than it used to, and that it is becoming increasingly
hard for the individual to figure out when he is being pushed
around is difficult to understand.

That he did not know well what politics meant and that he did
not know where the universe ended pained him.

Con la transformación de 'extraposición', una variante de desplazamiento (7.6.5), evitamos el fenómeno conocido en la teoría de la
comunicación como el recargo de la 'memoria temporal', que no se
debe forzar para que no se obstruya la descodificación:

It is difficult to understand that the organization is going to
push the individual around more than it used to, and that it
is becoming increasingly hard for the individual to figure out
when he is being pushed around.

It pained him that he did not know what politics meant and
that he did not know where the universe ended.

Se comprenderá que la forma más apropiada al español es la que
contiene el constituyente verbal al principio, es decir la que ha
recibido la transformación de 'extraposición', en especial cuando la
'construcción atributiva' hacia la derecha es muy larga y, como se
dijo, agobia la 'memoria temporal'. Hay por cierto una alternativa,
como también para el inglés, de introducir la oración con un término
abstracto como hecho, idea, cuestión, noticia, creencia, etc.

The fact that you have produced so much surprises me.
The idea that you should want to go out and make your fortune
    could not be surprising to any adult.
El hecho de que hayas producido tanto me sorprende.
La idea de que quieras salir y forjarte una fortuna no puede
    sorprender a ningún adulto.

Pese a que el inglés utiliza el recurso por su marca especial de
'relieve', la frecuencia en español es mínima y da por resultado un
estilo flemático.

3.3.2.5 El _that_ de relativización y complementación. Cuando el _that_ pertenece a 'relativización' corresponde al español _que_, cuando es partícula de complementación (complementizer) equivale a _de que_:

The only car that will be repaired by the mechanic is mine.
The fact that Michael was her brother was obvious to Paula.
El único auto que arreglará el mecánico es el mío.
El hecho de que Miguel sea su hermano le fue obvio a Paula.

De donde:

Mr. Vivas will see to it that the cathedral is cleared.
El señor Vivas verá (cuidará) de que se despeje la catedral.
El señor Vivas se encargará de que se despeje la catedral.

3.3.2.6 Un resultado anómalo de la relativización. De la 'relativización' surge una forma sintáctica usual en inglés, extraña en español:

Silas, who was an impetuous man, raised his stick threateningly.
Silas, an impetuous man, raised his stick threateningly.
An impetuous man, Silas raised his stick threateningly.
*Un hombre impetuoso, Silas levantó amenazante su bastón.

En español siempre: Silas, que era hombre impetuoso, levantó amenazante su bastón. Sólo en casos en que el texto lo tolere: Hombre impetuoso, Silas levantó amenazante su bastón.

3.3.2.7 Construcciones similares en la superficie pero diferentes en la estructura subyacente. Otras construcciones similares en la superficie pero diferentes en la estructura subyacente:

He is splendid to wait   Es tan gentil en esperar.
Base: He is splendid; he
    waits.

A veces aparece con el anticipador _it_:

It is splendid of him to wait.

He is hard to convince   Es difícil de convencer.
Base: he is hard; somebody
    else tries to convince him

He is slow to react.
Base: he is slow; he reacts
   (he reacts slowly).

Reacciona con lentitud.

Pero:

This book is easy to read.
Base: This book is easy; somebody reads the book.

Este libro es fácil de leer.

A veces, como en el caso primero:

It is easy to read this book.

He is furious to hear about
   it

Base: To hear about it is the
   cause; he is furious.

Está furioso de saberlo (a
   causa de haber llegado a
   saberlo)

He is reluctant to agree with
   you.
Base: La cópula is está en lugar
   de otros verbos copulativos
   feel, seem, etc.

Se siente renuente a convenir
   contigo.

CAPITULO 4

ANGLICISMOS DE FRECUENCIA

4.0 Introducción. Sobre 'anglicismos léxicos' y morfológicos se
ha escrito, aunque escasamente, o se los oye mencionar en una que
otra obra. La mayoría de los traductores, en efecto, poseen una
idea muy clara de lo que es un anglicismo. Las obras escasas,
desafortunadamente, no constituyen un inventario completo, ya sea
porque no pueden recoger de continuo los nuevos casos que vienen a
engrosar las filas de extranjerismos, o ya porque los términos que
en una época se consideraron anglizantes han dejado de serlo. La
obra de R. J. Alfaro es un caso de las que han quedado anticuadas
por las recientes admisiones de vocablos al diccionario de la Real
Academia y porque su análisis está basado más en el instinto etimológico, criticado por Bally (Traité de stylistique), que en un método
lingüístico adecuado. Se han visto también pequeñas compilaciones
de 'anglicismos sintácticos', o calcos de estructura, preparadas sin
ningún sistema ni criterio riguroso, que no pueden considerarse otra
cosa que simples listas y muy reducidas. Los anglicismos sintácticos, queremos recalcar, son tan dañinos como los léxicos. Sobre
estas dos clases de anglicismos hemos conocido los juicios condena-
torios de los puristas de todas las épocas. Sin embargo, existe otra
clase de anglicismos que de acuerdo con nuestra experiencia son
totalmente descuidados por los traductores: los ANGLICISMOS DE
FRECUENCIA. Su desconocimiento no nos sorprende, por otra
parte, puesto que no se ha visto ningún tratado sobre ellos en ninguna
obra de gramática, de estilística o de traducción.

4.0.1 En qué consiste un anglicismo de frecuencia. Cuando en
vez de seleccionar la más apropiada de las 'correspondencias' que
ofrece el español nos contentamos simplemente con copiar la forma
más parecida o, inclusive, la misma del inglés, y cuando dicha forma

goza en la lengua anglosajona de uso muy frecuente, se ha creado una anomalía que se difunde a través de toda una versión, haciendo difícil la asimilación y delatando una manera extranjerizante que no se amolda al genio de nuestra lengua. La traducción, en consecuencia, no fluye con naturalidad, porque hay una influencia extraña que hace sentir sus efectos en todo el texto sin localizarse en ninguna parte: se ha producido un ANGLICISMO DE FRECUENCIA. Como su nombre lo indica, es causado por la 'frecuencia' insólita con la que aparece algún 'giro' o 'término' sin que ese giro o término sea necesariamente un anglicismo en sí. Puede no ser giro extranjero, mas su repetición en el uso no es castiza, y en ello se distingue de las otras clases de anglicismos que hemos conocido antes. Puede ser, como hemos dicho, 'léxico' o 'estructural', y a veces puede afectar inclusive a períodos enteros, por la forma en que están construidos (estructuras extrañas, 7.2.3). La fuerza de la interferencia lingüística en los que no saben precaverse contra ella, los insensibiliza hasta el punto de que no se dan cuenta de algo que salta a la vista del que no está contaminado por el bilingualismo.

Cualquier configuración que el inglés selecciona con relativa frecuencia puede contar con una forma opuesta en castellano. Tomando como ilustración el caso de la voz pasiva, se opone a ella la activa en nuestra lengua. Pero hay casos en que la correspondencia es cero, como por ejemplo en el caso de las enumeraciones del inglés en las cuales se marca una coma antes de <u>and</u> del último miembro de una serie, en cuyo caso no se emplea coma en castellano.[33] Ejemplo: <u>a life which is as much as possible free from toil, dependence, and ugliness</u>. Si esa coma pasa al castellano, constituye un anglicismo. Si se la copia todas las veces que aparece en el inglés, se convierte en un anglicismo de frecuencia. Antes de ser anglicismo, naturalmente, es un solecismo.

Lo importante es, como se ve, el principio de la FRECUENCIA DE SELECCION. Hay casos en que la forma sintáctica o el vocablo son correctos, pero es la 'frecuencia' la que perturba el canal de comunicación con elementos ajenos al espíritu del español, que se imponen sobre los que le son propios, y dan a la versión un sabor extraño y la falta de autenticidad. El estudio de los 'anglicismos de frecuencia' tiene pues trascendencia lingüística, sobre todo en nuestra disciplina, y los métodos de evitarlos deben formar parte del inventario de técnicas de la traductología. Se volverán a ver algunos de estos aspectos cuando tratemos de la traducción literal (8.2).

4.1 Anglicismos de estructura

4.1.1 El factor intangible del orden. La descripción del proceso traductivo abarca dos aspectos: la transferencia del sentido y la del

estilo, respetando en esta última el genio de la lengua. Por lo
general se ha observado que sólo se tiene en cuenta el primero de
estos aspectos, pero se olvida con facilidad el segundo, o simplemente no se lo conoce. La traducción no consiste en transferir
únicamente la idea, haciendo caso omiso de la forma que adquiere
en la otra lengua. El aspecto que con frecuencia se deja en el olvido
no es, sin embargo, el menos importante, pues a él pertenecen los
'medios tácticos' de la lengua, y de él dependen los efectos bus-
cados por el autor. Es preciso, por lo tanto, realizar ciertos
ajustes de estilo. Pero hay que tener en cuenta que las alteraciones
o adaptaciones no pueden limitarse apenas a las unidades observables,
visuales, como son los lexemas y los sintagmas, sino que se extienden
a otros factores que no son tangibles, los cuales por esa razón escapan
a la atención del traductor, por ejemplo, el 'orden de los elementos
oracionales'. Esos factores intangibles existen, y ejercen considerable influencia en la manifestación del discurso. En efecto, el
orden tiene significación, pues expresa cierta clase de relaciones
sintagmáticas de dichos elementos, y no sólo dentro de la oración
sino fuera de ella, en el período entero (2.4.1). Lo que complica el
problema es que el orden no es fijo, y por tanto, no tiene reglas
automáticas. Es un proceso facultativo, y en este carácter, según
se estudió ya (3.1.1), entra en el campo de la estilística, que se entiende de las opciones. La libertad de orden que distingue el español
de otras lenguas, hace que su estilística adquiera ese factor adicional
de dificultades de selección, más notable que en otras lenguas que
muestran una tendencia al orden más o menos fijo o 'lexicalizado'.
La tarea sería más fácil si pudiéramos seguir obligatoriamente un
orden. El traductor no puede imponer a una lengua la estructura,
vale decir, el léxico, los giros y el orden de otra lengua. Es indispensable realizar ciertas adaptaciones por medio de métodos investigados, para reproducir el mensaje en la estructura, giros y léxico
propios del genio de la lengua a la que se traduce (7.3.1).

4.1.2 Sujeto + verbo + complemento. El estudio del orden es algo
complejo y sus consecuencias se verán en otras secciones, como en
la dedicada al discurso (capitulo 7) y a algunos procedimientos técnicos,
como el desplazamiento y la inversión (7.6.5 y 7.6.6) y en general en
lo concerniente al relieve (7.6). En este capítulo nos ocuparemos de
algunos aspectos del orden que vamos a clasificarlos entre los
'anglicismos de frecuencia'.

Uno de ellos se refiere a la 'posición inicial del sujeto' que en
inglés casi es una norma fija. El orden sujeto + verbo + objeto se
está haciendo regla general, decía Otto Jespersen. Si recordamos
lo dicho a propósito de las características de las lenguas, la visión
objetiva del inglés tiende a imponerle un orden lógico. En lo que al

castellano se refiere, una concatenación invariable anquilosa a un
idioma, la configuración se léxicaliza, y nuestra lengua se caracteriza no por la 'gramaticalización' o 'lexicalización', sino por la libertad de orden de sus constituyentes sintácticos. La imitación del
inglés en la posición del sujeto al inicio de cada oración no puede
sino comprometer seriamente el estilo. De acuerdo con Gili y Gaya,
de veinticuatro combinaciones posibles con cuatro elementos, sólo
en dos precede el sujeto, frente a seis en que el verbo va primero.
La transferencia del orden inglés crearía una atmósfera innegablemente foránea.

En cuanto a los 'sujetos pronominales', todo sintagma verbal
completo, salvo el imperativo, lleva sujeto expreso en inglés. En
español, cuando el sujeto está implícito en el contexto no es necesario
expresarlo. Las desinencias personales de la conjugación española
son tan claras y vivaces que casi siempre hacen innecesario su
empleo. Más todavía, como se estudiará en el capítulo correspondiente al relieve, la repetición insistente de los sujetos pronominales
puede traer un matiz de énfasis o agresividad, aparte de la pesadez
que comunica al estilo. Obsérvense:

Yo quiero una corbata (sin consideración de lo que otro quiera)
Deseo presentarle a Juan Vengoechea. Él es mi amigo (y no otros
    a quienes no considero amigos).

4.1.3 Sintagma verbal al final de oración. Como corolario del
caso anterior, a causa de que el inglés por lo regular pospone el
elemento de relieve hacia el fin de la oración, constituyen anglicismos de orden las construcciones con 'verbo al final', como se com-
probaría en los siguientes ejemplos si se imitara la posición final
del sintagma verbal:

The foreign exchange cost of the
remaining 61.7% of commodity
import transactions has not
varied.

No ha variado el costo en divisas
del 61.7% restante de las transac-
ciones de importación de productos básicos.

A brief comparison between the
formative stage of the theory of
industrial society and its present
situation may help to show how
the basis of the critique has been
altered.

Una breve comparación entre la
etapa formativa de la teoría de
la sociedad industrial y su situación actual puede contribuir a
demostrar cómo han sido alteradas las bases de la crítica.

If the productivity of rice lands can be raised very substantially, the effect of holding down rice prices to customers can be somewhat mitigated.	Si se pudiera acrecentar en gran proporción la productividad de las tierras arroceras se podría mitigar en parte el efecto de la política de mantener los precios bajos para los consumidores.

Véase a este propósito la sección correspondiente a desplazamiento e inversión (7.6.5 y 7.6.6).

4.1.4 Modificación durativa. El período castellano se ve así mismo alterado por el abuso de la MODIFICACION DURATIVA, que es una marca del grado de actualidad de un acontecimiento. Hemos dicho algo sobre este tema al tratar del imperfecto (3.3.1.2). Conocida también como 'aspecto progresivo', esta perífrasis estar + gerundio constituye en inglés la llamada currency modification, que es generalmente compatible con presente y futuro (he is learning, he is going home), y muy frecuente en esa lengua. La acción durativa no se cumple de la misma manera en español. El tiempo simple indica ya actualidad, pero general: el animal come; y actualizado, referido a una situación particular: el animal está comiendo. En inglés progresividad + futuridad entraña la idea de 'intencionalidad'; el español no permite por lo común estar + -ando con sentido de intención. De modo especial con verbos de acción momentánea o final, no se puede emplear esta perífrasis porque "son acciones desinentes que no se pueden estar haciendo, sino que se hacen", como dice terminantemente la Real Academia. No es, como se echa de ver, tan solo una incorrección gramatical; puede en realidad falsear el pensamiento, como se constata en: la cantidad de 160 pesos que le estamos abonando en cuenta (en vez de le abonamos). Por tanto, debe usarse sólo cuando se trata de actos repetidos: desde hace dos meses le estamos escribiendo para reclamar. Pero téngase presente que con verbos de acción momentánea la perífrasis introduce sentido reiterativo; en efecto, no se puede decir el soldado estuvo disparando un tiro. La aplicación de esta secuencia es pues especializada en castellano y hay que apelar a las reglas de la gramática para su empleo correcto, con los verbos susceptibles de esta construcción. Véanse estos ejemplos:

The meetings of Foreign Ministers are providing a forum for consultation at a very high level.	Las reuniones de ministros de relaciones exteriores proporcionan (no: están proporcionando) un foro para la consulta a muy alto nivel.

The agricultural development policies are stressing the following instruments.	Las políticas de desarrollo agrícola insisten (no: están insistiendo) en los siguientes instrumentos.
Some countries are demanding	Algunos países exigen (no: están exigiendo)

4.1.5 Demasiado + adjetivo + como + para. Examinemos esta otra estructura: Estos abusos han sido demasiado violentos como para pasar inadvertidos. Hay traductores cuidadosos que evitan por lo menos el como, para disminuir la influencia extranjera de la expresión, pues se dan cuenta de que no es genuina del castellano. El giro completo, lógicamente, viene del inglés, y pretende proscribir a varias formas que puede oponer el español en su defensa: estos abusos han sido tan violentos que no pueden pasar inadvertidos, o esos abusos han sido demasiado violentos y no pueden pasar inadvertidos.

Otra forma similar y más anticstilística todavía es la de: no es lo suficientemente . . . como para. Es una forma muy difundida, que abunda en los informes técnicos y administrativos. Recuérdese que es la frecuencia de selección, además de lo prosaico de la expresión, lo que produce ese arrastre flemático de la versión española que la hace precisamente revelarse como 'versión' y no como obra genuina (8.10.5). Cuando las equivalencias se redactan preservando el genio de la lengua (3.2.2), el lector no tiene la impresión de que lo que lee es una versión, y ese es el objetivo que se debe perseguir. Otros ejemplos:

You are intelligent enough to realize that.	Usted es inteligente y sabe darse cuenta de que.
She is still child enough to accept Santa Claus.	Todavía es una niña tierna y cree en Santa Claus.
The report is not sufficiently technical to be submitted to the Assembly.	El informe no alcanza el nivel técnico necesario para presentarlo a la Asamblea.

4.1.6 La visión factiva. Gran parte de la naturalidad de la versión se pierde a causa de otro anglicismo de frecuencia: el abuso de la VOZ PASIVA. El estudio de la representación lingüística de las dos lenguas que comparamos (3.2.1) nos enseñó que el español se caracteriza por la amplitud del sistema verbal, y que tiende a preferir la construcción de 'visión activa'. La Academia Española lo confirma: "nuestro idioma tiene marcada preferencia por la construcción activa". La pasiva tiene un índice de frecuencia muy elevado en inglés. Roderick A. Jacobs expresa que la 'transformación pasiva' desempeña un papel dinámico en el lenguaje. En efecto, la 'visión factiva', que se obtiene con la 'voz pasiva', modifica notablemente el foco de atención de la correspondiente forma activa y, en consecuencia, hace que varíe un tanto la 'significación lineal' (2.4.1, 2.4.8), pero lo que ha ocurrido es que con el abuso que de ella se hace ha perdido esa fuerza semántica y se ha convertido en una forma casi neutra. En verdad, si un texto del original inglés está lleno de pasivas, mal puede saberse cuáles son los elementos que en él se desea hacer resaltar.

La voz activa es por lo regular más común, pero como veremos en el estudio de las clases de textos (9.1.1), la proporción varía de uno a otro, a veces con un notable margen. Según los gramáticos ingleses la frecuencia de la pasiva no depende tanto de la materia de que se trate ni de si pertenece a la lengua hablada o a la escrita, cuanto de la distinción entre textos informativos o literarios. La pasiva se emplea con mayor insistencia en los primeros, en especial en los escritos científicos y en artículos noticiosos, por su carácter impersonal y su visión objetiva de los hechos. Hay que tener en cuenta además una razón psicológica: la pasiva borra el actante y generaliza, el sujeto está casi siempre ausente; permite eludir el sujeto de la oración o el sujeto de la cosa. Permite también destacar el objeto. Esto explica la razón por la que el lenguaje administrativo (burócrata) emplee mucho la pasiva.

No pretendemos sugerir que hay que desterrarla del español; precisamente, usándola con mesura podemos lograr ese relieve que explica Jacobs. Hay pues que tener en cuenta dos puntos: la disminución de la frecuencia a la que se debe tender y el conocimiento de las oportunidades para hacerlo, ya que no vamos a convertir ipso facto todas las formas pasivas a activas con perjuicio del sentido o del 'relieve', ni vamos a atenernos únicamente a porcentajes, descontando que habrá circunstancias que impondrán el uso de las primeras. Véase el efecto amfibológico que ocasionaría el cambio automático de una voz a otra:

Such persons, in constrast with diplomatic agents, are defined . . .	Tales personas, a diferencia de los agentes diplomáticos, se definen . . . (¿las personas mismas se definen?)

Si se efectúa la modulación (8.4), se elimina la vaguedad:

A tales personas, a diferencia
de los agentes diplomáticos,
se las define . . .

While they chatted about the
flight their luggage was
brought around and they
were taken to a side door.

Mientras comentaban el vuelo,
les trajeron el equipaje, y
les acompañaron hacia una
puerta lateral (¿quiénes les
trajeron y quiénes les
acompañaron? No hay ante-
cedente en el original).

Habrá pues que evitar la 'voz pasiva' sin perturbar el habla ni la
comprensión, pero no, por ejemplo, cuando el agente no está
especificado o con verbos permanentes, en cuyos casos es preciso
mantenerla porque no hay dificultad de empleo en castellano: el
mejor vino es fabricado en Chile; o mejor aún, por tratarse de
nombre de cosa, con la pasiva refleja: el mejor vino se fabrica en
Chile. El francés, por su tendencia estática, emplea la voz pasiva
mucho más que el español. En inglés, como dijimos, no sólo es
muy frecuente sino muy productiva. Por su tendencia a actuar
dentro del 'plano de la realidad', prefiere la 'visión factiva' o
'cumplida' de la experiencia. El español se orienta a la 'visión
activa transitiva', por dos razones: (1) el sentido pasivo se transmite eficazmente con la 'pasiva refleja': se organizan los juegos,
se compró todo el material necesario; (2) cuando el hecho ha
ocurrido y se observan sólo los resultados se emplea por lo general
la fórmula estar + adjetivo (inclusive los participios pasados), como
en: la estatua estaba destruida. A estas dos alternativas, explicadas
por Bull (A Visual Grammar of Spanish) y por la Academia Española
que en su Esbozo corrobora el empleo creciente de la 'pasiva
refleja' que contribuye a limitar la frecuencia de la pasiva con ser,
se suman otros medios de sustitución: (3) la 'transposición' verbo/
sustantivo (8.3.4.4), como en el siguiente ejemplo:

He didn't like being criticized
by the Press.

No le gustaron las críticas de
la prensa.

(4) La 'transposición' participio/sustantivo, que permite conservar
el verbo ser si se desea:

This portrait was painted by
Rubens.

Este retrato es obra de Rubens
(Además, modulación acción/
resultado (8.4.5.2)).

(5) Cuando no se quiere alterar el sujeto, ensáyese la 'modulación intralingual' (8.4.1), una vez traducida la pasiva al español:

All bodies are moved by forces.	(a) Todo cuerpo es movido por la gravitación.
	(b) Todo cuerpo obedece a la gravitación.
Chlorine is utilized to sterilize water.	(a) El cloro es utilizado para desinfectar el agua.
	(b) El cloro sirve para desinfectar el agua.
Her abilities were envied by her colleagues.	(a) Su capacidad era envidiada por sus colegas.
	(b) Su capacidad despertaba los celos de sus colegas.
A politician was replaced by a technician to manage the institution.	(a) Un político fue reemplazado por un técnico en la dirección del instituto.
	(b) Un político tuvo por sucesor a un técnico.
He is regarded as the best student.	(a) Es considerado el mejor estudiante.
	(b) Pasa por el mejor estudiante.
All convicted men will be punished.	(a) Todos los culpables serán castigados.
	(b) Todos los culpables recibirán condena.

Con el mismo género de modulación se puede evitar la alteración del agente:

| We seem to be led to the conclusion that | Parece que se nos impone la conclusión de que |
| He knew that among the students he was hated. | Sabía que le tenían mala voluntad los estudiantes. |

(6) El objeto directo pleonástico (3.3.2.1), aunque las ocasiones de aplicar esta fórmula serán bastante más restringidas:

The most important group was composed by the technicians who	El grupo más importante lo formaban los técnicos que

4.1.7 La hipotaxis. El español moderno no rechaza los resortes estilísticos de la frase dislocada ni semánticamente anómala, de las transiciones ágiles de episodios para imprimir vivacidad de movimiento, de las cláusulas cortas y dinámicas de una descripción impresionista, la suspensión de 'actantes'[34] para infundir misterio, etc., hechos estilísticos todos que indican su enorme evolución desde los largos y complicadísimos períodos del Quijote. Pero en comparación con otras lenguas, si frente al inglés el francés se precia de ser lengua 'ligada', el castellano lo es en más alto grado. Se caracteriza todavía por su mayor profundidad o 'densidad sintáctica' (7.5.2) y por el enlace de 'circunstantes'. El portugués los admite casi en forma ilimitada, separados por comas, para volver a tomar la secuencia de los acontecimientos en cualquier punto del discurso. La lengua anglosajona, de acuerdo con su proceder particular que ya hemos bosquejado, es objetiva y delimita su elocución con una lógica más simple. A ello contribuye también la enorme influencia del periodismo y de los escritores populares. Se aleja de los párrafos largos y complejos y prefiere las cláusulas cortas, marca en forma tajante la incorporación de elementos oracionales, mantiene la 'incrustación' (2.3.2 y 2.4.6) al mínimo. La especificación circunstanciada de la elocución inglesa bien delimitada nos señala una vez más su actuación en el plano de la realidad, en contraste con la elocución más conceptual del español que deja mucho a la elaboración mental del lector. Emplea, así mismo, en grado notable la puntuación, para interconectar sus unidades más cortas, que acaso es tarea más difícil.

El español, como no sea por razones de efectos expresivos, conforme a lo expuesto, busca la relativa 'profundidad estructural', subordina siempre que le es posible, incorpora aun los circunstantes en forma más estrecha, su sintaxis le exige mayor 'coherencia interna' de la oración, del período y del texto en general. No hay perspectiva sintáctica en la 'parataxis', y por eso las oraciones construidas en este modelo, que además carecen de entonación en lo escrito, aparecen deslucidas. Al traducir las más de las veces nos vemos uniendo oraciones y períodos que el inglés deja sueltos. Aun en la forma de terminar el período o la oración el castellano no permite brusquedad, por su carácter paroxítono (7.3.2) marca su ritmo con polisílabos y rechaza los monosílabos en sus pausas expresivas.

Resumiendo, decimos que el español adopta la 'hipotaxis', y que el inglés, aunque no es lengua completamente paratáctica, se vale más que el español de la 'parataxis'. Los efectos estilísticos mencionados al principio pertenecen más que todo al 'lenguaje literario' y deben tenerlos presente quienes traducen esa clase de textos. Sin embargo, en los escritos generales donde prevalece la lengua común y sus niveles funcionales, las series de frases cortas dan la impresión de dificultad de raciocinio.

Aunque trataremos más detenidamente de estos problemas en las secciones correspondientes al discurso (capítulo 7) y a la modulación (8.4), y en ellas se estudiarán los rasgos elocutivos a los que se debe recurrir para conformar el estilo español, hemos querido incorporar en este capítulo el aislamiento artificial de frases que puede convertirse en un anglicismo de frecuencia. La constante imitación de ese proceder del inglés puede traer como consecuencia el recurso abusivo al 'estilo yuxtapuesto' y nos encontraríamos frente a una nueva anomalía difusa en las versiones españolas. Véanse algunos ejemplos:

Then he came out and Smith gave him the job at the Mayflower.	Cuando salió Smith le dio este puesto en el Mayflower.
A trail of thick smoke drifted over his head and for a moment put out the moon.	Una última nube de polvo pasó por encima de su cabeza ocultando por unos instantes la luna.
Something whipped into the ground beside him, and there was a pinpoint flash from the cabin.	A su lado algo se hundió en la tierra al tiempo que un leve fogonazo brotaba de la cabina de la máquina (también explicitación, apartado 8.8.3).
The policeman stayed and listened and watched me.	El policía se quedó también, escuchando y vigilándome.
He turned and looked back at the great bloom of flame they had left behind.	Se volvió para contemplar la enorme llamarada que habían dejado en la distancia.

4.1.8 Otros anglicismos de estructura. Vamos a enumerar y comentar por separado algunos otros casos de 'anglicismos de frecuencia' que afectan a la estructura. Téngase presente que la idea no es sentar aquí la última palabra respecto al número y formas de estructuras que caen en esta categoría. Nuestra intención es

guiar al traductor en la búsqueda de soluciones que no vayan en
contra del espíritu de la lengua, pero que transmitan fielmente el
mensaje del texto original.

4.1.8.1 El morfema as. No es raro que el inglés inicie sus
párrafos con el morfema as, el cual se vierte sin discriminación
alguna al castellano con la monótona frase a medida que. Para
resolverlo es esencial realizar el análisis de la estructura que lo
contiene, cuidándose de no asociarlo siempre con esta forma o con
como, que también se convierte en anglicismo. Tomemos por
ilustración:

As private investors play a
major role in production
for domestic needs and
exports, it would be most
advisable to involve their
representatives in the process of science policy
formulation.

La influencia que los inversio-
nistas privados ejercen en la
producción para necesidades
internas y para la exportación es muy importante, y
sería muy aconsejable
conseguir que sus repre-
sentantes tomen parte en la
formulación de políticas
sobre ciencias.

As copper becomes more valu-
able

Desde la revalorización del
cobre

As time went on the material-
ism became more muted.

Con el transcurso del tiempo
enmudeció el materialismo.

As you have seen them with
your eyes, you can declare
that they exist.

Ya que usted los ha visto con
sus propios ojos, puede
afirmar que existen.

As the office sensed correctly
from my daily reports, I
was growing sorry for
myself.

Me sentía cada vez más apenado
conmigo mismo, y la oficina
se daba perfecta cuenta por
mis informes diarios.

4.1.8.2 Or both. Como en el ejemplo: by means of an analysis,
evaluation, or both, que ha infectado las versiones españolas con el
estribillo o ambas cosas. En estas dificultades se puede recurrir a
giros muy castellanos.

Algunos de los cuales comparten con sustantivos y

Con la excepción de que los
proyectos son duplicaciones

adjetivos, o exclusivamente con una de estas clases, pero otros son específicamente pronominales.	de los de la FAO o faltos de actualidad, o indistintamente lo uno y lo otro.
Tanto la primera como la segunda o las dos ilustraciones juntas.	Empíricos, metodológicos, o empíricos y metodológicos a un tiempo.
El sentido se indica sintáctica o semánticamente o de una y otra forma.	Las dos a un tiempo. Se adhieren, como todas las asociaciones motivadoras, sea al significado, sea al significante, o sea al uno y al otro.

Podría tambien decirse: o las dos cosas a la vez; pero sería más estilístico sustituir el lexema cosas por el nombre del fenómeno de que se trate en el texto.

4.1.8.3 Fórmulas por el estilo de: the acceptance by the US of the offer. El inglés puede sin dificultad expresarse de esa manera por razones que ya conocemos en relación con el plano de la realidad en que funciona, es decir su preferencia por la visión factiva. En español se tiende a calcar con la expresión: la aceptación por los Estados Unidos del ofrecimiento. Teniendo presente lo dicho en el apartado 4.1.6, se obtiene mejor ventaja modulando a voz activa:

The acceptance by the US of the offer has started	Cuando los Estados Unidos aceptaron el ofrecimiento se inició Habiendo los Estados Unidos aceptado el ofrecimiento se inició

4.1.8.4 Among other things. La trillada intercalación de among other things, que es necesario modular para cambiar el punto de vista (8.4.5.5):

The committee is charged, among other things, with the establishment	El comité tiene, entre otras actividades, la de establecer Una de las tareas confiadas al comité es la de establecer
With a view toward, among other things, protecting itself from	Teniendo entre sus miras la de protegerse de

There is more similarity
because, among other
things, of the universal
semantic categories

Hay mayor similitud, entre
otras causas, por las categorías semánticas universales
(también transposición)

In view of this declaration the
following measures, among
others, could be examined.

En vista de esta declaración,
podrían estudiarse varias
medidas como las siguientes.

Among other things, the secre-
tariat in Paris will maintain
membership files, collect
dues . . .

Entre sus múltiples tareas la
secretaría domiciliada en
París llevará los archivos
de los socios, recaudará
derechos . . .

This declaration provided,
among other things, that
an aim of the trade negoti-
ations is to secure addi-
tional benefits.

Una de las disposiciones de la
declaración es que las
negociaciones comerciales
tengan por fin asegurar
beneficios suplementarios.

4.1.8.5 In the form of. A veces las cosas más absurdas se
realizan en forma de en los escritos de nuestros burócratas, v. gr.:

Technical assistance in the
form of studies

Asistencia técnica que consistirá
en (por medio de) estudios

Direct contributions in the
form of temporary use of
physical facilities

Contribuciones directas de
diferentes clases, como la
prestación de locales (la
otra ayuda que se ofreció
fue dinero)

A limited number of products
that are imported by the US
are subject to quantitative
restrictions in the form of
import quotas.

Un reducido número de productos
importados por los Estados
Unidos están sujetos a una de
las restricciones cuantitativas
que son las cuotas de exportación.

Controls in the form of regula-
tions

Controles tales como reglamen-
taciones

4.2 Anglicismos de léxico

4.2.1 El adverbio. Entre los 'anglicismos de frecuencia' correspondientes al léxico, cunde en primera línea el ADVERBIO, de modo especial el terminado en -mente. La profusión de estos adverbios en nuestras versiones se debe: (a) a que el inglés, después del alemán, posee el sistema más flexible y regular de derivación, en este caso la derivación del adverbio agregando -ly, sin dificultad alguna, a cualquier adjetivo y hasta a los participios; (b) el inglés tolera gran frecuencia de estos adverbios; y (c) el inglés a menudo se sirve de dos adverbios consecutivos terminados en -ly: only recently, such structures are frequently structurally ambiguous. En este último caso el español contrarresta, aunque sólo de vez en cuando, con un recurso de suprimir el sufijo derivativo del primero de la pareja: lisa y llanamente, teórica y prácticamente, y en casos excepcionales en series de tres: contradictoria, justa y trágicamente. No es necesario ponderar la desfiguración y pesadez de las versiones a causa de la frecuente transferencia de los adverbios del inglés, que son abundantes como prueba de su tendencia a los detalles concretos de la realidad. Es también prueba de su carácter sintético, puesto que concentra en una palabra lo que el español transmite con una locución. El porcentaje del adverbio en español es mucho más bajo, y se consigue mantenerlo a ese nivel gracias a varios métodos que se describen a continuación.

(1) CARACTERIZACION SINTACTICA,[35] que es como una forma de definición de la unidad según el sentido con que se emplea, y resulta una 'locución prepositiva' u otra perífrasis o término:

angrily: con furia
suddenly: de repente, de golpe
painstakingly: a conciencia
totally: del todo, en su totalidad
abstractedly: con aire distraído

ironically: en términos irónicos
unashamedly: sin verguenza
instantly: en el acto, al momento
unwillingly: de mala gana
privately: a solas

persistently: a porfía, a fuerza de
incidentally: de paso
quickly: rápido, de prisa
firmly: en firme

completely: por completo
exactly: a ciencia cierta
fully: en toda su amplitud, por entero
increasingly: cada vez más, siempre
mutually: entre sí

permanently: en todo tiempo
continually: de continuo
vainly: en vano
commercially: en el orden comercial
repeatedly: sin cesar

critically: con gravedad
broadly: a grandes rasgos
particularly: de modo particular
authoritatively: de fuente autorizada
unaccountably: sin que se sepa el porqué

shortly: a la mayor brevedad, en breve
painlessly: sin dolor
carelessly: a la ligera, sin cuidado
warmly: con afecto
marvelously: a las mil maravillas

candidly: con aire de sinceridad
seriously: con seriedad, de gravedad
timely: a su tiempo, a su tiempo y lugar
recently: hace poco
absolutely: ni por asomo

apparently: al parecer
cockily: con aire presuntuoso
basically: en el fondo
consistently: con regularidad, por hábito
sourly: con despecho
inadvertently: por inadvertencia

reliably: de fuente segura
unrhythmically: fuera de compás
concisely: sin muchas palabras
tactfully: con diplomacia
skillfully: con mano hábil o diestra
deservedly: a justo título

It visibly worsened.	Se empeoraba a ojos vista.
I solidly support them.	Los apoyo sin reservas.
He is reputedly the best specialist.	Pasa por el mejor especialista.
I distinctly agree with you.	Convengo con usted sin duda alguna.
I sorely need it.	Lo necesito a voz en cuello.
I entirely agree.	Estoy en completo acuerdo.
I deeply wounded her.	La herí en lo más profundo.
She loves him terribly.	Lo ama con locura.
They wildly rejected it.	Lo rechazaron con rudeza.
I genuinely admire her.	La admiro de veras.
It horribly devastated the land.	Devastó la tierra con salvajismo.
He lost heavily.	Sufrió una grave pérdida.
He lost hopelessly.	Sufrió una pérdida irremediable.
He laughed heartily.	Se rió con todas las ganas.
They ransacked the place thoroughly.	Registraron el lugar de un extremo al otro.
He spoke sadly.	Habló con tono melancólico.

El traductor tendrá cuidado en no caer, por huir del adverbio en -mente, en el estribillo de igual monotonía: en forma continua, en forma rápida, en forma creciente, etc. etc., aunque con algunos adjetivos no hay resistencia, como en forma cuidadosa, en forma habitual, porque estas últimas formas son más o menos lexicalizadas. Al realizar la 'caracterización' deberá también tener presente que no debe sacrificarse el sentido por evitar un mal menor; véase por ejemplo el matiz que existe entre hablar claro y hablar claramente.

(2) TRANSPOSICION. Véase lo dicho acerca del 'mecanismo transformacional' (2.3.2), que es el que mejor explica el principio en que se basa la transposición (8.6 y sig.):

He explained brilliantly.	His frequent visits
His brilliant explanation	His visits are frequent.
His explanation was brilliant.	He visits frequently.
	The frequency of his visits

En estos ejemplos todas las 'transformas' tienen la misma significación básica (estructura subyacente), de ahí que se pueda utilizar la 'transposición', que es una técnica de selección de alternativas, para transmitir el mismo mensaje cambiando la categoría gramatical de los términos:

He is <u>reportedly</u> in Paris.	Se dice (según se sabe) que está en París.
Smith is <u>reputedly</u> the best player.	A Smith se le considera el mejor jugador.
<u>highly</u> migratory	de gran migración (aves)
<u>highly</u> competitive	de fuerte competencia

(3) 'Transposición doble' adverbio + adjetivo/sustantivo + adjetivo (véase el tratado completo de la transposición en el capítulo correspondiente):

This is a particularly grave development.	Es una situación de especial gravedad.
The city is extremely beautiful.	La ciudad es de una belleza extrema.

'Transposición doble' verbo + adverbio/sustantivo + adjetivo

These countries are developing rapidly.	Estos países experimentan un rápido desarrollo.
The Translations Division performed outstandingly.	La División de Traducciones tuvo una actuación destacada.

(4) 'Contrario negativado' (véase la sección correspondiente a esta clase de modulación en el capítulo 8):

only	no hace sino llorar, no tiene más que
if you only look	no tiene sino que buscar
certainly	sin duda
frequently	no pocas veces

4.2.2 Los posesivos. El 'análisis contrastivo' deja también un notable MARGEN DE POSESIVOS en el lado del inglés. Nuestra lengua, a pesar de que hemos mencionado el personalismo excesivo entre sus características, tolera posesivos mucho menos que el inglés, el francés y el alemán. En realidad no se necesita gran esfuerzo para darse cuenta de que el inglés recarga en su estilo las formas posesivas. El español recurre a muchos otros elementos para insinuar las relaciones entre los objetos y sus poseedores. Un hispanohablante no proferiría espontáneamente, por ejemplo, una frase por el estilo de: <u>he olvidado mi sombrero en mi oficina;</u> y si la escucha notará de inmediato la extraña 'redundancia'. Compárense estos otros ejemplos:

Give him a check and his face gets longer.	Dénle un cheque y la cara se le pone más larga.
You can bet your life.	Puedes apostar la cabeza.
The sweat began to pour down his forehead.	El sudor empezó a correrle por la frente.
He speaks with his hands in his pockets.	Habla con las manos en los bolsillos.

Variante, sin posesivos también:

	El orador, las manos al bolsillo, habló sin prosopopeya.
He puts his shirt on.	Se pone la camisa.

Nótese que en algunos de los ejemplos señalados, al posesivo del inglés corresponde un reflexivo en castellano. En otros casos se practica simplemente la 'transposición de determinantes' (8.3.4.11):

His voice was weak.	Tenía la voz débil.
He spends his money carelessly.	Gasta el dinero sin cuidado.

Párrafos como el siguiente no faltan en las novelas de Hemingway:

When the taxi stopped I got out and paid. Brett came out putting on her hat. She gave me her hand as she stepped down. Her hand was shaky. 'I say, do I look too much of a mess?' She pulled her man's felt hat and started for the bar.	Cuando paró el taxi me bajé y pagué. Brett salió colocándose el sombrero y me dio la mano al descender. Le temblaba la mano. '¿No estoy demasiado desarreglada?' Se bajó un poco el sombrero hacia adelante y se encaminó al bar.

Aparte de la extravagancia que ocasiona el abuso de los posesivos en español, no hay que perder de vista el matiz de 'insistencia' que se atribuiría al hablante que empleara el posesivo cuando no caben dudas acerca del poseedor. Nótese la tonalidad de: Quítate tu corbata, que hace tanto calor!

A la inversa, en la traducción hispano-inglesa, no pocas veces se enfrentará uno con la conocida 'ambigüedad' de nuestro posesivo antepuesto su, que puede significar his, her, its y your. Véase el caso explicado en la sección apropiada (6.1.1).

4.2.3 El artículo. A la tradición del castellano le es ajeno también el uso denso y heterogéneo de los 'deícticos', de modo especial

los ARTICULOS. Aunque las dos lenguas tienen sistemas correspondientes, la equivalencia de un artículo no siempre es el término
formalmente correspondiente en el sistema:

He is a lawyer.	El es abogado (correspondencia indetermi-nado/∅).
She has a pale complexion.	Tiene el semblante pálido (correspondencia indetermi-nado/determinado).
We Mexicans	Nosotros los mexicanos (correspondencia ∅/determi-nado)

En el primer ejemplo el español no tiene artículo; en el segundo lo
tiene, pero definido, en contraste con el inglés que es indefinido; y,
en el tercero, carece de él el inglés. Podría darnos esto la idea de
que con ello las dos lenguas equilibran sus porcentajes; sin embargo,
aunque serán efectivamente valiosos estos recursos para equilibrarlos,
los datos estadísticos son terminantes sobre la frecuencia muy superior de artículos en inglés, y aún en francés, pese a ser lengua
romance.

Como lo hemos previsto ya, en muchas ocasiones se los puede
suprimir, ya que se vuelven innecesarios en vista de que las
desinencias del español son muy claras. De manera particular los
determinantes indefinidos se filtran solapadamente en las versiones
de traductores principiantes. El idioma de los organismos internacionales está plagado de artículos indefinidos calcados del inglés:

An examination of the quanti-tative and qualitative ade-quacy of capital flows	El examen de la suficiencia de las corrientes de capital, así en cuanto al volumen como a la calidad
A poet must have talent. Talent is the one thing that cannot be bought.	El poeta debe poseer talento. El talento es una de las cosas que no se pueden comprar.

Tal vez el sello en español lo ponen los artículos definidos, por
su propiedad 'conceptualizadora' que se mantiene en el plano intelectivo en que se desenvuelve nuestra lengua, frente a la tendencia
hacia lo real que una vez más deja entrever el inglés con el uso de
los posesivos, como lo acabamos de ver, y aquí con el de los
artículos indefinidos, según los postulados de Malblanc. El
expañol recurre a los indefinidos aún para sustituir a ciertos
demostrativos:

All that part of the gallery	Toda la parte de la galería que
across the hall	queda al otro lado del atrio

Casos como el del ejemplo, aunque no contribuyen a reducir la frecuencia, nos dejan ver a las claras el proceder privativo del español; sin embargo, por ser los hechos de estilo de carácter relativo, como la misma lengua que es un fenómeno relativo, el traductor no debe sorprenderse de circunstancias en que, al contrario de lo que hemos afirmado, el español opte de vez en cuando por un artículo cuando no lo lleva el inglés:

She has blue eyes.	Tiene los ojos azules.

(De la transposición de that por artículo nos ocupamos en otra sección, véase el apartado 8.3.4.11.4).

4.2.4 El adjetivo. Después de la reduplicación de la voz pasiva y de los adverbios en las malas versiones castellanas, el 'anglicismo de frecuencia' más nocivo acaso sea el mal uso del ADJETIVO, por su doble problema: uno 'léxico' y otro 'de orden'.

El primer resultado del análisis contrastivo es no simplemente un residuo sino un enorme superávit de adjetivos en la lengua anglosajona. Recuérdese que además de los adjetivos a título propio los sustantivos también realizan esa función con toda facilidad. No es difícil reconocerlo si recordamos la teoría de Malblanc expuesta en el capítulo tercero (3.2.1), de que el inglés trata de pintar detalladamente la experiencia real gracias a la riqueza de adjetivos y otros recursos que hacen de ella una lengua poseedora de uno de los sistemas expresivos más flexibles. Una de las causas de esa flexibilidad es su propensión al uso del adjetivo, del adverbio y de las partículas. Hemos visto a vuelo de pluma algunos problemas del adverbio, haremos igual aquí con el adjetivo, y en otras secciones nos concretaremos a los lazos que nos tienden las partículas.

Mencionamos ya la facilidad de composición y derivación de adverbios, e igual podemos afirmar de los adjetivos. Uno de los resortes más productivos del inglés y del alemán es la 'conversión'. Hasta las secuencias incompletas, con tal de ir unidas por guiones, adquieren función adjetiva:

a goal-directed activity
a one-for-many relationship
built-in problem
the organization-bound senior
a forward-looking system
hard-driving leaders

group-dynamic studies
language-specific redundancies

Añádase a esto la construcción inglesa, proporcionalmente más 'densa' que en español, en que la 'atribución' se realiza de izquierda a derecha, lo que equivale a decir que toda la secuencia depende del último 'lexema nuclear', como se puede comprobar en los ejemplos que siguen:

a very few not at all well liked union officials
fifty-two three-quarter-inch galvanized steel pipes
certainly not very well organized government
a red flowering South Australian bluegum
all the ten fine old stone houses

Y en lo que se refiere más concretamente a nuestro tema del adjetivo:

the second major subordinate compound sentence type

En los primeros ejemplos, una secuencia entera modifica a officials, bluegum, pipes, houses, and government, pero la segmentación es más sencilla y variada por no ser determinantes todos los monemas, es decir, los elementos son discontinuos. En el último ejemplo, la 'construcción envolvente'[36] también de izquierda a derecha, no se adapta al genio del español y cualquier versión que se intente de ella debe buscar cierta 'discontinuidad'. En general, cuando se trata de estas series se cree procedente empezar con la traducción del modificador más cercano al 'núcleo', por ser el que se halla 'incrustado' en un nivel más profundo o 'subyacente', y continuar de allí con los que los siguen hacia la izquierda. En la ilustración dada, sería muy simple si tuviéramos sólo la configuración:

subordinate compound sentence   oración compuesta subordinada

Pero, en realidad, se presentan virtualmente dos núcleos: second major type y subordinate compound sentence, que nos facilitarán la discontinuidad: el tipo de oración compuesta y subordinada que ocupa el segundo puesto en importancia. (No se podría decir de segunda importancia, pues sin contexto adecuado desviaría a una interpretación peyorativa.)
Con este primer análisis ya se puede prever que la suposición generalizada de que se deben traducir los determinantes de derecha a izquierda no se cumple en todos los casos. Queda pues al cuidado del traductor distinguir esos casos. Por ejemplo, cuando el

determinante más cercano al 'lexema nuclear' tiene modificador
(adverbio), véase lo que ocurre:

Our attention to the nature, objectives and principles of a realistic, practical, and mutually beneficial system of	Nuestra atención a la naturaleza, objetivos y principios de un sistema realista, práctico y mutuamente beneficioso

Es fácil comprender que el seguir el orden que a menudo se
aconseja como método invariable de traducción, en el ejemplo dado
traería como consecuencia el menoscabo del relieve, además de que
se correría el peligro de hacer que el adverbio modifique también al
resto de determinantes, distorsionando con ello el pensamiento
original. Véase este otro ejemplo que exige un orden opuesto:

A comfortable, smooth, reasonable democratic unfreedom prevails in advanced industrial civilization, a token of technical progress.	Una ausencia de libertad cómoda, asequible, razonable y democrática, señal del progreso tecnico, prevalece en la civilización industrial avanzada.

La secuencia que sigue sería ambigua si se la tradujera literalmente:

It looked like a huge, badly constructed insect.	El aparato, bastante mal construido, parecía un monstruoso insecto (helicóptero).

Algunas lexías estereotipadas comprueban que el proceso
espontáneo de formación de expresiones exocéntricas (8.4.5.9.6)
no siguió el orden de derecha a izquierda:

safe and sound	sano y salvo

Tampoco se cumple este orden cuando hay 'gradación', pues el
énfasis creciente se convierte en decreciente:

The poor, the foul, the false love can admit, but not the busied man.	El amor débil, desagradable, fementido, puede admitirlo, no el hombre de afanes.

Otras veces hay que colocarlos a uno y otro lado del 'núcleo',
posponiendo en español el determinante más cercano en inglés:

a big, black hunting dog	un enorme y negro perro de caza

En cuanto a los criterios de posposición, hay varios, y son de delicado manejo; uno de ellos aconseja posponer los de color, edad, nacionalidad:

big blue eyes	grandes ojos azules
a little old man	un pequeño hombre de edad avanzada (no nos ocupamos aquí de las variantes estilísticas).
a young Norwegian sailor	un joven marinero noruego

En fin, según los dictados de la traducción oblicua (8.3.1) es necesario en otras ocasiones tomar otro giro, cuando no funcionan las demás formas:

In the small red bus there was only a black woman.	El autobus era pequeño, de color rojo, y el único pasajero era una negra.

Debe tenerse especialmente en cuenta la construcción 'envolvente' cuando se anteponen los adjetivos en español, pues según ella el más cercano forma con el núcleo un constituyente inmediato, como en añoradas viejas tradiciones, en que añoradas modifica al concepto viejas tradiciones. Análogamente en inglés: Italian red wine que significa red wine that is Italian o red Italian wine que viene a ser Italian wine that is red.

Cuando el inglés emplea dos adjetivos separados por una coma, el español, como no sea para transmitir efectos expresivos, prefiere por lo regular intercalar la conjunción:

As he sank low in the water, a strange, hollow voice sounded within him.	A medida que se hundía, una voz hueca y extraña resonó en su interior.

Aunque el inglés no separe a veces los determinantes con comas, se puede así mismo interpolar la conjunción cuando la secuencia carece de naturalidad, como en el ejemplo visto:

The second major subordinate compound sentence type	El tipo de oración compuesta y subordinada que ocupa el segundo puesto en importancia

Muchas veces hay que hacer la coordinación por razones estilísticas de ritmo y sobre todo si son más de dos los adjetivos, no habiendo riesgo de alterar el 'efecto intensivo', puede anteponerse uno de ellos:

In actuality, they remain places where success still comes to those motivated essentially by the old individualistic, competitive drives.	En realidad, siguen siendo lugares donde todavía los que alcanzan el éxito son aquellos motivados esencialmente por los antiguos impulsos individualistas y competitivos.

y eso por considerar, naturalmente, que el constituyente inmediato está formado por impulsos más los dos adjetivos pospuestos.

¿Cómo restringir la 'frecuencia' del adjetivo? Azorín, en El escritor, exclama: "Si un sustantivo necesita de un adjetivo, no lo carguemos con dos . . .", y Vicente Huidobro, en El espejo de agua: "el adjetivo, cuando no da vida, mata". Tales han de ser las normas del estilista. No son pocos los traductores que por el temor de no traducir lo suficiente traducen demasiado (véase el concepto de 'sobretraducción' en el apartado 8.9.4). La preocupación de que todos los segmentos de la cadena sin excepción deben reflejarse en el texto LT ha dado por resultado las versiones más mal sonantes. Cuando el inglés recarga los adjetivos y cuando las palabras modificadas tienen vitalidad propia, pueden eliminarse los innecesarios. Más aún, cuando nos encontramos con los acostumbrados 'dobletes semánticos' que poco o nada añaden al sentido, hay que escoger el uno o el otro, o eliminar el semánticamente superfluo: cooperative and collective action, null and void, etc.

El análisis de los rasgos semánticos permitirá así mismo llegar a la síntesis o simplicidad semántica de los dos elementos del par en un solo y distinto epíteto:

An ineffective and irrelevant institution	una institución inoperante

No queremos insinuar, sin embargo, que la eliminación sea el mejor método, por la ley del menor esfuerzo, pese a haberse visto que no es tan sencilla como pudiera parecer a primera vista. Es muy efectiva sobre todo la técnica de la transposición (8.3.1 y siguientes). Véanse en particular las variedades de transposición adjetivo/verbo, adjetivo/sustantivo y adjetivo/adverbio.

Recordemos en este punto que en redacción castellana se tiende ahora a alejarse de la profusión de adjetivos para volver a la construcción nominal. Los experimentos en neobarroquismo de Alejo

Carpentier y otros escritores no creemos que vayan a tener larga vida. El sustantivo bien elegido puede despojarse del calificativo inútil y expresar, no obstante, la plenitud de la idea. El artículo neutro lo sirve para sustantivar el mismo adjetivo aunque es un arbitrio mal aprovechado: lo inglés, lo útil, lo oscuro. Es un buen recurso cuando no tienen correlatos sustantivos, como inesperado, concreto, triangular, etc. pero cuando los tienen es mejor emplear el correlato, aunque no hay regla de preferencia y todo depende de la equivalencia estilística (8.10.5).

A la inversa, al traducir al inglés, los adjetivos que en español hacen papel de adverbio deben pasar a adverbios:

Vivieron felices.	They lived happily.
Hablas muy formal.	You are talking rather seriously.

Los ADJETIVOS DE RELACION, como lo son muchos de los adjetivos cultos y técnicos, en español todavía se resisten a desempeñarse como calificativos. Aunque ya cunden algunos de ellos, como ofrenda floral, en vez de ofrenda de flores; convención postal, en vez de correos; y, sin ir muy lejos, dentro de la lingüística: transferencia categorial, proceso traduccional, ordenamiento lexical, sintagma preposicional, y otros incontables. Según lo enseña Charles Bally (Linguistique générale et linguistique française), y según Dwight Bolinger (Degree Words), dichos adjetivos no funcionan de la misma manera que los calificativos. Se los reconoce con facilidad porque no se los antepone jamás, no admiten grados de comparación, ni se prestan fácilmente a ser predicados de la cópula ser. En efecto, no se dice una postal convención ni un francés cónsul, ni que la convención fue postalísima o la ofrenda floralísima. En el empeño de mantener el equilibrio natural de nuestras versiones aprovecharemos de estas circunstancias en que el inglés emplea indistintamente como calificativos toda clase de adjetivos para traducirlos con la 'caracterización' conveniente:

her married name: su nombre de casada
medical student: estudiante de medicina
periodical room: sala de revistas
rural church: iglesia de campo
a rural house: casa de campo
mental hospital: hospital de psiquiatría
congressional approval: aprobación de congreso
executive privilege: privilegio del Ejecutivo
a French book: libro de francés (libro francés = libro de Francia)
definitional value: valor de definición (definitorio)

cooperative action: medida de cooperación
presidential actions: actuaciones del presidente

4.2.5 Posición del adjetivo. Las cuestiones más difíciles que
plantea este capítulo son los hechos de 'orden', algunos de los cuales
se han visto ya en el apartado precedente. Repetimos que la 'afectividad' da razón de muchas diferencias entre lenguas y es fuente de
opciones estilísticas que traen consigo los más complicados problemas
de traducción. El manejo del orden de los elementos de la cadena
requiere mucha sensibilidad a los efectos expresivos y matices que
forman parte integrante de la 'significación patente' (lineal). Podemos
decir que en general los caracteres intelectuales y afectivos del lenguaje que hemos estudiado (2.4.1) influyen notablemente en la POSI-
CION DEL ADJETIVO. El adjetivo que sigue al sustantivo, según la
teoría estilística de Bally, tiende a revestir un valor intelectual,
determinado, de definición. Antigua en la Grecia antigua es lexema
técnico, de definición; en la antigua Grecia, es evocador y afectivo.
En un edificio hermoso, desde el punto de vista lógico, se limita o
restringe la extensión del sustantivo, ya que en verdad se excluye a
todos los que no son hermosos. Este es el 'orden lineal' o 'progresivo' en que el determinante sigue al núcleo, que para tener un
punto de partida lo consideramos orden normal. Pero en el orden
inverso, un frío invierno, produce un efecto muy distinto que un
invierno frío. Hay una diferencia de aspecto que hasta puede ocasionar
una variante de significación, v. gr., cualquier médico no es lo
mismo que un médico cualquiera; ni un nuevo auto (a different car)
que un auto nuevo (a brand new car); ni una ciudad grande (a big city)
que una gran ciudad (a great city). La anteposición del adjetivo con
matices afectivos constituye el 'orden envolvente' o 'anticipador'
según el cual el determinante precede al núcleo y denota actitud
valorativa (véase la nota 26). De ahí que en la lengua literaria se
tienda a anteponer el epíteto. De modo particular en cuanto al
aspecto de representación lingüística del español, el manejo del
orden de estos elementos se inspira en la 'forma interior del
lenguaje' y requiere la perceptividad e intuición del traductor. En
este y algunos otros aspectos de la estilística no se pueden por des-
gracia trazar reglas infalibles. Consideramos, sin embargo, la
anteposición indiscriminada del adjetivo como un 'anglicismo de
frecuencia', y el traductor que carezca de esa sensibilidad estará
inclinado a emular el orden del adjetivo anglosajón dando por resultado versiones cuando menos ampulosas y desmañadas. Los
adjetivos limitativos, por ejemplo, no pueden colocarse después del
sustantivo sin cambiar el sentido: la misma señora, la señora
misma; esa profesora, la profesora esa. Cuando las cualidades
van inseparablemente asociadas a la imagen del sustantivo sería

recargar el estilo (con un elemento intangible de orden) posponer el
adjetivo: las mansas ovejas (no: las ovejas mansas, porque no se
pueden imaginar ovejas que no sean mansas); los difíciles problemas,
la dulce miel, el desolado desierto, etc. A la inversa, hemos dicho,
por ejemplo, que los 'adjetivos de relación' no se pueden anteponer;
así mismo, van siempre pospuestos cuando el sustantivo y el adjetivo
guardan la relación lógica del género a la especie: máquina cosecha-
dora, arquitectura civil. Sobre este tema el lector debe consultar
la obra de William E. Bull sobre el adjetivo español y su posición.
Estúdiense, por otra parte, los efectos expresivos del adjetivo, su
creación y su posición, en Cobra, de Severo Sarduy.

4.2.6 El sustantivo. En el estudio de las características de las
lenguas y de su representación lingüística (3.2.1 y 3.2.2) se señaló
que el inglés demuestra una marcada preferencia por los SUSTAN-
TIVOS y que el francés no le va en zaga. El español también ha
evolucionado notablemente en los últimos tiempos y ha logrado cierto
grado de 'sustantivación', pero la proporción todavía es mucho menor
que en las dos lenguas mencionadas. Según las 'categorías semánticas'
estudiadas, se vio que los 'objetos' subyacen (en la estructura profunda) a los sustantivos; o dicho a la inversa, los sustantivos identifican en la estructura patente a los 'objetos' que se hallan en la
estructura subyacente. En igual forma, los verbos identifican a
las 'acciones', 'procesos', esto es, a los 'acontecimientos' de la
estructura subyacente (2.2.3). Por esa razón los sustantivos
tienden a establecer en el lenguaje un grado de 'estatismo', y los
verbos tienden a imprimir dinamismo. Ese grado de 'estatismo'
concuerda también con el aspecto ya expuesto del orden estereotipado
o 'lexicalización'. El español y el alemán, dijimos, son lenguas que
han resistido la 'sustantivación' y mantienen vivo su vigor verbal.
Es verdad que la distribución o compatibilidad entre 'objeto' y sustantivo y entre 'acontecimiento' y verbo no es total en ninguna lengua,
por eso ocurre que en español hay varios sustantivos que entrañan
el concepto de 'acontecimiento'. De donde se deduce que si susti-
tuyésemos todos los sustantivos de LO con sustantivos en LT,
habremos con ello trasladado la frialdad y la impersonalidad producida por el efecto estático de la profusión de sustantivos. Se nota
esa abundancia extranjerizante en escritos técnicos y científicos,
pues por su naturaleza no necesitan matices de otras clases sino la
pura conceptualización en lenguaje impersonal friamente definitorio
o explicativo. Si no se tiene cuidado de una cualidad muy importante
del estilo, el 'equilibrio', de acuerdo con el carácter genuino de
cada lengua, según se insistió en las secciones precedentes, se cae
ingenuamente en otro 'anglicismo de frecuencia', el del ABUSO DEL
SUSTANTIVO. El hablante de español no tardará en darse cuenta

que la versión es anglicada, así como el hablante de inglés encontrará muy rara una versión a la que se hayan transferido servilmente todas las formas verbales del castellano. El traductor inexperto cuando se encuentra, por ejemplo, frente al sustantivo involvement, experimenta la dificultad aparentemente insuperable de encontrarle correspondiente en español, sin darse cuenta de que la razón por la que no se deja trasladar fácilmente es la de ser un sustantivo del tipo que representa 'acontecimiento', como si hiciera el papel de verbo. En otras palabras, ya que en la estructura patente los 'acontecimientos' son realizados por verbos, debería ser más fácil ensayar su versión por medio de verbos, no de sustantivos. En este sentido, si pretendemos traducir por regla general todo sustantivo por otro sustantivo, el inglés nos pondrá al paso una serie de escollos. Por otra parte, hay sustantivos ingleses que a pesar de tener correspondiente en español, es preferible expresarlos con el vigor verbal de nuestra lengua, para que el estilo adquiera su viveza característica. Véase el tratamiento de involvement, insight, acceptance, follow-up en la sección correspondiente a transposición sustantivo/verbo (8.3.4.7) y de follow-up en la sección de traducción literal (8.2.1.2).

Es verdad que en siglos pasados hasta los titulares de las publicaciones se expresaban en forma verbal; sin embargo, en vista de la evolución y de las exigencias del español moderno, no podemos ser retrógrados en algunos aspectos tan obvios del lenguaje, ya que precisamente en los niveles funcionales de la publicidad, la propaganda, los títulos y titulares, el estilo es por necesidad 'sustantivado', pues en ellos debe ser impresionista, conciso y condensado. Es contrario a los principios actuales de la estilística redactar un título con una serie de verbos y oraciones subordinadas o relativizadas, o hacerlos tan largos que dejen de ser títulos. Véase en detalle este tema en la estilística y los títulos (9.2.6). Igualmente, los métodos de reducir la frecuencia de sustantivos en español se tratan en la sección correspondiente a la transposición (8.3.4.7 y 8.3.4.13).

Queremos repetir la advertencia hecha a propósito del abuso de la pasiva. No debe concebirse la idea de que hay que convertir en verbo a todo sustantivo que nos salga al paso. En los capítulos restantes de la presente obra tendremos oportunidad de tratar en detalle los aspectos de control y equilibrio que nos servirán de guía para llegar a las proporciones y frecuencias ideales en materia de 'anglicismos de frecuencia'. Las reglas, como hemos advertido varias veces, no son rígidas e infalibles. No todos los casos se prestan para la transposición sustantivo/verbo y, más todavía, habrá ocasiones en que el estilo exigirá no sólo mantener el sustantivo sino realizar la operación contraria, es decir convertir un verbo en sustantivo:

would have lessened the country's dependence upon foreign borrowing	habría disminuido la dependencia nacional respecto de los préstamos externos
From these preliminary data, it becomes evident that any centralized system of reporting must be able to handle financial transactions.	De estos datos preliminares se desprende que todo sistema centralizado de rendimiento de informes debe permitir el manejo de transacciones financieras.
There is a consensus within the working group that the most effective means for achieving the General Assembly's goal in the CIECC area is to transfer to the field the functions of executing approved plans of operations.	El grupo de trabajo está en pleno acuerdo de que el medio más efectivo de lograr la meta de la Asamblea General en la esfera del CIECC es trasladar al exterior las funciones de ejecución de los planes aprobados para llevar a cabo las operaciones.

4.2.7 Otros anglicismos de léxico. Hay muchos otros casos de anglicismos de frecuencia en el campo léxico y nos limitamos a comentar los siguientes:

La frecuencia de may (y de might, en los muchos casos en que los dos son permutables) ha dado lugar a dos formas tediosas de traducción, la una con el verbo poder y la otra con la perífrasis es posible. En nuestra experiencia de revisar y evaluar traducciones nos hemos dado cuenta de que los traductores se crean el hábito de alternar estas dos formas convencidos de que con ello encuentran la necesaria variedad de expresión. Son muy contados los que intentan renunciar a la rutina y aventurarse a otros giros. Véase el siguiente ejemplo de ese procedimiento ineficaz:

Complete bid sets may be purchased in the	*Es posible comprar la información completa sobre la licitación en

Es fácil darse cuenta que a una persona de habla castellana no se le ocurre anunciar en un boletín o en una revista: es posible comprar zapatos en el 'Almacén de Calzado Granda'. Pero con seguridad anunciaría: esta clase de zapatos los vende Granda, o se venden en, o están a la venta en, o puede adquirirlos en, etc. No hay que razonar que porque may signifique posibilidad se lo pueda siempre convertir en es posible o tal vez. ¿Qué pensaríamos

entonces de la expresión: <u>tal vez se pueda obtener la información</u>
<u>completa sobre licitación</u>? En este punto nos hallaríamos ya lejos
del sentido expresado por el texto original. El traductor experto
ensayará otras maneras de expresión que acaso el presente estudio
no nos permitirá ejemplificar por los innumerables contextos
virtuales que pueden presentarse, pues según hemos comentado, no
es ésta una obra preceptiva; lo único que pretende es guiar al lector
en la investigación de métodos a base de las formulaciones de la
lingüística contemporánea a fin de que abandone el sistema empírico
que se esforzaba por resolver los problemas al azar, con la intuición y el juicio personal como sus únicos parámetros, y extrapolando
hasta el extremo cualquier principio tradicional mal entendido. Se
debe tener presente que el verbo <u>poder</u> abarca los sentidos de los
dos verbos ingleses <u>can</u> y <u>may</u> y que la claridad puede exigir una
explicitación, además de que la sustitución de ambos verbos con el
mismo lexema español nos haría caer en una frecuencia intolerable.
Véanse algunos casos:

If they could make it and get high enough, they might be saved.	Si pudieran llegar a él (accidente del terreno) y subir lo suficiente, tendrían esperanzas de ser rescatados (modula- ción, véase apartado 8.4 y siguientes).
The Council may decide	Corresponderá al Consejo decidir
I hope he may succeed.	Espero que tenga éxito (el simple subjuntivo basta).
I'm afraid the news may be true.	Temo que la noticia sea verdad (véase omisión, apartado 8.9.1).
I'll write to him today so that he may know when to expect us.	Le escribiré hoy para que sepa cuando llegamos (omisión).

<u>Funds</u> es el término favorito para indicar dinero, capital, sumas,
recursos, caudales, medios, etc., pero no digamos <u>fondos</u> todo el
tiempo. Nuevamente por calco del inglés, el traductor olvida que el
español es rico en sinónimos de este lexema preferido en las burocracias porque es el más débil de todos sus sinónimos y puede ser
muy útil para llenar de ambigüedad los informes financieros y
administrativos.

Such (por fortuna ya es arcaico said), es frecuente en inglés, pero
es insoportable en español la monotonía de dicho, dicha, dichos,
dichas. Será necesario evitar este comodín y recurrir a la transposición en artículo o demostrativo y alternar de vez en cuando con
tal, tales, sin llegar a extremos con estos últimos:

Such comfort or amusement as existed thirty years ago was devised entirely for the enjoyment of the rich.	Las pocas comodidades y distracciones de hace treinta años se crearon exclusiva- mente para que las disfruten los ricos.

Such a puede no corresponder a tal o tales:

such a financial situation	semejante situación financiera (tan mala situación finan- ciera)

Y se lo puede también omitir, como se puede ver en la sección
tocante a la omisión (8.9.7), aunque con ello no queremos decir que
hay que desterrarlo por completo.

Lo importante que hay que tener presente es que such puede ser
'identificador' simplemente o 'intensificador':

Do you know such a man?	¿Conoces a ese hombre? (Identificador, no: ¿Conoces a semejante hombre?)
We need an office equipped for our needs; this is such an office.	Necesitamos una oficina equipada para nuestras necesidades; ésta es esa (tal) oficina (no: semejante oficina).
I would refuse to stay in such place (intensificador: I would refuse to stay in a place like that).	Rehusaría permanecer en semejante lugar.

To share: el traductor deberá evitar el hábito de asociar automáticamente este verbo con participar. Véase la aberración de la
siguiente traducción literal:

The share of meat exports in the trade balance	La participación de las exportaciones de carne en la balanza comercial

Sin embargo, participar ha cundido en las versiones españolas en todas sus formas. En los escritos originales de hispanohablantes no contaminados con el inglés se lee: el porcentaje, o la proporción (sea del 50% o, en valor, 40 millones), o simplemente, el lugar, o el nivel que en la balanza comercial les corresponde a las exportaciones de carne.

The US share in the IDB	El aporte de los Estados Unidos al BID (la participación de los Estados Unidos en ese Banco es otra cosa)

Otras veces vale la pena analizar la clase de objeto al que afecta to share y aplicar la modulación por inversión de términos. Sean los ejemplos:

Family plan: children sharing same room with parents, no charge	Los niños que ocupen la misma habitación con sus padres (aviso)
I would like to share with you my thoughts on	Deseo exponerles algunas de mis ideas sobre (o participarles)

De los ejemplos se deduce que to share puede tener motivación interna y externa: I share your ideas (externa), I share my ideas with you (interna), mientras que participar sólo tiene motivación externa.

Effort: los informes de los organismos internacionales están plagados de esfuerzos de principio a fin, para subrayar en todo momento que se trabaja mucho. Elimínense los innecesarios y trátese de variar con labor, afán, empeño, obra, etc.

Area: había invadido el lenguaje administrativo aun antes de que la Academia Española admitiera este lexema en su diccionario, con la acepción de campo, esfera, aspecto. Tiene sustitutos: ramo, campo, zona, ámbito, radio de acción, etc.

By far: se tiene por estribillo con mucho, que no hemos podido encontrar en las obras españolas y latinoamericanas que hemos examinado para darnos una idea de su frecuencia. Catalogaríamos la expresión como forma rara (7.8), y por ser rara precisamente choca al encontrarla con frecuencia como calco del inglés. Normalmente los hispanohablantes expresan: con ventaja, obviamente, claramente, a las claras, a todas luces. En el Esbozo de la Real

Academia se lee: "es con mucha diferencia el más numeroso". En la prensa a veces se lee con creces. Y hay otras formas:

It is by far the best runner.	Indisputablemente el mejor atleta.

Bolinger explica que far se comporta como much y recibe los intensificadores very, too y that, y que el único rasgo especial de far es que en lugar de los intensificadores mencionados puede usar by. De ahí que el querer verterlo al español por medio de con no dé resultado estilístico. La traducción formal sería:

It's by far the best runner.	*Es muy lejos el mejor atleta

siendo su interpretación semántica:	Es con mucha diferencia el mejor atleta (o las variantes estilísticas que se indicaron antes).

Furthermore, moreover: en los escritos descuidados del inglés (en las reuniones internacionales siempre tenemos que traducir escritos descuidados) cada vez que se 'injerta' (en oposición a 'genera') una nueva idea en el texto se utiliza el comodín further-more, y muchas veces precede también al último agregado de cualquier serie, o simplemente se termina un escrito con una última oración precedida de furthermore, aunque no haya habido enumeraciones de ninguna clase, como por el estilo de en primer lugar, por una parte, etc. El considerando final de cualquier naturaleza en español se anticipa con por último, por fin, o final-mente, si el contexto no permite otras alternativas. No se puede normalmente terminar un razonamiento más o menos largo con además. Se da con eso la impresión de que fue una idea olvidada que se la 'inyectó' demasiado tarde.

To help: muchas veces suprimible, de modo especial si recordamos que el español es lengua que funciona en el plano intelectivo, pues a veces el contexto es tan autosuficiente que se sobreentiende ese elemento adicional de ayuda que contribuye a la plenitud de un mensaje:

To help promote the cooperative movement in Latin America	Para promover el cooperativismo en la América Latina (una donación de dinero)

Se, entiende, pues, que ayuda a promover, no puede ser otra cosa. Cuando no se puede omitir, a fin de reducir la frecuencia, trátese de buscar variantes:

This will help to establish   Esto será útil para establecer

How: véase la falta de naturalidad de la primera versión y la modificación operada en la segunda:

To determine how the organization works and why it
doesn't devote itself to

Para determinar cómo trabaja
la organización y por qué no
se dedica a
Para determinar el sistema de
trabajo (o la forma en que
trabaja) y las razones por
las cuales no se dedica a

Otras veces es pleonástico en español:

It takes discipline and study
to learn how to become a
translator.

Se necesita disciplina y estudio
para aprender a hacerse
traductor.

In learning how to carry out
the procedures

En aprender a llevar a cabo
los procedimientos.

The commission also con-
sidered how the changing
international economic
climate might affect re-
source supplies.

La comisión estudió también la
forma en que los cambios
del clima económico podrían
afectar a los suministros de
recursos.

The problem is how to translate this abstract
generalization.

El problema es traducir esta
generalización abstracta.

Se ha notado que es así mismo piedra de tropiezo del traductor la configuración how + adjetivo, que se tiende a verter por cuán + adjetivo. Hay que tener en cuenta que cuan no se emplea más que como exclamativo y en lenguaje literario. Podría reemplazarse por lo + adjetivo o alterar el giro:

Instead of grumbling about
how expensive I am

En vez de rezongar a propósito
de lo cara que soy

Meaningful, approach, particular, specific, framework, increas-ingly han creado un vocabulario sui generis que choca a los millones de lectores que no son bilingües, pero que a los que lo son (véase interferencia lingüística en el apartado 2.3.4) no les parece nada mal: significativo, enfoque, particular, específico, marco, cada

vez más. No sólo es apremiante a veces variar de sinónimos sino
de giro, cuando es favorable la situación, pero no fomentemos el
barroquismo con la cantilena de estos estribillos.

Development: difícil de traducir, aunque desarrollo tiende a
suplir muchas deficiencias. En los niveles de especialización funcional del lenguaje se aplica development a todo aquello para lo cual
no se encuentra al instante un nombre. El traductor debe analizar
los casos en que el mismo procedimiento resulte absurdo en español.
Prototipo de la traducción literal por los mercenarios de la profesión:

This is a particularly grave development.	*Este es un desarrollo particular- mente grave (véase adverbio en esta misma sección, 4.2.1).

Los practicones 'sofisticados' no emplean desarrollo para todo,
sino evolución, y con ello no han hecho sino cambiar un anglicismo
de frecuencia por otro. En algunos casos podría ser acertado, y en
otros no es suficiente (véase cúmulo de significados, 2.1.2):

The post-war development of the German banks	La evolución y expansión de los bancos alemanes en la posguerra
A new development in techni- cal training	Un nuevo aspecto de la capacitación técnica
A new development in the FAO survey	Una nueva fase (orientación) en el estudio de la FAO
A development of technological transfer	Una nueva forma de trans- misión de tecnología
Developments since the Alli- ance for Progress	Obras emprendidas desde que se estableció la Alianza para el Progreso

En fin, sería interminable continuar con la enumeración de casos
que deben cada vez interpretarse según su propio contexto y situación
(5.1.1 y 5.1.5). En un sólo diccionario hemos constatado más de 50
formas propuestas (Pierre Daviault) para la traducción de este lexema
que no parece hallar sustituto en la pluma de nuestros técnicos y
ejecutivos.

Achieve, achievement; accomplish, accomplishment: han creado
con logro el extravagante anglicismo de frecuencia en casi todos los
escritos. Se puede llegar a la solución de este caso si se analizan
con cuidado los 'semantemas' para inferir el proceso o acción o el
objeto perseguidos. Así, en el ejemplo que sigue:

Negation in English is accomplished through	La negación inglesa se constituye mediante

el proceso o acción es <u>constituir</u>, y en el siguiente, el objeto es <u>resultados</u>:

Our government has made a new effort in promoting industrial diversification through a series of achievements during the past decade.	Nuestro Gobierno ha realizado una nueva labor para fomentar la diversificación industrial que se puede comprobar por una serie de resultados del último decenio.
For those who have achieved fame for themselves	Para aquellos que han adquirido renombre personal

<u>To include</u>: igual que el caso anterior, debe estudiarse el 'semantema', es decir la acción o proceso realizado:

This work includes studies of copper in Chile.	Esta obra contiene los estudios realizados en Chile sobre el cobre.

El demostrativo <u>este</u> y sus variantes: véase lo dicho a propósito de la amplificación (8. 7 y siguientes).

<u>Rather than</u>: se reincide hasta formar anglicismo de frecuencia con <u>más bien</u>.

The Minister, rather than the unions, is responsible for the present impasse.	El Ministro es responsable del presente impase, no los sindicatos.
He was pitied rather than disliked.	No era realmente detestado sino compadecido.
Rather than cause trouble, I'm going to forget the whole affair.	Antes que causar problemas, prefiero enterrar el asunto.
Rather than travel by air, I'd prefer a week on a big liner.	Prefiero una semana en barco a un viaje en avión.

<u>While</u>: ha producido el anglicismo <u>mientras que</u>, siempre en la apódosis del período y en el segundo miembro de un contraste:

For the sake of his career the executive must appear to believe in the values of his	Por el bien de su carrera, el funcionario ejecutivo debe aparentar que cree en los

company, while at the same time he must be able to ignore them when it serves his purpose.	valores de su empresa, pero al mismo tiempo debe poder soslayarlos cuando conviene a sus propósitos.
The U. S. has immense mineral wealth, while Britain has comparatively little.	Es enorme la riqueza mineral de los Estados Unidos en comparación con la de Inglaterra que es tan escasa.

Both: en español es más natural los (las) dos en vez de ambos, como en:

The Presidents will meet at the border that separates both nations.	Los Presidentes se reunirán en la frontera de las dos naciones.

To provide: hay que seguir el mismo procedimiento que para to achieve y to include, estudiar el fenómeno de que se trata:

To provide a new market	Constituirán (instaurarán) un nuevo mercado
By remodeling and expansion to provide a technologically up-to-date facility for its meeting functions	Renovándolo y ampliándolo (edificio) para convertirlo en un local moderno, tecnológicamente adecuado para reuniones

Eligible: igual que los casos de to achieve, hay que deducir el objeto o la finalidad del proceso:

eligible for the benefits: acreedor a los beneficios
eligible for discount: descontable
eligible for the purposes: admisible a los fines de
eligible (solo): a considerarse, calificado para, con derecho a, etc.

Highly: es en inglés un intensificador semigramaticalizado que se antepone a un sinnúmero de adjetivos y participios, y cuando estos son de fuertes rasgos semánticos en español basta con muy:

highly intelligent: muy inteligente
highly nourishing: muy nutritivo

En otros casos se recurre a diferentes formas:

highly adorned: adornado con profusión
highly forceful: forzoso hasta el extremo
highly satisfactory: sumamente satisfactorio

CAPITULO 5

LINGUISTICA Y METALINGUISTICA

5.0 Introducción. El modelo transformacional, que constituye
parte esencial de la técnica analítica propuesta en la presente obra,
enriquece notablemente el inventario sintáctico del traductor. Le
proporciona los medios para desarmar (reducir) sin dificultad un
texto, como si se tratara de un rompecabezas, y para juntar luego
las piezas y volverlo a armar. Con el manejo de las transformaciones el traductor logra un innegable poder de expresión. Esto
significa que adquiere también la facilidad de destruir un texto.

Ahora bien, pese a las restricciones que se han estudiado ya en
los primeros capítulos y a otras que se verán más tarde, la libertad
y latitud en las que se vitaliza la traducción dinámica u oblicua (8.2.2
y sig.) pueden, a causa de ese poder de expresión, convertirse en
arma de doble filo. El traductor puede verse tentado a los libres
movimientos de estructuras y combinatorias y caer en el libertinaje,
esto es, en el manejo indiscriminado de los resortes de la lengua que
puede traer consigo la distorsión del mensaje o la falsificación del
idiolecto del autor que se traduce.

Es necesario, pues, que el traductor tenga también a su disposición
una medida común, los puntos de referencia que le mantengan dentro
del margen de libertad permitido por un método riguroso. Estos
puntos de referencia que vamos a estudiar en el presente capítulo
son el contexto, la situación y la metalingüística. Como es indispensable tener en cuenta estos controles al usar los diccionarios,
que en parte contribuyen a la inspiración del traductor, vamos a
presentar en la misma perspectiva los aspectos del léxico y el
diccionario.

5.1   Contexto, situación y metalingüística

5.1.1   Contexto lingüístico.   Una descripción sucinta de CONTEXTO
por G. Galichet nos va a servir de base para el desarrollo de un tema
de suma importancia en traductología: "Dans la phrase, les mots se
déterminent les uns les autres; une sélection s'opère ainsi entre
leurs diverses significations possibles.   Et l'acception ainsi sélec-
tionnée se module de certaines nuances que les mots se commu-
niquent, déteignant ainsi . . . les uns sur les autres, nuances
qu'imprime souvent aussi l'ensemble de la phrase.   Ces nuances
peuvent modifier considérablement la signification lexicale du mot.
C'est dire qu'en fin de compte un mot n'a pas de sens en soi: il n'a
de sens que dans et par un contexte".

En otros términos, son las 'asociaciones sintagmáticas' las que
resumen estas relaciones mutuas de determinación de las unidades
lexicológicas (2.1.8, 2.4.6).   Estas asociaciones no pueden analizarse sin un esfuerzo de atención.   Al tratar de dichas unidades
habíamos dicho ya que no se las debe considerar aisladas sino dentro
del cuadro global de un mensaje (1.1.2).   Esto entraña una verdadera
gama de consideraciones.   El contexto lingüístico se halla en la
primera escala del análisis de las 'asociaciones sintagmáticas'.   En
él se operan las relaciones gramaticales y sintácticas entre los
elementos de la cadena.   Las estructuras tienen también significación,
como se ha visto al tratar de las diversas clases de significados.   El
CONTEXTO LINGUISTICO nos hace reconocer los rangos de las unidades, como las unidades lexicológicas, los grupos fraseológicos, la
cláusula y la oración.   Sabemos que el grupo fraseológico se distingue por cuanto no se pueden separar sus términos ni sustituirse
por otros.   El elemento dar puede separarse de la cadena dar un
espectáculo, y puede sustituirse por otro, como en presenciar un
espectáculo: es una unidad lexicológica; pero, en dar por descontado,
ni dar ni descontado podrían ofrecer una significación clara por sí
mismos, pues su sentido global es dado por el conjunto: se trata de
una 'unidad fraseológica'.   Es decir, la estructura sintáctica es el
medio del cual nos servimos para distinguir las clases o funciones
gramaticales.   Así, el verbo, por sus indicios sintácticos, por su
morfología y desinencias, es reconocible con mayor facilidad que
los demás elementos oracionales.   Queremos sin embargo fijar aquí
la atención en la forma en que se distingue por la 'estructura':

(1) The new official will head the department.
(2) She bought a head of lettuce.
(3) This hat won't fit his head.
(4) She will wear the new skirt this summer.
(5) The new highway will skirt the forest.

(6) These people eye my friends with suspicion.
(7) We see with our eyes.

En (1), (5) y (6) la estructura hace resaltar el verbo; en los otros casos se ve claramente que son sustantivos. La 'concatenación' sintáctica nos revela así mismo el sentido figurado (2.4.2):

The animal we saw in that cage is a fox.
The real estate man won't be able to fox any of us with his
   sales talk.

En inglés el sujeto se identifica por lo común por su posición respecto al verbo, no por índices de función léxica. Las significaciones dependen notablemente de la estructura en que aparecen los lexemas:

He got sick.	Se enfermó.
He got the money.	Consiguió el dinero.
He got to the club.	Llegó al club.

Como puede verse, este tipo de 'contexto' es 'explícito', es decir, aparece en la estructura patente. Puede ser optativo u obligatorio, según el grado de intensidad o claridad que se requiera. Al hablar del cuerpo docente de un instituto superior, por ejemplo, el lexema chair tendrá el sentido de cátedra, no de mueble. En un congreso internacional, el mismo lexema nos referirá al que preside las deliberaciones, sin necesidad de añadir otros contornos o formas de 'modificación externa'.[37] De esta manera, con la omisión del sujeto, de un objeto, de un 'contorno', se reduce el 'contexto lingüístico' y se obtiene la economía del lenguaje.

5.1.2 Contexto semotáctico. Otra clase de 'contexto' cuyos variados aspectos examinaremos ahora es el 'implícito', es decir, el que no aparece en la estructura patente. Nos interesa aquí el hecho de que unos elementos van determinados por los restantes de una secuencia de discurso. El sentido de un término se define por las relaciones que guarda con los términos vecinos. Cada término tiene un 'contorno' o 'ambiente' que es un factor que se añade a los otros ya estudiados de la morfología, construcción y función gramatical, y se amplía así el 'abarque del contexto'. Los términos del 'contorno', es decir los que preceden y los que siguen a un elemento que se analiza, señalan una relación muy importante que es la 'compatibilidad' de la significación, distinta de las categorías funcionales, que pertenece al dominio semántico (2.4.1). En los ejemplos que siguen: it is a tiger y he is a tiger, nos damos cuenta de que por la

presencia de it en el 'contorno' del primero se trata de un animal,
y por la presencia de he en el segundo, de una persona, en forma
análoga a lo que ocurre en el análisis del sentido figurado.   La
'compatibilidad' ha dependido en estos casos de la clase de sujeto.
Puede depender, así mismo, de la clase de objeto, o de los circunstantes.   Vemos que este análisis nos lleva al campo de las
'opciones estilísticas' (2.1.7 y 3.1.1), según se puede observar en:

The clock works.	El reloj anda.
It's raining cats and dogs.	Llueve a cántaros.
The motor runs.	El motor funciona.

En el primer ejemplo, trabajar no sería compatible en español,
ni correr en el tercero.   Contravenir esa exigencia de 'compatibilidad' es lo que se ha conocido de ordinario como falta de propiedad
en el uso de los términos.

En este mismo sentido, se produce otro fenómeno en la cadena
sintagmática, que puede llamarse de 'coexistencia', o 'afinidad',
por las cuales un término exige la compañía habitual de otro, y esa
compañía contribuye a su significación.   Con este fenómeno se añade
contenido al concepto de 'compatibilidad' que hemos tratado de explicar.   A esta interacción entre un término con las significaciones de
los demás elementos de la cadena Nida llama SEMOTAXIS.   Se
esclarecerá mejor esta noción por medio de las siguientes ilustraciones prácticas:

It's a rotten shame.	?Es una podrida vergüenza.
He plunged into the labyrinth of glass buildings.	?Se lanzó en medio de una madeja de construcciones de cristal.
Two cars filled with heavily armed guards followed closely.	?Dos coches llenos de guardias copiosamente armados le seguían de cerca.
There was the sound of laughter.	?Se escuchó el sonido de una risa.
So when something goes wrong with it the Government gets worried.	?De modo que cuando algo se tuerce en esta cuestión, el gobierno se preocupa.

Son estos ejemplos tomados de versiones de novelas, en las
cuales se pueden notar las 'impropiedades semotácticas': podrida
no armoniza con vergüenza, no es una expresión espontánea, es
simple calco del inglés.   El traductor ha debido buscar una equivalencia (8.5.1 a 8.5.7).   Madeja no hermana con edificios (construcciones son edificios en construcción).   No hay 'compatibilidad'

entre copiosamente y armados, en realidad, no se puede decir que
un guardia está abundantemente armado. Lo mismo dígase de sonido
de una risa, que parece muy extraño al oído de un hispanohablante,
y de algo que se tuerce. Se ve pues que el análisis del 'contexto
semotáctico' exige mayor sensibilidad a la lengua y a sus usos y
mayor percepción de las diferencias que ocasiona la falta de
hermandad, por decirlo así, de las palabras, "a normal kind of
neighborliness", en la pluma de Dwight Bolinger, en un contexto
dado.

Hágase el análisis de estos otros ejemplos:

It's because of the division of labor which broke up the whole idea of general responsibility	?Es a causa de la división del trabajo en toda la sociedad por lo que quiebra la idea de responsabilidad general
He might then have stayed away from that particular bus.	?De modo que bien podía haberse apartado él de aquel autobús concreto.
Little copses of television antennas	?Pequeños racimos de antenas de televisión
Spalled sidewalks with clusters of ash cans	?Aceras desconchadas y con muchos latones de basura

5.1.3 Contexto situacional. Luego del 'contexto lingüístico' y
'semotáctico', a medida que ampliamos el terreno recubierto por el
término general de 'contexto' que se ha prestado a muchas confusiones por los diversos nombres que recibe de los lingüístas,
tenemos el CONTEXTO SITUACIONAL o CONTEXTO-SITUACION,
que no es propiamente la situación, aunque participa de ella, sino
un paso intermedio de las relaciones entre el mensaje y la situación.
El mensaje se sitúa en el habla, hemos dicho, y el contexto indi-
vidualiza y completa el sentido de ese mensaje. De esta manera
el concepto de contexto se extiende como en círculos concéntricos,
comenzando con los planos que hemos examinado hasta terminar con
la situación y la 'metalingüística'. Este es el aspecto que más atañe
al traductor. Desde este punto en adelante pensamos que el contexto
ya no se explica por los factores inmediatos de orden léxico o
sintáctico sino de factores que se hallan en planos cada vez más
distantes.

5.1.4 Microcontexto y macrocontexto. Esto nos obliga a hacer
una división. Ya que nuestro punto de partida, como se vio en el
primer capítulo, fueron las unidades de pensamiento, en torno a
ellas se configuraría lo que algunos llaman el MICROCONTEXTO,
que se sitúa dentro de la oración. El MACROCONTEXTO, podríamos

decir, abarca unidades más amplias que pertenecen al rango oracional y del discurso; puede ser una oración entera, un período, un
capítulo. Veremos más adelante por medio de ilustraciones que los
índices para resolver una 'ambigüedad' no siempre surgen de la
oración que la contiene sino de la situación. El contexto es uno de
los factores de la situación, si bien el más importante, y durante
el estudio del mensaje que realizaremos más tarde, las constantes
referencias a él recalcarán su importancia. A propósito del 'macrocontexto' vale la pena recordar lo dicho sobre la 'arbitrariedad' del
signo lingüístico (2.1.4). En esa ocasión se indicó la idea de Georges
Mounin de que lo arbitrario del signo no se limitaba a las unidades
mínimas o monemas, sino que se hacía sentir también en las unidades mayores, que él llama los 'grandes signos', como la frase y
la oración. Esto nos indica que la traducción tendrá más éxito
mientras más amplio sea el contexto, y que tendrá menos éxito si
se limita a las unidades más pequeñas. La mirada de conjunto es
sumamente importante; y esta es la razón por la cual se insiste en
que antes de traducir hay que leer y comprender el texto entero.

5.1.5 La situación: punto de referencia y control. La SITUACION
tiene gran importancia en la distinción de los hechos de lengua y
habla (2.1.5). "Language is a repertory of signs, and discourse involves the use of these signs, seldom in isolation," expresa Uriel
Weinreich, uno de los más destacados estudiosos de la semántica.
Y en efecto, como se ha visto ya, la estructura no basta para lograr
la totalidad del mensaje. El 'contexto', que decide la significación
virtual de la unidad lexicológica, no siempre está constituido por los
elementos de la secuencia. La denotación específica de esa unidad,
que puede poseer una gama entera de sentidos virtuales en un contexto lingüístico dado, sólo podrá delimitarse con suficiente probabilidad, como se vio en el apartado precedente, gracias al 'contexto
situacional'. Si consideramos, por ejemplo, la expresión estoy en
ayunas en forma aislada, observamos que la significación probable
no está dada por las distintas unidades de la cadena. Para descifrar
el sentido habría que conocer las circunstancias en que fue pronunciada.
Podría significar que no he tomado el desayuno, como podría también
ser que no tengo noticia de alguna cosa, o que no la puedo comprender,
según de lo que se hable. Sólo la situación puede hacer que un
término que ofrece una variedad de denotaciones virtuales en un
contexto lingüístico dado, sea comprendido en el sentido deseado.
Como se verá en las técnicas de traducción, la actividad de perseguir
el sentido global no se concentra en un solo plano; es un proceso
intelectual dinámico que va de un plano de contexto a otro, en cualquier orden, como lo requiera la comprensión cabal del texto, hasta
avanzar finalmente hacia el abarque global del período.

Los hechos de lengua y de estilística, lo hemos visto, son inconmensurables. Pero la 'situación', elemento indispensable de la teoría de la traducción, constituye un 'punto de referencia' y 'control'; en otras palabras, los elementos de la 'situación', como tiempo, lugar, intención, destinatario, medio, especialidad, etc., contribuyen a desentrañar el sentido de la comunicación. Contamos con la opinión de Bloomfield de que la situación viene a servir de 'medida común' tanto en el mensaje de LO como en el de LT. Dijimos antes que la 'economía de expresión' resulta de la reducción del contexto, y es la situación la que permite hacerlo. En el ejemplo visto, la situación es el ámbito de la referencia al cuerpo docente, en medio de ella no hace falta ninguna 'modificación externa' para que se entienda que chair es la cátedra de alguna de las disciplinas que se enseñan en la universidad. En la secuencia:

This is Debussy's last work.   Esta es la última obra de
                                   Debussy.

el contexto es adecuado para dar la idea cabal; pero con they are out of work se podría entender que están desempleados o que no tienen qué hacer. En este último ejemplo haría falta una de las dos cosas: o contexto más extenso, o la situación. Por lo que se ve que la situación viene a ser como el 'contexto práctico'. La confusión puede provenir de la interacción que existe entre los dos conceptos. Pero la 'situación práctica' es tan decisiva, que con ella se puede indicar inclusive lo contrario, sin necesidad de contexto, por las condiciones exteriores, como si al ver al niño que llega todo sucio después de jugar en el parque, la mamá exclamase: ¡Qué limpio vuelves! Bally explica que aunque el contexto es primordial, la 'situación' se extiende más allá y recubre un conjunto de factores. Hemos visto, en efecto, que en they are out of work el contexto no bastó para explicar el sentido que se desea. Digamos de paso que Bally es uno de los pocos lingüistas que se habían ocupado detenidamente de este tema; en la actualidad, con el adelanto del estudio de la semántica, la materia ha cobrado importancia y los lingüistas que ofrecen algún estudio de la situación han contribuido enormemente al adelanto de la traductología.

Estamos pues descubriendo que detrás de cada mensaje existe una enorme realidad 'extralingüística' que se une al contexto para fijar una significación. El contexto ocupa un lugar intermedio en las relaciones que se establecen entre la sintaxis y el léxico con la situación. Hay que recurrir así a la semántica del texto íntegro para llegar al sentido de una unidad que no se precisa por los elementos de la cadena sintagmática. La semántica del texto y el criterio de coherencia de sus partes determinan el mensaje.

5.1.6 La situación es un hecho de habla. Al establecer la diferencia entre 'lengua' y 'habla' se caracterizó a la primera como un 'inventario de símbolos' y de 'procesos generativos' y a la segunda como 'discurso particular', es decir, la 'lengua actualizada'. El contexto y la situación son hechos de habla, no de lengua; de ahí que sin situación no puede haber traducción. Fijémonos en la 'ambigüedad' que se produce con cualquier grado de ausencia de la situación en los siguientes ejemplos:

(1) Le compré un vestido.
(2) They don't know how good meat tastes.
(3) What disturbed John was being disregarded by everyone.
(4) The police were ordered to stop drinking after midnight.
(5) The fat major's wife
(6) More than anyone, I desire to see America fashioned into the greatest nation in the world, greatest not so much by virtue of her area and wealth as by her freedom and glory.
(7) First Financial President predicts recovery.
(8) In the case of implementing bills described in this subsection

Descontamos, por supuesto, en lengua escrita la ayuda de 'rasgos suprasegmentales', es decir, la entonación, las pausas y otros factores que animan la comunicación verbal; pero aunque se contara con la entonación, la 'ambigüedad' de algunos ejemplos persistiría, como en el primero. En cuanto al ejemplo número seis, si no se está al tanto de la Carta de Jamaica, podría parecer que se trata de los Estados Unidos. Falta una explicitación o especificación del continente americano, de América del Sur. En efecto en el texto español se dice en América, y la preposición en contribuye a la comprensión de la idea. La sola preposición, si se la hubiera trasladado al inglés, tal vez no habría bastado. En cuanto al séptimo ejemplo, que en un titular no podía comprenderse, pero al comenzar a leer el artículo no cabe duda de que no se trata de un primer presidente, sino del presidente del Banco 'First Financial'. En el último ejemplo, como en los que no hemos comentado, queda por establecerse las circunstancias que aclaren su significación, ya que podría tomarse como: en el caso de ejecutar las leyes o en el caso de leyes ejecutorias.

5.1.7 La situación ideal y el traductor ideal. Hay un aspecto de la situación respecto al traductor que por lo regular no se estudia, pese a ser de suma importancia para la eficiencia de la traducción. El 'traductor ideal' sería quien domine tanto la lengua ('competencia lingüística', 2.3.3) como la situación. Vamos a definir en este caso la situación como la preparación y 'documentación' del traductor. Vale decir, si el traductor conoce a fondo la lengua origen y la lengua término y al mismo tiempo es versado en la materia que traduce, la traducción ofrece todas las probabilidades de ser buena. Veamos las ventajas y desventajas de esta posición.

Las ventajas se refieren en especial al ámbito de los organismos internacionales, de los congresos internacionales y de las grandes empresas que cuentan con su propio cuerpo de traductores. El traductor que pertenece a la organización posee mejor situación que el traductor temporero. El conocimiento íntimo del funcionamiento interno, de la labor que se realiza, de los objetivos y de los medios con que cuenta la organización; el conocimiento del giro que toman diariamente los acontecimientos en todos los aspectos que afectan a la profesión, sobre todo de la intención del autor que se conjuga con los propósitos del organismo, le dan esa prioridad de situación que no puede poseer el que llega de afuera. El traductor temporero que haya trabajado por algunos años para un organismo, puede sólo tener cierto grado de situación, y por eso necesita siempre de una cuidadosa revisión hecha por un revisor que posea la situación.

En lo que a especialidad funcional de la lengua se refiere, posee mejor situación el traductor que conozca la materia que se traduce. El que haya estudiado economía, leyes, sociología, tendrá situación superior al que no las haya estudiado, aunque, como en el caso anterior, el que ha traducido con frecuencia esas materias habrá también logrado cierto grado de facilidad. A la inversa, por cierto, si el economista, el abogado, el sociólogo no conoce los problemas de la lingüística relacionados con nuestra disciplina, como los que hemos expuesto y se expondrán en esta obra, ni conoce la estructura de las lenguas, carecerá así mismo de la otra parte componente de la técnica, y por tanto no podrá ser el traductor ideal, por hábil que fuera en el manejo de la pluma. El especialista en otra disciplina ha adquirido ya una manera de pensar bien definida por su especialidad. Requeriría primero formación de traductor para adoptar la perspectiva y el enfoque de la traducción.

Las desventajas se pueden proyectar de la siguiente manera, y son también de distinto grado. En las traducciones de la Biblia no se permite la intervención de los teólogos sino después de realizada la versión por un estilista de menores conocimientos en escrituras y teología, por la sencilla razón de que el teólogo que no tiene dificultad en compenetrarse en la sustancia dejaría muchas cosas en una completa nebulosidad para el lector medio. Esta es una de las políticas de la United Bible Society que ha decidido evitar la consulta exclusiva de los 'especialistas' porque tienden a ser tan especializados en sus opiniones que a menudo muestran insensibilidad a lo que realmente es inteligible para el lector medio. En cuanto a poesía, cuando se consideraba que la traducción era simple arte innata de ciertas personas, se confiaba su versión a los poetas, o se confiaban los poetas a sí mismos algunas obras de traducción. En la actualidad, gracias a las enormes contribuciones de la lingüística, la traducción se va convirtiendo en una disciplina formal de bases científicas, y se han reexaminado todos los 'mitos' que se han creado acerca de ella, y se puede afirmar que el poeta al traducir a otro poeta tenderá a escribir su propia poesía, y el literato a hacer su propia literatura. Se ha dicho muchas veces por ejemplo que Edgar Allan Poe suena mejor en francés que en inglés; y, a la inversa, cuando el poeta Robert Lowell tradujo a Baudelaire se juzgó que la versión demostraba un gran Lowell pero un pésimo Baudelaire. Lo mismo se puede añadir respecto del jurista que subjetivamente enriquece con su ciencia o sus interpretaciones el contenido de las leyes que intentase traducir, o del economista que escribe como para que sólo los economistas lo entiendan, pues ya que comprendiendo él perfectamente bien lo que escribe, piensa que todos lo van a comprender aunque no sean especialistas en ciencias económicas. En otras palabras, el especialista no es explícito, y se abandona a la suposición de que el lector intuirá lo que está hermético en su operación mental. Pero el peligro no está solamente en eso. En el encuadre más amplio de la 'poética de la traducción', hay otro, señalado eficazmente por Meschonnic (Pour la poétique II): el especialista que traduce su materia tiende a ideologizar la versión: a coadyuvar a las condiciones concretas de transmisión de un mensaje según su propia ideología.

En lo que atañe a las áreas que nos tocan más de cerca, el conocedor profundo de una materia escribe o traduce como para sí y para los especialistas de su ramo, dejando mucho que desear en claridad de léxico, estructuras y situación. Estas deficiencias son más graves que ciertas falsas interpretaciones que pueda hacer el no especializado, con la salvedad de que éste puede siempre acudir al experto o a la enciclopedia para disipar sus dudas. El experto en cambio no somete su escrito a la prueba de la lectura del que no es especialista; si lo hiciera, tendría que recurrir después a un estilista para la reelaboración de la obra. De esta manera, lo que se creía constituir la 'situación ideal', es decir, la traducción de una materia realizada por el experto en ella, se desvanece. No existe aquella 'situación ideal'. Lo que sí existe es la seguridad en el traductor que conozca la lingüística y la 'poetica' de la traducción y posea la preparación y 'documentación' necesarias, entendiéndose por estas últimas una amplia cultura general y algunos estudios sobre las especialidades que deba traducir. La profesión de traductor implica erudición. Sin una amplia cultura y formación no se puede traducir porque la traducción abarca todos los dominios. El traductor que ha vivido largo tiempo en el país donde se habla la lengua de la cual traduce, conoce mejor su etnografía y, por tanto posee superior situación respecto

del que trabaja en su país, y esto por razones de metalingüística que
vamos a ver en seguida. Y en cuanto al traductor que trabaja en el
país donde se habla la lengua de la cual traduce, si no viaja con frecuencia a los países de su lengua materna, va perdiendo parte de su
situación por el distanciamiento de los cambios culturales, sociales
y el progreso que trae como consecuencia nuevas actitudes y nuevas
formas de ver el mundo, y pierde además la vivencia de la lengua.
De los organismos internacionales de Washington, los traductores de
la OEA tienen esa oportunidad de viajar con frecuencia por todos los
países latinoamericanos y empaparse de la vivencia de la lengua en
todos los ambientes, coleccionar sus experiencias y renovar su
perspectiva de la lengua materna. Por cierto, la lectura constante
de periódicos y obras en lengua materna le ayudarán también a
mantener la competencia lingüística, en el sentido chomskiano del
término.

5.1.8 La perspectiva completa del mensaje. El estudio del contexto y de la situación sólo puede considerarse completo con la influencia que en ellos ejercen los 'factores culturales'. La 'perspectiva' completa del 'mensaje' está formada, en efecto, por el 'contexto', la 'situación', y la METALINGUISTICA. "El acto lingüístico
--dice J. C. Catford--tiene lugar en un ambiente biosociofísico
específico, en un momento y lugar específicos, entre participantes
específicos, etc. Pero el texto que es, para el lingüista, el segmento central de ese acto, es o puede ser relacionable, no sólo con
rasgos de esta situación inmediata, sino también con rasgos que se
encuentran a distancias cada vez mayores, por así decirlo, y que se
extienden, finalmente, hasta cubrir el fondo total cultural de la situación". En nuestro examen de la teoría de las significaciones (2.4.1)
nos quedaba un punto por ampliar en relación con sus niveles. Se
dijo que el sentido puede ser 'léxico', referido al vocabulario;
'estructural', en el marco más amplio del ordenamiento sintáctico;
y que puede corresponder al mensaje total de un enunciado, de un
período, o de un texto. Interviene en esta gradación un concepto muy
importante en traductología: la interacción de los factores lingüísticos
con otros factores racionales del comportamiento y de la realidad
concreta o abstracta que rodea al lenguaje, lo cual se conoce como
la 'metalingüística'. El postulado de las visiones del mundo (2.2.1)
nos hizo advertir que cada cultura ve el mundo a su manera, cada
lengua disecta a su manera la realidad y la experiencia. La lengua
forma el puente de las relaciones entre las instituciones humanas,
los hechos sociales, culturales y psicológicos; a su vez, la influencia de esos sistemas culturales en la lengua constituyen la 'metalingüística' tal como la explica Trager (2.4.5). Podríamos decir que

la 'metalingüística' nos muestra el vínculo de la lengua con la concepción del mundo.

5.1.9 Divergencias socioculturales y grados de dificultad.

Podríamos hacer una enumeración interminable de diferencias entre costumbres, hábitos y vida individual, familiar y política de los pueblos. Son éstas las diferencias sociolculturales que subyacen a los hechos de lengua. Una de las teorías más recientes es precisamente la de la 'semántica integrada' (2.4.2) que une la 'lingüística interna' con la 'metalingüística'. La traducción se realiza, hemos dicho, no sólo de una lengua a otra sino 'de una cultura a otra'. Esto es lo que constituye la gran importancia del aspecto 'étnico', de las modalidades culturales, de las distintas civilizaciones en el proceso traductivo, y de ella se ha tratado únicamente en forma tangencial en la mayoría de tratados de lingüística referidos a la traducción. Se ha mencionado, pero no se ha desarrollado satisfactoriamente este aspecto que muy a las claras forma una parte considerable de la semántica.

Siendo las diferencias de cosmovisiones la fuente de serios obstáculos en la traducción, es lógico que merecen el cuidado y la dedicación del traductor. Sólo podrán resolverse estos problemas por medio de la 'etnología', que en este caso no se entiende como descripción de razas sino de la historia cultural. No es suficiente conocer la lengua en su estructura sino también la 'etnología' de la comunidad o pueblo que la habla (5.1.7). Precisamente hemos dicho que cada lengua tiene su 'genio', que consiste en un proceder particular y privativo que obedece en gran medida a sus predisposiciones culturales (3.2.2).

La lengua analiza, pues, y refleja el universo al interponerse entre éste y el hombre. "A cada lengua corresponde una organización particular de los datos de la experiencia. Una lengua es un instrumento de comunicación según el cual la experiencia humana se analiza diferentemente en cada comunidad", expresa Martinet (Eléments). En cada cultura el contenido de la experiencia difiere en magnitud y perspectiva, y ese contenido está estructurado en distinta forma, lo cual es la razón de que a cada segmento de una lengua no corresponda el mismo equivalente en la otra. La dificultad de encontrar un equivalente en español para privacy y en inglés para alfabetizar, hemos dicho, obedece al contraste de las convenciones sociales, y la selección de rasgos semánticos en cada lengua depende de la forma en que los hablantes interpretan su medio. Todos estos argumentos refuerzan nuestra posición de que la 'traducción literal' no tiene razón de ser. Obsérvense los diferentes cortes de la experiencia con el lexema education (figura 5.1), concepto que se sitúa en el aspecto cultural de que venimos hablando. Tenemos en

FIGURA 5.1 Cortes sociolingüísticos del lexema education.

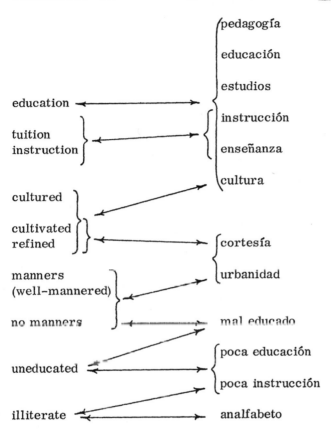

español la facultad de pedagogía, el sistema de enseñanza, la instrucción de una persona, la educación de la juventud, la cultura de un
individuo, los estudios (clásicos) de otro. Todos estos conceptos
están abarcados por el vocablo inglés. Cuando el inglés dice an
educated person dice menos que una persona educada. Quiere decir
simplemente una persona instruida. Educado en español se acerca
al término culto, y en inglés no se dice comúnmente a cultured person. En su lugar se dirá a cultivated person, a refined person, y
cada uno de esos parasinónimos, expresa parcialmente la idea de
culto. Una persona bien educada es también la que posee corrección
y cortesía, lo que no dice educated person, pues el inglés expresará
con: well-mannered person. Son comunes las versiones españolas
en las que el traductor para evitar la literalidad--que entre muchos
es un concepto muy superficial--recurre sin discrimen alguno al
término enseñanza para todos los casos a que se extiende el vocablo

inglés como lo ilustra grosso modo el gráfico anterior. Cuando se
encuentra con los términos tuition e instruction, que realmente
corresponden a enseñanza, emplea escolaridad, que se encuentra
en el diccionario pero que no tiene vigencia (5.2.2).

En el mismo campo podemos considerar coed y dormitory que no
tienen correspondiente en español y que será necesario amplificar.
Illiterate no tiene sentido igual en las dos lenguas, pues an illiterate
person no siempre es una persona que no sabe leer ni escribir. A la
inversa, no hay un término en inglés para alfabetismo o alfabetizar.

Del análisis contrastivo habíamos desprendido que las 'similitudes'
de las lenguas se acentúan al aproximarse a la estructura subyacente
y que las 'discrepancias' se vuelven más claras a medida que avanzan
hacia la estructura patente. En el sentido en que hemos venido
examinando este aspecto, con el estudio de la 'metalingüística' se
establece un nuevo plano de contraste: las 'diferencias' de las lenguas se acentúan mientras más se separan sus culturas. En síntesis,
el 'grado de dificultad' de la traducción está en proporción directa
con la 'divergencia cultural'. Eugene Nida, entre cuyos méritos
principales se cuenta su insistencia en los aspectos culturales,
aconseja: "la persona que traduce de una lengua a otra no debe
jamás descuidar el contraste en toda la amplitud del ámbito cultural
representado por las dos lenguas" (Word, Vol. 1, No. 2, 1945).
Uno de los procedimientos técnicos de la traducción que se funda de
manera especial en los hechos de 'metalingüística' es la 'adaptación'
(8.6), y al tratar de ella volveremos a examinar este importante
aspecto de estilística diferencial.

5.2 Diccionario y léxico

5.2.1 Vigencia y uso lingüístico. Es indispensable recordar una
vez más la dualidad formulada por Saussure de 'lengua' y 'habla' y
ampliada por Chomsky con las nociones de 'competencia' y 'actuación'. Según el breve examen hecho en otra sección (2.1.5), el contexto, la situación y la metalingüística que acabamos de estudiar en
los acápites precedentes pertenecen al dominio del habla y de la
actuación. Nos detendremos ahora en el dominio de la lengua, o de
la competencia, porque a él pertenece el DICCIONARIO. La lengua,
se vio, está constituida por los 'inventarios ilimitados' (lexemas) y
'limitados' (morfemas) de los que nos habla Martinet (2.1.1). En
ellos las palabras (lexemas y morfemas) tienen valor como 'signos'.
La significación, en cambio, de las palabras se configuran en el contexto, en la situación concreta, es decir, en el 'uso real de la lengua'.
En el diccionario las palabras tienen 'valor', en el contexto,
'significación'. Veamos la enorme importancia que tienen en la
práctica de la traducción estas distinciones de Saussure y Chomsky,

que a algunos les puede parecer simplemente teóricas. El empleo
de un 'monema' (lexema o morfema) no se justifica sólo por la sencilla razón de que existe en el diccionario. Parecería una verdad
demasiado obvia, pero cuántas veces en nuestros años de experiencia los practicones no nos han espetado la contestación: '¡pero
la palabra está en el diccionario!'.

La VIGENCIA DEL USO lingüístico es el criterio que nos permite
juzgar cuál es el empleo apropiado de una palabra. 'El "mentecato"
del diccionario es sólo el falto de juicio, pero el "mentecato" de la
lengua viva es también el orgulloso o presumido', exclama García
de Diego. La 'vigencia', fenómeno de proyección sociolingüística,
está por encima de cualquier presión individual o de cualquier esti-
pulación particular. La misma Academia sanciona un uso ateniéndose
primordialmente a la aceptación general de lo que regula, a lo que
impera en una sociedad. Tiene, además, la 'vigencia', una dimensión diacrónica: el uso de una época puede perder su vigencia en
otra; hay usos que pueden ser temporales, pasajeros, como la moda.
Es la sociedad la que rechaza o da vigor a un uso. De ahí que muchos
vocablos del diccionario hayan perdido vigencia total, o por lo menos
en ciertos campos. Los diccionarios tienen muchos defectos, como
vamos a ver en este capítulo, y el traductor no puede guiarse
ciegamente por un juicio simplista de que todo lo que existe en el
diccionario, por ese simple hecho, puede usarse en cualquier contexto.

El criterio para el empleo de un monema o locución no es el de
'autenticidad'. Un monema o locución puede ser perfectamente
legítimo y sin visos de anglicismos; sin embargo, en determinados
casos puede ser rechazado por la 'lengua viviente'.

Mencionamos ya el caso de escolaridad, que muchos toman como
equivalente universal de tuition (5.1.9), y los seguimiento y reposi-
ción como equivalentes irrestrictos de follow-up (8.2.1.2) y rein-
statement.

En la OEA se ha propagado entre funcionarios que no son estilistas
ni traductores la costumbre de emplear cualquier clase de términos
bajo la invocación de una regla bastante artesanal: "Pero así se dice
en tal departamento u oficina", se arguye, y a veces: "pero así dice
la carta o los estatutos de la organización". Para el lingüista, un
término usado en una 'colectividad' pertenece ya a la lengua, pero
no un término conocido a un pequeño grupo de burócratas, y des-
conocidos en el resto de la colectividad. Y menos todavía cuando se
pretende comunicarse con un hemisferio o el mundo entero. Así hay
multitud de términos empleados por los burócratas que no se
entienden en los países asociados a la OEA. Y muchas veces se
insiste en emplear términos que no entienden ni el resto de los
especialistas. Eso ocurrió con el término contrato por resultado,

que decían correspondía al término <u>performance contract</u> del inglés.
'Si no hay resultado no hay contrato', explicaba uno de ellos, pero no
se daba cuenta que no era problema de palabras, sino de estructura.

Existe, por supuesto, el fenómeno contrario, cuando un término,
careciendo de descripción en el diccionario que aún no ha registrado
la vigencia de un uso nuevo, justifica su aparición en un contexto
apropiado aunque la Real Academia no lo hubiera concedido estatuto
de 'palabra de diccionario'. Hay que conceder a este respecto que,
en primer lugar, pasan muchos años entre una y otra edición de un
diccionario y, por lo tanto, no se puede contar con la información de
todos los cambios que ocurren año tras año. Este problema ha
logrado solucionarse en dos países y en sólo dos lenguas, con el
'banco de terminología'. El banco de terminología es un sistema de
almacenamiento electrónico de unidades léxicas, que se mantiene al
día tanto en volumen como en las transformaciones que sufren en el
uso. La compilación está, naturalmente, programada por lingüistas
y lexicógrafos, y la información proporcionada por el banco reúne
todas las condiciones de diccionario apto para el traductor.

En segundo lugar, el proceso de incorporación es tan lento que
muchos términos han visto su ingreso al diccionario después de ser
usados por casi un siglo, como ocurrió con el término <u>drenaje</u> que
venía registrado como galicismo por varias generaciones. El mismo
diccionario de la Academia Española, en cambio, favorecía en su
lugar la palabra <u>avenamiento</u> que apenas se conocía. Como caso
práctico de la noción de 'vigencia' que deseamos explicar recordemos
la expresión empleada por un Presidente de los Estados Unidos para
calificar un nuevo género de relación establecida con los países de la
América Latina: <u>a mature association</u>. Por sus escrúpulos de corrección y sobre todo por ignorancia de estos hechos de habla, el
traductor no se atrevía a emplear la palabra <u>madura,</u> aduciendo que
el diccionario aplicaba ese calificativo a las frutas (no consultó el
<u>Diccionario Ideológico</u> de Casares). Pero el hecho de 'vigencia' es
un criterio importante de selección, según hemos afirmado. El
vocablo goza de aceptación difundida en el sentido figurado de <u>pru-
dente,</u> <u>sesudo.</u> En <u>una asociación madura</u> el contenido semántico es
igual que el de la expresión inglesa, existe 'propiedad semotáctica'
(5.1.2) entre los dos términos, y quedaría aún mejor si, para transmitir el 'elemento afectivo' (3.1.3 y 4.2.5), se efectúa la anteposición del adjetivo: <u>una madura asociación.</u>

Un caso intermedio es el del término <u>escultismo,</u> registrado ya
en las enciclopedias y en el diccionario Larousse, pero cuya
vigencia se extiende rápidamente compitiendo con el anglicismo
<u>scouting,</u> pronunciado <u>escautin.</u> Aunque se estila <u>boy scout</u> con más
frecuencia que <u>escultista,</u> el obstáculo mayor que se experimenta
con <u>boy scouting</u> parece fomentar poco a poco en algunos países el

empleo de <u>escultismo</u>. Considerando su campo especializado, todas las revistas y publicaciones sobre esta actividad emplean ya el término.

5.2.2 Léxico y contexto. Comprendemos ya, naturalmente, que es forzoso pasar del contexto al diccionario en el afán de buscar 'equivalencias', y luego, volver constantemente al dominio del 'habla', durante el proceso traductivo, pues se trata de un proceso mental dinámico que no se ejerce en una sola dirección, sino que salta de una fase a otra, del 'análisis' a la 'correspondencia', de la 'gramática' al 'léxico', del 'contexto' a la 'metalingüística'. Pero la importancia primordial la debe tener el 'habla'. Con la lingüística contemporánea ha perdido validez la diferenciación tradicional entre gramática y diccionario como reflejo de la diferencia entre los fenómenos sintácticos y semánticos. No es posible construir un enunciado exacto sobre la base única de la información de la gramática y del diccionario. Es necesario agregar a ella las 'relaciones semánticas' de los segmentos del enunciado de que se trate. El diccionario describe los 'campos semánticos' de los símbolos (2.4.1). En cualquier nivel de las categorías que se contrastan pueden producirse la 'ambigüedad' o la oscuridad, lo que obliga a volver al 'contexto semántico'. Por cierto, no hay que pasar por alto que los diccionarios ofrecen indicios sobre la 'significación lingüística', por ejemplo, cuando identifican las 'categorías sintácticas' de la unidad léxica, y a veces nos ofrecen importantes sugerencias respecto de su 'valor subjetivo', como cuando acotan: vulgar, familiar, peyorativo, etc.; pero la 'unidad léxica' cuyo sentido en el diccionario es 'virtual' debe ser 'actualizada' en el contexto para que entre en un dominio semántico particular vinculado al mensaje. Si tomamos, por ejemplo, <u>reto</u> o <u>desafío</u> como equivalentes de <u>challenge</u> en <u>the challenge of boy scouting</u>, y construimos la secuencia: <u>el reto</u> (o desafío) <u>del escultismo</u>, se daría una idea de amenaza o problema provocados por ese movimiento que, según entendemos, es conocido como pacífico. Eso significa que la verdadera significación del lexema inglés no ha realizado su dominio semántico en el español. Los datos del contexto y de la situación, en efecto, indicaban tratarse de las obras de buena voluntad que realizan o persiguen los escultistas por fuerza del deber que les impone su misión altruista, y se comprende, por lo tanto, que se habla de las tareas imperiosas o de las obras inherentes al deber del escultismo, lo cual sí constituye la idea que actualiza el dominio semántido de <u>challenge</u> en ese contexto situacional. Como se ve, de una simple lista de usos diversos, ya que no otra cosa nos ofrecen los diccionarios bilingües que se publican en gran número, no se infiere la significación adecuada. Se comprueba aquí la incidencia de lo expuesto a propósito del tema

de 'gramática generativa transformacional' (2.4.0 y 2.3.2) según la
que las reglas de 'proyección semántica' producen nuevas interpretaciones, combinan la interpretación semántica de las secuencias de
unidades léxicas y marcan las 'anomalías semánticas'. Chomsky
sentó estas razones para abandonar el concepto de gramática
disociada de la semántica.

Muchos de los problemas mencionados y de los numerosos
obstáculos que crean los diccionarios así bilingües como monolingües podrían resolverse si tomáramos como punto de partida
'unidades de sentido' en vez de lexemas aislados, y si nos some-
tiéramos a procedimientos particulares para llegar al mensaje
deseado. La atención al 'contexto semotáctico' nos ofrece a veces
una relación de elementos distinta de la que se concibe con el primer
intento, pero esta solución procede del 'análisis', no del diccionario.
La causa está en que el diccionario carece de 'situación'. En
general, los diccionarios proporcionan el 'sentido', pero no todas
las 'diferencias de sentidos', porque las combinaciones de los
'significantes' son infinitas, y no podemos tampoco pretender que
sean atomísticos hasta ese extremo. Los errores de traducción
ocurren con frecuencia cuando no se perciben los 'matices' de dos
lexemas que a primera vista pueden parecernos 'permutables'. Las
nociones relevantes a este proceso parten siempre de la doctrina
saussuriana del 'valor del signo'. En el Curso de Lingüística General
Saussure nos da la siguiente ilustración: 'El español carnero o el
francés mouton pueden tener la misma significación que el inglés
sheep, pero no el mismo valor, y eso por varias razones, en particular porque al hablar de una porción de comida ya cocinada y servida
a la mesa, el inglés dice mutton y no sheep. La diferencia de valor
entre sheep y mouton o carnero consiste en que sheep tiene junto a
sí un segundo término, lo cual no sucede con la palabra francesa ni
con la española'. En otras palabras, los términos francés y español
tienen 'extensión' mayor que el inglés. El inglés 'particulariza', las
dos lenguas románicas 'generalizan'. Véanse para hacer una comparación las extensiones diferentes de los términos relativos a educación (5.1.9). Así mismo, cuando nosotros generalizamos con
humedad, el inglés particulariza con humid, damp, moist, wet,
clammy; con pasear, go for a walk, for a ride, etc.

5.2.3 Ventajas que ofrecen los diccionarios. Sin embargo, fuera
de que los diccionarios nos indican (a) las 'significaciones referenciales' o 'denotaciones', (b) los rasgos de la 'significación lingüística',
por medio de la identificación de las partes del discurso y (c) otros
rasgos que contribuyen a la distinción de los 'caracteres efectivos'
y 'cognitivos' que forman parte de la naturaleza estilística de las
unidades léxicas, hay otros partidos que podemos tomar de los

diccionarios, en particular de los 'ideológicos'. Ante todo, se pueden obtener 'homonimias semánticas' como un medio eficaz de guardarse contra la traducción literal. Con homonimia semántica queremos decir los sentidos diferentes que toma con el tiempo un mismo lexema, es decir, cuando dos o más sentidos de un mismo lexema se divorcian por completo (3.1.3). Las homonimias semánticas no se encuentran catalogadas en los diccionarios y el traductor debe coleccionarlas por su valor de puntos de referencia en los casos dudosos. Pero es aun más interesante estudiar las 'homonimias fraseológicas', o sea, dos o más sentidos de la misma configuración (6.1.2), que es tan importante en el proceso de 'desambigüización'. La misma clase de diccionarios nos permiten obtener otro procedimiento que contribuye a condicionar el sentido: el estudio de la 'pluralidad de los medios de expresión', la analogía de las expresiones, o lo que se conoce entre los lingüistas nuevos como la 'alternatividad estilística'. La destreza en el manejo de la 'descripciones análogas' o 'sucedáneas', como se verá más adelante, con la investigación de este fenómeno, sea por medio de los proce- dimientos de identificación tradicionales (3.1.4), sea por medio del 'proceso transformacional' (2.3.2, 8.3.2). Estos procedimientos son analíticos, sirven para identificar esta clase de expresiones; no consisten en encontrar definiciones, sino expresiones sinónimas. Es un proceso natural, pues es así como procedemos en la comuni- cación normal, por medio de grupos de términos que representan en nuestra mente una idea o una experiencia. Igual que en el estudio de la sinonimia, facilita notablemente la variedad de elocución sin alterar el contenido del mensaje (3.1.3, 2.4.1).

Otro servicio útil que podemos encontrar en los diccionarios es el de los puntos de comparación para descubrir el 'valor estilístico' de expresiones y percibir las diferencias de significación que causan distorsiones del mensaje si pasan inadvertidas. Tales diferencias mínimas deben examinarse con especial cuidado en los términos con- cretos, pues en ellos la posibilidad de sinonimia es inferior que en el plano abstracto. Con el progreso de la humanidad, hemos dis- currido, pese al acercamiento cultural de los pueblos, los adelantos tecnológicos acrecientan las diferencias. Los diccionarios se pre- ocupan de incorporar a sus páginas series de localismos de poca importancia, por el estilo de malcriadeza, y descuidan la verdadera tarea de ponernos al día en neologismos y términos modernos que nos hacen falta para la traducción de los recientes acontecimientos en la historia del hombre y de su tecnología. En todo campo nuevo el traductor se ve haciendo el papel de inventor, no sólo en campos de técnicas bastante avanzadas sino sobre todo en muchos aspectos del progreso actual, en campos que tienen tantas consecuencias en nuestra vida moderna, como seguros de vida, procesamiento electrónico, microfilmación y en muchos otros más.

Desventajosamente, los 'diccionarios ideológicos' son pocos, mal conocidos y casi nunca aprovechados. Por lo general tienen grandes defectos y lagunas, se rigen por un orden alfabético, de categorías gramaticales o de materias, lo que los lleva a extenderse indefinidamente, ya que dejan las posibilidades abiertas a toda clase de amplificación, sin restricción rigurosa, hasta que terminan con expresiones que nada tienen que ver con el punto de partida. Nunca se los ha renovado, son tan antiguos que en ellos hay un enorme porcentaje de 'arcaismos' y de términos que han perdido su vigencia. No indican el grado de 'intensidad' de las significaciones, de manera que el traductor tiene el enorme problema de pesar y ponderar cada término para no distorsionar el sentido del original. En ningún diccionario se encuentran locuciones y metáforas usuales a fin de identificar equivalencias para las numerosísimas que surgen en los textos ingleses. Un número reducido se puede encontrar en 'diccionarios bilingües', con no pocos errores. El único recurso que le queda al traductor es explorar los 'diccionarios unilingües', que a veces citan expresiones exocéntricas (8.4.5.9.6), como en la parte analógica del Diccionario Ideológico de Casares. El que presta mayor utilidad, en nuestra opinión, es el Diccionario de Uso del Español, de M. Moliner, único en su género que proporciona frases hechas. No se crea, por cierto, que estos diccionarios tengan la respuesta para todo. De modo particular en español, hay una gran pobreza de buenos diccionarios. Cabe advertir a los traductores que nos referimos a diccionarios autorizados, construidos por lexicógrafos, no al trabajo de coleccionistas de palabras, que con las mejores intenciones nos han proveído de glosarios que sólo muestran ignorancia crasa de los principios lingüísticos más elementales y la irresponsabilidad que de ella se deriva. Debería reconocerse ya en el mundo entero que los diccionarios no deben compilarse en un absoluto olvido de una teoría lingüística y semántica. La gramática generativa y las reglas de 'subcategorización estricta' y de 'selección' que formula para su léxico constituyen un aporte valiosísimo que deben aprovechar los que emprenden la tarea y están conscientes de la responsabilidad que ella implica.

El Diccionario de la Real Academia ofrece definiciones generales, sin distinción alguna de uso, nivel o intensidad. Carece de sinónimos y antónimos, de fraseología o factores clasemáticos. Abunda en arcaismos y formas desusadas que no se marcan de manera alguna, sino que, al contrario, se dan como usuales. No se indica régimen de preposiciones ni de verbos, uno de los problemas más serios en castellano. No se indica en forma sistemática la conversión (sustantivación, adjetivación, etc.). No existen en él las acepciones ni las locuciones de uso corriente en la lengua literaria contemporánea o en la lengua común. Con su ausencia total de ejemplos, ofrece al traductor más problemas que ayuda, porque no se pueden fijar las significaciones. Por eso consideraríamos el Diccionario de Uso del Español como la obra principal de consulta en nuestra disciplina, en ausencia de diccionarios lingüísticamente avanzados. Aunque su orden es alfabético, posee un hábil sistema de remisiones correlativas, listas de palabras afines interpoladas entre los artículos importantes, distinción de estados y niveles de lengua por medio de variaciones tipográficas, y gran número de 'locuciones exocéntricas', 'modismos' y 'frases hechas'. Ofrece así algunas de las condiciones que hacen de un diccionario un instrumento útil del traductor.

Podrían pues considerarse más útiles los diccionarios que se ordenan a la manera de Roget's Thesaurus. Si bien se pierde también en detalles y complicaciones, es el único que se sale del orden alfabético y tiende hacia la clasificación de hechos de lengua. Los que nos prestarán más utilidad, si se preparase uno en español, serán los diccionarios de bases lingüísticas como el Dictionnaire du français contemporain, excelente por su orden, sinónimos, antónimos, grados de intensidad, falsos cognatos totales y parciales y fraseología parasinónima.

5.2.4 El mito del diccionario. Pese a todas las ventajas que se puedan obtener, que en español son escasas por carecer de buenos diccionarios, si se examina la situación desde el punto de vista de la multiplicidad de obstáculos de la traducción, el diccionario es uno de los varios mitos que se han creado a través de los tiempos en torno a nuestra profesión. No es exagerado decir que la gente cree que la traducción se encuentra en los diccionarios. Y añadiríamos que no sólo la gente en general, sino las personas vinculadas en varias formas con la traducción, como los departamentos de congresos y reuniones. La traducción, pese a su antigüedad es una profesión tan poco conocida y tan mal entendida que todavía se piensa que el diccionario contiene todas las soluciones y que es lo único que el traductor necesita para realizar su tarea. Hay instituciones en que al novicio que se presenta a rendir un examen no se le permite hacer uso del diccionario por la creencia de que cualquier persona puede pasar un examen si lo hace con un diccionario a la mano. El diccionario, lo repetimos, nos presta grandes servicios, pero no resuelve los problemas de traducción. Según el caso de que se trate, acaso resuelva problemas de vocabulario. Si resolviera los problemas de traducción, no habría malos traductores. Recuérdese lo dicho en las secciones precedentes, que la significación se forma de la suma de tres factores que son el contexto, la

situación y la metalingüística. Un diccionario puede ofrecer un plan
de conjunto y una disposición general, que son ventajas relativas,
pero no nos proporciona, como acabamos de decir, una clasificación
de los hechos de lengua, ni los medios para su delimitación e identificación. Pocos diccionarios han adoptado un método riguroso o una
perspectiva completa, de modo especial los de 'sinónimos'. Todos
tienden a ser listas de palabras. Hemos examinado ya el caso de la
'sinonimia' cuyo estudio aportaría un método valioso de resolver
problemas de estilística, sin embargo es un campo relativamente
olvidado. La dificultad se debe a las diferencias de extensión de la
significación de los términos por las cuales dos hechos de lengua no
son en general completamente sinónimos. Este es el problema que
intenta aliviar el Dictionnaire du français contemporain. Un buen
diccionario de sinónimos es por hoy sólo un sueño del traductor.

5.2.5 Bases lingüísticas que se deben observar en la producción
de diccionarios. Para que los diccionarios fueran útiles a la traducción deberían: (1) ofrecer un tipo de clasificación de términos
contrastados con sus 'contrarios lógicos' (3.1.3). (2) Consignar
'locuciones fraseológicas' o 'contextuales'. Son muy pocos, entre
ellos los modernos y casi siempre unilingües, los que empiezan a
incorporar locuciones contextuales, inclusive para los diferentes
grados de intensidad de la significación, pero esta característica
brilla por su ausencia en la mayoría de los bilingües, y por lo
general en los unilingües españoles. (3) Presentar una clasificación
completa de 'categorías contextuales' y un sistema concomitante de
'índices estilísticos' que correlacionen clases o variantes de contextos. (4) Facilitar la consulta con 'signos tipográficos' apropiados
y con una disposición menos agobiante que la que ahora exhiben. (5)
Indicar el paso gradual del 'valor abstracto' de la expresión al
'afectivo', de otra manera la estilística no puede sacar provecho de
ellos. (6) Observar el principio central de clasificación de la
'intensidad', en la forma en que hemos explicado, a fin de contar
con una categorización de monemas de acuerdo con su 'valor
estilístico'. Los únicos índices que a veces se encuentran son de
'familiar' y 'vulgar'. (7) Marcar ciertos indicios de la 'evolución
del sentido propio al figurado', de la 'ambivalencia' o 'vectorialidad',
las dificultades de uso, el régimen de verbos y preposiciones, los
neologismos, arcaísmos, cultismos, tecnicismos, indigenismos,
barbarismos y jergas, los verbos sintagmáticos, la 'frecuencia',
los hechos de lengua hablada. (8) Proporcionar 'definiciones comparadas' de todas las unidades léxicas que se corresponden en las
lenguas en sus extensiones diferentes para que se constituyan en
'diccionarios bilingües diferenciales' que necesita el traductor.

CAPITULO 6

AMBIGUEDAD Y REDUNDANCIA

6.1 La ambigüedad

6.1.0 Introducción. En la reseña de la semántica habíamos expresado que corresponde al 'análisis semántico' explicar o describir las oraciones 'anómalas' y las 'ambiguas'. En el siguiente ejemplo de Chomsky: colorless green ideas sleep furiously, distinguimos un sujeto y un verbo, pero el enunciado es anómalo. La anomalía proviene de dos causas: ideas, un sustantivo abstracto, pertenece a la clase de 'inanimados' [-animado]; sleep sólo es compatible con sustantivos que pertenecen a la clase de 'animados' [+animado]. En otro ejemplo: this coat is light, se dice que el enunciado es ambiguo, debido a una 'polisemia léxica', ya que light puede denotar peso o color. En esta sección nos ocuparemos principalmente de los enunciados ambiguos.

La AMBIGUEDAD, como se ha dicho respecto de otros capítulos de lingüística que interesan de manera esencial a la traductología, se menciona, por cierto, en toda ocasión en que es pertinente el estudio de todo hecho de lengua que concierne a la gramática, a la estilística y a la semántica. Se la ha destacado también en una u otra forma en las obras de estilística, como la de Vinay y Darbelnet. Nunca se ha hecho de ella, sin embargo, un estudio detenido, desde el punto de vista de las necesidades del traductor, de manera que le sirva de instrumento de análisis. Inclusive en estudios relativos a nuestra disciplina no aparece en el índice temático, o lo que es lo mismo, no fue materia de estudio, aunque se aluda a ella casualmente y se pondere su importancia. Saber escribir, se afirma, es saber evitar las ambigüedades y, por lo tanto, es superfluo hacer un tratado aparte sobre ellas. Afortunadamente, es muy otra la actitud de la lingüística actual. Si bien recuerda el lector, al hablar de la tendencia actual hemos afirmado que su contribución a la traductología consiste precisamente en su objetivo de hacer explícita la relación entre forma y contenido. Desde que se ha superado el aislamiento entre la significación y la gramática, la semántica se ha impuesto la tarea de resolver las ambigüedades. Adquirió una enorme trascendencia en las últimas presuposiciones de Chomsky, para quien la explicación de las anomalías y ambigüedades semánticas se convirtió en la superioridad de su modelo sobre todos los anteriores, inclusive el de la escuela de constituyentes inmediatos. Con esa preocupación ahondaron más los recursos de la gramática generativa transformacional Katz, Fodor, Postal, Weinreich y varios otros, pero el traductor no cuenta con un estudio integral, desde el punto de vista de la traducción, que le permita dar una mirada de conjunto, y desenterrar así las causas de la ambigüedad y los medios de resolverla. Si se ve por un lado de la medalla, naturalmente, es la gramática la que se debe estudiar, porque la ambigüedad se produce cuando falla el manejo del léxico y de la sintaxis. Pero si escuchamos al mismo Chomsky, puede haber oraciones gramaticales (well-formed) que dan dificultades de interpretación, como veremos en seguida. Ese punto de vista puede justificarse precisamente para los gramáticos, pero el traductor necesita observar los hechos de lengua y de expresión también desde el punto de vista semasiológico de la estilística comparada, que hemos tratado de analizar hasta ahora, pues, como se puntualizó antes, el traductor no traduce para sí mismo sino para los demás, y le interesa por lo tanto la interpretación y la asimilación por parte del receptor, a la vez que él mismo debe comprender y descodificar un texto. Se necesita un enfoque sistemático que facilite la identificación y resolución de ambigüedades. Más importante aún para los que tenemos relaciones más estrechas de trabajo con los organismos internacionales en los que, según suele motejarse, hasta los números son ambiguos. Sea cual fuere la verdad, en una traducción no se pueden perdonar ambigüedades.

6.1.1 Ambigüedad léxica. Una vez que se ha establecido lo que es un 'campo semántico' (2.4.2), es fácil darse cuenta de que la causa de la AMBIGUEDAD LEXICA es la polisemia. 'Polisemia' o polivalencia existe cuando un solo monema tiene más de una significación (figura 6.1). En el diccionario, recuérdese, se halla la unidad léxica con su 'valor', v.gr., con sus 'significaciones virtuales', pero una de ellas, es decir, uno de los dominios semánticos tiene que actualizarse en el discurso particular o contexto. Un monema se compone de semas, llamados también rasgos semánticos, que forman haces o complejos. Cuando tiene un complejo, es 'monosémico'; cuando tiene más de un complejo, 'polisémico'. Es 'ambiguo' cuando no se sabe a cuál de esos complejos se refiere, y ese problema lo habrán de resolver el contexto o la situación. En muchos casos la significación de un término está indicado por las construcciones gramaticales en que aparece. Esto es lo que constituye los 'índices sintácticos' (5.1.1). Otras veces, lo que condiciona un sentido de un monema es la relación de éste con los demás monemas vecinos que le preceden y le siguen. Y esto es lo que se conoce como 'índices clasemáticos', o congruencia pragmática, como llama Chomsky. La confusión que puede surgir en la explicación de la 'polisemia' obedece a que su concepto participa de dos sistemas de oposición: la oposición entre polisemia y 'homonimia', y la oposición entre polisemia y 'monosemia'. Los 'lexemas monosémicos' son por lo regular términos de los vocabularios especializados, científicos o técnicos. Las palabras del vocabulario general son por lo común polisémicas. El desarrollo de una cultura trae consigo el enriquecimiento polisémico de las unidades, de ahí la importancia para el traductor que se dedica a obras de actualidad, en las que el vocabulario se enriquece y establece discrepancias con el andar del tiempo. A esto se añade el hecho de la 'frecuencia', que también se encarga de multiplicar los sentidos de una misma unidad. La oposición entre 'polisemia' y 'homonimia' trata de diferenciar por un lado una unidad susceptible de describirse mediante varios subsentidos y, por otro, unidades que necesitan descripciones diferentes.

El diagrama de la figura 6.1 indica las principales acepciones de una unidad. El uso de temporal como sustantivo es un caso de 'frecuencia' que ha nominalizado el adjetivo para designar lo que antes se designaba con dos lexemas: trabajador temporal.

FIGURA 6.1 Polisemia.

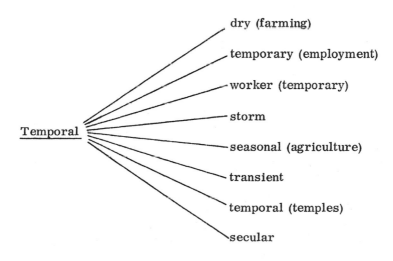

En este otro ejemplo:

Time flies.   ¡Qué rápido pasa el tiempo!
                                               Observa la velocidad con que
                                                    vuelan las moscas.

se muestra una ambigüedad que se explica por 'homonimia': una
misma forma fonológica o grafológica sirve de 'exponente' a dos segmentos gramaticales o léxicos, un sustantivo (moscas) y un verbo
(volar).

Las ambigüedades de esta clase en que intervienen el léxico y
la gramática se pueden considerar ambigüedades estructurales. En
el último ejemplo, en efecto, la tercera persona del verbo requiere
una -s y ese rasgo estructural le confunde con el sustantivo que también ha tomado -s para formar el plural.

A base de las nociones precedentes podemos examinar algunos
casos frecuentes.

Puede darse la anfibología cuando no se separan las dos partes de
un 'verbo separable':

He looked over the old fence.   Inspeccionó la vieja cerca.
                                  Miraba por encima de la vieja
                                       cerca.

Hay otra ambigüedad estructural que se resuelve por el léxico
y se debe a la similitud con el aspecto progresivo (modificación
durativa, 4.1.4) del inglés:

His trade is writing (similar   Su profesión escribe (humor
    a la estructura: he is   verbal).
    writing).   Su profesión es escribir.

Cuando se suprimen tanto la expresión funcional inicial como el
determinante; pero el ejemplo dado deja de ser ambiguo cuando se
agregan esos elementos (modificación externa, nota 30):

Time the flies.   Observe la velocidad con que
                                       vuelan las moscas.

Please time flies.   Observe, por favor, la velocidad
                                       de las moscas.

The time flies.   El tiempo vuela.
Love blossoms in spring.   (Ambiguo).
Love the blossoms in spring.   Me encantan las flores en la
                                       primavera.

Cuando un limitado grupo de adverbios que pierden la -s (back-wards, forwards, homewards, etc.) ocupan una posición que por lo regular corresponde a un adverbio y a un adjetivo:

The child looks backward.	El niño parece atrasado.
	El niño mira hacia atrás.

En frases con 'infinitivo objeto', cuando éste puede ser transitivo o intransitivo:

He loves to live.	El ama para vivir.
	Le encanta vivir (ama la vida).
He studies to succeed.	El estudia para triunfar.
	El aprende a tener éxito.

Los 'adjetivos' en inglés son 'invariables' y su invariabilidad a veces oculta el sentido. Cuando van precedidos de artículo se nominalizan. Si son concretos, significan la colectividad entera; si son abstractos, equivalen a la nominalización castellana con lo:

the blind: los ciegos.
the sick: los enfermos.
the true: lo verdadero.
the sublime: lo sublime.

Los posesivos pueden ser equívocos en español, en especial su (his, her, its, their, your), ya sea por separación del modificado o por exclusión de los participantes o 'actantes'. Por la profusión de posesivos en inglés y un solo equivalente en español se tiende a abusar de su en las versiones castellanas, lo que viene sólo a aumentar las ambigüedades o los anglicismos de frecuencia (4.2.2). Sin embargo, pese a la variedad de formas, en inglés puede también darse anfibología con los posesivos:

Mrs. Hurst was a very popular woman and her accusation scandalized everyone in town.	(¿Fue la señora Hurst la acusadora o la acusada?).

En inglés, así mismo, la posesión representada con apóstrofe puede ser oscura:

John's leg	La pierna de Juan
	La pierna que Juan tiene en su posesión

Según explica Chomsky, este sintagma ambiguo puede referirse sea a una pierna que Juan puede tener en su posesión (posesión alienable), y que Juan, por así decirlo, sostiene bajo el brazo, o puede referirse de hecho a una extremidad del cuerpo de Juan (posesión inalienable, o íntima según otros lingüistas). Pero la secuencia:

| The leg that John has | La pierna que sostiene Juan |

guarda únicamente el sentido de posesión alienable en inglés. En español, como ¡ La pierna que tiene Juan! se referiría a la extremidad de Juan, para obviar la dilogía debería usarse otro verbo como sostener, o agregar una modificación externa o redundancia, como por ejemplo, la pierna que Juan tiene en sus manos.

Son oscuras así mismo the picture of John y several pictures of John; pero más ambigua todavía:

| John's picture | El cuadro de Juan |
| | El cuadro que Juan tiene |

y habría hasta una tercera interpretación: El cuadro que pintó Juan. En este tercer caso la noción de 'posesión inalienable' se generaliza a una especie de 'conexión intrínseca'. Esta triple ambigüedad puede también hallarse en estos otros casos, todos ilustrados por Chomsky en sus 'Observaciones sobre la nominalización'.

John's story	La historia de Juan
	La historia (el relato) escrita por Juan
	La historia que tiene Juan

En el primer caso Juan es el sujeto de la historia; el segundo es un caso de 'conexión intrínseca'; el tercero, como en el ejemplo anterior.

Al contrario de lo que a simple vista se puede creer, las 'preposiciones' dan origen a dilogías tanto en inglés como en español:

| Hay que escoger candidatos entre los delegados. | Hay que escoger candidatos de entre los delegados. |
| Volaban los aviones encima de la ciudad. | Volaban los aviones por encima de la ciudad. |

Cuando la 'preposición propia', como se ha visto en los ejemplos, oscurece el sentido, no hay que vacilar en el uso de la 'impropia' o perifrástica. Algunas 'preposiciones propias', en efecto, van relegándose al uso literario. Las ambigüedades se producen de modo especial en los 'sintagmas autónomos'[38] introducidos por las preposiciones de notable 'densidad sémica', [39] vale decir, preposiciones de poca especificidad semántica, que son muy frecuentes, como a, de y por:

Vine por tí.	I came for you.
	I came because of you.

Cuando se repite erróneamente la preposición a con objeto directo, aunque en otros casos fuera obligatoria:

*Recomiende usted a mi sobrino al señor director.
*Prefiero a Barcelona a Madrid.

Una ambigüedad no poco frecuente es la producida por la mezcla de 'niveles del paradigma' (2.1.8):

One reviewer compared these short stories to O. Henry.	*Uno de los críticos comparó estos cuentos con O. Henry.
	Uno de los críticos comparó estos cuentos con los de O. Henry.

Las 'comparaciones incompletas':

He admires Eliot less than other modern poets.	Admira a Eliot menos que a otros poetas modernos.
	El admira a Eliot menos que otros poetas modernos.

Las 'referencias anafóricas' sin antecedentes o con antecedentes confusos:

He had been vaccinated against typhoid, but it did not protect him.	Le habían vacunado contra la tifoidea pero ésta no lo protegió.
	Le habían vacunado contra la tifoidea pero la vacuna no lo protegió.

When Stanton visited the President in February, he did not know that he would be dead within two months.	Cuando Stanton visitó al Presidente en febrero no sabía que él habría fallecido dos meses más tarde.
	Cuando Stanton visitó al Presidente en febrero no sabía que éste habría muerto dos meses más tarde.

Es muy común en inglés la 'repetición disfrazada' de elementos del discurso que contribuye a oscurecer el sentido (repetición 'correferencial'):

We pulled out our spare, which was under the seat, and put the tire on.	Sacamos la llanta de repuesto que estaba debajo del asiento e instalamos la llanta.
	Sacamos la llanta de repuesto que estaba debajo del asiento y la instalamos.

6.1.2 Homonimia construccional o ambigüedad sintáctica. Aunque es muy importante la identificación de la ambigüedad léxica, tiene aún mayores consecuencias para la traducción la 'ambigüedad de construcción', llamada entre los generativistas 'homonimia construccional'.[40] Como se expresó en la introducción al presente capítulo, los sistemas gramaticales anteriores y tradicionales no pudieron explicar la totalidad de los fenómenos de producción de enunciados y, en consecuencia, les fue imposible dar cuenta de la ambigüedad. El modelo nuevo se ha fijado la tarea de explicarla, pero no sentando reglas, sino describiéndola, como parte de la descripción de las relaciones entre las formas lingüísticas y la significación. 'Identificar' y 'analizar la ambigüedad', así como el proceso designado por algunos lingüistas como 'desambigüización', se han constituido en una tarea de la sintaxis. Vamos a recapitular lo dicho acerca de esta tarea.

Si recordamos los planteamientos de Hjelmslev, la lengua se forma de contenido y expresión. Entre la significación (contenido) y la forma (expresión), según Chomsky y sus seguidores, existe un nivel de estructura llamada estructura subyacente, que es la que proporciona datos pertinentes a la interpretación semántica de las oraciones. La parte exponente y observable, conocida antes simplemente como la expresión, está formada por la estructura patente o lineal (2.3.1). Las reglas transformacionales explican las relaciones entre la estructura subyacente y la estructura patente. Conociendo estas relaciones, que no son sino las relaciones gramaticales, se descubren y revelan la naturaleza y las propiedades principales de las lenguas, y se estudia su comportamiento (2. 3. 2).

Basados en la presuposición de que las transformaciones revelan la forma en que las estructuras subyacentes se realizan en las estructuras patentes, se pueden dar los dos siguientes casos que nos interesan en este capítulo:

(1) Dos o más estructuras patentes poseen la misma estructura subyacente, o sea, la 'sinonimia construccional' (2.3.1). En los ejemplos siguientes, sin analizar por el momento los efectos de intensidad o de relieve, las oraciones de cada par son permutables, porque significan la misma cosa, es decir, poseen la misma 'significación básica':

Mary is beautiful.
Mary's beauty

The boy saw the girl.
The girl was seen by the boy.

John criticized the book.
John's criticism of the book

(2) A la inversa, como se ilustra en la figura 6.2, una misma estructura patente posee dos o más estructuras subyacentes, y constituye 'homonimia construccional'.

FIGURA 6. 2 Homonimia construccional.

Estructura subyacente   Estructura patente

El magistrado juzga
que los adolescentes
son culpables.

El magistrado juzga a los
adolescentes culpables.

El magistrado juzga a
los adolescentes
que son culpables.

The flying of planes
is dangerous.

Flying planes can be dangerous.

Planes which fly
are dangerous.

La diferencia que hay entre las parejas de estructuras subyacentes (columna izquierda) no aparece en la estructura patente (columna derecha), por eso se dice que en la estructura patente existe ambigüedad. Según explican los generativistas, una anfibología puede surgir por la existencia de reglas transformacionales que partiendo de fuentes subyacentes distintas producen en la superficie resultados idénticos, así como puede también surgir de la existencia simultánea de palabras que pueden funcionar en doble capacidad sintáctica, como en el siguiente ejemplo en el que el verbo boil puede ser transitivo e intransitivo: boiling champagne is interesting (Weinreich). La gramática generativa transformacional nos explica, pues, las razones por las que ciertas oraciones 'gramaticalmente correctas' pueden ser 'semánticamente incorrectas', de ahí la enorme importancia que tiene en traducción, como lo pueden corroborar los que han aplicado estos principios al análisis textual.

Preferimos emplear aquí ejemplos con que han ilustrado la materia algunos lingüistas, ya que han sido estudiados y analizados exhaustivamente por ellos, y el lector podrá profundizar en estos mecanismos transformacionales recurriendo a las obras que se indican en la bibliografía, pues el propósito del presente estudio sólo nos permite recalcar los aspectos más salientes. Otro ejemplo de Chomsky es el siguiente, y contiene ambigüedad cuádruple:

The police were ordered to stop drinking about midnight.

En detenido análisis, ¿tenía lugar a media noche el beber o la orden? ¿Y quiénes bebían, los policías u otras personas? Lo básico para el análisis del traductor es percibir las anfibologías y tratar de aclararlas relacionando los diferentes 'sentidos virtuales' a otras estructuras que posean significación similar pero que no sean equívocas. Una de las ventajas de las técnicas transformacionales reside precisamente en que estimulan la facultad intuitiva y analítica y revelan el comportamiento de las estructuras, según hemos hecho incapié al tratar de sus aportes a la semántica y a la traducción (2.4.8).

Habíamos afirmado al clasificar las significaciones que éstas no dependen tan sólo de los elementos de la cadena sino de su ordenamiento, así jerárquico como sintagmático. Tomando estas nociones como base, el traductor podrá descubrir las causas por las cuales se incurre en ambigüedad u 'homonimia sintáctica'. Entre ellas podemos mencionar las 'estructuras de coordinación' entre cuyos miembros no se empleen los coordinadores adecuados (figura 6.3).

Otros casos diversos que pueden servir como instrumento de análisis:

Cuando agente y paciente son 'potentes' (están dotados de una 'potencia' de actividad), no siendo suficiente el orden de los elementos para indicar la relación, el morfema <u>a</u> evita la anfibología, pero ésta se produce cuando el agente es de 'potencia negativa':

La loma ocultaba la ciudad.	La loma ocultaba a la ciudad.
La corriente desvió el arenal.	A la corriente desvió el arenal.
El impuesto que grava el interés.	El impuesto que grava al interés.

Cuando el agente es de 'potencia positiva' no hay confusión:

El no justificar el Secretario General una recomendación
negativa constituye una cuestión interna.
Estimula el desarrollo regional la Agencia del Banco Interamericano.
Yemas tiernas que venían a roer escolopendras (Sarduy).

El ordenamiento artículo + adjetivo + de + sintagma nominal puede ser ambiguo:

El tonto de Carlos
Una joya de cocina (adjetivación)

FIGURA 6.3 Ambigüedad en estructura de coordinación.

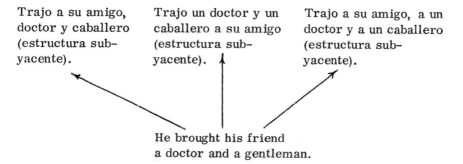

Trajo a su amigo, doctor y caballero (estructura subyacente).

Trajo un doctor y un caballero a su amigo (estructura subyacente).

Trajo a su amigo, a un doctor y a un caballero (estructura subyacente).

He brought his friend a doctor and a gentleman.

Los 'tiempos', además de indicar el momento de la acción, desempeñan otros papeles semánticos: <u>I was wondering whether you could look at this</u>. En el ejemplo, <u>wondering</u> no tenía lugar en tiempo anterior del pasado, la acción continúa en el momento de hablar y continuará durante otro corto momento. La perífrasis <u>was wondering</u> expresa 'intento de sentido'. En una forma más cortés de presentación que la directa <u>could you look at this?</u>, el uso del presente haría la solicitud más seria. Podría significar también:

I am not certain whether it is appropriate for you to do so at
this moment.
I am doubtful of your capabilities in this matter.

El significado 'tentativo' es muy común en inglés.

En vista de que los verbos decir, afirmar y otros que pueden
usarse como los verbos de deseo y voluntad (querer, anhelar,
necesitar) para comunicar instrucciones u órdenes, cuando llevan
cláusula nominal con verbo en subjuntivo pueden constituir
ambigüedad:

No han dicho que salieras con Juan.	No han dicho que saliste con Juan.
	No han dicho que saldrías con Juan.

Las 'construcciones reflexivas' pueden indicar sentido reflejo, o
algunas veces, en plural, sentido recíproco:

Se engañan.	They deceive themselves.
	They deceive each other.
Se felicitaban.	They congratulated themselves.
	They congratulated each other.

Si el agente no está especificado, el uso de la pasiva puede resultar
en anfibología; así, una oración con agente:

El empresario busca los obreros

y una oración sin agente, que puede ser oscura:

Se buscan los obreros.
Viendo la muchedumbre de personas que cada día se mataban.

Si se pospone el 'agente' en inglés, la interpretación se vuelve
difícil:

John's picture of Mary	El cuadro de María que Juan tiene.
	El cuadro de María (pintado) por Juan.

Confusiones de sentido con 'modales':

Shall I go downtown?	¿Voy al centro?
	¿Debo ir al centro?
John won't go downtown.	Juan no irá al centro.
	Juan no quiere ir al centro.

El 'dativo de interés' en español:

Le compré un vestido	I bought her a dress.
(triple ambigüedad).	I bought a dress for her.
	I bought a dress from her.

La interpolación de otros 'complementos' entre el nombre y su complemento:

Cursos intensivos de idiomas de verano.
Vendo bicicletas para señoras en buen estado.
Con fotos en colores de Elvis Presley.
One Senator is said to have passed out campaign cards to the
  voters pinned together with five-dollar bills.

En estructuras de modificación complejas es a veces difícil
determinar con acierto el nivel en que se realiza la coordinación.
La 'probabilidad léxica' o el análisis de la 'combinatoria semántica'
(2.4.4) resuelven la mayoría de ellas:

He was born and lived for forty years.

ejemplo en el que es fácil darse cuenta de que no nació por cuarenta
años ya que for forty years modifica únicamente a lived no a born.
Sin embargo, no todos los casos con que se tropieza el traductor son
tan simples:

A surgeon and a diagnostician of great skill.
(¿Es muy competente en lo primero también?)
He paints pictures and plays the violin well.
(¿Es bueno como músico sólo o como poeta también?)

La construcción sustantivo + of + sintagma nominal puede tener
muchas relaciones subyacentes, y, por lo tanto, significar muchas
cosas, según la clase de sustantivos de que se trate. La ambigüedad
proviene de que pese al hecho de ser la construcción idéntica, las
relaciones son múltiples. Habíamos ya observado que las preposiciones tienen notable carga sémica porque siendo pocas deben
realizar muchas funciones (6.1.1). O, si nos atenemos a las

formulaciones de Fillmore, en la estructura subyacente los 'casos' están indicados o marcados por ciertos índices. Estos índices (marcadores de casos) están representados en la estructura patente por las 'preposiciones'. En otras palabras, en la estructura patente las preposiciones son exponentes de los marcadores de caso de la estructura subyacente. La selección de la preposición depende de muchos factores tanto sintácticos como semánticos, razón por la cual constituye la fuente de grandes dificultades para el traductor, pues con frecuencia en las lenguas se tiende a usar las mismas preposiciones para exponer diferentes relaciones subyacentes. Si analizamos la construcción mencionada, que consta de una sola preposición, veremos algunos de los variadísimos papeles que ella desempeña en la estructura subyacente:

The order of the government B (objeto) ejecuta A (acontecimiento)	The government orders
The appreciation of your acceptance B (acontecimiento) es la meta de A (acontecimiento)	Your acceptance is appreciated
The establishment of a committee B (objeto) es la meta de A (acontecimiento)	(Somebody) establishes a committee
The word of encouragement B (acontecimiento) califica a A (acontecimiento)	The word is encouraging, the encouraging word.
The significance of the measure A (abstracto) califica a B (abstracto)	The measure is significant, the significant measure.
The availability of services A (abstracto) es predicado de B (acontecimiento)	Services are available.
The minister of peace A (objeto) es el sujeto causa- tivo de B (abstracto)	The minister causes peace.
The love of God (a) B (objeto) es el sujeto directo de A (aconteci- miento)	God loves.
(b) B (objeto) es la meta de A (acontecimiento)	We love God.

The city of Alexandria B (objeto) está en aposición con A (objeto)	The city is Alexandria.
The day of the revolution B (acontecimiento) se relaciona con A (objeto).	The day in which the revolution took place.
Thales of Miletus A (objeto) procede de B (objeto)	Thales is (comes) from Miletus.
The virtue of thrift B (abstracto) es A (abstracto)	Thrift is a virtue.

El que no conoce o no percibe estas relaciones puestas de relieve por el proceso transformacional, tiene que abandonarse a su juicio personal que por ser subjetivo carece de valor riguroso y puede conducirlo a errores. Un caso que siempre se ha tratado de resolver a base de la intuición o del propio juicio, por ejemplo, es el título de una de las poesías de Walt Whitman: Song of Myself. Contiene precisamente la preposición que acabamos de analizar, susceptible de diversas interpretaciones semánticas. La frase es por lo tanto ambigua. Examinemos los dos casos principales de relaciones que puede representar:

(1) Song of Myself   I sing
    B (objeto) ejecuta A   Yo canto
       (acontecimiento)
    Transformación de nominali-   My song
       zación: Mi canción (canción mía)
           My singing
           Mi cantar

(2) Song of Myself   I sing to myself
    B (objeto) es la meta de A
       (acontecimiento)
    Diversas transformas: Song to myself
           Canción a mí (mismo)
           Canción a mi ser (a mi alma)

Las dos alternativas serían aproximadamente: mi canción y canción a mi ser, y las variantes de cada una de estas dos interpretaciones a discreción del traductor. Una vez determinada una u otra alternativa, el resto será cuestión de preferencia estilística y sensibilidad poética. Pero, hasta este punto del análisis, quien escoja la primera alternativa no tiene todavía todos los elementos de juicio para afirmar que está en lo cierto, ni que quien escoja la segunda esté necesariamente equivocado. En efecto, si dejando por un momento el título tomamos algunos datos del poema, encontramos revelaciones casi por igual en favor de una u otra alternativa. [41]

En apoyo de la segunda se encuentran expresiones como la siguiente: I celebrate myself; I admire myself; I invite my soul. Como lo demuestran estas expresiones, el poeta (myself, my soul) aparece como 'objeto' de varios verbos, pero nunca aparece como 'objeto' del verbo cantar. Hay también, por supuesto, numerosas otras alusiones al poeta por medio de otros verbos o de preposiciones.

En apoyo de la primera alternativa: el poeta (primera persona) aparece como sujeto de numerosísimos verbos, aunque no por ello se puede decidir ipso facto que lo que hace el poeta es cantar o realizar su canción: I assume, I am in love, I am silent, etc. Sin embargo, hay dos formas que pueden ser buenos índices: I sing myself, The song of me rising.

El poema entero está envuelto en cierta ambigüedad, a causa de las enumeraciones en una multiplicidad de planos, que hace difícil afirmar a ciencia cierta si el poeta se canta a sí mismo o canta a la naturaleza. La impresión general, a nuestro modo de interpretar, parece ser lo segundo. El tenor del poema parece indicar que el poeta canta a las cosas y seres de la naturaleza.

Volviendo ahora a los casos de ambigüedad, encontramos otros numerosos:

Puede ser el resultado de la 'exclusión de un actante', que deja a un 'participio desgajado':

Proceeding down the street a large building came into view.
Having paid our bill the waiter brought our hats.
On the other side of the valley, grazing peacefully like
    cattle, we saw a herd of buffalo.

Estas ambigüedades se resuelven fácilmente por la 'incompatibilidad léxica' y 'combinatoria' (5.1.2) del participio con el sujeto que le sigue (proceeding--building). Por razones de orden también, el participio que se confunde con el complemento del sujeto, siendo en realidad incidental:

He stood firm considering his weakness.

Unos poquísimos 'adverbios' que son suceptibles de modificar a un sustantivo y preceder a un verbo, al colocarse entre ese sustantivo y verbo oscurecen el sentido:

Children nowadays have many kinds of entertainment.
The discussion thereafter grew heated.
The newspaper somewhere said it could rain.

Hay tres 'adverbios' del español cuya 'interpolación' inapropiada crea homonimia sintáctica o semántica:

No lo hubiera soñado ni siquiera él.	No lo hubiera ni siguiera soñado él.
Había incluso nacido en ella.	Había nacido incluso en ella.
Habían entrado apenas tres personas.	Habían apenas entrado tres personas.

El 'adverbio' que funciona como 'incidental', puede tener dos sentidos según que se usen o no 'medios tácticos' de expresión (la coma, por ejemplo):

He was apparently willing to support you.	He was, apparently, willing to support you.
I should like to plead with some of those men who now feel ashamed to join the Colonial Service.	I should like to plead with some of those men who now feel ashamed, to join the Colonial Service.
I decided on an alteration of course.	I decided on an alteration, of course.

Ocurre algo parecido cuando el 'adjetivo' es 'incidente':

Ella volvió a su casa solitaria.	Ella volvió a su casa, solitaria.

A los casos que se expusieron al tratar de la 'posición del adjetivo' (4.2.5) podemos añadir los siguientes, que consisten en cambios de orden del adjetivo en inglés:

He painted the green shutters.	El pintó las celosías verdes.
He painted the shutters green.	El pintó las celosías de verde.
We found the dead man.	Encontramos el muerto.
We found the man dead.	Encontramos al hombre muerto.

La 'puntuación' (aplicación de 'medios tácticos'), la experiencia nos enseña todos los días, es fuente de homonimias de construcción. Hemos visto ya en esta misma sección los casos de los adverbios y adjetivos usados como incidentales y el caso del participio desgajado. Véase a este propósito lo dicho sobre anglicismos de frecuencia (4.1.7).

6.1.3 Resolución de la ambigüedad. Además de las breves indicaciones dadas para la SOLUCION DE LAS AMBIGUEDADES en algunos de los casos equívocos presentados en el apartado precedente, hay otros recursos que trataremos de bosquejar ahora, sin pretender que sean los únicos. No se repetirán los detalles si se han explicado ya en otra sección, pero se remitirá al lector a los apartados correspondientes. Veamos ante todo cómo se puede dilucidar la 'ambigüedad léxica' y 'sintáctica':

(1) Realizar la 'segmentación' correcta del texto en 'unidades de análisis' (capítulo 1).

(2) Emplear la 'transformación inversa' que permite encontrar las relaciones subyacentes y las relaciones lógicas entre las estructuras prenucleares (2.3.7).

(3) Analizar las diversas 'clases de significación' tanto léxica como sintáctica. Este análisis consistirá en (a) identificar los rasgos semánticos (semas) de los monemas para determinar el dominio semántico en el que se encuentran actualizados, y distinguir si existe sentido figurado; (b) diferenciar los caracteres afectivos e intelectuales de las expresiones para penetrar los matices y elementos efectistas; y (c) analizar la combinatoria semántica y la compatibilidad de los términos con los demás de su ambiente (2.4.4, 2.4.6 y 5.1.2).

(4) Por el método de la sustitución con términos 'sinónimos'. Es ésta una técnica tan antigua que se ha empleado siempre en la estructuración de las significaciones para los diccionarios. El grado en que precisamente ciertos términos pueden sustituir a otros en los 'contextos lingüísticos' y 'culturales' constituye uno de los elementos más importantes de la estructura semántica, pero el menos aprovechado por los practicones (término que usa Mounin para los traductores empíricos). De entre la alternatividad estilística o pluralidad de hechos de expresión (2.3.3 y 3.1.3) hay que elegir las formas sinónimas más cercanas que destaquen el sentido que persigue el contexto. Esto se basa en el principio lingüístico de que el sentido de las unidades léxicas o de los sintagmas se reduce en esencia a la probabilidad de aparición en un contexto determinado.

(5) Por el contraste con 'antónimos'. Esto se puede lograr con los 'contrarios lógicos' y aun con los 'contrarios negativados', según el esquema sobre identificación de hechos de expresión presentado en 3.1.3. El método de la comparación de los antónimos es

muy efectivo en la resolución de la 'polisemia', como en el ejemplo de this coat is light, se configuró el sentido de light oponiéndolo por un lado con heavy y, por otro, con dark, es decir, la oposición selectiva peso/color (6.1.0).

(6) Por medio de la distinción entre sujetos 'potentes' y 'no potentes', con verbos que indiquen actividad. En general los seres animados son concebidos como potentes; los inanimados pueden ser potentes (la trilladora) y no potentes (el escritorio). Así, para desambigüizar la fórmula sustantivo + de + sustantivo (6.1.2):

El cálculo de los impuestos	No potente: calcular los impuestos
El cálculo de las máquinas	Potente: las máquinas calculan

(7) Por medio de un análisis con las siguientes finalidades: (a) identificar los 'actantes' que pueden estar implícitos, imperfectamente señalados por alusiones anafóricas y catafóricas, o simplemente in absentia; (b) identificar y distinguir las 'clases semánticas subyacentes' de los monemas para saber si sus referentes son objetos, acontecimientos, abstractos o relacionantes (2.2.3); (c) identificar la relación precisa expresada por las 'preposiciones' (6.1.2); y (d) completar las 'elipsis' para aclarar el sentido del mensaje, por medio de la explicitación (8.8).

(8) El traductor debe tener siempre presente cuanto se ha explicado bajo los epígrafes de 'contexto', 'situación' y 'metalingüística' (capítulo 5). Una secuencia equívoca, tomada aisladamente, puede concretar una significación si se la examina dentro de un universo particular del discurso. Hay que poner en práctica el principio de que no se traducen los lexemas sino las ideas, y para ello se requiere el examen indispensable de la situación. Al hablar de la traducción literal (8.3) volveremos a demostrar los peligros en que nos puede colocar la demasiada confianza en el léxico y en el 'microcontexto'. ¿Cómo se podría, por ejemplo, traducir: I thank my voice, sin recurrir a la situación? La expresión fue pronunciada en una reunión por un delegado que de esa manera hacía referencia al intérprete. Quería decir que el intérprete era su voz. Indudablemente fue, así mismo, la ignorancia de la situación la que llevó a un traductor a la siguiente versión:

A scream shrilled out from the roller coaster.	*El polín del barco costero soltó un agudo chirrido.

en el capítulo primero de <u>Topaz</u>, novela de Leon Uris, cuando los
personajes hablaban frente al parque Tívoli, en la ciudad de Copenhague, en el cual, como en todo parque de juegos y diversiones,
había una montaña rusa, desde la cual surgían los gritos en cada
descenso vertiginoso. Si el traductor hubiera buscado la situación
con la lectura cuidadosa del texto no habría supuesto que era el barco
que daba chirridos (además de la impropiedad semotáctica de
chirridos, 5.1.2). No basta pues con realizar la segmentación del
texto en unidades de pensamiento o el examen de una sola oración,
porque como se vio antes, los índices que guían hacia la definición
de un sentido pueden no encontrarse en la oración que contiene la
ambigüedad; puede estar fuera de esa oración, en el 'macrocontexto',
o en el discurso total, o en los factores culturales que entran en
juego en ese discurso. Es absolutamente necesario apropiarse de
la situación para interpretar correctamente la intención del autor.
La falsa fidelidad de la traducción literal puede acarrear serias
distorsiones.

6.2 La redundancia

6.2.0 Introducción. En el estudio de la estilística, interna y
comparada, no se puede pasar por alto el tema de la REDUNDANCIA.
Por motivos similares a los que se arguyeron a propósito de la
ambigüedad, se toca a veces tangencialmente el tema en obras de
teoría literaria. Por las menciones relativamente frecuentes en la
gramática, a las que estamos acostumbrados, es fácil convenir en
que es un fenómeno que afecta al desenvolvimiento completo del discurso, pero no se lo ha tratado con el debido detenimiento. Consta,
por cierto, en algunos tratados de lingüística contemporánea, mas
no en los de estilística donde se podría esperar encontrarla, ni
tampoco en los de traducción, donde se debería encontrarla. Por
lo común la ambigüedad y la redundancia son materias que se dan
por sentadas, pasan sólo por hechos incidentales a otras reglas
sintácticas, o mejor, a la infracción de éstas, y su consideración
va anexa a otras anomalías del lenguaje. En el presente estudio
hemos venido cabalmente insistiendo en el principio de que no se
puede abordar un problema lingüístico si no se conocen sus causas.
Sólo el conocimiento de la naturaleza de los fenómenos puede contribuir a una solución eficaz. Tenemos la experiencia permanente de
estos problemas que surgen como consecuencia de dos tendencias
opuestas: una es la de los traductores que en su escrúpulo de concisión caen en el extremo del estilo telegráfico, y la otra, de los
que se aprovechan de la redundancia para encubrir sus deficiencias.
Es necesario, pues, hacer algunas reflexiones sobre dos aspectos

distintos de este fenómeno, a saber, que puede ser un útil dispositivo lingüístico, o que puede ser un defecto.

6.2.1 La redundancia posee una función lingüística. La redundancia es, en primer lugar, parte del 'mecanismo lingüístico' y por
tanto es necesario descubrir su naturaleza y funciones. Entre estas,
la principal es la de luchar contra el 'ruido', [42] esto es, hacer posible la descodificación del mensaje por el receptor, pese al conjunto
de perturbaciones que se producen durante la transmisión de la información. Gracias a ella el hablante o el autor, y por tanto el
traductor, pueden adaptar su léxico, sintaxis y estilo a las circunstancias que rodean la comunicación y a su interlocutor. Teóricamente podría considerarse un gasto de energía, puesto que la 'ley
del menor esfuerzo' habría de encargarse de reducirla al mínimo,
pero por lo regular esa ley ocasiona todo lo contrario: por no gastar
energía en la búsqueda de un vocablo más preciso, se recurre a una
perífrasis. En lengua hablada se puede observar que mientras
mayor es la obstrucción del circuito de transmisión mayor cantidad
de redundancia emplea el hablante. Desempeña pues un papel muy
importante en el funcionamiento de las lenguas y de ella se sirve el
lenguaje para cumplir su función práctica en el sentido que explican
Roman Jakobson y André Martinet. La función práctica del lenguaje
es la comunicación y exige que éste sea redundante en muchos
aspectos.

6.2.2 Presencia de la redundancia en la estructura de la lengua.
En esta perspectiva, la redundancia la entendemos como uno de los
'medios de transmisión' de la experiencia humana. La prueba está
en que hace posible restablecer las unidades mal percibidas y ha
contribuido a la formación de figuras de lenguaje. La estructura
de la lengua, por tanto, en todos sus planos, contiene dispositivos
redundantes. Si examinamos la frase: una cláusula corta y aislada,
vemos que la indicación del género se repite cuatro veces, lo que
equivale a decir que la concordancia es redundante. En la frase
ayer llegó, el pasado se reitera con el adverbio de tiempo y con la
desinencia verbal. En enséñale a él la casa, se duplican los constituyentes gramaticales, como ocurre también en los libros los tengo
yo y en le mandé el paquete a Carlos. Las necesidades prácticas
obligan a ampliar y expandir la expresión para mantener al mínimo
la pérdida de información causada por interferencias de circuito o
por la memoria temporal (3.3.2.4). Pero, lo que nos interesa en
particular, es el factor de 'cohesión del mensaje'. En las explicaciones de Greimas, "la redundancia sémica establece el enlace a
distancia". En efecto, conforme a lo estudiado, la 'posición

recíproca', la 'afinidad semotáctica' (5.1.2), aseguran las relaciones
de los elementos de la cadena sintagmática, y la redundancia las confirma. Esta realiza o manifiesta ciertos elementos, como los índices
o marcas, que sirven para la concatenación del discurso, es decir,
la continuidad de las oraciones y de los párrafos, para propósitos de
relieve y efectos expresivos. Las relaciones léxicas y sintácticas
están sugeridas por elementos iterativos según los ejemplos que
acabamos de ver, en la concordancia, régimen, la alusión y en
muchas otras funciones. 'Cada categoría se manifiesta, en efecto,
por lo menos dos veces en el interior de un solo mensaje', continúa
Greimas.

6.2.3 Estilo veni-vidi-vici y estilo verboso. Considerar sólo el
aspecto negativo de la redundancia y olvidar su función lingüística es,
como a menudo se comprueba,¡ muy perjudicial para el estilista. Si
bien es verdad que hay que desembarazar el estilo de toda verbosidad,
el despojarlo por completo de sus propiedades, como sus efectos
iterativos en la transmisión del mensaje o en el relieve de las principales significaciones, la cohesión y continuidad que imprime al discurso, significaría disecarlo y endurecerlo. Todo ello nos indica la
pertinencia que en traductología tiene el resolver el conflicto causado
por esas dos corrientes contrarias, la tendencia a la 'ampulosidad'
y el escrúpulo de 'concisión'. Ambas comprometen la expresividad
y vivacidad del lenguaje. El estilo escueto y frío ha quedado relegado
únicamente a ramos de áridas especialidades como las estadísticas.

El español, no olvidemos, se caracteriza por un alto grado de
'afectividad' (2.4.1 y 3.1.3), y los componentes afectivos de una
lengua exigen hacer uso del mecanismo redundante. Acaso por ello
se diga que nuestra lengua tienda a abundar más que el inglés que
prefiere los medios más directos, conforme al proceso de la realidad y al orden de sus detalles. El castellano se deja llevar a menudo
por los giros analíticos, por la caracterización y sobrecaracterización
(4.2.1 y 8.7.6), los giros de presentación (7.3.5), los circumloquios,
la solemnidad. Por estos mismos hechos lingüísticos, algunos de los
procedimientos de transferencia que veremos más adelante se confirman por el dispositivo de la redundancia, en el sentido lingüístico
y semántico en que hemos venido indicándolo hasta ahora, como por
ejemplo, la amplificación y la explicitación.

No queremos, sin embargo, dar la impresión de que recomendamos
la redundancia o favorecemos el barroquismo, la lentitud y pesadez
del estilo, y que en vez del término exacto se deba emplear un término
vago o una perífrasis. Al contrario, en el lugar apropiado hablamos
de la 'economía del lenguaje' y damos algunos consejos útiles para
evitar la difusión o profusión de los medios expresivos, por ejemplo,

en la parte dedicada a la omisión (8.9). Hemos mencionado que algunos de los procedimientos de transferencia se confirman por cierta redundancia, pero los resultados que por medio de ellos se obtienen corresponden precisamente a los objetivos del mecanismo lingüístico, a saber, la transmisión del mensaje y de la intención del autor. En nuestro campo concreto, además de esa finalidad primordial, nos permiten respetar el 'genio de la lengua' y al mismo tiempo mantener la 'equivalencia estilística' (8.10.5). Si en inglés hay, como ocurre de ordinario, expresiones condensadas semánticamente, es lógico que en español resultará una 'amplificación', como se puede comprobar en el siguiente ejemplo:

The run of that play is amazing.	Es asombroso el número de veces que se ha dado esa obra.

La redundancia no es pues todo lo que redunda, como a simple vista se cree. Según la regla empírica de que hay que eliminar todo lo que tenga visos de redundancia, se despoja al lenguaje de su movimiento y fuerza comunicativa hasta dejarlo penosamente inteligible, privado de su plenitud expresiva, convertido en estilo veni-vidi-vici, según la expresión de H. Hatzfeld. Y según el mensaje sutil de Juan de Garay (Cosas argentinas), "Porque un idioma depurado artificialmente es como el agua destilada: incapaz de conducir la corriente eléctrica, de mantener frescas las flores y de hacer espuma con el jabón". En traductología, el aspecto negativo de la redundancia debe entenderse como un fenómeno de repetición defectuosa. Dicha repetición puede ser de monemas o de sentido, como veremos en seguida.

6.2.4 Amplificación vs. redundancia, y economía vs. concisión. Habría que hacer antes una distinción entre dos oposiciones que se relacionan con este tema y que pueden dar lugar a cierta confusión. La primera oposición consiste en la 'amplificación' y la 'economía', y, la segunda, en la 'redundancia' y 'concisión'. La primera se explica por razones de estructura lingüística y se refiere al hecho de que se empleen en LT más palabras que en LO para expresar la misma idea. Véase la explicación de esta dicotomía en la sección correspondiente (8.7). La segunda oposición trata de dos nociones tradicionales de estilística, sobre las cuales no nos extenderemos en el presente estudio, limitándonos a formular unas pocas observaciones en cuanto a la forma en que deben ser comprendidas para que sean de utilidad al traductor, a saber: (a) por estilo conciso no debe entenderse un 'estilo lacónico', despojado de la necesaria redundancia que la lengua utiliza en la manifestación de una experiencia, y (b) en lingüística contrastiva hay que destacar la diferencia entre redundancia como factor del funcionamiento lingüístico y la repetición defectuosa de monemas o ideas, es decir, la 'expresión pleonástica' y la 'tautología'.

6.2.5 Expresiones pleonásticas y tautología. La 'repetición defectuosa' puede ser 'léxica' o de 'unidades de pensamiento'. La REPETICION LEXICA, haciendo abstracción de la deliberada o intencional, perjudica la comprensión normal e ininterrumpida del mensaje porque atrae la atención hacia las palabras y no hacia la sustancia, y con ello aumentan las dificultades de interpretación.

El problema ocasionado por la repetición de palabras con distinta aplicación es todavía mayor. Pero esta clase de errores son fáciles de detectar. El traductor debe poner especial cuidado en descubrir las 'repeticiones disfrazadas' (correferenciales), que constituyen el vicio más generalizado tanto en los escritores mediocres como en la jerga administrativa y seudocientífica de los organismos internacionales (6.1.1).

Ejemplos de orden léxico:

The problem of feeding her ever-increasing population is one of India's most acute problems.	Alimentar a su población que crece sin cesar es uno de los problemas más agudos de la India.
Many people think that if a product is endorsed by a prominent person that it is a good product to buy.	Mucha gente cree que es bueno un producto y que hay que comprarlo cuando lo recomienda una persona prominente.

La TAUTOLOGIA, o 'repetición de conceptos', también aparece a menudo disfrazada:

The Bohemian Diet will be the second Parliament to elect women deputies.	El Parlamento de la Bohemia será el segundo en elegir a mujeres para representantes.
There is not a considerable number of employers who appear to hold the same opinion, but certain owners hold a contrary view to this.	No parece que haya un número considerable de propietarios que tengan la misma opinión, pero la de algunos de ellos es contraria (doble tautología).
It is indispensable to start by the review of the basic concepts that are generally	Es indispensable comenzar por un examen de los conceptos básicos que por lo general

involved in such type of arrangements and the different structural modalities that commodity pacts may take.	están presentes en esta clase de convenios y de sus diferentes modalidades estructurales.

Tal clase de arreglos, ya que en el contexto se habla precisamente de convenios sobre productos básicos, son los mismos pactos que se repiten al final de la oración. La repetición encubierta es similar a la señalada por Robin Lakoff en su artículo 'If's, And's and But's about Conjunction':

Cassius Clay eats apples, and Muhammad Ali drives a Ford.	Cassius Clay come manzanas y Muhammad Alí maneja un ford.

En el caso del pleonasma léxico el traductor principiante trata de encubrir las repeticiones en la misma forma que hemos visto en los ejemplos del inglés. A aquellos cuyas nociones de estilística se fundan en ciertas reglas pragmáticas o erróneas les es fácil, como hemos observado en nuestra experiencia, hacer una lista de expresiones sinónimas para usarlas una tras otra sin repetir ninguna. La regla empírica que tratan de cumplir a toda costa es precisamente la de que no se deben repetir palabras en un escrito. Hasta llegan al extremo de contar los renglones para observar un gran intervalo entre ellas, o, sencillamente, siguen la pauta de no repetirlas en la misma página. Es, por cierto, una manera muy mecánica que no debe aplicarse a ningún hecho de lengua por las razones estudiadas en el capítulo de estilística interna. Por cierto, hay casos en que se pueden emplear variaciones estilísticas, en especial con los segmentos menos esenciales del discurso, pero no se debe disfrazar la 'repetición de sujetos y objetos'. La repetición léxica, como se vio en los ejemplos, es obvia y fácil de eliminar, pero muchos traductores no saben realizar las sustituciones o aplicar las técnicas apropiadas, para lo cual remitimos al lector al capítulo de los procedimientos técnicos de ejecución estilística.

CAPITULO 7

EL DISCURSO

7.0 Introducción. Como la definición de la palabra, estudiada en
el capítulo primero, la de la frase o cláusula es igualmente vaga, y
más vaga aún es la de la oración. Estos elementos que todavía no han
llegado a tener una definición adecuada se unen a la vez, o se combinan y relacionan entre sí, para formar el DISCURSO. De ahí que
en el 'manejo del discurso', formado por elementos de características
y contornos imprecisos, el traductor encuentre las mayores dificultades. El propósito de este capítulo es exponer al traductor los problemas con los que tiene que enfrentarse y los peligros de los que debe
guardarse en el manejo de las cláusulas y oraciones vinculadas para
formar lo que tradicionalmente conocemos como 'período' o 'párrafo'.
El señalar los obstáculos impide desentenderse de ellos, y el pre-
sentarlos desde distintos puntos de vista permite también atacarlos
desde distintos frentes.

Pasaremos, pues, revista primero al estado actual de su estudio,
que ha sido impulsado por los adelantos transformacionales y de la
semantica estructural de los últimos años, gracias a lo cual se puede
vislumbrar la estructuración de una lingüística textual. Luego veremos
los diversos sistemas de organización de la elocución descritos por
esta lingüística textual, a saber: (a) la continuidad y totalidad del
discurso que se logran por medio del enlace interoracional gracias
a dispositivos sintácticos y semánticos; (b) el orden, con sus libertades y restricciones, que hacen un mensaje descifrable no sólo en
el plano lingüístico sino en otros niveles semióticos; (c) el dinamismo
temático, que explica las formas en que los temas, incidiendo desde
distintos puntos del período, contribuyen a la cohesión y enriquecen
la significación de un mensaje; (d) la densidad sintáctica, que consiste
en el número y combinación de las funciones realizadas por los elementos principales del discurso y da cuenta de su grado de complejidad;

(e) finalmente, el relieve, que permite conservar, además del contenido cognitivo de un mensaje, su enfoque sintáctico, esto es, sus efectos y matices.

7.1 Estado actual de su estudio

7.1.1 Hacia una sintaxis extraoracional o lingüística textual.

¿Cuál es el ramo que va a describir este sector de la lingüística? Como se demostrará en el transcurso del tema, hay una confusión que se ha formado sobre esta unidad de lengua y comunicación por falta de estudios exhaustivos. La confusión se refiere no sólo a la terminología sino a las definiciones. Afortunadamente hay unos pocos lingüistas que se empeñan al presente en el estudio del 'discurso' y han sugerido ya ciertos términos, como 'sintaxis periódica', 'sintaxis extraoracional', 'sintaxis textual', 'gramática interoracional', etc. Sea cual fuere el nombre que se adopte, lo que está bien claro es que constituye un ramo distinto y más amplio que el de la oración y que, en opinión de uno de los lingüistas que han emprendido su estudio, Louis T. Milic, junto con los elementos de la sintaxis oracional tiene que formar un sistema completo.

En efecto, aunque la lingüística contemporánea se ha concentrado por mucho tiempo en la 'unidad oracional', vemos que en la comunicación las oraciones aisladas en realidad desempeñan un papel muy limitado, casi nulo. No nos comunicamos por lo regular con una sola oración. Cuando empieza a ser de importancia la comunicación ya no está formada de una sola oración sino de varias, de una serie de oraciones. Hay entonces una unidad más extensa que la oración, una unidad más completa, que es el 'discurso'. Según el pensar de Nils Erik Enkvist: "The need for text linguistics has thus become obvious within sentence grammar: certain features of sentences cannot be described, or correctly generated, without reference to intersentence features and to portions of the text beyond the sentence under consideration". Es, como se ve, un nuevo ramo de la lingüística, importantísimo para el traductor, ya que la noción de estilística va también más allá de la oración. Ya hemos dicho inclusive que el análisis contrastivo no debe circunscribirse tan sólo a la oración o al discurso: debe proyectarse hasta los niveles socioculturales y psicolingüísticos. La dificultad para nuestra disciplina reside en que si no se cuenta todavía con esa gramática extraoracional, el discurso se regirá principalmente por procedimientos facultativos. No por otra razón la estilística viene a ser la 'composición del discurso'.

Los aspectos mencionados han despertado interés en los últimos diez años, aunque ya en 1958 Archibald A. Hill opinaba que la estilística "concerns all those relations among linguistic entities which are statable, or may be statable, in terms of wider spans than those which fall within the limits of the sentence". Aun antes Zellig Harris investigaba ya las conexiones interoracionales, y a él se le debe el término 'análisis del discurso'. A medida que procedamos en el desarrollo de este tema se destacará la influencia valiosa de la gramática transformacional en el análisis del discurso, pues con ella se empezaron a tener por primera vez en cuenta los rasgos semánticos del 'texto', en la misma forma en que se había hecho con los del léxico y de la oración.

7.1.2 La unidad más extensa que la oración. En todos los estudios modernos parece que la oración ha sido la primera unidad de entendimiento, pero no con la definición tradicional de que transmite un 'pensamiento completo', la cual ha perdido validez. En la descripción sintáctica ha constituido la unidad básica de organización, si bien se ha reconocido que existen exigencias sistemáticas que trascienden los límites de las oraciones. Si se observa una lengua en una perspectiva global, las reglas que afectan las 'relaciones interoracionales' desempeñan un papel muy importante por su naturaleza semántica. En gramática, la oración fue y ha sido la principal y la máxima unidad tratada, antes de que se reconozca, como se ha hecho al presente, que hay otras unidades mayores, de las que hemos hablado en el presente trabajo al referirnos a los grandes signos, al macrocontexto y a los rasgos situacionales del mensaje. El traductor debe partir de la base de que la oración, las cláusulas y las frases no son sino partes de otras unidades más extensas y complejas. En vez de considerarse aisladamente, las oraciones se conciben dentro de 'períodos', y así como poseen una 'estructura interna', que concierne a las partes que las forman, poseen también una 'estructura externa' que las pone en contacto con las demás 'oraciones de un texto'. En la estructura interna se comprenden las funciones de sujeto de un verbo, objeto de un verbo, objeto de una preposición, predicado nominal y complementos; la externa comprende accidentes interoracionales como la parataxis, la hipotaxis, la yuxtaposición, la densidad sintáctica, el movimiento temático, la progresión, la anáfora, el acento contrastivo, el acento intensivo, etc., tópicos que trataremos de esclarecer en el presente capítulo. A grosso modo, podemos decir que existe una similitud entre las relaciones que surgen entre las palabras y grupos en el interior de una oración y las relaciones que afectan a las oraciones dentro de estas macrounidades a las que se refiere este ramo de la lingüística. Existe una creencia generalizada de que en nuestra época la gramática tradicional ha sido reemplazada por una nueva. Al análisis tradicional de las oraciones en cláusulas, grupos y palabras, los estudios modernos han incorporado una teoría más rigurosa de LINGUISTICA TEXTUAL y esperan que constituya un aporte eficaz para el análisis completo de las estructuras de las lenguas.

7.1.3 El párrafo inorgánico.

Partamos de una visión del 'período' o 'párrafo inorgánico', que en realidad no es un párrafo, pues en él las oraciones no se vinculan en forma alguna, para confirmar la teoría de que no se las puede de ordinario considerar en forma aislada sino dentro de unidades mayores (veremos más tarde, que pese a la falta de vinculación paratáctica o hipotáctica, puede haber 'organización interoracional' por medio de 'silencios' y 'efectos semánticos', pero hagamos abstracción de esa forma de cohesión por el momento):

El disgusto le puso el semblante adusto. Hay que fijar la atención en esa cuestión. Lo realicé yo. Soy un pequeño filósofo. De un deportista, de un obrero, de un médico.

El más elemental análisis acusa la falta total de enlazamiento de ideas por la incoherencia que presentan estas oraciones colocadas al azar unas al lado de otras.

7.1.4 Las relaciones interoracionales son parte de la semántica.

Sin embargo, se puede también ver con toda claridad que sin conexiones materiales las oraciones pueden estar unas junto a otras, en 'relación semántica':

¿Estará Pedro aquí el jueves? Estará, si ha conseguido hacer una reservación a tiempo.

Como es fácil observar, cuanto ocurre en una oración puede afectar a la otra. Por eso decimos que las 'relaciones extraoracionales' son parte de la semántica. Lo es más todavía si entramos al campo puramente literario y poético, en cuyo plano de aparente desvinculación, sólo pueden existir nexos de semántica y emotividad, como en los siguientes versos de Pablo Neruda:

Ven a mi propio ser, al alba mía,
hasta las soledades coronadas.
El reino muerto vive todavía.
Y en el reloj la sombra sanguinaria
del cóndor cruza como una nave negra.

Sin la situación advertida de que se trata de una poesía, y sin la distribución en versos, apenas si se hubiera podido afirmar que se trataba de un período, de una configuración orgánica, sino más bien de otro ejemplo de 'oraciones disociadas'.

En lo que atañe a la traductología, no se puede traducir un texto sin el 'análisis contrastivo' en la estructura de lo que llamaremos en adelante 'discurso', en espera de un término más feliz. El 'discurso', como es fácil suponer, opera en distintos niveles, como el sociológico, el cultural, el psicolingüístico, es decir, todo el conjunto de aspectos que hemos estudiado como la 'metalingüística'; el discurso obedece así mismo, por una parte, a un amplio cuadro de 'cultura general', que sería el dominio de la estilística, y de un ámbito de 'cultura particular', que sería el dominio del estilo, según la distinción que ya conocemos (capítulo 3). No se puede exagerar la importancia de la estructura del párrafo en la traducción, y nos conviene hacer un estudio detenido de los vínculos interoracionales, si bien en una forma fortuita y desorganizada en la que se encuentra actualmente este ramo, por falta de fuentes teóricas y, sobre todo, por falta de una 'estilística estructural del discurso'. La tarea no es fácil, por cierto, pues en cuanto se refiere de modo especial al estilo, sus modalidades cambian con bastante rapidez, están sujetas a preferencias de las épocas, y lo que antes horririzaba a los estilistas puede estar muy en boga en nuestros días. Valga como ejemplo el estilo impresionista o de mosaico, de frases cortas. (Recuérdese que no por ser cortas carecen necesariamente de vinculación semántica, como ya lo mencionamos, de modo especial en lengua literaria y poética).

7.1.5 Carencia de un modelo formal. La mayor 'unidad operacional' del habla a la que nos referimos se encuentra pues en estudio experimental. La gramática generativa ha contribuido, al menos parcialmente, a su descripción. En efecto, si recordamos la noción de competencia (2.3.3) tenemos en ella algunas explicaciones de su naturaleza y formación; la 'recursividad', por ejemplo, genera oraciones al infinito. Las cadenas del discurso generadas en esta forma no son simplemente interminables e inconsecuentes, por el estilo de:

El tren que deja en el cielo una nube de humo que se alarga
en el regazo de la montaña que separa la ciudad que recibirá
en la mañana el saludo del ejército que le trae esperanzas de
libertad en cruentas batallas, etc.

O el ejemplo popular entre los estilistas:

The dog that worried the cat that chased the rat that ate the
cheese that lay in the house that Jack built,

en el cual la abundancia de elementos interpolados hace perder la
centralidad de significación de cualquiera de ellos.

O el ejemplo de recursividad con posesivos, de J. T. Grinder:

Eleanor took Theodore's sister's boyfriend's mother's coat off.

Nos referimos aquí al tipo de complejidad más elaborada, como
en las ilustraciones siguientes:

Justly famed for the excellent business training which it offers,
and for which it grants an academic degree, the Wharton School
by the sheer force of its reputation and undergraduate appeal has
given to undergraduate social and extracurricular life an atmos-
phere which, while it is seldom anti-intellectual, is usually non-
intellectual, and which tends to discourage the popularity of
those interests which ordinarily occupy the time of the students
of other universities where the school of liberal arts is the main
impetus for student activity (The Daily Pennsylvanian).

The regularity with which their length diminished served to
indicate that somewhere up the slope the last line would be so
short as to have scarcely length at all, and that beyond could
come only a point (Jack London).

Sin embargo, los datos de la gramática generativa son aún in-
suficientes para el estudio de las relaciones internas del texto. Las
reglas con que contamos al presente son pocas y menos generales,
y sólo pueden estudiarse algunas de ellas. Las reglas se diluyen a
medida que se eleva el grado del análisis hasta que una vez en la
frontera del lenguaje literario volvemos a encontrarnos frente a
conceptos tradicionales básicamente subjetivos, que nada tienen que
ver con el concepto científico de la descripción estilística formal.
No hay, para emplear un término de la lingüística, un 'modelo
riguroso', que tenga en cuenta todos los índices de cohesión y continuidad del discurso, como se ha tratado de lograr en la oración con un
modelo sintáctico. El descuido de la estilística es una consecuencia
clara, por otra parte, ya que se funda en otros dos ramos de la lingüística, la sintaxis y la semántica, que tampoco han adquirido hasta
ahora una teoría autosuficiente. La sintaxis ha logrado ya considerable evolución y perfeccionamiento, pero la 'semántica' (2.4),
en expresión de A. J. Greimas, ha sido la parienta pobre de la
lingüística.

Esta deficiencia ha tenido efectos irremediables en el campo de
la traducción que tiene como sus dos fuentes de principios a la
estilística y a la semántica. El traductor es el principal afectado.

En primer lugar, de las partes que realmente se han estudiado, con
pocas excepciones, no se han estudiado desde el punto de vista del
traductor; la aplicación ha tenido preeminencia en la enseñanza de
lenguas, pero no en las técnicas de transferencia. Al traductor no
le basta saber sólo las relaciones entre palabras o grupos, su problema mayor surge con las series o configuraciones de oraciones,
tanto en su 'descodificación' como en su 'reestructuración' (2.3.7);
todos los aspectos de la estilística se han estudiado en forma disociada e independiente, como la metáfora, los tropos, los medios de
coordinación y subordinación, algunas formas de estructura del
párrafo, pero obviamente sin sentido de uniformidad o totalidad y
sin asignar prioridad a ninguna de esas preocupaciones.

Se ha escrito tanto en literatura, y casi todas las apreciaciones
han sido a través de los siglos guiadas por la intuición y el subjetivismo. Sus únicos criterios de pertinencia siguen siendo el juicio y
gusto de cada individuo. En esas 'críticas literarias' abundan
ditirambos como los siguientes: "He aquí un monólogo interior,
fascinante por su inmediata penetración psicológica". "Los rasgos
lingüísticos con que se caracteriza el habla de este personaje son
muy típicos, están muy bien observados". "Como poeta traumático,
la suya es una poesía rezumosa, que fluye de lo íntimo, inconfundible en la expresión". "Es esta, pues, la poesía que se elabora en el
cerebro y el corazón de uno de los más sensitivos poetas; poesía
que, como flor venenosa, se la mantiene a distancia, en la hora
genética que vivimos, cuando el mundo quiere emprender una vuelta
de campana en su estructura integral". "Sus largos y límpidos
períodos son semejantes a blancos y firmes escalones de mármol,
por donde se sube a un santuario".

En efecto, es muy subjetiva la fascinación de la penetración
psicológica de un monólogo interior, ya que todo cuanto a un individuo le fascina puede serle indiferente a otro. Es apenas intuitivo
que sean típicos y bien observados los rasgos lingüísticos de una
obra, pero no tiene eso ningún sentido si no se explican cuáles son.
Y casi todas las apreciaciones indicadas aquí como ejemplos, son
otros monólogos poco fascinantes. Estos son los análisis literarios
o estilísticos a los que hemos estado acostumbrados.

Lo que esperamos en nuestros días es que la lingüística, con su
examen disciplinado y científico, su generatividad, sus transformaciones e interpretaciones nos explique las sutilezas del arte, para
fundar una teoría literaria, para conseguir la unión de la literatura
con la lingüística, pues en vista de los importantes resultados y de
la influencia decisiva de las investigaciones actuales ya no pueden
seguir separadas. La intuición ni la subjetividad, ni esos desvaríos
han dado razón de la corrección gramatical (well-formedness), de la
noción de estilo sintáctico, ni de las propiedades más profundas de la

lengua; que son las que interesan más de cerca al traductor y a la ejecución estilística en general. En la misma forma en que se ha tratado de explicar la gramaticalidad de una oración, habría que definir si se puede unificar una teoría de la formación correcta de un texto (well-formed text o textuality), es decir, definir el texto gramatical o textualidad.

Todo lo que tienda a la significación o 'descripción estilística' redunda en beneficio de nuestra disciplina, y cuando se haya formado un cuerpo de investigación constituirá uno de los capítulos más valiosos de la semántica y de la traductología. Desgraciadamente el dominio del discurso es el más intrincado, pues sus fenómenos se extienden a todos sus rangos y jerarquías. En este vasto dominio se multiplican las 'opciones' que se hallan a la raíz de las dificultades del traductor (3.1.1).

7.2 El enlace interoracional y la totalidad del discurso

7.2.0 Introducción. Como lo hemos anticipado en la sección anterior, los dispositivos que unen las oraciones son sintácticos o semánticos. Se los llama también 'indicadores de secuencias' oracionales. Estos dispositivos son tan variados que el traductor debe reconocer sus formas principales para poder manejarlas sin cambiar la naturaleza de los textos. Los 'indicadores de secuencia' tienen una finalidad fundamental y no pueden emplearse mecanicamente. No deben romper sino conservar el 'movimiento del período' y mantener la armonía que imprime la asociación de los hechos o experiencias con las circunstancias. La 'situación' (5.1.5) constituye el marco general que determina la forma de enlace. Como lo sabemos ya, la lengua castellana es más ligada que la inglesa. Pero en ambas las oraciones deben enlazarse para formar el discurso que en su conjunto refleja la intención del autor. Además, la 'variación estilística' no se aprecia tanto dentro de una oración o cláusula cuanto en la combinación de oraciones.

7.2.1 Enlace sin relacionantes. El punto importante que debe tenerse presente, sin embargo, es que por ENLACE o VINCULACION no se entiende exclusivamente la coordinación o subordinación sintáctica. De acuerdo con la gramática transformacional y la semántica estructural, no quiere decir que la subordinación de las oraciones de un período deba realizarse por 'incrustación' (embedding). Hay, en efecto, oraciones dependientes que no son hipotácticas. Hay subordinación y coordinación con conjunciones o sin ellas, pero la 'vinculación' de las oraciones existe; los 'silencios' son índices semánticos de elocución, y el tiempo y el modo verbales se encargan de establecer la 'concatenación' y la 'coherencia':

"Es expresivo y cambiante el lenguaje de las campanas; su
vibración es capaz de acentos sombríos" (Miguel Delibes).

"El tren se detuvo resollando. Cada escape de vapor se derramaba
en la noche del campo sin muros" (Mario Monteforte Toledo).

"Anita no llegaba. Comenzó a impacientarse. Otro café. Nunca
ha habido aquí tanto humo, apenas se ve la entrada. ¡ Ya! Pero no,
no era. Esta es más bien delgada. O quizá es más delgada Anita,
no me acuerdo bien" (Alonzo Zamora Vicente).

En esta subordinación sin relacionantes existen lazos lógicos:

En caso de que no conteste, lo compro ahora.

Acabados los cursos, se fue Luis.

Teniendo que estudiar, no salgo.

Como se ve en los ejemplos, no pertenecen al caso anterior de
oraciones desarticuladas del párrafo inorgánico. En aquellas, la
interrupción es material y defectuosa. En éstas, la interrupción es
de orden psíquico, no impide la cohesión del discurso y del mensaje.
Al contrario, puede tener efectos particulares, como de suspenso,
misterio, ironía, o simplemente para comunicar viveza y energía.
Tanto el estilo literario como el común y familiar están llenos de
estos efectos.

7. 2. 2 Asíndeton, parataxis e hipotaxis. Las formas más comunes
de 'vinculación oracional' son la ASINDETON, la PARATAXIS y la
HIPOTAXIS. La unión 'asindética' es la clase de enlace semántico
que acabamos de ver, sin marcas segmentales, y que se produce en
tan variadas formas que sería muy largo un inventario de ejemplos.
Son prácticamente 'oraciones yuxtapuestas', pero no en el sentido de
simple contigüidad de oraciones sucesivas e inconexas sino con una
especie de sujeto psicológico que les da concomitancia. Admite el
español, en estilo elegante, una asíndeton llamada de preposiciones,
que deja explícito únicamente los términos preposicionales, que se
puede considerar configuración paratáctica con el efecto de relieve
al separarse los complementos con comas:

"Ancha su cara como la rodela de Don Quijote, aborrascadas y
cenicientas sus barbas como las de Hudibrás, se ríe hasta con esos
ojillos de color celeste" (Juan Montalvo).

"De pronto se quedó estirado de atención, las orejas rígidas,
esperando la repetición de algún ruido lejano" (Ricardo Güiraldes).

"Coats off, ties open, sleeves rolled, Michael and his men plunged
into formulating a quick but foolproof plan" (Leon Uris).

En la 'parataxis' (coordinación) y en la 'hipotaxis' (subordinación),
existen en cambio nexos formales o sintácticos (4. 1. 7). La diferencia entre las dos depende no obstante de la naturaleza y función de

dichos nexos. Para la lingüística estas tres clases de enlace
constituyen tres fases de un mismo proceso, que a veces se confunden, pues todas ellas pueden expresar las mismas clases de las
variadas relaciones que se producen entre oraciones de un macrocontexto. La que merece el estudio dentenido del traductor es la
'hipotaxis', ya que es la más compleja y la que describe los sistemas
más elaborados; de ella nos preocuparemos sobre todo en el resto
del presente capítulo. Como hemos apuntado al diferenciar una vez
más la índole del inglés y del español, en cada lengua hay distinta
proporción de parataxis e hipotaxis en la construcción de un período
prototipo, y en el caso que nos ocupa, el castellano tiende con mayor
fuerza a la segunda. Las construcciones asindéticas y paratácticas
son algo decentralizadas, carecen de perspectiva sintáctica, según
observación de G. Vinokur. Una versión literal de esa organización
del discurso, por usual y apropiada que fuera en otra lengua, en castellano sería descolorida e inerte. En nuestra lengua, cuanto más
avanzado el nivel de instrucción y cultura, y más aún en el plano
literario, mayor es la 'densidad hipotáctica'. En el habla vulgar y
la de los niños se nota la marcada ausencia del procedimiento. De
ahí que hayamos hecho notar con insistencia que algunas versiones,
especialmente de escritos ingleses, pues no todos son puramente
paratácticos, desdicen del espíritu del español que exige una
urdimbre más estrecha del párrafo. El simple enlace de conjunciones le da apariencia de lenguaje descuidado. " We witness a
decline and fall of the classical sentence as the world relapses into
journalism and barbarism", lamenta G. W. Turner. En el manejo
de estos procedimientos hay que recordar que existe una 'zona indiferenciada' entre ellos, y que al trasladar las ideas de una lengua
a otra deben tenerse primordialmente en cuenta las verdaderas funciones y efectos de esos procedimientos. "La línea divisoria entre
la parataxis y la hipotaxis ofrece a menudo una amplia zona de
limitación dudosa", dice la Academia Española. Pero para facilitar
la distinción tengamos en cuenta que la hipotaxis se refiere a
'relaciones de rango' y 'jerarquía'. En la parataxis no se observa
en lugar prominente una relación jerárquica; según su misma etimología griega, sólo indica 'posición contigua'. En las versiones anglo-
españolas que hemos evaluado, aunque sin establecer estadísticas
precisas y sin un corpus limitado, es sorprendente la frecuencia con
que se efectúa la 'modulación' de construcción paratáctica a hipotáctica (8.4.5.9.3), aun en versiones desacreditadas por multitud
de otros defectos. Esto nos confirma en lo dicho a propósito de los
anglicismos de frecuencia, pues el calco constante del procedimiento
paratáctico puede convertirse en influencia anglicanizante.
Ilustremos esta hipótesis con algunos ejemplos:

He slowly returned the Beretta into his belt and stood looking after the coffin. . . . A trail of thick smoke drifted over his head and for a moment put out the moon.	Volvió a meterse su Beretta en la cintura y siguió con la mirada la carroza fúnebre. . . . Una espesa estela de humo pasó por encima de su cabeza, ocultando por unos momentos la luna.
McGonigle went back on his heels against the door jamb. The gun clattered to the floor.	McGonigle fue a dar de nuevo contra la puerta oscilante, mientras el arma rodaba por el suelo.
I never met anyone of his class who remembered him. They did not even remember that he was middleweight boxing champion.	Nunca conocí a alguien de sus compañeros que se acordara de él, ni siquiera de que había sido campeón de boxeo de peso medio (también omisión).
Now, the new law is totally too rigid, and makes it impossible to take into account individual cases of unfairness.	Ahora bien, la nueva ley es tan rígida en su totalidad que hace imposible tomar en cuenta casos particulares de injusticia.

A la inversa, en las versiones hispano-inglesas que hemos tenido oportunidad de analizar, es muy rara la ocasión en que los traductores 'modulen' de construcción paratáctica española a hipotáctica inglesa. Por ejemplo, en toda la versión de Requiem por un campesino español, cuento de Ramón Sender, se realizan sólo dos de estas modulaciones. He aquí una de ellas:

La figura del prelado, que era un anciano de cabello blanco y alta estatura, impresionó a Paco. Con su mitra, su capa pluvial y el báculo dorado, daba al niño la idea aproximada de lo que debía ser Dios en los cielos.	He was impressed by the prelate, a tall, white-haired old man who, with his bishop's cope, mitre, and golden crozier, gave the boy an approximate idea of what God in Heaven must be like.

Las normas de 'aceptabilidad' en la estilística textual varían notablemente de una lengua a otra. La combinación de la compleja 'sintaxis hipotáctica' con el lenguaje florido que es alarde de

elegancia del español, podría ser inadecuado a la prosa seria de los
escritores ingleses que prefieren el realismo desnudo y la efectividad.

Lo más frecuente es ver que en las versiones inglesas se divide
un período intrincado y complejo en unidades que se combinan con
partículas paratácticas y a veces en unidades yuxtapuestas. Hay que
notar, sin embargo, que tanto la parataxis como la hipotaxis se rigen
por una estructura sistemática. Los párrafos logran mayor 'perspectiva' en el marco hipotáctico. Según las observaciones de Zellig
Harris, el hablante de una lengua no enlaza oraciones en cualquier
clase de combinación que se le antoje, haciendo caso omiso de sus
interrelaciones. Al contrario, a su modo de ver, todo discurso
tiende en muchos respectos a ser muy estructurado. G. W. Turner
repara también en la 'zona indiferenciada' que se interpone entre
estos procedimientos y considera a la coordinación un estado intermedio entre oraciones vinculadas pero dependientes y la combinación más integra de la hipotaxis. Es digno de notarse que en la
integración paratáctica el inglés tiende a repetir las 'conjunciones'
en cascada, lo cual el español evita para no dar inapropiadamente
la impresión de efecto estilístico especial de relieve o insistencia:

So his mother prayed for him and then they stood up and Krebs kissed his mother and went out of the house (Hemingway).	Así, su madre rezó por él; se levantaron, Krebs la besó y salió de casa (nótese también la omisión).
Given the multiple objectives and complex provisions of the law, it strikes us that some of the extreme statements that have appeared in the press reject-ing and condemning the law, and castigating the action of the United States as contrary to the interests	Dados los múltiples objetivos y disposiciones complejas de la ley, tenemos la impresión de que algunas de las declara-ciones extremas que han aparecido en la prensa, ya en rechazo o censura de la ley, o ya como crítica de que la medida adoptada por los Estados Unidos es contraria

Un dispositivo para despejar las 'conjunciones' del inglés puede
ser también la transposición (8.3.4.11) de una conjunción a preposición, lo cual es aplicable sólo cuando aquella tiene 'valor consecuen-
cial':

Their only pastime was to sit and think.	Cuyo único entretenimiento era sentarse a pensar.
Take advantage and return these bottles.	Aprovecha para devolver estas botellas.

Con no poca frecuencia se cae en otro defecto por el afán de enlazar oraciones para prevenir el 'estilo trunco': se hace uso y abuso del relativo que, comodín enemigo de la elegancia cuando persiste sin razón. La profusión de conjunciones y relativos confiere cierta torpeza que no conviene a un estilo serio o elevado.

El proyecto de ley que manifestó el Congreso que no podría remitir al comité que reuniera condiciones etc.

El abuso del relativo puede inducir así mismo a las 'construcciones embutidas', forma de enlace poco atractivo al español por la cual se hace que una oración incrustada dependa de otra:

Lo que llevará a creer que era para que una agrupación de la que él era miembro no pensara que la oposición había decidido votar en contra.

7.2.3 Libertades y tiranías sintácticas. Es necesario que se entiendan todas estas variantes de ordenamiento y concatenación en el marco de las 'libertades' y 'tiranías' de la expresión. La lengua española es bastante flexible, pero no se debe violentar su sintaxis con formas de otras lenguas. "Algunas cualidades de una lengua determinada adquieren el carácter de odiosos defectos en otra lengua", dice Edward Sapir. La sintaxis tiene mucho de invariable, es el elemento estable de una lengua. Las libertades que el traductor se puede tomar con la sintaxis pueden conducirle muy fácilmente a la incorrección. Obsérvense los siguientes ejemplos en que al violentar el proceder particular del castellano se da origen al asintactismo ('estructuras extrañas'):

We must quickly find means of coordination and cooperation in trade policy, or many countries will face new, insurmountable difficulties.	*Debemos encontrar pronto medios de coordinación y cooperación en políticas de intercambio, o muchos países enfrentarán nuevas e insuperables difficultades.

Si no encontramos pronto medios
de coordinación y cooperación
en lo que a políticas de inter-
cambio se refiere, muchos
países enfrentarán nuevas e
insuperables dificultades.

It is somewhat too long for this
space.

*Es un poco demasiado largo
para este espacio.
Es demasiado largo para este
espacio (8.9).

*Queda todavía el problema de
si los sectores pueden
generar las mismas tasas.

Queda todavía por resolver si
los sectores pueden generar
las mismas tasas.

That he did not know well what
politics meant and that he
did not know where the universe ended pained him.

*Que no sabía bien lo que
significaba la política y que
no sabía donde terminaba el
universo le era doloroso.
Le era doloroso no saber a
ciencia cierta lo que significaba la política ni donde
terminaba el universo.

Whenever a petition is filed

*Cuando quiera que se presente
una petición (anticuado).
Cuando se presente una petición.

And shall include in each report
any dissenting or separate
views

*E incluirá en cada informe
cualesquiera puntos de vista
discrepantes e independientes.
E incluirá en cada informe cualquier punto de vista discre-
pante e independiente. (Cualquier no tiene plural: es
unidad con referencia a la
totalidad de un conjunto).

Its scope has been designed to
include a thorough evaluation
of the programs.

*Su alcance ha sido diseñado para
incluir una evaluación profunda
de los programas.
Se ha planeado su alcance de
manera que incluya una
evaluación profunda.

Several of the research docu-
ments have been examined
in the following pages on a
selective basis.

*Varios de los documentos de
investigación son analizados
en las páginas siguientes
sobre base selectiva.
Se han seleccionado algunos de
los documentos de investigación para analizarlos en
las páginas siguientes.

The mandates and goals of the
program should be extended
to cover subjects other than
taxation.

*Los mandatos y objetivos del
programa deben ser extendidos
para cubrir temas distintos de
tributación.
Hay que ampliar los mandatos y
objetivos del programa con
otros temas además de la
tributación.

As recently as 1973

*En época tan reciente como
1973.
Sólo hace pocos años, en 1973.

An important aspect relates
to whether valuation is
based upon market value
or book value.

*Un aspecto importante se
refiere a si la valoración se
basa . . .
Un aspecto importante es el de
distinguir si la valoración . . .

Fails to take steps to discharge
its obligations under international law

*Deja de tomar medidas para
cumplir con sus obligaciones
bajo el derecho internacional.
No toma medidas para cumplir
. . . (8.9.4).

Se pueden ver otros ejemplos de estas construcciones anómalas
en los anglicismos de frecuencia referidos a la sintaxis (4.1) y en
el análisis contrastivo del español y del inglés (3.3.1 y subtitulos).

Toda alteración debe hacerse siempre sin menoscabo del espíritu
de la lengua. Tampoco debe abusarse de las formas que, aunque
existen, no son muy comunes en español, porque la 'tolerancia' no
es la misma en todos los casos. Las formas sintácticas, igual que
el vocabulario, tienen su contexto, y su vigencia se ciñe al nivel
funcional del lenguaje. Cada nivel impone sus 'tiranías sintácticas'
que hay que respetar. Por otra parte hay tiranías, de modo notable
en el 'lenguaje administrativo', que son defectuosas y han logrado

fijeza a causa de la pobreza de recursos sintácticos. En esos casos hay que hacer un esfuerzo para variar de construcción. Los estribillos sintácticos son tan inveterados a veces que una vez escuchadas las primeras palabras o una vez comenzada la oración uno puede predecir su término, y no la oración sola, sino con todos sus manerismos oficiales. La pereza intelectual es acaso tan grande que no se piensa ni se expresan los pensamientos en las variadas visiones que depara la lengua, sino que se buscan los moldes de cajón y allí se acomodan las ideas como lo haría el albañil con los ladrillos. La lingüística textual es una arquitectura, no albañilería, y hay que cuidar del equilibrio de las masas y de la armonía de las formas; para que responda a la configuración de las ideas, se tendrá en cuenta la longitud aproximativa, el orden creciente o decreciente, las posibilidades de enmarcar un elemento central. Con ello se echa de ver claramente que aparte de la estructura de las partes, en este caso las oraciones, la estructura del conjunto encuentra firme apoyo en las relaciones internas del período, es decir en las distintas formas de enlace, combinación y concatenación. El manejo de estos procedimientos de yuxtaposición, parataxis e hipotaxis le sirven al traductor en igual forma que el manejo de las transformas (2.3.2 y 8.3.2) para la arquitectura de la frase.

Las 'combinaciones lineales' del discurso se logran, repetimos, no sólo por conjunción y relativización. El traductor debe estudiar también todas las demás formas de enlace, algunas de las cuales veremos a continuación, como por ejemplo los tiempos y modos verbales, el efecto temático y otros importantes medios semánticos. Hay que tomar en cuenta sobre todo las visiones que producen las tres clases generales de enlace. La ausencia de partículas o giros conectivos implica una 'visión fragmentaria', en la cual los elementos conservan su autonomía pero su relación es de orden semántico que confiere una idea de 'progresión' o 'concomitancia'. El enlace paratáctico da la 'visión analítica'; la integración hipotáctica favorece la 'visión sintética'. En esta última nos detendremos al estudiar próximamente la perspectiva total del discurso.

Puede darse también, en estilo elaborado o no, la 'acumulación de hechos y circunstancias', sea cual fuere la modalidad de incrustación de las oraciones. A menos que sean redundancias, no es necesario descomponer en tantas oraciones independientes y coordinadas, pues la acumulación de hechos y circunstancias puede ser necesaria para la expresión total del pensamiento. No nos referimos a los casos de oscuridad dentro de la coordinación o subordinación, en cuyo caso convendrá realizar esa segmentación. La acumulación permite con frecuencia variedad de expresión y la expresión novedosa, en particular en textos elaborados. En el período acumulativo se dan las 'construcciones simétricas', los 'paralelismos' de 'secuencias dobles o triples', como se puede observar en los siguientes ejemplos:

Las montañas coronadas de nieve,
los ríos caudalosos,
las extensas y tranquilas llanuras
    forman el paisaje indeleble de la sierra,
    esconden los tesoros más preciados del futuro, y
    alimentan la raza valiente del pueblo que avanza hacia su destino
        con la altivez de sus montañas,
        la impetuosidad de sus ríos,
        la serenidad de sus valles y llanuras (G. V. A.).
Yo sé que mi maestro
    no me diera del asno ni del atrevido;
    no me diera sino del cándido; y como lo respetuoso estuviera
        saltando a la vista,
    me alargara la mano para llenarme de consuelo,
        y aun de júbilo:
        de orgullo no,
    porque ni su aprobación me precipitara en el error de pensar
        que había yo hecho una obra digna de él;
        y menos de soberbia,
    porque ella es el abismo donde suele desaparecer hasta el
        mérito verdadero (Juan Montalvo).

7.2.4 Relaciones interoracionales básicas. Los gramáticos tradicionales se han preocupado de las formas en que las cláusulas se integran para constituir oraciones y nos han dado, como nos demuestran los manuales de estilo, una gran colección de medios formales para ese fin. Podemos decir que algunos de esos medios nos sirven también para el 'enlace de oraciones' en el texto, pero como lo lamentamos al principio, en su mayoría deben estudiarse todavía. Entre los pocos que han emprendido esta nueva tarea de la lingüística, Louis T. Milic ha formado un sistema de ocho 'relaciones interoracionales básicas':

'Agregativa': proposición que carece de relación orgánica con la
    precedente (y).
'Inicial': la primera oración del párrafo.
'Adversativa': una proposición que cambia la dirección de un
    argumento (pero).
'Alternativa': una proposición que podría ser sustituida por la
    anterior (ó).

'Explicativa': un nuevo aserto, definición o expansión de la proposición anterior (es decir).

'Ilustrativa': un ejemplo o ilustración (por ejemplo).

'Ilativa': Una conclusión (luego).

'Causal': la causa de una conclusión previa (pues).

Véase lo dicho acerca de las 'unidades dialécticas' (1.1.3.1.3).

Como se dará cuenta el lector a medida que procedamos en este
examen, estas ocho clases no recubren la gama de vinculaciones
semánticas basadas en otros aspectos tales como el tema, la densidad, el relieve, la secuencia verbal y las referencias anafóricas y
catafóricas.

Otro aspecto que a menudo da mucho que hacer al traductor es la
'elocución atributiva' de las diferentes lenguas, y a no dudar, de las
dos que nos ocupan. Este aspecto, precisamente gracias a la gramática transformacional, ha alcanzado cierto grado de descripción,
pues aunque no se ha aplicado de lleno al estudio de la estilística,
nos ha proporcionado algunas luces en cuanto a los elementos
estructurales del discurso y de la combinación de oraciones. Las
nociones de 'enlace a la izquierda' (left branching), 'a la derecha'
(right branching) y de 'autoincrustación' (self-embedding) nos han
hecho conocer algunos efectos de estas transformaciones, como
hemos indicado al hablar de las contribuciones de la gramática
generativa transformacional a la traductología (2.4.8), que junto
con las relaciones lógicas que empiezan a clasificarse nos guiarán
en la colocación de 'oraciones incidentales', de la 'base nuclear del
período', el lugar que deben ocupar así las que expresan la 'causa'
como las que conllevan los 'resultados', el lugar en que se destaca
el 'énfasis' del mensaje, como veremos en una sección siguiente
del presente capítulo.

7.2.5 La totalidad y continuidad del discurso. Por los antecedentes esbozados se explica que el discurso constituye en lingüística el 'universo semántico mayor' en cuyo marco tienden a
desarrollarse las oraciones que el hablante o escritor organiza en
tan variadas formas como convengan a su plan de comunicación.
Este marco y este plan configuran la TOTALIDAD DEL DISCURSO
y del mensaje articulado gracias a una 'proyección semántica'
objetivizante. La proyección total persiste a pesar de la heterogeneidad de los componentes. Podemos decir que la heterogeneidad
se apoya en tres ejes o clases de relaciones: las 'relaciones
sintácticas' (disyunción y conjunción), las 'relaciones jerárquicas'
(hipotaxis) y las 'relaciones semánticas' básicas enumeradas en
la sección precedente. Estos tres tipos de relaciones manifestadas
en el discurso, que corresponden a las relaciones fundamentales

reconocidas en el interior de una oración, nos llevan a la noción de 'totalidad' en la misma forma en que se ha llegado a concebir la oración como un todo y como unidad máxima de la gramática clásica. En otras palabras, el discurso, dentro del marco de las relaciones enumeradas, manifiesta modalidades del orden 'paradigmático' y 'sintagmático' (2.1.8 y 2.4.6). Esta distinción es muy importante para los traductores, quienes necesitan aplicar a su trabajo métodos lingüísticos, pues a menudo confunden el discurso con el plan exclusivamente sintagmático.

La noción de integridad del discurso se corrobora así mismo por el simbolismo lingüístico creado por nuestra visión del mundo y por nuestra manera de organizar la comunicación por medio de reglas. Una actividad metalingüística se hace sentir a través de todo el proceso y conduce a la construcción del propósito y del efecto, a la creación de un 'ambiente'. Primero, como ya lo hemos comprobado, se requiere el enlace de las oraciones que produce la 'continuidad formal'. La supresión de las conexiones semánticas sería una inconsecuencia. Al enlace y a esa continuidad se añade la 'vinculación temática' que veremos más adelante. El empleo de los tiempos verbales es otro elemento de cohesión del discurso, según los estudios realizados por Harald Weinrich. El punto de vista tiene valiosa aplicabilidad al 'análisis integral' del discurso como se puede también comprobar en la obra de John McH. Sinclair. El conjunto adquiere así un ritmo, pero no un ritmo establecido por el acento o por la entonación, sino una 'cadencia' modulada por la sintaxis y hasta por el contenido, según lo afirma 'dogmáticamente' Richard Ohmann.

La 'totalidad' es complejidad: en ella juegan los 'actantes' (participantes), las 'relaciones', el 'orden', el 'relieve'. Y en medio de ella también surge una admirable flexibilidad de formas inventivas y direcciones novedosas. En efecto, la estilización es compleja y variada. Sin las alternativas ilimitadas y sugestivas no habría estilización.

Teniendo el discurso una 'visión integral', y constituyendo ese 'universo semántico mayor', el traductor debe enfrentarlo como tal, y no sería productivo transferir a la otra lengua una serie de mensajes parciales extraídos de cada frase. La consideración aislada de las frases que forman el discurso negaría a éste las cualidades que hemos tratado de bosquejar, los rasgos semánticos interoracionales, la profundidad, la proyección objetivizante, el punto de vista, todas las cuales tienden a su cohesión. La estilística del texto no es simplemente la suma total del análisis estilístico de las oraciones individuales, expresa Nils Erik Enkvist. Y Eugene Nida, sostiene también que no se debe traducir una cláusula a la vez, sino tratar el párrafo o pasaje como si fuera una sola unidad cuya estructura esencial debe ser analizada, transferida y reestructurada de manera que preserve las cualidades del original.

7.3 Orden y extensión del discurso

7.3.0 Introducción. El ORDEN es uno de los 'medios tácticos' de la lengua. Los 'hechos de orden', como el relieve, la anteposición, la posposición, la inversión, son significativos y pertenecen a la semántica. Una de las grandes cualidades de la lengua española, sobre todo si se compara con el inglés, es la extraordinaria libertad del orden de sus elementos sintácticos; aquí lo hemos afirmado al hacer notar las causas de la monotonía en la versión castellana (4.1.1). Aunque no se ha logrado todavía conformar una 'gramática extraoracional', podemos decir con bastante acierto que esa afirmación sobre la libertad constructiva de la oración tiene la misma validez para el párrafo. Las oraciones en el párrafo castellano gozan de gran movilidad. Muchos preceptistas tradicionales han querido inculcarnos que el discurso en primer lugar se sujeta al orden de los pensamientos; que la secuencia de palabras y la secuencia de oraciones o frases corresponden por lo común a ese 'orden natural'. Diderot llegó inclusive a la conclusión de que el francés es único entre las lenguas en el grado en que corresponde el orden de las palabras al orden natural de los pensamientos e ideas, por eso creía que el francés era muy apropiado para las ciencias. El español, como muchas otras lenguas modernas, es apropiado para las letras. En realidad, a pesar de ser lenguas romances, el francés se diferencia del español porque ha adquirido cierta inmovilidad y un grado avanzado de lexicalización. Voltaire en cambio lamentaba la falta de flexibilidad de su lengua: "Notre langue un peu seche et sans inversions/ Peut-elle subjuguer les autres nations?" El alemán, sabemos, es una lengua de poderosa flexibilidad expresiva, pero de orden fijo; sin embargo, pese a la gran flexibilidad Goethe la consideraba inadecuada. En cuanto a la nuestra, José Luis Borges ha dicho en muchas ocasiones que le es más fácil escribir en inglés que en francés o español. Tal vez se refería a la gran concisión y expresividad del inglés, a su riqueza de palabras imagen, a su enorme inventario de frases hechas (3.2.1 y 3.2.2). En nuestra opinión, la lengua que no se anquilosa en las secuencias sucesivas es una lengua sana y vigorosa. El modelo transformacional podría evaluar mejor la flexibilidad de las lenguas, sobre todo su riqueza construccional (2.3.2 y 3.1.6).

7.3.1 Dinamismo del orden. Lo que aquí nos interesa no es determinar si el español es una lengua para el teatro, para la sociedad o para las escuelas de filosofía. Nos interesa desde el

punto de vista de sus variados recursos que nos facilitarán la tarea
de traducir, conservando, como hemos repetido, los elementos
estructurales del original en cuanto nos sea posible, pero logrando
un equilibrio con el grado de 'aceptabilidad' que posee nuestra lengua
en lo que a ordenamiento se refiere y sin violentar su preferencia
natural. Debemos admitir que, en sentido muy lato, existe un 'orden
natural', pero nos parece que el orden no es estático sino dinámico,
y que no siempre sigue el orden de nuestros pensamientos y emociones: el 'orden es psicológico' y 'relativo', como todos los fenómenos de la lengua. Véase que en el ejemplo:

Sin amistad para el uno, y para el otro sin fe.

el orden natural ha sido perturbado, la secuencia progresiva
desaparece en la segunda configuración y los elementos del
pensamiento pierden su simetría; el orden responde aquí a un intento artístico sin que disminuya la efectividad. El ejemplo que
indicamos a continuación hará darse cuenta al lector de las consecuencias negativas que puede traernos el considerar estático el
orden, en particular en el sentido de que se lo pueda calcar del
inglés sin hacer las alteraciones necesarias que eviten los efectos
obstructivos de la versión castellana:

'Bueno, ¿lo pasa bien Su Señoría aquí en París?--preguntó
el conde Mippipopolous, que tenía un colmillo de alce, como
dije, en la cadena del reloj'.

Al leerse de súbito que tenía un colmillo de alce se piensa de inmediato en un conde Drácula, o por lo menos con un diente horrible.
Luego, al seguir la lectura y ver entre comas como dije, nuevamente
el lector trata de acordarse si en realidad se dijo eso antes o no.
Finalmente, luego de estas distracciones de su atención, llega a la
parte en la cadena del reloj, y sólo entonces se da cuenta de que el
hecho es muy otro. Esa obstrucción o 'ruido lingüístico' (6.2.1)
que impide la rapidez de asimilación que necesita el lector han
sido causados por el descuido, o ignorancia, del traductor que
calcó servilmente el orden del inglés. En efecto, la frase inglesa
decía (y proponemos un orden más conveniente):

'Well, does your Ladyship have a good time here in Paris?' asked Count Mippipopolous, who wore an elk's tooth as a charm on his watch-chain (Hemingway).	Bueno, lo pasa bien Su señoría en París? preguntó el conde Mippipopolous, que en la cadena de su reloj llevaba de dije un colmillo de alce.

Con el desplazamiento efectuado, y con la sustitución de la preposición antes de <u>dije</u> se ha evitado lo equívoco. Véase el método de desplazamiento en este mismo capítulo (7.6.5).

7.3.2 El orden de las oraciones y la tolerancia textual. El libre albedrío del español no se debe entender en el sentido de que su TOLERANCIA TEXTUAL sea insensible. La movilidad debe armonizar con su 'genio'. Y como hemos dicho que los hechos de orden son significativos, las oraciones tienden a buscar su lugar. Una frase aceptable en medio del texto, puede no ser tolerada al comienzo. El castellano es bastante exigente en cuanto a la forma de comenzar un escrito, una carta, un párrafo. Hay oraciones que nunca pueden ocupar ese lugar aunque bien pueden tener cualquier otra colocación. Existe una especie de principio de 'compensación estructural' por el que el comienzo de las frases o períodos en español no son cortos. El predicado tampoco es corto, aunque sea semánticamente completo. El español tiende a los medios de circunlocución, a las expresiones multilexémicas. Aun en lo que a vocabulario se refiere, por ejemplo, deja mucho que desear una oración o párrafo que se inicie con la palabra <u>también</u>. En realidad, a modo de prueba para los que no están muy convencidos, en todo el <u>Esbozo</u> de la Real Academia Española, obra de 559 páginas, el autor de la presente obra se encontró con sólo una excepción a esta advertencia. Sin embargo nos hemos encontrado con innumerables casos en que los traductores copian el primer lugar ocupado por <u>also</u> en el texto inglés:

Also in 1958 a center was established for the promotion	En el mismo año se estableció un centro para la promoción

De igual manera serán muy raras las veces, y poco felices, en que se introduzca un párrafo con <u>después</u>, <u>entonces</u>, <u>porque</u>, <u>dado que</u>, <u>que yo sepa</u>, <u>en lo que a mí me toca</u>, <u>a la larga</u>. En el caso de <u>también</u>, <u>como</u>, <u>porque</u>, <u>ustedes saben</u>, <u>entonces</u>, únicamente por razones de uso. En cuanto a las demás formas, se trata de expresiones de la lengua coloquial que no convienen en escritos serios o literarios. El español es elegante, señorial, evita lo prosaico (3.2.2). En lugar de <u>dado que</u> se escogerá <u>en vista de que</u>; en vez de <u>ustedes saben</u>: <u>según tengo entendido</u>, <u>si no me equivoco</u>, etc. Véase lo pedestre que sonaría esta versión en un estudio de reputación:

Phonetic representations like spic-and-span or <u>come a cropper</u> carry only idiomatic meanings so far as I am concerned.	En lo que a mi me toca, las representaciones fonéticas por el estilo de <u>spic-and-span</u> o <u>come a cropper</u>, sólo tienen sentido idiomático.

Hemos insistido al mencionar la situación de los diccionarios (5.2) así como al hacer la distinción entre lengua y habla, que los artículos de los diccionarios tienen valor en la lengua, pero que adquieren significación en el habla, en la situación concreta en que expresamos un pensamiento, y, en segundo lugar, que la mayoría de los diccionarios no nos dan las verdaderas equivalencias de los términos. Nos hemos encontrado, por cierto, con la equivalencia de <u>que yo sepa</u> para <u>as far as I know</u>, pero un poco de sentido de lengua nos dice que se trata de una forma coloquial o familiar. Dígase igual de las maneras de terminar un párrafo o una oración. El castellano se distingue por la paroxitonía. No tolera con comodidad monosílabos ni construcciones truncas en esa posición. Véanse los ejemplos:

?Los estudios e informes indicados en los párrafos uno a tres (o peor: 1 a 3)	Los estudios e informes indicados en los tres párrafos precedentes
?El equipo que necesitan para funcionar bien	El equipo que necesitan para su correcto funcionamiento
?Lo que el autor dice aquí	Lo que aquí dice el autor

La 'competencia' del oyente le hace notar en seguida lo desafinado de la última frase de la izquierda. Lo mismo dígase del monosílabo enfatizado de este otro ejemplo:

El proceso de desarrollo en sí	El proceso mismo de desarrollo (o propiamente dicho).

Decíamos pues que las oraciones deben satisfacer ciertas exigencias para adoptar un lugar en el período y, siguiendo la teoría de Enkvist, esas exigencias no son las mismas en todos los contextos, la 'norma de aceptabilidad' varía de un texto a otro. La 'tolerancia del texto', de acuerdo con el nivel funcional del lenguaje, formará parte de las reglas de una gramática extraoracional. En otras palabras, el lenguaje legal, por ejemplo, tolerará mayor número y formas de repetición, y se prestará menos a las variaciones estilísticas del 'universo semántico mayor' o de los 'grandes signos'. Véanse las obstrucciones que se producen y el rechazo del período a alguno de los ordenamientos de las siguientes oraciones:

(1a) Pues yo afirmo que, aun cuando tenga alguna malicia intelec-
      tual, ése es un tonto, o por lo menos un necio (Juan Montalvo).
(1b) Pues aun cuando tenga alguna malicia intelectual, yo afirmo
      que ése es un tonto, o por lo menos un necio.
(1c) Pues yo afirmo que ése es un tonto, o por lo menos un necio,
      aunque tenga alguna malicia intelectual.
(1d) Pues que ése es un tonto, o por lo menos un necio, yo afirmo,
      aunque tenga alguna malicia intelectual.
(1e) Pues que ése es un tonto, o por lo menos un necio, aunque
      tenga alguna malicia intelectual, yo afirmo.

(2a) Querer reir de todo, en todas partes y a cada instante, qué
      es sino pobreza de espíritu? (Juan Montalvo).
(2b) Qué es sino pobreza de espíritu, querer reir de todo, en
      todas partes y a cada instante?
(2c) Qué es sino pobreza de espíritu, querer en todas partes y a
      cada instante reir de todo?
(2d) En todas partes y a cada instante, querer reir de todo, qué
      es sino pobreza de espíritu?

¿Podría decirse que el orden en que se han presentado estas
oraciones alteradas indica también el orden de aceptabilidad? Tal
vez el lector no esté muy seguro, pero puede estar por lo menos de
acuerdo en que algunas no son tolerables.

7.3.3 Las formas anómalas y los efectos estilísticos. Aparte
de la poesía, en la que se permite toda clase de licencias, hay
autores que en su prosa utilizan 'formas textuales' (de texto) raras
y acaso aberrantes[43] con propósito literario efectista. Véase el
siguiente ejemplo de Julio Cortázar (El Río):

Y sí, parece que es así, que te has ido diciendo no sé qué
cosa, que te ibas a tirar al Sena, algo por el estilo, una de
esas frases de plena noche, mezcladas de sábana y boca
pastosa, casi siempre en la oscuridad o con algo de mano o
de pie rozando el cuerpo del que apenas escucha, porque hace
tanto que apenas te escucho cuando dices cosas así, eso viene
del otro lado de mis ojos cerrados, del sueño que otra vez
me tira hacia abajo. Entonces está bien, qué me importa si
te has ido, si te has ahogado o todavía andas por los muelles
mirando el agua, y además no es cierto porque estás aquí
dormida y respirando entrecortadamente, pero entonces no
te has ido cuando te fuiste en algún momento antes de que
yo me perdiera en el sueño, porque te habías ido diciendo
alguna cosa, que te ibas a ahogar en el Sena, o sea que has

tenido miedo, has renunciado y de golpe estás ahí casi tocándome, y te mueves ondulando como si algo trabajara
suavemente en tu sueño, como si de verdad soñaras que has
salido y que después de todo llegaste a los muelles y te
tiraste al agua. Así una vez más, para dormir después con
la cara empapada de un llanto estúpido, hasta las once de la
mañana, la hora en que traen el diario con las noticias de los
que se han ahogado de veras.

Léase esta versión alterada del mismo pasaje:

Y sí, parece que es así: que te has ido diciendo no sé qué
cosa; que te ibas a tirar al Sena o algo por el estilo. Hace
tanto que te escucho esas frases de plena noche, mezcladas
de sábana y boca pastosa, pronunciadas casi siempre en la
oscuridad o rozándome el cuerpo con la mano o con el pie,
que vienen del otro lado de mis ojos cerrados por el sueño
que otra vez me tira hacia abajo. Está bien, entonces.
¿Qué me importa si te has ido, te has ahogado o todavía andas
por los muelles mirando el agua? No es cierto, además, ya
que estás aquí dormida y respirando entrecortadamente; y no
te has ido cuando dijiste que te ibas en algún momento de la
noche, antes de que yo me perdiera en el sueño. Porque te
has ido diciendo alguna cosa, que te ibas a ahogar en el Sena;
pero veo que has tenido miedo, has renunciado hacerlo, y de
golpe estás ahí casi tocándome; y te mueves ondulándote
como si algo trabajara suavemente en tu sueño, como si de
verdad soñaras que has salido, y que después de todo llegaste
a los muelles y te tiraste al agua. Así una vez más, para
dormir después con la cara empapada en un llanto estúpido,
hasta las once de la mañana, hora en que traen el diario con
las noticias de los que se han ahogado de veras.

Se ha tratado de 'formalizar' la construcción del texto, agregando
puntuación, completando oraciones o frases con la adición de palabras
a principio o fin, completando una que otra idea con cierta libertad
interpretativa para hacer más explícita la expresión, y cambiando el
lugar de una cláusula.

Para facilitar el análisis, las alteraciones que se han impuesto al
texto son las siguientes:

(a) La frase que cambió de posición es <u>hace tanto que te escucho</u>,
ya que para su intercalación hacia el final de su prolongado período el
autor empleó una vinculación semántica dando un salto sintáctico: <u>del
que apenas escucha, porque hace tanto que apenas te escucho</u>.

(b) A la frase casi siempre en la oscuridad se le agregó pronunciadas, aunque no hay certeza de que el pensamiento del autor sea: frases pronunciadas en la oscuridad o te has ido diciendo en la oscuridad; pero esto no afecta mayormente a nuestro análisis.

(c) Desplazamiento (7.6.5) de con la mano o con el pie y supresión de algo de.

(d) Vinculación temática con el cambio de eso viene por que vienen.

(e) En la configuración: no te has ido cuando te fuiste, se interpoló cuando dijiste para subsanar la falta de lógica.

Pese a las modificaciones señaladas, se observa que el pasaje ha conservado sus características, sigue siendo del idiolecto de Cortázar. Esto se debe a que los rasgos del texto que hemos alterado: la puntuación y forma completa dada a una que otra frase, así como un sólo cambio de lugar, no constituyen rasgos esenciales de su estilo.

Apliquemos un cambio más al texto:

Así ocurrió; se fue diciendo: ¡ me voy a tirar al Sena!, o algo por el estilo. Desde hace mucho tiempo he escuchado esas frases de plena noche, mezcladas de sábana y boca pastosa, que casi siempre pronunciaba en la oscuridad o rozándome el cuerpo con la mano o con el pie; esas frases venían del otro lado de mis ojos cerrados por el sueño que otra vez me tira hacia abajo. Dije entonces: está bien! No me importa! Se fue, se ahogó o todavía anda por los muelles mirando el agua. No es cierto, además: está aquí dormida y respirando entrecortadamente; no se fue cuando dijo, me voy, en algún momento de la noche, antes de que yo me perdiera en el sueño. Porque se fue y dijo: me voy a ahogar en el Sena! Pero tuvo miedo, renunció a hacerlo, y de golpe está ahí casi tocándome; y se mueve ondulándose como si algo trabajara suavemente en su sueño, como si de veras soñara que salió, y que después de todo llegó a los muelles y se tiró al agua. Así una vez más, para dormir después con la cara empapada en un llanto estúpido, hasta las once de la mañana, hora en que traen el diario con las noticias de los que se ahogaron de veras.

Esta versión ofrece ya una fisonomía distinta. Parece como si se le hubiera aplicado los frenos a la vivacidad del 'monólogo interior' original, que ahora ha perdido su fascinante progresión subconsciente y su penetración. En el proceso de 'transformación inversa' (2.3.7) le hemos quitado al texto la transformación del 'estilo indirecto libre' y hemos cambiado algunas formas verbales. Sin embargo, como la pérdida de esta transformación afecta de modo especial a pocas frases: me voy a tirar al Sena, me voy, está bien, me voy a ahogar en el Sena, en el resto del pasaje persisten ciertas

características del escritor, no se ha logrado destruir por completo
su escritura. Esto significa que hay otros rasgos más sutiles que
mantienen la continuidad y totalidad del discurso y que analizaremos
bajo los subsiguientes epígrafes de este capítulo. Válganos por ahora
estos ejemplos para comprobar que los medios de enlace, como
hemos anticipado, no son los mismos en todo género de textos. El
enlace semántico, que hemos tratado de sustituir con puntuación
estricta y con el giro directo, mantiene la perspectiva en la prosa
de un 'monólogo interior' y en el llamado 'flujo de la conciencia', lo
que no ocurriría en un texto expositivo, por ejemplo, que sí rehuiría
los giros raros, las formas aberrantes o la confusión de tiempos
verbales que se nota en la segunda parte del ejemplo citado.

7.3.4 Autoincrustación, acumulación y memoria temporal. Otro
aspecto que el traductor debe notar en el análisis del pasaje de
Cortázar es cierto grado de 'dificultad' de comprensión, y es un
aspecto que pertenece más directamente al tema que nos ocupa en
este apartado, pues la dificultad se debe precisamente a la 'sintaxis
extraoracional'. Como habíamos mencionado, la 'incrustación'
(embedding) de oraciones occurre hacia la izquierda o hacia la derecha,
y la 'autoincrustación' (self-embedding) ocurre en medio de las demás
configuraciones. Esta última es la que puede causar mayor obstrucción
en el desciframiento de un mensaje semántico. En efecto, en la
autoincrustación, al posponer el desenlace de la proposición con la
'interpolación' y 'acumulación' de frases en el medio, se hace difícil
la retención de circunstancias precedentes para ligarlas a las del fin,
esto es, se agobia la 'memoria temporal', si se nos permite emplear
un término más de la teoría de la comunicación. Si lográsemos
cambiar esta 'autoincrustación', se modificaría tal vez en forma radical el carácter del pasaje, lo que significaría que estos sí son 'rasgos'
importantes o 'índices' del idiolecto de Cortázar. Efectivamente,
una nueva redacción con 'ramificación hacia la derecha', es decir,
que siga a continuación de un elemento principal, quedaría totalmente
distinta del original, pero facilitaría la asimilación del oyente o
lector.

La 'autoincrustación', como se verá en secciones subsiguientes,
es un hecho muy importante de orden y enlace del discurso. Tiene
que ver concretamente con la distribución de las oraciones. Por
interpolarse elementos secundarios, aunque fueran pocos, entre los
elementos principales de un período, se le crea al lector un período-
collage, que es una carrera de obstáculos, porque se impone a la
memoria temporal un trabajo forzado. Los elementos interpuestos,
en efecto, pueden llegar a preponderar sobre todos los otros elementos del período y dificultar el progreso normal de un razonamiento. Los constituyentes sintácticos del período quedan así
'discontinuos'.[44] Para la mejor comprensión, excepción hecha,

repetimos, de efectos literarios, las configuraciones de constituyentes que pertenecen a un mismo rango o prioridad no deben ir separados. Véanse los siguientes ejemplos:

> But the idea that the Conservatives, however great their distaste for the principles and practice of Communism, would be foolish enough not to welcome the prospect of some 120 German divisions being locked in mortal combat with their allies of yesterday is much to underrate their intelligence (Harold Macmillan, The Blast of War).

> The fact that he bothered to say that Harry thought that all of our troubles could be understood to have arisen from the suspicion that Mr. Figaro, the barber, seemed to feel that all of us . . . came as a total surprise to me.

El lector está seguramente en espera de que algo se diga, una vez aplicados estos hechos de orden a la traducción, respecto a lo que se debe hacer cuando se enfrenta con estilos complejos. Hay dos corrientes que todavía se prestan a controversia. Por una parte, había quienes pensaban, como Ortega y Gasset, que hay que conservar todo el exotismo de un estilo extranjero hasta los límites en que lo pueda soportar la corrección de la lengua a la que se traduce. Por otra parte, hay quienes sostienen, y a estos pertenecen casi todos los modernos, que la traducción debe dirigirse definitivamente a la norma de la lengua receptora. Si nos basamos en las ventajas que nos ha proporcionado la gramática transformacional y en el principio general de que ésta debe producir las formas distintas de expresar una misma cosa, esto es, una misma idea básica, no estaríamos de acuerdo con Ortega y Gasset. Tal vez esa idea, como muchas otras que no eran más que mitos de los diletantes de la traducción, podía aceptarse antes, pero no la aceptan tan fácilmente ahora los que comprenden la verdadera naturaleza de la traducción y tratan de construir sus bases científicas. Mientras la traducción era una artesanía, todo era posible creer. La lingüística moderna ha empezado desde hace algunos años a destruir los mitos y a describir con rigor y a base de principios científicos los fenómenos que comprende la traducción y a explicar los problemas que de ellos se derivan. A causa de los mitos existía un riesgo constante de 'literalidad' y las versiones se delataban por sus extrañezas y exotismos, sonaban y sabían a versión. Somos del parecer de que una versión debe fluir con la mayor naturalidad como si fuera una obra primigenia. No queremos decir con ello que no se deban tomar ciertos valores de LO que puedan enriquecer a LT, según los postulados de la 'poética de la traducción'. Nos detendremos sobre este

aspecto al demostrar la diferencia entre traducción literal y oblicua
(8.2.2.1 y 8.3.1). El traductor debe encontrar la equivalencia
natural más aproximada, de acuerdo con la doctrina de Nida y del
círculo de Praga, y debe expresarse como si el autor hubiera escrito
originalmente en lengua término. Y como se verá también más adelante (capítulo 8), la traductología provee los medios para conservar
la esencia y las excelencias del mensaje original sin violentar el
genio de la lengua término. Pero para todo ello, y esa es la finalidad principal de este capítulo, el traductor debe saber manejar las
estructuras, no sólo de la frase sino del texto o período entero, de
otra manera no le quedará más remedio que calcar estructuras ajenas
al espíritu del español y con ello se falseará el estilo y se dificultará
la comprensión del verdadero mansaje o propósito de un texto.

7.3.5 Otros factores de orden. El traductor deberá, así mismo,
tener en cuenta otros factores del orden textual. En primer lugar el
orden tendrá varios factores que son comunes a algunas lenguas, en
nuestro caso al inglés y al español. Estos factores forman parte de
los 'universales lingüísticos' o 'semánticos' (2.2.2 y 2.2.3). Pero
al mismo tiempo es indispensable ceñirse al proceder particular y
privativo de cada lengua, y en este aspecto nos servirá cuanto hemos
expresado a propósito de los diferentes 'planos de representación'
de las lenguas (3.2.1 y 3.2.2). En esta perspectiva, cada lengua
posee su forma de organizar el discurso según su visión particular
de los factores de tiempo y espacio, causa y efecto, antecedente y
consecuente. La visión del orden en que se proyectan el 'tema' y
el 'propósito' no se puede calcar mecánicamente de una a otra lengua.
En efecto, la tendencia del español es la de ese orden, y en la del
inglés, el 'propósito' a menudo precede al 'tema', o la 'calificación'
a lo 'calificado', prueba de ello es su uso del 'adjetivo' antes del
'sustantivo' (Vinay y Darbelnet), y el uso frecuente de incidentales
a la izquierda:

A very few not at all well liked union officials.

El español que rehuye lo abrupto a comienzo de párrafo, como
habíamos señalado un poco antes, preferirá a menudo, por medio de
una 'compensación estructural', encaminar al lector con un 'giro
introductorio' o de anticipación, antes de señalar lo esencial, o lo
presentará con formas 'nominalizadas'. Pero en otros casos
comunes no habría dificultad para el traductor, como en las estructuras de parelelismo, estructura ternaria (secuencias de tres elementos en distintas fases de la oración), la estructura quiástica
(correspondencia cruzada de elementos en una misma configuración).
En todo caso, según el grado de elaboración del texto, se tenderá

siempre a la variedad sintáctica. El orden invariable, en español,
más que en inglés, produce la 'monotonía' del discurso, tal como
la pobreza en el plano léxico.

7.3.6 La extensión de las oraciones y del párrafo. En cuanto a
la EXTENSION DEL PERIODO, como acabamos de ver, uno de los
parámetros de tolerancia sería la retención o 'memoria temporal',
y según este principio se determinará el límite soportable de autoincrustación o interpolación de material entre los elementos principales a fin de no restringir la comprensión. En otras palabras, la
extensión en sí no es en esencia el obstáculo sino la colocación y
distribución de las configuraciones. Obsérvese que en El otoño del
patriarca la claridad de García Márquez no sufre en lo más mínimo,
pese a que prolonga sus párrafos ad infinitum (véase estudio de
Gerardo Vázquez-Ayora). La mala distribución obligará al lector a
hacer saltos hacia atrás y hacia adelante para captar la ilación. Las
distintas clases de construcción, por aberrantes que parezcan, no
se dejan cambiar o alterar fácilmente sin que se pierdan ciertas
'tonalidades' o 'matices' como se verá en nuestro estudio de la
'compensación' y de la 'equivalencia estilística' (8.10.5). La
ramificación hacia la derecha deja cierto margen de extensión,
según la clase de escrito del que se trate.
En el siguiente ejemplo se desglosa y dispone en planos de profundidad sintáctica las configuraciones que se ramifican hacia la
derecha:

In making this suggestion, President Lleras anticipated subsequent
widespread concerns which have resulted in a number of useful
reports which draw conclusions based on the results of economic
development and international assistance programs of the past
decade, and which evolve policy guidelines designed to accelerate
the process of social and economic development (Raúl Prebisch).
(In making this suggestion)
President Lleras
   anticipated (subsequent widespread) concerns
      (concerns) which have resulted in a number of useful reports
         (reports) which draw conclusions

$$\text{(conclusions) based on} \begin{cases} \text{the results of} \\ \text{and} \\ \text{international assistance} \end{cases}$$

   and (reports) which evolve policy guidelines
      (policy guidelines) designed to accelerate . . .

Salvados los obstáculos de retención, hay procedimientos que permiten la continuidad del discurso, sin necesidad de establecer límites

a su extensión. La 'interpolación' repetida en forma mesurada dará por resultado la llamada 'construcción en abanico', que da la ilusión de que el período marcha sin destino previsto, anotando detalles a medida que se los percibe, y procurando no omitir ninguno. Es un procedimiento de 'progresión' muy efectivo, aunque no siempre el mejor, pero en él no exceden en importancia los detalles a la oración principal. Y el método realmente progresivo es aquel por el cual se empieza con detalles aparentemente sin importancia para hacer resaltar al fin el motivo esencial. En realidad la extensión no es un factor primordial. No hay siquiera un modelo estilístico o estético que se explique por las oraciones o períodos largos o cortos. Creo que la importancia radica en la creación de un 'ambiente' tal que se facilite al lector realizar la 'síntesis'. Son numerosas las técnicas que hacen uso de un volumen desigual de oraciones y textos. Como hemos observado ya, la 'oración larga' y 'elaborada', y por tanto el período demasiado complejo declina en popularidad. Hay que buscar la reorganización más apropiada de las unidades mayores.

7.4 Efecto temático

7.4.0 Introducción. Después de trazar el marco conceptual del discurso en los aspectos de su vinculación, totalidad, continuidad y progresión, nos será ahora más fácil comprender que además de la congruencia producida por ciertas relaciones de los elementos esenciales, existe en el discurso otro factor de 'coherencia' que es el TEMA y sus radios de acción. Hemos dicho al principio de este capítulo que las secuencias de oraciones van ligadas en primer lugar por factores sintácticos y semánticos. Entre los últimos figura el 'tema', estudiado y desarrollado principalmente por el círculo lingüístico de Praga y por otros pocos lingüistas como M. A. K. Halliday y Osten Dahl. En esos estudios se trata de los diferentes sistemas de organización de la elocución. En la oración, unidad más simple, es fácil notar la organización de acuerdo con la función o relaciones de sujeto a predicado o de 'asunto' a 'comentario'.[45] La función de sujeto o predicado en general marca el orden o la posición de estos elementos sintácticos en la oración. En inglés el orden va más ligado a la función, como hemos dicho; y en español, el sujeto es mucho más flexible al 'desplazamiento' e 'inversión' (7.6.5, 7.6.6) con respecto a la posición inicial en el discurso. Pero si consideramos con mayor detenimiento la influencia del tema únicamente, notaremos que constituye uno de los factores semánticos más trascendentales en la arquitectura del discurso. En lingüística se llama a esta influencia el 'dinamismo del tema'. Es un aspecto que se halla en estudio y es parte de la lingüística del texto. Consistiría en las formas en que los temas o asuntos aparecen en distintos puntos

del período o inciden en él estableciendo la cohesión en la cadena de
oraciones y enriqueciendo la significación total del mensaje. Merece
la pena que los traductores sigan de cerca el desarrollo de estos
estudios, pues sobra decir que, si es imposible traducir sin comprensión cabal del mensaje, el análisis del texto de LO será más eficaz con este nuevo instrumento de la lingüística.

7.4.1 Análisis del efecto temático. Aunque hasta el presente no
ha surgido todavía un método más riguroso, vamos a tratar de ilustrar
un nuevo hecho del discurso basándonos en el mismo pasaje de Julio
Cortázar que habíamos ofrecido para otras clases de análisis. Como
el autor, al agregar nuevos elementos a la estructura del texto,
suprime con frecuencia rasgos interoracionales o deja temas
sobrentendidos, vamos a hacer un desarrollo de sus pensamientos
recurriendo a la 'estructura subyacente':

```
      Y sí, (algo) parece (a mí) que es así:
tú vas diciendo una cosa
(yo) no sé      esa cosa
                tú vas
                tú te tiras              al Sena
                algo por el estilo
                una de esas frases
                    (esas frases son) de noche plena mezcladas de
                        sábana
                        y de boca pastosa
                        casi siempre en la oscuridad
                        con algo de mano o de pie
      (tú)              rozando el cuerpo
                            (el cuerpo) del que escucha
(yo) te escucho
tú dices así
      (así, esas cosas) vienen del otro lado de mis ojos cerrados
                        del sueño
                        (el sueño) me tira hacia abajo.
Entonces (algo) está bien:
qué me importa    si te has ido
                  si te has ahogado
                  si andas por los muelles    mirando el agua
además no es cierto porque estás aquí        dormida
                                             respirando
pero entonces     no te has ido
                  cuando te fuiste              en algún momento . . .
                        antes de que yo me perdiera . . .
```

```
porque te habías ido
diciendo                    alguna cosa
                            que te ibas
                            a ahogar                    en el Sena
o sea                       que has tenido miedo
                            has renunciado
y de golpe                  estás ahí        casi tocándome
                            te mueves        ondulando
                                             como si algo trabajara en
                                                tu sueño
                                             como si de veras
                            soñaras
                            que has salido
                            que llegaste    a los muelles
                            y te tiraste al agua.
```

No se han aplicado aquí todos los detalles y procedimientos que requiere el análisis completo del discurso pero, según afirma Raymond Chapman, los métodos más simples de llegar a los núcleos de la significación pueden ser perfectamente válidos en estilística. Se hace pues un bosquejo con ciertos elementos suprimidos por el autor en la realización, y para ello nos basamos en la interpretación que habíamos dado en el apartado 7.3.3, por medio de la transformación inversa. Se ha hecho esta vez un 'desglose' de las 'configuraciones nucleares', según el grado aproximado de incidencia, y se ha obtenido un ordenamiento de estructuras indicado por su posición en tres 'planos escalonados' de orden o profundidad. Por falta de espacio se han suprimido algunos detalles que no son relevantes en el presente análisis. Pero con este procedimiento se ha puesto en evidencia el EFECTO TEMATICO del texto, es decir la forma en que las oraciones cambian el 'enfoque de un tema' o lo vuelven a tomar en distintos sectores del discurso, y los diferentes grados de 'énfasis' en cada participante u objeto. En el 'discurso indirecto' hay 24 oraciones integradas que contienen tú por 'tema' o 'sujeto' (tú vas diciendo, si te has ido, estás ahí, etc.); en la primera parte del texto siete de estas oraciones ocupan el primer plano, o están sobrentendidas en el primer plano, y una en el segundo (tú vas a tirarte); en la segunda parte, 15 veces se repite el tema en el segundo plano y una sola en el primero. En las estructuras del tercer plano, las oraciones transfieren el enfoque de la segunda persona (tú) a acciones realizadas por ella ocho veces (rozando el cuerpo, mirando el agua, dormida, etc.). Por fin, hay varias referencias a la segunda persona, como en un tercer plano de referencia, en que el enfoque es más débil, pero que persiste, como en las expresiones tus frases, tu boca, tu mano, tu sueño, etc. Por otro lado, la participación del actante del monólogo se enfoca de la siguiente manera: en el discurso indirecto se presenta en el fondo del cuadro con la introducción del tema en una frase sola: (me) parece que es así. Más tarde se enlaza el tema de la segunda persona (tú) con el de la primera persona (yo) que sale a la superficie, y esto se opera con un paso efectivo de transición: (tú o tu mano) rozando el cuerpo del que te escucha . . . (yo) te escucho. Se ha restablecido casi al final de la primera parte del mensaje el tema del actante de primera persona. En la segunda parte el punto de partida es la forma sobrentendida, como en la primera parte: ((algo) está bien). El primer actante está expresado con firmeza (qué me importa). Las tres frases que conllevan este tema ocupan el primer plano. En el segundo plano el tema aparece una solva vez con cambio de enfoque, esto es, ya no como sujeto (no sé qué cosa - cosa que no sé). En el tercer plano continúa también el tema escasamente ya como objeto (rozándome) o ya como alusión (mis ojos, me tira, etc.).

En las estructuras de estos planos secundarios vemos, por otra parte, que las acciones atribuidas al segundo actante se repiten: irse, tirarse al agua, ahogarse. Aunque la idea de irse se reitera en seis o siete oraciones, no parece ser la idea dominante, pues sólo conduce a otras, no es sino un vehículo para las ideas de tirarse al agua y ahogarse. Pero de estas últimas, que sin duda establecen la psicología del pasaje, cada una aparece dos veces. Pero si se considera que semánticamente la idea de ahogarse está implicada por la de tirarse al agua o al Sena, se concluye que la insistencia recae en la idea de ahogarse.

En síntesis, en el pasaje se establece una gran COHESION por EFECTO TEMATICO. Los temas que se mueven a traves del discurso son, por una parte los dos actantes, o sea el actante del monólogo y la persona imaginaria; por otra parte, una acción de uno de los actantes subsiste ya en la estructura superficial, ya en la estructura subyacente, pero con el efecto de causar el impacto del monólogo. En ello consistiría aquella inmediata penetración psicológica que la crítica literaria cree encontrar el el pasaje que acabamos de estudiar.

7.4.2 Importancia del tema en la lingüística del texto. Estos hechos nos demuestran que en la estructura subyacente se puede relievar un 'tema' en tal forma que irradia su influencia a través del mensaje, en forma explícita o sobrentendida, según el efecto que el autor se proponga. En el ejemplo estudiado, uno de los temas se hizo sentir en la estructura patente y el otro, casi con igual fuerza, en la subyacente. Vale decir que para tener efecto, no es esencial que el tema se realice sólo en la estructura patente. Por eso habíamos dicho al tratar de la construcción paratáctica o asindética, que la fuerza de cohesión radica a veces en un sujeto psicológico, es decir el tema que actúa en la estructura subyacente. La atención del lector se concentra en el monema enfocado y recibe el impacto del mensaje. De ahí el lugar importante que merezca en traductología el conocimiento de las estructuras y de las relaciones que operan entre ellas y en sus diversos niveles porque eso coadyuva al análisis completo del texto. Esta teoría será de gran valor par los que nos dedicamos a esta disciplina, y mucho se debe a Richard Ohmann, J. P. Thorne y a Louis T. Milic, que han aplicado los principios de la gramática transformacional al análisis textual. Si esta aplicación continúa, será posible analizar la ambigüedad o la complejidad escondida de las relaciones interoracionales, así como se ha logrado un mejor entendimiento de la naturaleza de las lenguas gracias a la distinción y relaciones entre las estructuras semánticas subyacente y lineal. En palabras de otro erudito en estilística, Nils Erik Enkvist, "Theme dynamics charts the patterns by which themes recur in a text and by which they run through a text, weaving their way from clause to clause and from sentence to sentence". La estilística cuenta, pues, con instrumentos que le permiten describir la 'cohesión' y 'unidad del discurso' en términos concretos, y no en una forma subjetiva como la crítica literaria tradicional o únicamente de acuerdo con ciertos principios estéticos. Es imponderable el valor de este adelanto en la crítica y evaluación de traducciones (9.2). Hay afortunadamente varios lingüistas que tratan de resolver los problemas más inmediatos del 'movimiento temático', entre ellos, además de los mencionados, Walter A. Koch, quien ha realizado un estudio del 'estilo narrativo', y František Daneš (1970) quien ha explorado el 'análisis funcional' de las oraciones en el texto.

7.4.3 Formas de movimiento temático. El examen del 'tema' y de su 'movimiento' en el discurso tiene mucha mayor amplitud de la que se cree a primera vista. Si partimos de los siguientes ejemplos:

Señor, cual Goethe no te pido
la luz celeste con que asombras;
dame la noche del olvido,
yo quiero sombras, sombras, sombras (Medardo Angel Silva).

La torre de marfil tentó mi anhelo;
quise encerrarme dentro de mí mismo (Rubén Darío).

La 'vinculación temática', en estos casos más sutiles, se insinúa no ya con la repetición de un término o monema, sino por un término situado en un lugar privilegiado que expresa su relación con otro término o términos precedentes que encierran la misma idea u otra

análoga. En otras palabras, prevalece la 'perspectiva temática' sin
necesidad de que los temas sean expresados con los mismos monemas.
En este caso, por cierto, el examen es más difícil, pues hay que
identificar si los temas son análogos y para ello nos valdremos de la
proyección semántica que conocemos, en ausencia de un dispositivo
más exacto. En efecto, si analizamos con detenimiento, vemos que
<u>olvido</u> evoca una idea similar a <u>sombras,</u> como si los dos lexemas
fueran símbolo del mismo concepto, y que <u>torre de marfil</u> es el
símbolo de <u>encierro</u>. Nótese que no se trata de sinonimia, es decir
de la sustitución de términos sinónimos. Es una sustitución simbólica
de una idea asociativa que conforma una 'isotopía'.

De acuerdo con las investigaciones de Enkvist, la 'vinculación
temática' se realiza por medios diferentes, de acuerdo con las
clases de relaciones semánticas:

REPETICION:

La <u>actividad metalingüística</u> sirve, al contrario, para construir
los objetivos lingüísticos con la ayuda de nuevas determinaciones
y de nuevas definiciones. La <u>actividad metalingüística,</u> sistemática en su proceder, conduce, en consecuencia, a la creación
de objetos, que son, en definitiva, construcciones morfemáticas.

<u>Mobilized against this threat,</u> capitalist society shows an internal
<u>union</u> and <u>cohesion</u> unknown at previous stages of industrial
civilization. It is a <u>cohesion</u> on very material grounds; <u>mobili</u>-
<u>zation against the enemy</u> works as a mighty stimulus of produc-
tion and employment, thus sustaining the high standard of living
(Herbert Marcuse).

El <u>dueño</u> fui de mi jardín de sueño,
lleno de rosas y de cisnes vagos;
el <u>dueño</u> de las tórtolas, el <u>dueño</u>
de góndolas y liras en los lagos (Rubén Darío).

ALUSION O REFERENCIA:

El <u>Secretario de Estado</u> expresó a su vez el punto de vista de
su Gobierno, cual era el de que algunas restricciones de la
ley no eran acertadas. Manifestó (él) <u>su</u> decepción particular
por las restricciones impuestas a los miembros de la OPEP.

To be sure, this is still the dictum of the <u>philosopher</u>; it is <u>he</u>
who analyzes the human situation. <u>He</u> subjects experience to <u>his</u>

critical judgment, and this contains a value judgment (Herbert Marcuse).

SINONIMIA:

Cervantes padeció y gimió en triste abandono al final de su vida, como muchos grandes hombres. Sólo después de su muerte surgieron las estatuas de mármol que condecoran la ciudad de Madrid representando al Manco de Lepanto.

Los diputados han aprobado el nuevo proyecto de aranceles. La amenaza del Presidente de vetar la ley no amedrentó a la cámara baja.

ANTONIMIA (oposiciones y antítesis):

Los países ricos van a la vanguardia del progreso y se precian del dominio de la tecnología. Los pobres se debaten sobre la forma de hacerse transferir ciertas patentes para combatir el subdesarrollo.

COMPARACION:

América ha sufrido la tiranía de España por muchos años, lamentaba Bolívar. Pero era aún más oprobioso que deseara sanguinariamente reconquistar las provincias debilitadas por la prolongada guerra.

HIPONIMIA CONTRACTIVA (inclusión):

Los europeos han decidido entrar en el conflicto. Los ingleses observan desde lejos el desarrollo de los acontecimientos.

HIPONIMIA AMPLIFICATIVA:

De lógica y dialéctica se discutía en el banquete de Alcibíades. Pese a su riqueza y debilidad por las frivolidades de la vida, la filosofía fascinaba al valiente ateniense.

PARTICIPACION DEL MISMO NIVEL DEL PARADIGMA (no hay término superordinado ni subordinado):

Los republicanos se empeñan en salvar a su partido culpando a unos pocos del escándalo. Los demócratas se abstienen de acusarlos, con la esperanza de que se debiliten mutuamente antes de las elecciones.

Cuando truena Dante, corona desciende, triple corona, tiara, desciende al abismo. Montalvo hizo descender una mitra y un báculo (Rubén Darío).

METAFORA SOSTENIDA:

Los hombres extraordinarios en los ojos tienen rayos con que alumbran y animan, aterran y pulverizan. Pirro, agonizante, hace caer de la mano la espada del que iba a cortarle la cabeza, con una mirada eléctrica, espantosa: en ella fulguran el cielo y el infierno. Mario pone en fuga al cimbrio que viene a asesinarle, sin moverse, con sólo echarle la vista; y se dice que la mirada de César Borgia era cosa imposible de sostener. El general Páez habla de los ojos de Bolívar encareciendo el vigor de esa luz profunda, la viveza con que centellaban en ocasiones de exaltación. Y si no, ¿por donde había de verse el foco que arde en el pecho de ciertos hombres amazados de fuego y de inteligencia? (Juan Montalvo).

Hamburgo azucarado de nieve
con su pipa metida en la funda del Elba,
el lenguaje marítimo de las grúas chillonas
y la alegría naval
de los astilleros fundadores de colonias (Jorge Carrera Andrade).

El traductor versado en las nociones de expresividad, que haya adquirido un conocimiento más profundo de las asociaciones para digmáticas o temáticas de los medios y mecanismos de expresión, deberá investigar los casos más sutiles, que no por ser más difíciles sean raros en lengua escrita. Al contrario, a medida que se asciende en los niveles de lengua, son los casos más frecuentes cuyos matices se dejan escapar por falta de percepción y sensibilidad. En realidad, la delicadeza del traductor debe reconocerse en estas manifestaciones en las cuales debe escoger el vocablo que no destruya la continuidad temática o asociativa, aun en casos menos claros que los que aquí se ofrecen para facilitar la comprensión. En una sección subsecuente se estudiarán las 'pérdidas semánticas' en que los traductores incurren por evitar el mal menor de la repetición recurriendo a 'sinónimos' con el único resultado de destruir un efecto temático del texto de LO. El juego con sinómimos es en sí muy peligroso, según hemos visto (3.1.3), por falta de una teoría semántica que nos ayude a delimitar la 'sinonimia' y a distinguirla

de la 'parasinonimia'. No todas las alusiones temáticas son tan
patentes y sencillas como las que hemos examinado hasta ahora.
Charles Bally, para quien la afectividad es factor determinante en
estilística, concebía en términos más que intuitivos el 'dinamismo
temático'. El problema de identificación se debía a la dificultad de
determinar si las asociaciones de ideas se producían con relación
al 'significante' o al 'significado' (2.1.2), si se dirigían a los
sentidos materiales o a la imaginación. Hay repeticiones, por
ejemplo, que son procesos indiscutiblemente sensoriales, esto
es, repeticiones de monemas idénticos, a veces rítmicas, que no
dejan lugar a duda que el efecto proviene de los 'significantes', como
en la repetición insistente:

> Verde que te quiero verde.
> Verde viento. Verdes ramas (García Lorca).

> I believe this government cannot endure permanently half
> slave and half free. I do not expect the Union to be dissolved--
> I do not expect the house to fall--but I do expect it will cease
> to be divided (Abraham Lincoln).

Cuando la repetición toma formas menos materiales, dice Bally,
la cuestión se complica. Cuando no hay sonidos idénticos ni ritmo
insistente, el efecto se debe al juego de las ideas. La asociación se
produce entonces en virtud del 'significado' (faz conceptual del signo),
como los casos clasificados por Enkvist que hemos ilustrado hace
poco.

Como se insinuó antes, más allá de esa especie de eco inter-
mitente entre las oraciones de un período, más allá de la alusión,
del quiasma, de la sinonimia, hay 'rasgos temáticos' difíciles que
el traductor experto puede percibir en la 'estructura subyacente':

> La loma estaba sentada en el campo
> con su poncho a cuadros.
> El colorado, el verde, el amirillo,
> empezaron a subir por el camino (Jorge Carrera Andrade).

Volvemos así a los casos de 'yuxtaposición efectista', común no
sólo en literatura, sino en cualquier otro nivel de lengua. Hay
varios fenómenos que prosperan en la lengua común, como sabemos,
ya sea la metáfora, el hipérbaton, o la alusión tan empleada en el
lenguaje publicitario. No se debe pues creer que las lucubraciones
que venimos repitiendo sólo sirvan para los que se dedican a traducir
obras literarias. En cualquier especialidad que trabaje el traductor
debe reconocer la 'vinculación semántica' del período.

Analicemos el 'enlace semántico' por 'yuxtaposición':

(1) By that time, though, he had other things to worry about.
(2) He had been taken in hand by a lady who hoped to rise with the magazine.
(3) She was very forceful, and Cohn never had a chance of not being taken in hand.
(4) Also he was sure that he loved her.
(5) When this lady saw that the magazine was not going to rise, she became a little disgusted with Cohn and decided that she might as well get what there was to get while there was still something available, so she urged that they go to Europe, where Cohn could write.
(6) They came to Europe, where the lady had been educated, and stayed three years.
(7) During these three years, the first spent in travel, the last two in Paris, Robert Cohn had two friends, Braddocks and myself.
(8) Braddocks was his literary friend.
(9) I was his tennis friend (Hemingway).

'Enlace sintáctico explícito':
La oración (1), por medio de though, que hace de enlace anticipador con la colaboración de by that time y other things, establece la relación sintáctica hacia adelante, con el resto de las oraciones del período. Also, en la oración (4), establece enlace retroactivo con la (2) y la (3). When, en la oración (5), vincula a ésta con las que la preceden. During, en la oración (7), establece el enlace con las oraciones (5) y (6).

'Enlace sintáctico implícito':
Las oraciones (2), (3), (6), (8) y (9) no contienen ningún monema que desempeñe el papel de eslabón sintáctico expreso. En este caso se dice que el nexo sintáctico es cero. Sin embargo, no hay duda que se vinculan con el conjunto: la vinculación se realiza por lazos semánticos que no aparecen en la estructura lineal.

'Enlace temático':
Movimiento temático de she (ya sea expresamente, como lady, o por alusión): en las oraciones (2), (3), (4), (5) y (6). Movimiento temático de he: en todas las oraciones excepto la (6). Movimiento temático por repeticiones: (a) taken in hand en (2) y (3); (b) lady, en (2), (5) y (6); (c) Europe, en (5), (6) y (7) (en la oración (7) nótese la 'hiponimia contractiva' Europa/París); y (d) friends, en (7), (8) y (9). Para reanudarse el tema no es necesario que ocupe el mismo lugar en todas las oraciones: puede ir al principio, en medio o al fin, y a cualquier distancia. Lo mismo dígase en cuanto a función:

en una oración puede ser sujeto, en otra objeto, en otra complemento. El 'movimiento temático' ocurre entonces de un sujeto a otro, de un sujeto a un objeto y viceversa, de un objeto a otro, etc. Esto se ve claramente en las modalidades de 'movimiento temático' descritas por František Daneš:

(a) Progresión lineal simple, en la que el propósito (comment 7.4.0) de una oración asume la función de tema (topic) en la segunda:

Scientific thought had to break this union of value judgment (propósito) and analysis, for it became increasingly clear that the philosophic values (tema) did not guide the organization of society nor the transformation of nature (Herbert Marcuse).

Esta modalidad puede resultar en 'concatenación':

It was a spirit of peace that was not of death but of smooth-pulsing life, of quietude that was not silence, of movement that was not action, of repose that was quick with existence without being violent with struggle and travail (Jack London).

(b) Secuencia de oraciones con un tema repetido pero con diferentes propósitos o comentarios:

The light has gone out, I said, and yet I was wrong. For the light that shone in this country was no ordinary light. The light that has illumined this country for these many years will illumine this country for many more years, and a thousand years later that light will still be seen in this country and the world will see it and it will give solace to innumerable hearts (Jawaharlal Nehru).

(c) Progresión de temas derivados (un 'tema principal' y varios 'temas hiponímicos'):

Meteorology has made many advances in recent years. Weather observation methods have been developed to gather data from the upper stratosphere. Through time-lapse photography the study of cloud formations and patterns has been improved and the approach of storms and precipitation are easy to detect thanks to radar and the greater sensitivity of barometric instruments.

(d) El propósito de la oración inicial se ramifica, en las oraciones
sucesivas, en temas que coparticipan del concepto de aquel:

Overpopulation would drive wildlife to the wall; the eagle and
the elk would become memories; the smell of pine already is
synthesized and marketed in pressurized cans for use in
deodorizing our apartments (The Saturday Review).

7.5 Densidad sintáctica

7.5.0 Introducción.

El entendimiento más formal de la estruc-
tura subyacente, según hemos constatado parcialmente en las
secciones anteriores, profundiza la comprensión de la manera en
que está construido el párrafo; de las relaciones interoracionales,
ya sean sintácticas o semánticas; y del dinamismo temático. Hemos
comprobado así mismo que el análisis del tema y de su movimiento o
incidencia está muy relacionado con las 'funciones sintácticas' o
'semánticas' que desempeñan las oraciones u otros elementos del
discurso. Ahora nos proponemos ver que las FUNCIONES SINTAC-
TICAS pueden ser simples o complejas y pueden ser realizadas en
mayor o menor número. El número y variedad de funciones que
desempeña un elemento constituye a su vez el mayor o menor grado
de DENSIDAD o PROFUNDIDAD SINTACTICA de las oraciones y de
los períodos. Tanto oraciones como párrafos muchas veces poseen
ciertas complejidades de forma y significación que cuanto más sutiles
más problemáticas resultan para el traductor.

7.5.1 Análisis de las funciones de los actantes.

Algunos datos
del análisis temático ya realizado nos pueden servir de base para
comprender mejor el fenómeno de la 'densidad sintáctica', término
sugerido por Richard Ohmann. Vamos, pues, a completar, bajo
este epígrafe, el análisis del texto de Julio Cortázar que habíamos
esquematizado en apartados anteriores. Partimos del esquema de
planos que aparece en el apartado 7.4.1.

Notamos ante todo que hay elementos que no constan en la estructura patente del pasaje original, pero que existen en la estructura
subyacente, y por eso ha sido posible añadirlos en la versión modificada (7.3.3) y, entre paréntesis, en el esquema de planos. Notamos
así mismo que en la segunda parte del pasaje hay elementos que se
repiten y que están explícitos en la estructura patente. Los demás
hechos que se desprenden del análisis son los siguientes:

En la primera parte del pasaje, el actante de primera persona
realiza la función de sujeto dos veces:

(yo) no sé
(yo) te escucho
de objeto (directo o indirecto), tres veces:

(me) parece
rozando (me) el cuerpo
me tira hacia abajo

El actante de segunda persona es sujeto seis veces:

tú vas	tú te tiras
tú dices	tú rozas
tú vas	tú dices

y objeto (directo o indirecto), una vez:

te escucha

En la segunda parte del pasaje el actante de primera persona sujeto una vez:

antes de que yo me perdiera

y objeto (directo o indirecto), dos veces:

me importa
tocándome

El actante de segunda persona es sujeto veintitrés veces:

te has ido	te ahogas
te has ahogado	has tenido miedo
andas por los muelles	has renunciado
miras al agua	estás ahí
estás aquí	me tocas
estás dormida	te mueves
respiras	te ondulas
no te has ido	soñaras
te fuiste	has salido
te habías ido	llegaste
tú dices	te tiraste
te ibas	

Hay además otros actantes en el tercer plano (algo trabajara) que no tienen importancia.

Aunque no se constata una marcada variedad de funciones sintácticas de los actantes (sujeto u objeto), y por tanto, no hay un elevado grado de 'densidad sintáctica', sin embargo, se trasluce una marcada insistencia en el actante de segunda persona, que aparece como sujeto en número muy superior al de primera persona, aunque este último hace también de objeto varias veces. En efecto, con la lectura del pasaje se percibe de inmediato el énfasis en la segunda persona del monólogo. El énfasis sobre el personaje de segunda persona se siente más inclusive por las repeticiones, como por ejemplo con los verbos decir e irse. El moderado grado de 'densidad sintáctica' no es, pues, causa mayor de dificultad de comprensión del texto. Como lo habíamos anticipado (7.3.4), la dificultad de comprensión se debía a las supresiones de elementos por el autor, a la alteración de la constitución formal de la oración y de sus conexiones, que por lo regular son abruptas (del que escucha porque te escucho, no te has ido cuando te fuiste, etc.), a la puntuación libre y, no en poca medida, a la reiterada 'interpolación' de ideas entre elementos principales, o sea la 'autoincrustación'.

Después de haber analizado este texto en sus diversos aspectos: las transformaciones principales que corresponden a las características escriturales de Cortázar, los planos de prioridad de los elementos textuales, el movimiento y el efecto temático, la densidad sintáctica, etc., llegamos a la comprensión cabal del contenido y de todos los factores que el traductor debe tener en cuenta antes de acometer la tarea de la transferencia. Sin el análisis textual en el que hemos hecho incapié en todos estos siete capítulos, y que creemos que correponde realmente a un considerable porcentaje del proceso traductivo, no se puede traducir. Intentar traducir sin análisis textual sería, según el popular dicho anglosajón, como colocar la carreta adelante de los bueyes.

7.5.2 La densidad sintáctica o profundidad estructural del discurso. Hemos dicho que la 'densidad sintáctica' consiste en el número o complejidad de funciones realizadas por elementos principales del discurso. La 'perspectiva del período' se ve formada como por una superposición de estratos, unas veces jerárquicos, otras simplemente secuenciales, de actividad sintáctica. El término empleado por Nida para esta compleja disposición de relaciones sintácticas es el de PROFUNDIDAD ESTRUCTURAL. Si nos explicamos por el marco de la 'gramática transformacional'--que no tratamos de imponerla como condición absoluta del presente estudio, para no asustar a los traductores que no la conocen, pero que sí aprovechamos toda oportunidad de presentarla paulatinamente para

que empiecen a ver la relación y la utilidad que tiene en nuestro
trabajo, y sobre todo, deseamos abrir el camino para que continúe
la investigación quien tenga interés en ella--la complejidad sintáctica que se ve como superposición de capas de funciones depende
del número de 'transformaciones' binarias generalizadas a las que
haya recurrido el autor para expresar o transmitir su experiencia
y su modo de verla. El estilo de un autor puede diversificarse
desde el más simple, formado apenas por 'oraciones nucleares',
que las conocemos como las más simples y rudimentarias que se
pueden dar en una lengua (2.3.6), a las que se añaden simplemente
una que otra transformación elemental. Léase el siguiente pasaje:

> There was a light in the concierge's room and I knocked
> on the door and she gave me the mail. I wished her good
> night and went upstairs. There were two letters and some
> papers. I looked at them under the gaslight in the dining-
> room. The letters were from the States. One was a bank
> statement. It showed a balance of $2,432.60. I got out my
> checkbook and deducted four checks drawn since the first of
> the month, and discovered I had a balance of $1,832.60. I
> wrote this on the back of the statement. The other letter was
> a wedding announcement. Mr. and Mrs. Aloysius Kirby an-
> nounce the marriage of their daughter Katherine--I knew
> neither the girl nor the man she was marrying. They must
> be circularizing the town. It was a funny name. I felt sure
> I could remember anybody with a name like Aloysius. It
> was a good Catholic name. There was a crest on the
> announcement. Like Zizi the Greek duke. And that count.
> The count was funny. Brett had a title, too. Lady Ashley.
> To hell with Brett. To hell with you, Lady Ashley (Heming-
> way, The Sun Also Rises).

Otros estilos emplean también esta clase de estructuras con
mayor número de transformaciones, en especial aditivas:

> There was no dust in the cannon. The leaves and flowers clean
> and virginal. The grass was young velvet. Over the pool
> three cottonwoods sent their snowy fluffs down the quiet air
> (Jack London).
> He and Miss Cooke waited alone in the office. They both lit
> cigarettes. He paced. She tapped her long-nailed fingers
> on the desk. The bells rang out the hour of five (Leon Uris).

El efecto del último ejemplo es obviamente de suspenso. Las
frases cortas y jadeantes crean el clima de misterio y tensión

(7. 2. 1) y Leon Uris no emplea esta clase de organización del período en toda su obra. En cambio este estilo de 'oraciones nucleares' o 'prenucleares' es habitual en Hemingway.

Y así en adelante, mientras las oraciones nucleares se combinan en oraciones compuestas (conjunción o coordinación) o complejas (incrustación) el estilo va adquiriendo esos estratos sintácticos que se multiplican con las transformaciones y que, como acabamos de estudiar, constituyen la 'densidad' y la 'profundidad sintáctica'.

Según el estilo del autor, o según el nivel de lengua de la escritura, y de acuerdo con la especialidad funcional del lenguaje del que se trate, el traductor encontrará mayor o menor densidad, siendo lógico que el riesgo de dificultad será mayor mientras más denso sea el período, en cuyo caso tendrá que hacer uso de su destreza en el análisis tanto del tema como de la complejidad de su desarrollo en la forma esbozada en el presente capítulo. Cada autor y cada ramo en que se escriba difieren en la cantidad de dichas transformaciones. Como dejamos sugerido en otra sección, es precisamente la elección de la clase y número de transformaciones la que describe un estilo particular, como lo tratan de probar esa pléyade de nuevos lingüistas cuyos nombres hemos señalado. Y aquí cabe una pregunta que muchos traductores escrupulosos se harán. Frente a una construcción profunda o densa, ¿debe el tra ductor transferirla así al texto de LT o debe aligerarla, o inclusive modularla, eliminando ciertas complejidades y presentándola en forma secuencial y simplificada? Debemos seguir lo que con mucho fundamento lingüístico aconsejan los estudiosos del tema: la estruc- tura del texto de LO, como se verá a propósito de la traducción literal (8. 2. 1. 1), puede encontrar correspondencia en una estructura de igual forma y densidad en el texto de LT, pero es muy bajo el porcentaje en que esto ocurre. Si buscamos, como es nuestra obligación, un equivalente que sea más natural a nuestra lengua y más aproximado al mensaje de la lengua de la que traducimos; es decir, que conserve la esencia del original pero que no violente el genio de nuestra lengua, nos convenceremos de que muchas veces el equivalente no será una estructura de igual forma y densidad. Habrá que buscar la más apropiada a los hechos del lenguaje, tomando en cuenta todos los principios que en esta obra se tratan de exponer para llegar a esa selección de opciones y servidumbres.

7.6 El relieve

7.6.0 Introducción. En diversas partes del presente estudio hemos sentado una premisa muy importante en traductología: el traductor debe estar capacitado para manejar, esto es, para agre- gar, suprimir, combinar y reordenar las estructuras y los

constituyentes sintácticos del texto. El breve estudio que acabamos
de hacer en las secciones precedentes de este capítulo comporta
algunas de las condiciones que apoyan esa premisa. Y, en realidad,
¿cómo puede el traductor dominar el manejo de los componentes
sintácticos si no domina antes el análisis del discurso? Hemos insistido, en efecto, en que es parte integrante de la traductología el
análisis de la forma en que se enlazan las oraciones de un texto, de
la forma en que se ordenan, de los medios efectistas, de los elementos afectivos, culturales, metalingüísticos, y otros hechos del
discurso. Son todos ellos parámetros que permitirán al traductor
operar dentro de un encuadre o patrón y prevenir los males de la
libertad ilimitada e indiscriminada que da la propiedad creativa de
la lengua. A los estudiados debemos añadir otro de esos parámetros
y puntos de referencia que le sirven al traductor ya de nueva latitud
para el vigor y expresividad de su versión, ya de control de esa
libertad omnímoda. Este nuevo factor es el relieve.

7.6.1 Las transformaciones y el poder de expresión. Una vez
más el presente tema dará al traductor la oportunidad de verificar
la utilidad de la 'gramática transformacional' y el papel vital que
promete en traductología. Es un hecho estilístico de gran importancia que al aplicar a una 'oración nuclear' ciertas 'transformaciones', el contenido de dicha oración no cambia. Otra forma
en que ya hemos expresado el mismo principio es de que hay distintas y variadas maneras de expresar una misma 'significación
básica' y eso se puede lograr gracias a las transformaciones. El
dominio de las transformaciones crea en el traductor un verdadero
'poder de expresión'. Según habíamos visto, la fase más difícil y
consumidora de tiempo del proceso traductivo es la reestructuración
(2.3.7). La facilidad de reestructuración está en proporción directa
con el 'poder de expresión' del traductor (3.1.6). Al mismo tiempo
que las transformaciones explican la totalidad de los fenómenos de
la producción de enunciados, estimulan nuestra facultad de intuición
y nos enseñan a pensar en forma analítica. Estos son los elementos
que constituyen lo que hemos venido calificando como el 'manejo de
las estructuras' de una lengua. Examinemos las siguientes transformas:

Nerón incendió a Roma porque estaba loco.
Nerón incendió a Roma a causa de su locura.
A causa de la locura de Nerón Roma fue devorada por las llamas.
La locura llevó a Nerón a destruir a Roma.
Enloqueció Nerón y puso fuego a Roma.
La locura de Nerón lo llevó a incendiar a Roma.
El incendio de Roma fue causado por la locura de Nerón.

La causa del incendio de Roma fue la locura de Nerón.
La causa del incendio de Roma fue Nerón y su locura.
Por su locura Nerón incendió a Roma.
Llevado de su locura Nerón incendió a Roma.
Roma pereció en las llamas por la locura de Nerón.
Nerón fue loco, por eso incendió a Roma.
Nerón, víctima de su locura, ordenó el incendio de Roma.
La locura de Nerón incendió a Roma.

No hay duda de que estas no son las únicas formas de seguir repitiendo la misma idea. En las transformas enumeradas (variantes), que se derivan de una misma oración, la esencia, es decir, la 'significación básica' (constante), es la misma en la estructura subyacente; sólo han variado las formas con que se la expresa, esto es, la 'significación lineal'. El principio de la 'alternatividad estilística' tiene por fundamento el principio de las 'transformaciones' (2.3.2, 3.1.6). No habría posibilidad de crear una variación estilística si no pudiese una misma idea que se halla en la estructura subyacente realizarse en distintas y variadas maneras en la estructura patente. Se desvanecería toda noción de expresividad.

Sin embargo, la flexibilidad, como hemos visto en otros casos del modelo transformacional, no es igual en todas las lenguas. En unos casos el margen de tolerancia es mayor en español, pero casi siempre supera en inglés (3.1.6), como lo demuestra este breve ejemplo:

Already he's done it.	Ya lo ha hecho.
He already has done it.	---
He's already done it.	---
He's done it already.	Lo ha hecho ya.

7.6.2 Las transformaciones y la significación lineal. Ahora bien,--y es aquí donde el traductor empírico encuentra el mayor escollo--las transformaciones no alteran, se dijo, la esencia, o el contenido cognitivo de la oración modular. Sin embargo, el hecho fundamental que debe apuntarse con toda claridad es que si bien el contenido cognitivo no se altera, los elementos cambian de posición, y como consecuencia de ello ganan 'enfoque sintáctico', o lo pierden, a medida que las transformaciones se suceden. En otras palabras, cambian ciertos 'efectos' o 'matices'. "Aunque las transformaciones no alteran la significación básica de las oraciones, afectan a la significación de la superficie", expresa Peter S. Rosenbaum. Y desde un comienzo habíamos en verdad advertido que la dificultad más seria del traductor reside en el ámbito de las 'opciones' y de los 'procedimientos facultativos'. En este caso, la preferencia entre una transformación y otra es una 'opción de estilística'. Es claro que el modelo transformacional hace posible la selección entre cadenas básicamente sinónimas; es decir, sensibiliza al traductor en la apreciación de las diferencias estilísticas, aunque todavía hay muchas posibilidades inexploradas. Pero en el estado en que se encuentran las investigaciones constituye ya una base muy útil para el manejo de las significaciones. En efecto, con ellas se puede variar el efecto o movimiento temático (7.4) cambiando la posición de los constituyentes principales para darles prioridad de atención, o ya también relegando los elementos menos importantes a lugares de la cadena en los que pierden preeminencia o la posibilidad de distraer la atención que debe concentrarse en la sustancia del discurso.

El conocimiento de los hechos de estilística ya estudiados nos hace dar cuenta de que tales alteraciones de prioridad van unidas a las alteraciones del 'acento intensivo' o 'contrastivo' de las partes de una oración o de las oraciones de un período. En nuestro tema anterior sobre el discurso y su orden entendimos que la 'tolerancia textual' determina la aceptabilidad y el lugar que corresponde a las oraciones. Aunque el relieve no depende enteramente del orden, éste es uno de sus factores más delicados en el manejo de las estructuras que debe realizar el traductor y por ello merece la pena su estudio. El manejo de las estructuras al cual nos hemos referido hasta la saciedad en el presente trabajo, en realidad, no sería completo si soslayara los 'medios tácticos de expresión', uno de los cuales es el orden, que puede ser rasgo significativo o no significativo (4.1.2 y 4.2.5). El 'relieve' empieza a tomar su lugar en lingüística, aunque no hay acuerdo en las definiciones que se requieren para este aspecto de la descripción de textos, pero como expresa Richard Ohmann, mientras mejor se comprendan las relaciones internas de las oraciones podemos también esperar la aclaración de cuestiones de 'retórica', como el 'énfasis' y el 'orden'. Uno de los estudios de este autor, precisamente, el 'dinamismo temático' (7.4) constituye uno de los principales factores en la identificación de hechos de relieve. Las relaciones y diferencias entre oraciones se comprenden mejor por medio de las transformaciones. Si decimos por ejemplo:

(1) Homer's book, which was poorly translated from Greek by someone
(2) Homer's book, which someone translated poorly from Greek
(3) Homer's book, poorly translated from Greek

nos basta un buen sentido de la lengua para darnos cuenta de que, a
pesar de que expresan el mismo sentido básico hay diferencia en la
prioridad de atención: en la primera transforma aparentemente se
dan todos los datos de una información sin destacar en particular
ningún elemento, una comunicación llana; en la segunda, la prioridad pasa a poorly; en la tercera, se vuelve a la información de la
primera, pero se han eliminado de la estructura lineal el relativo
con su cópula y el pronombre indefinido, como que al locutor no le
interesan esos datos, sino el simple hecho de la traducción que no
es buena. En síntesis, hay posiciones sintácticas que logran el foco
de atención en mayor o menor grado y posiciones sintácticas que se
ocultan o pasan inadvertidas (backgrounding), y dichas posiciones no
son iguales ni tienen relación con los mismos elementos en todas las
lenguas. El francés posee un caso típico de dislocación de la frase:
Cette lettre, tu l'as envoyée. Igual es el caso ya mencionado del
español, sin homólogo en inglés ni en francés, llamado del objeto
redundante (3.3.2.1). Las lenguas tienen sus formas de colocar las
ideas en último o primer plano y en planos intermedios mediante
variados recursos, y el español no les va en zaga. Algunas ilustraciones de este hecho se encuentran en la sección 3.3.2.3. Hay otros
casos, sin embargo, en que las transformaciones de los constituyentes del discurso afectan poco aun a la significación lineal:

(a) Le critican el ser orgulloso.
(b) Le critican que sea orgulloso.
(c) Le critican sea tan orgulloso.
(d) Le critican lo orgulloso que es.
(e) Le critican el tener tal orgullo.
(f) Le critican el orgullo que tiene.

Tal vez el hecho de que no se cuente con reglas más precisas
sobre la determinación de factores de significación lineal se deba
a que por lo regular todos los estudios de lenguas, estilística y
análisis se han efectuado desde distintos puntos de vista que no son
los del traductor: no todas las conclusiones a que se llega son
aplicables a nuestra disciplina. En esta obra hemos pretendido en
lo posible traer a la atención los postulados que por nuestra larga
experiencia nos damos cuenta de que pueden ser aptos para resolver
los problemas de traducción, y reconocemos que para ello tenemos
que alejarnos de la forma de exposición que interesaría al gramático
o al crítico literario. Otras obras de estilística, o inclusive de
teorías sobre la traducción, es bien sabido, son escritas por
eruditos que no son traductores, o no se dedican de continuo a esta
labor, por tanto es natural que carezcan de la vivencia de problemas
que nos acosan con frecuencia y requieren la investigación constante de soluciones. En lo que atañe a este mismo tema, por

ejemplo, hay críticos respetables que nos dicen que: "el orden estaría condicionado por la doble razón de la importancia que adquieren en el espíritu del hablante las ideas que expresa y por la importancia que tienen en la realidad". Estamos de acuerdo con esta verdad en la esfera de estudio de la estilística. Pero, ¿qué es lo que debe hacer el traductor? ¿Calcar ese orden que está ya justificado por esa doble razón? Veremos más adelante las notables distorsiones que causan los calcos del proceder privativo de otras lenguas, en cualquier rango que fuera. Lo que nos convendría preguntar es si el autor habría adoptado el mismo orden si hubiese escrito en español, condicionado por esa misma doble razón, y la respuesta es negativa. El orden puede tener distintas significaciones en cada lengua, del mismo modo que la elección de los vocablos y de su especie. Sirva de ilustración el hecho de que en inglés las más de las veces el elemento que aparece al final domina la oración. No hace más que ser fiel al orden que le señala su predisposición y su preferencia de adelantar el propósito al tema (3.3.2.3). Pero ¿qué ocurriría si dejásemos tal como en el inglés el elemento principal al final de la secuencia? La índole del español, con pocas excepciones, no asigna el grado de prominencia al final, por tanto, el calco de la colocación de elementos de la otra lengua ocasionaría al menos confusión si no tergiversación de la intención del autor o del impacto por él perseguido. A eso se añade que muchos de los que escriben carecen del don de expresarse en la forma ideal que les dicta su espíritu, por lo cual será indispensable recurrir a la situación (5.1.5) para llegar a la interpretación más acertada de la 'intencionalidad'. El traductor avesado en técnicas estilísticas debe estar preparado para acometer estos problemas sin falsear ninguno de los dos principios. Sobre todo, debe ejercer gran discreción. Aunque la selección que realice deba conformarse a los requisitos del texto que traduce, es siempre una selección. La mayoría de traductores empíricos descuidan este aspecto tan importante de las opciones en materia de efecto, matices y resonancias. Por eso hay tantas traducciones que son encomiables por su exactitud de contenido, pero que carecen de impacto en el lector o adquieren un impacto que es notoriamente ajeno al original. Ha sido trasladado el contenido, pero no los efectos. Como lo hemos reiterado antes, traducir no es sólo trasladar una idea de una lengua a otra, sino trasladarla con sus matices estilísticos y literarios.

7.6.3 El relieve en el marco de la expresividad. El estudio de la 'perspectiva funcional de las oraciones' que interesa a Enkvist enriquecería saludablemente a la traductología. No hay un modelo para correlacionar el 'movimiento temático' visto en una sección anterior con el 'efecto expresivo del énfasis'. Sólo nos sirven de orientación ciertos hechos ya comprobados de paso en el análisis de otros aspectos del discurso. Uno de ellos es que, según el postulado de François Rostand de que "El orden sólo adquiere su valor en relación con otros órdenes posibles dentro de la lengua considerada", cada oración tiene también su función, y una de ellas es el 'relieve'. Pasemos revista a algunos de los casos más importantes.

Ante todo, el relieve no puede considerarse aislado del marco de la expresividad. La expresividad, a la vez, si recordamos los conceptos de que se nutre, se mide por la proporción de la afectividad del lenguaje, razón por la cual, para la mejor comprensión de estos fenómenos hay que tener en cuenta lo expuesto a ese propósito y la teoría de Bally sobre los componentes afectivos e intelectuales del lenguaje (2.4.1 y 3.1.3). En este cuadro general, cuanto se diga sobre el relieve habrá de conjugarse con todos los demás elementos en juego, como la 'intensidad' de los términos expresivos, su 'calidad', la 'prominencia temática', el 'lugar' que ocupan los elementos en la cadena del discurso y, como ya hemos mencionado, la importancia que tienen en la realidad. Todas estas nociones armonizadas desembocan en la 'intencionalidad', vale decir, en el propósito del autor y en la intención de la obra. De ahí que la puesta en 'relieve' sea un procedimiento esencial del traductor. En otras palabras, la traducción sería deficiente si no se compenetrara, por decirlo así, de la situación y de la 'perspectiva expositiva', 'exhortativa', 'narrativa', 'humorística', 'argumentativa', etc., desde las cuales el autor proyecta su obra y formula su comunicación.

7.6.4 El procedimiento del relieve en la traducción. El traductor deberá sobre todo evitar los procedimientos que desvirtúen el vigor de una frase destinada a concentrar la atención del lector. Primero, cuidará que los elementos secundarios y auxiliares del período no preponderen semánticamente sobre el elemento que comporta el 'acento intensivo' o le resten importancia. No permitirá que los elementos, muchas veces ni siquiera explícitos, pero de todos modos secundarios o periféricos, sobresalgan de alguna manera para distraer al lector del desarrollo normal y lógico del mensaje que quiere transmitir el autor. O, en definitiva, lo que es sutil en LO no puede ser franco en LT. El traductor no acelera ni atenúa intensidades. Cuando se cambia la prioridad de atención de los elementos del mensaje se cae en el fenómeno de la 'sobretraducción' o de 'pérdidas semánticas' (8.9.4). Véase el siguiente ejemplo de sobretraducción en el que se distrae al lector haciendo patente un detalle que no tiene importancia en la interesante narración de un pasaje de Leon Uris (Topaz):

Nordstrom was in no hurry. The suitcase, retrieved by the baggage check in Copenhagen, was filled with tens of dozens of documents.	Nordstrom no tenía prisa. La maleta que le habían dado en Copenhague contra entrega del talón de equipaje contenía docenas de documentos.

Con decir la maleta que le habían entregado en Copenhague bastaba, pero según se constata en el ejemplo, el traductor por temor de no traducir lo suficiente tradujo demasiado. En inglés tiene casi valor figurado que evoca el hecho de que en los depósitos de valijas debe presentarse una contraseña para recuperar el equipaje. Es verdad que es un medio descriptivo del inglés, sin robar importancia al mensaje principal, y si no es posible expresar en español con la misma brevedad, es preferible esa pérdida semántica a la notable sobretraducción. Esta falla puede ocurrir por diversos motivos: por la colocación de elementos secundarios en lugar que corresponde a los principales, o por usar giros de mayor intensidad que los del original, rompiendo el equilibrio de la 'equivalencia estilística' (8.10.5).

En segundo lugar, se evitará separar los elementos que constituyen la 'configuración intensiva'. La distancia entre estos elementos tiene mucho que ver con la facilidad o dificultad de síntesis. La dificultad, naturalmente, se produce por simple alejamiento de dichos elementos al cambiar su lugar, pero de modo más notorio cuando se interpolan oraciones o cláusulas entre ellos, por medio de lo que hemos llamado la autoincrustación (7.3.4).

Tercero, cuando el razonamiento del período entrañe una 'oposición' y haya que mantener debido a ella un 'acento intensivo' y otro 'contrastivo', como en los casos de intensificación por contraste, por ejemplo, la antítesis, la paradoja, etc., se deberá conservar el equilibrio necesario entre ellos.

El relieve, como se verá más adelante, será un aspecto que el traductor debe manejar con gran discreción en el procedimiento de compensación (8.10.5). Uno de los casos más descuidados es, por ejemplo, el 'giro introductorio' o 'giro de presentación', que tiene su idiosincracia en español, pues en nuestra lengua, por razones de la 'compensación estructural' (7.3.2) es difícil comenzar un período con una frase brusca o breve, por completa que fuera semánticamente. Es mayor la libertad del inglés en la manera de comenzar la primera oración. Como se dijo a propósito del orden del discurso, la manera de comenzar debe armonizar, por una parte, con el proceder de la lengua y, por otra, no perder de vista los 'efectos intensivos'. Lo dicho se extiende a toda clase de textos, pues mientras más formales mayores características requieren, y más aún en el estilo protocolar

y literario. Los ejemplos siguientes son sin lugar a dudas formas
calcadas del inglés:

> Habían levantado parte del pavimento y obreros trabajaban en
> los rieles alumbrados con lámparas de acetileno.
> Funcionarios norteamericanos confirmaron ayer que podría
> haber una demora en la gira sudamericana.
> Informaciones de prensa indican que Kissinger . . .
> Si investigaciones ulteriores llegaran a demostrar que en las
> demás lenguas existen los mismos campos
> Comentarios ocasionales han indicado ya . . .

El español por lo regular mitigará esa abruptez con algún otro
giro, como hay periodistas, o algunos periodistas. Esta forma ha
invadido precisamente el lenguaje periodístico. Pero no se la debe
confundir con la forma de 'ataque lineal', recurso muy expresivo
del español por el cual se da prominencia a un elemento del discurso:

> Borrascosa ha sido la situación política de estos días.
> De apresuradas califican medidas tomadas en el Consejo
> Permanente.
> La nuestra es una tarea delicada y urgente.

Un momorándum administrativo no puede en español comenzar
con:

> This is a follow-up of the report to the General Assembly.

En este marco de la 'compensación estructural', el español
empleará una 'nominalización' para evitar la forma repentina del
inglés:

> Linguists esteem Chomsky.   La estimación que de Chomsky
>   tienen los lingüistas

El procedimiento con que la gramática transformacional nos
muestra el cambio de relieve que acompaña a veces al cambio de
posición de los elementos se conoce como 'tematización' (topicali-
zation). Recordemos la composición ya indicada de la proposición
por dos elementos que son el 'tema' y el 'propósito'. Siguiendo el
orden natural el español presenta en primer lugar el 'tema' y luego
el 'propósito', la 'causa' y el 'resultado', etc. Al cambiar el orden
--consideremos este fenómeno con una oración simple para facilitar
la ilustración--el propósito viene a convertirse en tema, de ahí que

algunos lingüistas lo hayan designado con ese nombre. El cambio de lugar convierte al elemento trasladado en el punto de enfoque o tema de una oración. Véanse estos ejemplos:

En Washington trabajo yo.
A tu profesor le disgusta mucho ese acto.
Material de trabajo no tenemos.
Contigo hablaré con mucho gusto.
Tristes no estamos.

Véase el resultado que daría si se calca simplemente el orden:

A new beer has been created.　　Una nueva cerveza se ha
　　　　　　　　　　　　　　　　　　creado.

Otros cambios de lugar no alteran simplemente un matiz sino que oponen el llamado 'acento contrastivo':

En la iglesia lo vi, no en la calle.

Véase la descripción de muchos otros casos de relieve en la sección correspondiente al análisis contrastivo (3.3.1.1 y sig., en especial 3.3.2.3).

7.6.5 El desplazamiento. Aunque se han distribuido los variados aspectos del discurso en apartados independientes con el fin de llegar a dominios metodológicos circunscritos, tales como el enlace interoracional, el orden, el relieve, el desplazamiento, etc., y en el afán de ayudar a formar una taxonomía que sirva de instrumento al traductor, es fácil darse cuenta de la marcada interacción que se produce entre ellos. Así, hemos visto que el 'efecto temático' está íntimamente relacionado con la 'densidad sintáctica'; el orden no puede prescindir del efecto ni de la densidad y es, a su vez, factor importantísimo del 'relieve' y de otros efectos como los que vamos a ver ahora.

El DESPLAZAMIENTO y la 'inversión' son procedimientos que contribuyen a resolver muchos problemas de las versiones castellanas; pero, desafortunadamente, en nuestra experiencia con numerosos traductores hemos observado que muy pocos hacen uso de ellos. Y fuera de los círculos de nuestra labor, hemos examinado varias versiones anglo-españolas de traductores que gozan de cierto prestigio, y en ellas también se nota un uso muy limitado de estos recursos que, en consecuencia, los condena a la monotonía del castellano neutro.

Todos estos procedimientos estilísticos que están al alcance del
traductor caerían en una categoria general que podemos llamar
VARIACION. Los que se refieren al orden, como son el 'relieve',
el 'desplazamiento', la 'inversión' y la 'interpolación' deberán
atenerse a la noción reiterada en las secciones anteriores, cual
es la de que el orden tiene distinta significación en cada lengua y la
de que cada lengua posee un grado diferente de tolerancia textual.
El método del desplazamiento, [46] sin embargo, habilita al traductor
a liberar a su versión de muchos absurdos sin causar efectos nocivos
al mensaje. En muchos casos, por ejemplo--y algunos de ellos
hemos estudiado en el capítulo de anglicismos de frecuencia--en que
el inglés coloca sus sintagmas verbales al final de la oración (4.1.3),
el desplazamiento en español es poco menos que obligatorio, con
raras excepciones. (Véase el ejemplo de Hemingway en apartado
7.3.1.) En otros, en que el sintagma verbal está separado del
sintagma nominal por una interpolación, el desplazamiento es
obligatorio:

To translate a sentence from one language to another is somehow to discover its meaning and then to construct a sentence in the new, or target language that possesses the same meaning (John Hollander).	Traducir una oración de una lengua a otra es descubrir por algún medio su significación y construir en la lengua término una oración que posea la misma significación.

El desplazamiento puede abarcar unidades léxicas, como los
adverbios o adjetivos, y también configuraciones mayores, como
cláusulas, sintagmas preposicionales, incidentales, o series de
elementos. Véanse los siguientes ejemplos:

By the same token, however, no tribunal can just arrogate to itself the right to decide which needs should be developed and satisfied.	En igual forma, sin embargo, ningún tribunal puede arrogarse el derecho de decidir cuáles son las necesidades que se deben desarrollar y satisfacer.
	Sin embargo, ningún tribunal puede en igual forma arrogarse el derecho de decidir cuáles necesidades se deben desarrollar y satisfacer.

La falta de desplazamiento obligó a incurrir en una 'acumulación' de incidentales al principio de la oración (primera versión).

For a man to take it at thirty-four as a guide-book to what life holds is about as safe as it would be for a man of the same age to enter Wall Street direct from a French convent, equipped with a complete set of . . .

Para un hombre de treinta y cuatro años, tomar este libro como guía de lo que la vida ofrece es tan seguro como para un hombre de la misma edad entrar en Wall Street directamente . . .

Tomar este libro como guía de cuanto la vida le puede ofrecer significaría para un hombre de treinta y cuatro años igual seguridad que entrar en Wall Street directamente . . .

Privándole a la primera versión del desplazamiento se le ha impuesto una 'estructura extraña' (7.2.3): <u>para un hombre tomar</u> . . . <u>como para otro hombre entrar</u>. En la alternativa propuesta se logra inclusive evitar confusiones suprimiendo una repetición innecesaria (8.9.7).

Thus introjection implies the existence of an inner dimension distinguished from and even antagonistic to the external exigencies.

Así que introyección implica la existencia de una dimensión interior separada de y hasta antagónica a las exigencias externas.

. . . dimensión interior separada de las exigencias externas y hasta antagónica a ellas.

. . . dimensión interior separada y hasta antagónica a las exigencias externas.

En el caso presente de 'omisión por anticipación' (Jean Rey), de gran frecuencia en inglés (8.9), la ausencia de desplazamiento hace incurrir en un solecismo muy común en las versiones anglo-españolas. Nótese que en la segunda sugerencia se ha podido prescindir del desplazamiento gracias a que el adjetivo <u>separada</u> permite suprimir la preposición <u>de</u>. No todos los casos se prestan, sin embargo, a esa solución, como se comprueba en estos nuevos ejemplos:

. . . which are concerned with
different levels of, and atti-
tudes to the communication
process

Que se ocupan de los diferentes
niveles del proceso de
comunicación así como de las
actitudes que frente a él se
han tomado.

But in the contemporary period,
the technological controls
appear to be the very embodi-
ment of Reason for the bene-
fit of all social groups and
interests--to such an extent
that all contradiction seems
irrational and all counter-
action impossible.

Pero en la época contemporánea,
los controles tecnológicos
parecen ser la misma encarnación de la razón en beneficio de todos los grupos e
intereses sociales--hasta tal
punto que toda contradicción
parece irracional y toda
oposición imposible.
. . . --hasta tal punto que parece
irracional toda contradicción
y toda oposición imposible.

Obsérvese que por omitir el desplazamiento el traductor siguió
fielmente el orden del original y, en consecuencia, decayó su versión. El vigor se restaura en la segunda versión sugerida. Se nota
así mismo otra razón de ese decaimiento: no se aprovechó la oportunidad de realizar la 'inversión' adjetivo/sustantivo (7.6.6): la encarnación misma de la razón, en vez de la misma encarnación.

A few minutes before Elsinore
stood Kystens-Perle, 'The
Pearl of the Coast', built
like a ship with the superb
Hamlet Restaurant on the
first floor and hotel rooms
above.

A pocos minutos de Elsinore
se hallaba el Kystens-Perle
(La Perla de la Costa), construido como un barco con el
soberbio restaurante Hamlet
en el primer piso y las habitaciones del hotel encima.
A pocos minutos de Elsinore se
hallaba el hotel Kystens-
Perle (La Perla de la Costa),
construido como un barco con
el soberbio restaurante Hamlet en el primer piso y sobre
él las habitaciones.

Comparándola con la segunda versión, la primera vierte literalmente el orden y produce un estilo desaliñado. La terminación de la
frase inglesa con above tiene fuerza y ritmo que en español se pierden

si se conserva esa posición. El traductor, además, no desplazó el lexema <u>hotel</u> al lugar que mejor le conviene.

De los ejemplos vistos podemos ya deducir que este método no sólo es adecuado para resolver problemas de elocución debidos a razones de estructura. Se vio, en efecto, su aplicación al caso de las oraciones bipartidas (3.3.2.3). Pero es utilísimo también para tratar problemas de origen estilístico, de los cuales nos ocuparemos con mayor detenimiento en el capítulo de la compensación (8.10), la cual nos permite llegar a producir versiones naturales que no den al lector la sensación de que se halla frente a una versión.

A diferencia de los anteriores, los siguientes ejemplos nos muestran desplazamientos bien aprovechados por el traductor:

A comfortable, smooth, reasonable, democratic unfreedom prevails in advanced industrial civilization, a token of technical progress.

Una ausencia de libertad cómoda, suave, razonable y democrática, señal del progreso técnico, prevalece en la civilización industrial avanzada.

Independence of thought, autonomy, and the right to political opposition are being deprived of their basic critical function in a society which seems increasingly capable of satisfying the need of the individuals through the way in which it is organized.

Una sociedad que parece cada día más capaz de satisfacer las necesidades de los individuos gracias a la forma en que está organizada, priva a la independencia de pensamiento, a la autonomía y al derecho de oposición política de su función crítica básica. (Obsérvese además la inversión objeto indirecto/objeto directo (7.6.6).

Freedom of enterprise was from the beginning not altogether a blessing.

Desde el primer momento la libertad de empresa no fue precisamente una bendición.

He was married five years, had three children, lost most of the fifty thousand dollars his father left him, the balance of the estate having gone to his mother, hardened into a rather unattractive mould

Estuvo casado cinco años, tuvo tres hijos, perdió parte de los cincuenta mil dólares que el padre le dejó--el resto de la herencia había ido a parar a su madre--y, bajo las desdichas domésticas con una

under domestic unhappiness with a rich wife.	esposa rica, se había vuelto de un espíritu duro y desagradable.
I could see their hands and newly washed, wavy hair in the light from the door.	A la luz que venía de la puerta se veían sus manos y su cabello recién lavado y rizado.
I sat in one of the wicker chairs and leaned back comfortably.	Me senté recostándome cómodamente en uno de los sillones de mimbre.
There was a green mountain side beyond the roofs.	Más allá de los tejados se divisaba la verde falda de la montaña.
. . . and at a cautious five knots she moved slowly downriver on the slack tide.	En dirección hacia la desembocadura del río, el barco empezó su viaje con la marea baja, a una prudente velocidad de cinco nudos.

Estos ejercicios nos confirman la relación estrecha de este procedimiento con el 'relieve'. La tematización vista en la sección que precede constituye también un movimiento estilístico de esta naturaleza. En el estudio de los planos de representación lingüística de las dos lenguas (3.2.1 y 3.2.2) nos habíamos familiarizado con la forma en que el inglés pinta una acción como si la filmara, siguiendo la sucesión real de los acontecimientos. Hemos indicado también que el inglés se ciñe con más frecuencia que el español, y en forma más rigurosa, a las exigencias puramente sintácticas de la oración, pero que el español no está obligado a seguirlas. El español goza de más libertad constructiva, y evita los complementos en cadena. Se dan muchos casos como el siguiente, en que la frase inglesa se sujeta fácilmente a la secuencia de sujeto, verbo, complemento directo, complemento circunstancial de lugar y de tiempo:

The children bought that Saint Bernard from
a diplomatic family in Saigon about two years ago.

La colocación de complementos, sean largos o cortos, en español es un arte que se apoya en pocas reglas gramaticales pero que requiere marcado sentido del idioma.

7.6.6 La inversión. La INVERSION es una variedad de 'desplazamiento'. En éste, un solo elemento o configuración puede trasladarse a cualquier otro lugar de la oración o del párrafo. En la inversión dos elementos intercambian su posición. El español se distingue por su enorme libertad para las alteraciones de orden con intención estilística, y se puede sacar partido de esta propiedad de nuestra lengua, si se tienen en cuenta las intenciones conscientes del autor y de las circunstancias de la comunicación. La inversión o hipérbaton verbo/sujeto es mucho más común en español que en inglés y aun en francés. No decimos únicamente que es posible, pues lo es también en inglés; el hecho que tiene valor para este procedimiento es su frecuencia y productividad, sin imponer violencia o tensión al estilo, por un lado, ni por otro llegar a extremos gongorinos.

Otro caso de inversión que desempeña un papel muy importante desde el punto de vista de nuestra lengua o en su manera de ver la experiencia, es la de 'tema' y 'propósito', como se expresó al tratar del orden del discurso (7.3.5). Los comparatistas explican que el inglés de ordinario se expresa en orden de propósito a tema. El proceder particular del español es lo contrario, si bien, según las explicaciones dadas, prefiere tapizar la introducción de sus elementos esenciales.

Cabe notar aquí que cuando la 'inversión' se ha convertido ya en proceder o hábito de la lengua, la vuelta de los términos a su orden lógico viene a constituir el 'hipérbaton':

The phone rang.	Sonó el teléfono.
¿Será la organización el foro más apropiado para las controversias económicas?	¿La organización será el foro?
¿Vendrá usted mañana?	¿Usted vendrá mañana?
Cuando llegue el momento de actuar	Cuando el momento llegue

Obsérvese como deja mucho que desear una transferencia sin inversión:

These terms are historical throughout, and their objectivity is historical.	Estos términos son enteramente históricos, y su objetividad es histórica.
	Estos términos son enteramente históricos, e histórica su objetividad.

Se puede invertir sin lugar a ambigüedad:

Vi correr a los hombres.	Vi a los hombres correr.

pero no:

Vi a los hombres corriendo.	*Vi corriendo a los hombres.
Ellos eligieron presidente a Juan.	*Ellos eligieron a Juan presidente. (Se puede dar esta forma, pero es irregular y poco estilística.)
Creían bonita a María.	*Creían a María bonita.

En inglés precede el sujeto: <u>they elected John chairman</u>.

Se crea confusión de 'complemento directo' con otro que no lo sea cuando no se suprime la preposición:

*Prefiero a Barcelona a Madrid.	Prefiero Barcelona a Madrid.

Si el 'objeto directo' es nombre de persona, no puede omitirse la 'preposición', pero se lo puede colocar junto al verbo y delante del indirecto: <u>se daría orden de llevar a Juanita a sus padres</u>. Aunque no hubiera nombre propio se generaría 'ambigüedad': <u>recomiende usted a mi sobrino al señor director</u>; para resolverla, colóquese el 'objeto directo' junto al verbo y sin partícula: <u>recomiende usted mi sobrino al señor director</u>. Por cierto, cuando hay personificación se usa la partícula ante el nombre de cosas, o cuando estas sirven de complemento a verbos que de ordinario llevan complemento de persona con dicha partícula. El grado de personificación que se atribuye al complemento directo decide el empleo u omisión de <u>a</u>: estilísticamente no es lo mismo <u>temer la muerte</u> que <u>temer a la muerte</u> (Academia Española). Los 'complementos directos' de cosa pueden también llevar la preposición <u>a</u>, siempre que sea lógicamente posible confundirlos con el sujeto de la oración; compárese:

El entusiasmo vence la dificultad.	A la dificultad vence el entusiasmo.

Así como en el caso del 'objeto directo redundante': <u>estas materias las encuentro muy difíciles</u>, puede también haber inversión del 'objeto indirecto redundante':

El libro le dieron a Juan.	A Juan le dieron el libro.

Sin embargo, no es una simple repetición pleonástica; denota por lo general un propósito de contraste. En construcciones en que la claridad del sentido no los necesita, no debe abusarse de le y les redundantes: escribo para avisarles a los amigos que no me esperen. Es una incorrección que delata falta de sensibilidad al uso de la lengua el emplear el pronombre inacentuado en singular con el complemento plural: no le tenía miedo a las balas.

Inversión del verbo intransitivo:

La perdedora vino llorando.   Vino la perdedora llorando.

De verbos que requieren dativo de interés (objeto indirecto) pronominalizado:

A la enfermera le parece   Le parece bien a la enfermera.
bien.

Del sujeto y del sintagma verbal (el pronombre sujeto puede también seguir al verbo):

Van a salir ellos mañana.   Ellos van a salir mañana.
                                 Van ellos a salir mañana.

CAPITULO 8

PROCEDIMIENTOS TECNICOS DE EJECUCION

8.0 Introducción. En el presente capítulo, luego de reseñar las
corrientes o escuelas de técnicas modernas de traducción, haremos,
en primer lugar, la distinción entre la traducción literal y la oblicua
o dinámica. Se marcará una segunda distinción en cuanto a la traducción literal, cuya falta de definición ha dado origen a una serie
de confusiones. Según las nuevas teorías, la traducción literal
adquiere dos fisonomías: (a) la de falsa traducción o 'no traducción';
(b) la de procedimiento legítimo de traducción en su nivel mínimo, o
sea, el grado cero de la traducción. La traducción oblicua, en cambio, actuando en niveles gradualmente más avanzados, se acerca al
ideal de la verdadera traducción, por medio de procedimientos de
ejecución estilística que trataremos de explicar e ilustrar en forma
exhaustiva, y que se agrupan en (a) principales: transposición, modulación, equivalencia, adaptación; (b) complementarios: amplificación,
explicitación, omisión y compensación.

Sólo la práctica metódica puede proporcionar al traductor el
dominio de estos procedimientos con los cuales logrará seguridad,
facilidad y rapidez. Sin el conocimiento de las técnicas que la lingüística contemporánea ha puesto a su alcance, el traductor empírico
seguirá envuelto en constantes perplejidades que le consumirán
tiempo precioso y, lo importante en esencia, le condenarán al
literalismo, causa universal de toda clase de errores.

8.1 Escuelas de procedimientos técnicos

8.1.1 Escuela norteamericana. Para tener una perspectiva más
clara de los 'procedimientos técnicos de ejecución estilística', antes
de estudiar cada uno de ellos, sería pertinente hacer notar la distinción entre dos sistemas o escuelas que los han postulado,

formulado o difundido. Se han formado estas dos escuelas más o menos en la última década y han contribuido decididamente al adelanto de la traductología. Consideramos que han llegado a formar la etapa más importante en la historia teórico-lingüística de la traducción, a pesar de ser una de las profesiones más antiguas del mundo. Los tratados de otros tiempos contribuyeron enormemente al desarrollo de la filología. Siguieron autores más modernos que sentaron los principios fundamentales de la estilística. Pero nada se había producido en materia realmente metodológica hasta el surgimiento de estas dos escuelas.

La primera de ellas tiene por expositores y propugnadores a Eugene A. Nida y Charles R. Taber. En ella se distingue una teoría de tres componentes básicos, a saber, el análisis, la transferencia y la reestructuración. Estos tres componentes constituyen las tres etapas primordiales del proceso traductivo. El postulado importantísimo de este sistema es el análisis profundo, por medios semánticos estructurales y transformacionales y de nociones de la teoría de la comunicación. Por esa razón es un sistema complejo, y no puede emprender en su estudio quien no conozca perfectamente los principios que se han postulado para la estructuración de una semántica científica o quien no conozca a fondo la gramática generativa transformacional. Para llevar a término el análisis que postula esta escuela el traductor tiene que estar familiarizado con conceptos básicos sobre la descripción de las lenguas, las teorías contemporáneas de la lingüística, la estructura particular de las lenguas de trabajo. Con estos conocimientos adquiere la comprensión efectiva de elementos tales como los universales lingüísticos, las clases o categorías semánticas de las palabras, las diferencias e interferencias entre sintaxis y semántica. Estos principios y nociones básicos tienen por fin encauzar al traductor al dominio de las estructuras lingüísticas y de los elementos extralingüísticos del discurso. En otras palabras, para desempeñar un papel efectivo en este sistema el traductor debe conocer a fondo cuanto se ha reseñado en este estudio sobre las contribuciones y aplicación de la lingüística contemporánea, y en particular, de la gramática generativa transformacional, a la disciplina de la traducción (capítulo 2, en especial, sección 2.4.8). Una vez provisto de estos conocimientos el traductor desciende, como lo hemos explicado ya (2.3.6 y 2.3.7), de la 'estructura patente' a las estructuras menos elaboradas que se acercan a la 'estructura subyacente', es decir, a las 'oraciones prenucleares', y después de analizar su contenido y relaciones, realiza las transferencias a ese nivel. Esto constituye el proceso mental más importante del sistema. Una vez efectuada la transferencia, el traductor reestructura el mensaje en las formas que más se aproximen a la naturalidad de expresión de LT. El propósito

es pues basar la metodología de todo procedimiento de traducción en
el análisis exhaustivo que establece un nivel de transferencia menos
complejo que el de la estructura superficial. El énfasis en el análisis
no significa que se descuide la orientación hacia los resultados o a
los efectos generales que persiguen las adaptaciones, alteraciones y
condicionamientos del texto en los planos léxico y sintáctico. No
significa tampoco que el análisis no esté motivado por razones
prácticas. Lo que, según estos autores determina la transmisión
fiel del mensaje, con sujeción a las normas del proceder particular
de la lengua receptora, es el enfoque total por medio de 'correspondencias dinámicas y espontáneas', y de la equivalencia más
natural, nociones inauguradas, por lo demás, por la escuela de Praga.
Sin descuidar los detalles de estilística y ciertos métodos de tratamiento de la estructura patente de una lengua, el valor de la traducción depende de la prueba final de sus efectos comunicativos a
los que todos esos principios generales deben conducir, es decir,
el enfoque desde el punto de vista del receptor o destinatario de la
traducción, aunque con un exagerado behaviourismo bloomfieldiano.
Uno de los aspectos salientes de este sistema es, por cierto, el
análisis basado en los principios 'transformacionales' y 'semánticos'.
Dicho análisis se extiende hasta el nivel de las oraciones prenucleares,
en el cual se comprenden las clases a que pertenecen tales oraciones,
las relaciones que guardan entre sí y sus combinaciones en secuencias
más complejas. Con ello se ven de manera más clara las relaciones
que sirven de base estructural a la flexibilidad y poder de expresión
del traductor. Otro de sus méritos radica en la insistencia en los
hechos de cultura y etnología, de los que hemos hablado ya a propósito de la metalingüística.

En cuanto a los 'procedimientos técnicos de aplicación', Nida y
Taber no construyen unidades definidas ni una taxonomía formal que
den por resultado técnicas bien diferenciadas, concretas y de fácil
aplicación, lo cual causa frecuente confusión. Si bien se puede
entender sin dificultad que lo que estos autores llaman 'traducción
dinámica' no es sino la noción de 'traducción oblicua' de la otra
escuela que vamos luego a examinar, sus procedimientos se hallan
dispersos y diluidos en forma vaga y caótica hasta tal grado que hace
difícil seguirlos debidamente; sus pautas son casi siempre abstractas,
difíciles de clasificar y con nombres demasiado generales, tales
como ajustes, alteraciones, adaptaciones, dimensiones dinámicas,
condicionamiento contextual, expansión sintáctica, etc. Muchas de
esas líneas generales carecen de ejemplos o los tienen en número
sumamente reducido. Este sistema casi no se ha difundido y sólo se
conoce entre los traductólogos y, en casos muy contados, en los
cuerpos docentes.

8.1.2 Escuela franco-canadiense. La otra escuela está formada
por una pléyade de lingüistas seguidores de Ferdinand de Saussure,
M. Strohmeyer, Charles Bally, André Martinet, y otros más.
Pueden considerarse sus precursores Alfred Malblanc y Georges
Panneton. Por sus postulados y gran tendencia metodológica este
segundo sistema ha tenido notable difusión, principalmente gracias a
la obra solidaria de Jean-Paul Vinay y Jean Darbelnet, de Gilbert
Bart y André Clas, en Canadá, y Jean Rey, L. Bonnerot y otros más
en Francia.

Este sistema también propugna el 'análisis' como paso fundamental
de todo proceso traductivo. Las pautas de su análisis son las 'unidades de traducción', y los principios y nociones de la 'estilística
comparada' de la cual todos esos autores son destacados exponentes.
El análisis se realiza metódicamente en dos niveles: el léxico y el
de los enunciados lingüísticos. Parten de las teorías de Saussure
sobre el signo lingüístico y la dualidad de lengua y habla; la teoría
de la doble articulación del lenguaje de André Martinet; los principios
de estilística de Charles Bally. El alma de esta estilística comparada es el postulado de los planos de representación de las lenguas
(capítulo 3), cuya formulación constituye la valiosísima obra de
Alfred Malblanc. En este sistema se toman así mismo en cuenta
como importantes elementos de traductología las nociones de contexto lingüístico, situacional y metalingüístico. Como la escuela
anterior, pone el acento en las divergencias socioculturales del
lenguaje.

La gran diferencia con la escuela norteamericana de Nida radica
en el hecho de que no utiliza en su análisis los principios de la
'gramática generativa transformacional', ni de la semántica lingüística, aunque Vinay y Darbelnet conjeturan que sería útil aplicarlos a nuestra disciplina.

En contraste también con la de Nida, la segunda escuela se
caracteriza por la facilidad de aplicación, a causa de su orientación
hacia los métodos, y es la primera en esta labor sin precedentes.
Esta puede ser una de las razones de su mayor difusión y popularidad.
Malblanc, Vinay y Darbelnet y sus seguidores se rigen por un método
sistemático de llegar al significado y a formulaciones concretas de
la traducción oblicua y de los medios o técnicas de lograrla. Tratan
de reducir los postulados o lucubraciones que se hallan en distintos
capítulos de estilística a unidades metodológicas definidas y a su
ordenamiento dentro de un encuadre general que persigue las mismas
finalidades y resultados que Nida y Taber se proponen, pero procurando facilitar al traductor la tarea con técnicas circunscritas,
aunque no se han podido delimitar a la perfección en otros muchos
aspectos que aún necesitan larga investigación. Podemos decir que
esta escuela mira el problema desde otro punto de vista: la

aplicación de métodos para ajustar, alterar, adaptar, condicionar el contexto, expandir la sintaxis, y en ese empeño formula los procedimientos de transposición, modulación, adaptación, equivalencia y compensación. En cuanto a operación se refiere, al definir con mayor precisión los métodos técnicos insiste en los principios que los motivan, y guían al traductor hacia la obtención de resultados inmediatos o le proporcionan la clave para resolver los problemas léxicos y sintácticos.

8.1.3 Posición de la presente obra. En lo que concierne al sistema que hemos tratado de estructurar en la presente obra, queremos observar que precisamente lo revolucionario de la lingüística actual ha sido oponer la 'descripción' a la 'prescripción' de la gramática tradicional. La traductología, como disciplina de la lingüística, requiere ante todo la descripción de sus problemas, si bien necesita también de una taxonomía de métodos técnicos para la aplicación de sus principios. Encarnando en sí la ciencia y la práctica de la traducción, nuestra disciplina debe reunir esas dos condiciones representadas a grandes rasgos por el sistema de Nida y la escuela canadiense.

El análisis es el factor fundamental del proceso que nos ocupa, y no se puede desconocer modelos tan eficaces como el transformacional y el semántico estructural, tanto más que en la actualidad, la estilística tiende a encontrar en ellos su medio descriptivo. No se pueden aplicar automáticamente fórmulas para resolver como por ensalmo los problemas de traducción. Concretamente, la escuela canadiense postula procedimientos técnicos de aplicación como la transposición y la modulación. Es evidente que tales procedimientos presuponen un análisis estilístico escrupuloso, sensibilidad al empleo literario de la lengua, etc. Sin embargo, la naturaleza y funcionamiento de la transposición y de la modulación sólo se definen por medio del análisis de las relaciones de estructura subyacente y del mecanismo transformacional. En efecto, si decimos que ocurre una doble transposición en she sings beautifully / her singing is beautiful, podemos comprender el fenómeno superficialmente comparando las categorías gramaticales verbo/sustantivo y adverbio/adjetivo; pero su naturaleza no queda perfectamente entendida sin el aporte de las 'transformaciones', en especial la de la nominalización. Del mismo modo, si expresamos que se produce una modulación en so that women can be partners on an equal footing with men / para que la mujer pueda gozar de igualdad de condiciones en su empresa común con el hombre, se podría especular que se trata de un cambio de la base conceptual o de símbolo, pero la redistribución de rasgos semánticos no se evidenciaría sin el análisis inaugurado por las reglas seleccionales de la lingüística generativa, o sin el análisis sémico de la semántica estructural.

En resumen, el sistema de Nida y del círculo de Praga se nutre primordialmente del análisis, pero le falta una taxonomía metodológica y técnicas delimitadas de aplicación. El sistema canadiense, a la inversa, desarrolla los métodos de la ejecución estilística, pero corre el riesgo de convertirla en una aplicación mecanicista por su prescindencia de la semántica transformacional y estructural que dan cuenta de los hechos que subyacen a la organización de las relaciones semánticas e interestructurales.

Estos sistemas no pueden subsistir solos. Aun combinados no son completamente adecuados para articular los fundamentos de la traductología si no actúan dentro de la conceptualización más amplia de la poética de la traducción. «Il faut que la théorie de la traduction soit la théorie d'une pratique du traduire homologue à l'écriture», exclama Meschonnic (5.1.7).

Por estas razones en la presente obra hemos tratado de establecer un 'modelo integrado' que persiga fundamentar la 'aplicación' de los procedimientos técnicos en la 'descripción' lingüística y semántica, todo ello según las normas de una 'poética' que impida separar la traducción de la escritura y de la teoría de la literatura.

Al propio tiempo nos damos cuenta de que muchos de quienes se encuentran dedicados a la práctica y ejercicio de la traducción no han tenido oportunidad de conocer las nuevas tendencias de la lingüística y no queremos hacerles imposible el aprovechamiento de los nuevos adelantos de la traductología. Por esta razón hemos procurado introducir al lector en estos nuevos caminos con cautela y reflexión, cuidando de ponerle en contacto con ellos en forma gradual. En efecto, en todas las secciones del presente trabajo ha encontrado y encontrará el lector, la exposición de los problemas y soluciones con moderadas dosis de teorías y postulados lingüísticos cuando los procedimientos nos han permitido aplicar este análisis. Como lo expresamos anteriormente, la aplicación no puede ser exhaustiva: uno de los fines que nos hemos propuesto es el de orientar al lector y ofrecerle los datos hasta ahora disponibles para que lleve adelante el estudio, si se interesa por las nuevas corrientes. No queremos desalentar a los estudiantes con la idea de que se enfrentan a un tratado de lingüística contemporánea, pero sí queremos motivar y estimular a los que se han familiarizado con ella a estudiar a fondo su relación con la traducción y a aplicar los principios que se consideren de utilidad.

8.2 Traducción literal y traducción oblicua

8.2.1 Traducción literal

8.2.1.1 La traducción literal como procedimiento técnico. El estudio de este tema requiere ante todo una distinción muy importante y fundamental para la comprensión del objetivo del traductor: por una parte tenemos la TRADUCCION LITERAL como procedimiento o método de traducción; por otra, la traducción literal en su acepción de traducción mecánica y servil, conocida también como 'literalidad' o 'literalismo', fenómeno contrario a los verdaderos fines de la traducción, y que por constituir la fuente más vasta de toda clase de errores y absurdos es indispensable estudiarla detenidamente en una obra de traductología.

En cuanto a lo primero, esto es, la traducción literal como 'procedimiento de traducción' es tan legítimo como cualquier otro de los procedimientos de que nos valemos para traducir, los cuales serán estudiados en el presente capítulo, y tal vez el más simple de todos. Este procedimiento puede describirse de la siguiente manera: si dadas dos oraciones, una en inglés y otra en español, existe entre ellas una correspondencia precisa de 'estructura' y de 'significación', y la equivalencia se cumple monema por monema, se produce la traducción literal, y se la puede aplicar sin riesgo. El traductor no debe alterar ese proceso por el prurito de cambio o por el simple temor a la crítica (de los ignorantes) de que su traducción es literal en el sentido peyorativo del término. Alterarla a base de ese prejuicio sería innecesario, y sólo se justificaría si mediaran otras prioridades, como la aplicación de variantes necesarias en atención al contexto o a la situación sociocultural. Examinemos los siguientes casos:

(1) She is reading.	Ella está leyendo.
(2) I've left my book on the table.	He dejado mi libro sobre la mesa.
(3) When the pirate Sir Francis Drake attacked Riohacha in the sixteenth century	Cuando el pirata Francis Drake asaltó a Riohacha en el siglo XVI.
(4) John hit Paul.	Juan pegó a Pablo.
(5) He always says he's a good teacher.	Siempre dice que es un buen profesor.
(6) I have a headache.	Me duele la cabeza.
(7) God bless you!	¡Salud!

En las oraciones (1) y (2) observamos que existe una correspondencia exacta tanto en la estructura como en el léxico, inclusive hasta el nivel de morfema. Por lo tanto, la traducción literal, en su sentido de procedimiento legítimo de traducción, está perfectamente aplicada.

En la tercera oración advertimos la misma correspondencia, salvo por ciertos ajustes que obedecen a la sintaxis particular de cada lengua: se ha realizado una adición optativa (8.9.6) de Sir en el inglés, o la adición también optativa de la preposición a en español. Pero es importante notar que estas alteraciones no afectan a la traducción literal. En efecto, la estructura sigue siendo la misma, y la significación es igual, aunque se eliminaran los segmentos añadidos. La adición de Sir se conforma al modo de tratamiento inglés y la adición de a obedece a un uso particular del español y que inclusive no es absolutamente necesaria.

En la cuarta oración hay igual correspondencia, pero con una alteración que obedece sólo a la gramática específica del español, la preposición a cuando el objeto directo es una persona. La diferencia con la oración tercera radica en que esta segunda añadidura de la preposición es obligatoria.

En la quinta oración, como en la cuarta, hay una alteración particular del español, la supresión del pronombre sujeto, que es obligatoria, a menos que haya la intención de dar relieve (7.6). Hay además en esta quinta oración la adición obligatoria del relativo que, el cual ha sido omitido en el inglés. Equivale a decir que en el inglés está sobrentendido y en el español extá explícito. Como en el tercero y cuarto ejemplos, la traducción sigue siendo literal, en el sentido de 'método de transferencia'. Las alteraciones facultativas de la tercera oración y las obligatorias de la cuarta y la quinta constituyen lo que se conoce como 'normalización sintáctica', en la traducción literal entendida como método. En otras palabras, el procedimiento empleado para traducir las cinco primeras oraciones es uno de los métodos que incumben a la traductología. Como no se ha aplicado ninguna técnica, constituye el grado cero de la traducción.

Anora bien, si examinamos la sexta oración, notamos que, aunque en inglés hay lexemas que corresponden a me, a dolor y a cabeza, la estructura del enunciado no es la misma en las dos lenguas: al sujeto pronominal ha reemplazado un pronombre reflexivo; el dolor está representado en inglés por un sustantivo, y en español por un verbo; en inglés el sujeto es la persona, en español, la parte del cuerpo afectada. Sin embargo, la significación total es la misma en las dos lenguas. Esta deja de ser, por tanto, una traducción literal. El sentido coincide, pero no coinciden las estructuras que ha sido preciso alterar. Esta forma de traducción pertenece a otra clase que estudiaremos bajo el título de 'traducción oblicua' (8.2.2.1 y 8.3.1). La traducción literal como método es único; a la traducción oblicua, en cambio, pertenecen todos los demás métodos.

Por fin, en el séptimo ejemplo, ya no existe ninguna correspondencia a nivel lexemático, nada tiene ya del proceso literal, el método es completamente oblicuo, y se lo estudiará bajo el epígrafe de la equivalencia.

Desafortunadamente, la gran desventaja de la traducción literal en su carácter de método legítimo radica en que son muy pocos los casos que se prestan a su aplicación. Como ya se ha visto en los capítulos anteriores, las lenguas segmentan la realidad de muy diversas maneras y expresan de diversas maneras esos segmentos. Además, la 'simbolización' de la experiencia de cada lengua es diferente. Por lo tanto, la coincidencia simultánea de estructuras y significaciones es muy rara. La segmentación de la realidad en cada lengua puede compararse con un mosaico, y si colocamos los mosaicos uno sobre otro, sus superficies no coinciden, según lo explicado a propósito de las 'visiones del mundo' (2.2.1). Una vez probada esta divergencia por la lingüística contemporánea, todo intento de traducción literal está destinado al fracaso. La presente obra pretende precisamente demostrar la futilidad de la traducción literal. Si se la ha practicado ha sido en épocas muy remotas y oscurantistas de la lingüística, cuando por tradición se consideraba la palabra como unidad básica. Aun en los casos más sencillos en los que parece existir contenidos similares, no se puede esperar esa correspondencia de forma, y la falta de correspondencia entre el inglés y el español se cumple casi sin excepciones. Y se cumple aun entre lenguas romances, en las que se supone que haya mayor cantidad de coincidencias.

8.2.1.2 La traducción literal como escollo principal del traductor. Examinemos ahora la 'traducción literal' en su acepción más generalizada de 'apego mecánico' a la forma con perjuicio del contenido. No faltará quien diga que esta no es una verdad nueva, que es tan vieja como la misma traducción. Desafortunadamente, hay muchas verdades que se proclaman en todas partes sin que se sepa en qué consisten. Por constituir principios tan comunes parece que se tiende a no prestarles atención, pues en el caso de la traducción literal, término tan corriente entre los traductores, es para ellos mismos el escollo más grande y el fenómeno nocivo más difícil de corregir. Hemos sentado desde el comienzo del presente estudio que si no se estudian a fondo los problemas no se puede luchar contra ellos. Con sólo repetir la regla general de que no se debe traducir literalmente no se llega a un sistema de procedimientos para prevenir sus consecuencias. Por nuestra experiencia nos hemos dado cuenta que muchos traductores se han vuelto más literalistas con el transcurso de los años. En vez de llegar a descubrir métodos de resolver los escollos adquieren trucos para disfrazarlos. Son los grandes explicadores y distorsionadores de los que hemos hablado ya en otros capítulos.

Para hacer un estudio del fenómeno tenemos que recordar las nociones de la 'significación' y de las 'unidades lexicológicas'. En la traducción que se nutre de principios lingüísticos, repetimos, la 'palabra' no es el factor decisivo en la interpretación de un mensaje y por tanto no puede considerarse como la entidad de nuestro análisis. En la Edad Media se consideraba básica por tradición la palabra. Se han necesitado siglos para probar hasta la saciedad que la fidelidad a la forma sólo significa infidelidad a la sustancia. No faltará quien califique esta afirmación como una de las verdades de Perogrullo, pues ya se sabe que la literalidad está por todos condenada. Sin embargo, la sorpresa no será pequeña al descubrir que muchos de nuestros traductores "han oído repicar pero no saben dónde, " y aunque se saben al dedillo ese principio perpetúan la práctica penosa de la literalidad obscurantista como se tendrá oportunidad de ver en la explicación de cada uno de los procedimientos que no son literales.

Sería interminable intentar un inventario de las razones por las cuales el literalismo puede (a) carecer de sentido, (b) distorsionar el sentido y (c) convertirse en contrasentido. Todos estos aspectos irán aclarándose a medida que se vayan tratando los demás procedimientos oblicuos en los cuales se demostrará la inutilidad de la versión servil. En esta sección queremos sólo hacer algunas observaciones generales en anticipación a las formas de prevenir los males de este fenómeno tan difícil de desarraigar.

La explicación de la literalidad tiene que ver prácticamente con todos los aspectos de la teoría de la traducción, comenzando con la teoría saussuriana del 'signo' (capítulo 2). De ella se desprende que la superficie conceptual de las palabras difiere de una a otra lengua. Allí se inicia la dicotomía de 'idea' y 'palabra'. El corolario de esa dicotomía es que se debe traducir la idea, la situación, no la palabra. La expresión de Z. S. Harris viene muy a propósito en este sentido: "la lengua no es un saco de palabras". En efecto, la lengua no es un depósito de palabras al que se recurre en forma independiente de la situación y del contexto (capítulo 5).

Los principios de la gramática generativa transformacional bosquejados en algunas secciones, han aportado una descripción más sistemática de las causas de la literalidad. Según esos principios es insoslayable el hecho de que el significado básico de las oraciones está 'implícito' en sus 'estructuras subyacentes'. La traducción literal ignora este hecho y quiere ceñirse a las formas superficiales, resultados postransformacionales. La verdad es que el significado básico existió en una oración aún antes de la aplicación de las transformaciones.

Por otra parte, la explicación de la traducción literal tiene que
ver con dos aspectos de la 'teoría de la comunicación', el del ruido
lingüístico (6.2.1) y el de la 'carga informativa' del mensaje. Por
lo general la traducción literal recarga el canal de comunicación con
léxico, puntuación y sintaxis extraños, y con frecuencias y formas
antisemotácticas, de tal manera que hace difícil la tarea de descifrar
el sentido. Al lector le es difícil embragar y cambiar de marcha
imprevistamente y a cada tropiezo con esos elementos de distracción.
Este es uno de los aspectos en los que insiste Nida, quien sostiene
que la carga del mensaje debe ser proporcionada a la capacidad de
transmisión, de otra manera la 'descodificación' es difícil o defectuosa. La carga o intensidad del mensaje se refiere tanto a la longitud
como a la dificultad (7.3.1). En el caso del literalismo, es la dimensión de la dificultad la que sobrepasa la capacidad de recepción. Con
toda razón Stockwell exclama: "Hay que maximizar las diferencias
para evitar la distorsión". En efecto, el traductor literalista tiende
a hacer lo contrario: a maximizar las similitudes, y los resultados
son inaceptables. No falta incluso quienes pretenden inventar formas
y hacer violencias en el estilo de LT para salir del paso. La literalidad, como se verá en los procedimientos subsiguientes, afecta al
léxico, a la sintaxis y al discurso entero; hemos dicho ya que la
'sintaxis literal' es tan peligrosa como el 'léxico literal'. Se cree
a veces que el literalismo concierne únicamente al defecto de verter
el original palabra por palabra; no obstante, aunque no se haga
palabra por palabra, es también literal la traducción inerte que no
se adueña del espíritu, del movimiento de una a otra idea, de la
fuerza de las metáforas, de la tesitura afectiva, en una palabra,
del espíritu que anima al original. La llamada equivalencia formal,
que traslada simplemente el léxico y las estructuras da por resultado
una versión disecada y descolorida, carente de matices. Con ello no
queremos decir que al traducir se deba duplicar en LT todos y cada
uno de los elementos del texto LO, como hemos visto que puede ocurrir en el caso de los anglicismos de frecuencia. Los sintagmas o
construcciones de 'sentido exocéntrico' como las expresiones idiomáticas, las lexías o las figuras de lenguaje no pueden traducirse
tomando aisladamente los elementos que las componen, porque su
significación no es igual a la suma de las significaciones de esos
elementos, como se verá en la parte correspondiente (8.4.5.9.6).
La dicotomía de forma y sustancia se ha discutido en los últimos
tiempos desde todos los puntos de vista, pero en especial en relación
con la magnitud de las unidades básicas que entran en la operación
traductiva, como lo hizo L. Forster, para quien la traducción literal
no es sino una traducción limitada a los rangos, en el sentido dado a
este término por el autor. La traducción verdadera debe inde-
pendizarse de la tiranía de las palabras, de los rangos, de la

gramática y de las formas de estilo. Como lo expresa J. C. Catford, la traducción literal tendría utilidad únicamente para ilustrar de una manera tosca las diferencias entre una y otra lengua, como podría hacer el lector si quisiese realizar ese mismo ejercicio para darse cuenta de las diferencias de sentido que se producirían con la versión literal de cualquier pasaje del inglés al español. Pero si se presta atención a la verdad que encierra la afirmación de Catford, ella sola basta para decretar el destierro de la traducción literal: sólo sirve para hacer más palpables las discrepancias que existen entre las lenguas. Si esa clase de versión nos va a dar por resultado discrepancias, no puede ser transmisión fiel de las ideas. Véanse estos efectos negativos del literalismo en los siguientes ejemplos:

(1)	I did not think much of him.	*No he pensado mucho en él.
(2)	It means that in the future we can expect international business to face ever greater political difficulties in Latin America.	*Significa que en el futuro podemos esperar que las empresas internacionales se enfrenten en la América Latina con dificultades cada vez más graves.
(3)	. . . while restricting their technological advance through imitations and adaptations.	* . . . restringiendo al mismo tiempo su adelanto tecnológico mediante imitaciones y adaptaciones.
(4)	But bigness is paid for, in part by fewness, and a decline in competition.	*Pero la grandeza se paga con la poquedad y con una reducción de la competencia.
(5)	But the rate of inflation responded only with an unexpected delay.	*Pero la tasa de inflación reaccionó únicamente con una demora inesperada.
(6)	This is a policy oriented book.	*Esta es una obra de orientación política.
(7)	No extremist group has as yet claimed credit for the act.	*Ningún grupo extremista ha reclamado hasta ahora crédito para el atentado.

Ejemplo (1): la frase I think of you significa pienso en tí, claro está, pero no en el caso de la ilustración cuya traducción literal dice lo contrario. La explicación está en que se ha querido dar a la expresión un sentido equivalente a la suma de los significados de sus partes (8.4.5.9.6). Not to think much of es una expresión exocéntrica y significa tener una mala opinión.

Ejemplo (2): <u>podemos esperar</u> significaría que eso es lo que se desea que suceda. No por ser algo disfrazada esta literalidad debe escapar a un traductor profesional. Se trata de una probabilidad, y bastaría con decir que <u>en el futuro tendrán</u> o <u>es probable que tengan que enfrentarse</u>, pero el original no indica que así se desea que suceda.

Ejemplo (3): aquí el olvido de la situación (5.1.5) y el calco del orden han traído por consecuencia una alteración total del sentido: las empresas multinacionales no realizan imitaciones ni adaptaciones, pues son las dueñas de las patentes. El contexto decía muy a las claras que son los países subdesarrollados los que procuran un adelanto tecnológico a través de la imitación y de la adaptación. Si no se hubiera dejado guiar por las palabras el traductor se habría dado cuenta del verdadero sentido del mensaje: <u>restringiendo al mismo tiempo el recurso a la imitación y a la adaptación con que procuran lograr su adelanto tecnológico.</u>

Ejemplo (4): este es un caso en que la traducción literal es asémica (carece de sentido) o constituye un contrasentido que no entendería ningún hispanohablante. Adviértase que esta clase de traducción literal no es reversible, como lo son algunas otras, que podrían leerse de la misma manera en las dos lenguas, como puede ensayarse con el ejemplo número uno. Si tratamos de hacer la traducción inversa del cuarto ejemplo, en cambio, tendríamos: <u>greatness is paid partly at the cost of pettiness and involves a reduction in competition.</u> Como el lector puede apreciar, la idea central es: <u>el costo de tener empresas tan grandes</u> (pues el contexto decía de lo que se trataba) <u>es el de tenerlas en número tan reducido y el de la disminución de la competencia.</u>

Ejemplo (5): al parecer se quiso traducir <u>only</u> en forma independiente del mensaje global. La versión tal como se da en el ejemplo significaría que se esperaba que la demora fuera todavía mayor y prevista. En realidad, <u>la tasa de inflación no reaccionó sino con una demora inesperada,</u> o <u>reaccionó pero con una demora inesperada,</u> ya que <u>only</u>, en el texto de LO está en lugar de <u>but then</u>.

Ejemplo (6): se ve sin esfuerzo que se puede confundir con la política propiamente dicha relativa a los negocios del Estado, cuando sólo se trata de una obra que tiende a sugerir o proporcionar las bases para las normas, líneas de conducta o programa. Habría sido más acertado decir: <u>se trata de una obra tendiente a proponer políticas.</u>

Ejemplo (7): el grupo terrorista no reclama que se le dé crédito, sino que se atribuye el crédito o mérito del atentado.

De donde llegamos a la conclusión de que con imitaciones al parecer inofensivas se llega a resultados desastrosos. Esta misma falta de discernimiento llevará a versiones tales como:

Performance contracts	*Contratos por resultado
	(5. 2. 2)
Follow-up	*Seguimiento

El Diccionario de Uso del Español (Moliner) dice del artículo
seguimiento: "acción de seguir. Particularmente de perseguir".
Recuérdese que hay cierta clase de sustantivos que no se pueden
traducir con otros sustantivos ya que en la estructura subyacente
tienen valor de 'acción' o 'acontecimiento' (2. 2. 3) que por lo general
se 'realiza' en la estructura lineal por medio de un 'verbo'. En
muchos casos requiere para su versión la 'transposición' sustantivo/
verbo, como se explicará en el procedimiento correspondiente
(8. 3. 4. 7). La palabra seguimiento se encuentra, naturalmente, en
el diccionario, pero con otra denotación y no se puede usar una
palabra por el solo hecho de que se encuentre en el diccionario
(2. 2. 2). Hay que examinar la vigencia de la que nos habla Julián
Marías en su discurso de ingreso a la Real Academia (El uso lingüístico). En un documento de nuestros expertos apareció un título
de seguimiento, que resultó indigerible para la mayoría de los
delegados a una reunión. El inglés decía, por supuesto, follow-up,
y por el contenido del documento se descubrió que se trataba de
ciertas tareas subsecuentes o complementarias que debía llevar a
cabo el CIAP después del trabajo inicial y orientador desarrollado
por su organismo superior, el CIES. No en todos los casos cabe la
misma solución, sin embargo, y será necesario averiguar ante todo
la 'acción' o 'acontecimiento' de que se trata (semantema) para poder
expresarla con la frase apropiada. Otra cosa sería si la Academia
Española decidiera agregar al artículo seguimiento esta nueva
acepción de follow-up; entonces nos habría resuelto un gran problema.
No obstante, es dudoso, en primer lugar, que la Academia resuelva
decidir a base únicamente de que así lo use un reducido número de
personas o que se haya aceptado en un organismo burocrático. Un
término pertenece a la lengua cuando lo usa una comunidad lingüística,
que es mucho mayor que los grupos mencionados. En segundo lugar,
aunque un término sea lanzado por un grupo reducido o por un
organismo internacional, se generaliza cuando se adapta al espíritu
de la lengua y llena una verdadera necesidad, no en el caso en que
el nuevo término repugna a la lengua y se enfrenta con la resistencia
de todos los que no tienen contaminado el oído. Los neologismos se
imponen por la rápida popularidad que conquistan. Recuérdese la
teoría saussuriana de la arbitrariedad del signo (2. 1. 4).

Country reviews	*Examen por países

Sin miramiento al contenido semántico de esta expresión se lanzó la versión indicada a la derecha, que ha llegado a constituirse en monumento de la traducción literal y de la significación nebulosa (de un organismo). La confusión, naturalmente, se acrecentó cuando se empezó a añadir a la frase el nombre de un país:

Panama country review   *Estudio por países de Panamá

Con ello todo el mundo se dio cuenta de que había algo anómalo en la expresión. Y no se piense que son sandeces, pues tal absurdo se halla repetido hasta la saciedad en los documentos de un ilustrado organismo de la OEA. Es verdad que dicho organismo realiza esos estudios de cada país, por separado, estudios que en cierto sentido son del país, por eso se dijo originalmente en inglés country review. Es bien conocido que ese organismo se ocupa de estudios económicos o, digamos, de las economías nacionales. Podía haberse expresado: estudios económicos de los países o estudios de las economías nacionales. Sin embargo, para no renunciar a la versión señalada con asterisco se dio una excusa: los estudios no eran únicamente económicos, abarcaban mucho más que eso, por ejemplo, la educación. Sabemos muy bien que la educación está implícita en los estudios económicos, pues en la misma jerga económica de los mencionados estudios se lee el desarrollo de los recursos humanos, capítulo muy importante de economía.

8.2.2 Traducción oblicua

8.2.2.1 El mito de la traducción libre. Conviene aclarar en este punto uno de los numerosos mitos que se han creado en torno a nuestra disciplina. Es muy común entre los traductores empíricos la creencia de que existen dos clases de traducciones: la 'literal' y la 'libre'. Hemos visto ya que la primera se cuenta entre los procedimientos de traducción. En cuanto a la segunda, enfáticamente, no existe. El primer requisito que debe reunir una traducción es, en efecto, la exactitud. Si no es exacta, no es traducción. Las versiones ampliadas, corregidas, comentadas, o los trabajos de los exégetas, son cosas totalmente distintas, con ellas nos alejamos rotundamente del concepto genuino de traducción. El traductor no tiene facultades para añadir ni quitar nada al contenido de un texto, ni es exégeta, intérprete o proselitista (ni ideologista: Meschonnic). Todo lo contrario, el traductor renuncia a sí mismo, y cuando crea lo hace únicamente para ser fiel a la intención y propósito del autor (poética de la traducción). Posiblemente el mito de la traducción literal y de la traducción libre logró consolidarse aún más gracias al apoyo que recibiera de la superada teoría de Theodore Savory, quien hacía también la distinción entre traducción 'fiel' y traducción 'libre'. Precisamente con oponer 'fiel' a 'libre' se pone de relieve que 'libre' no es 'fiel'.

8.2.2.2 Distinción entre traducción literal, oblicua y paráfrasis. La paráfrasis tampoco es traducción.[47] Los que no comprenden la verdadera naturaleza de la traducción pueden dejarse llevar a ciertos extremos. Uno de ellos por ejemplo, según lo hemos visto ya, fue la victoria de la palabra sobre la idea, o sea, el literalismo. Pero por otro lado, en un afán de evitar el literalismo, se cae fácilmente en el exceso opuesto, el de la 'paráfrasis'. Traducir no significa, por cuanto hemos insistido en esta obra, ni explicar ni comentar un texto, ni escribirlo a nuestra manera. Los empíricos que creen todavía en el mito de las 'bellas infieles' dan ese salto irreflexivo hacia el libertinaje en la traducción, arrastrados las más de las veces por su incompetencia. A ellos hay que recordarles que variations on a theme of Paganini no significa traducción de Paganini. La 'paráfrasis' no puede ser un método de traducción porque con ella el texto pierde sus características. Las demasiadas explicaciones destruyen la concisión de una obra y se prestan a las mismas distorsiones que su antípoda, la traducción literal. Las adaptaciones arbitrarias desfiguran la intencionalidad y se convierten en verdaderas caricaturas que por ninguna razón pueden considerarse fieles.

Nos quedan, pues, únicamente dos conceptos centrales de nuestra distinción básica: la 'traducción literal', método de muy limitada aplicación, y la 'traducción oblicua', que debe entenderse como el resultado de la aplicación de una serie gradual de procedimientos y métodos que vamos a estudiar en las secciones restantes del presente capítulo. Se denomina 'oblicua' precisamente porque se aleja del traslado directo o calco mecánico de todos y cada uno de los elementos del texto de LO. Se ha optado sin duda por la designación de 'oblicua' y no de 'indirecta', ya que este último calificativo se reserva para la traducción que se realiza de la lengua materna a una segunda lengua. 'Directa', en efecto, es la traducción de una segunda lengua a la lengua materna, que es la que propugnamos en el presente estudio. Véase a este respecto lo expresado acerca de la competencia (2.3.3) y de la interferencia lingüística (2.3.4).

8.3 La transposición

8.3.1 Primer paso hacia la traducción oblicua. En la sección precedente hemos hecho distinciones de carácter decisivo en la comprensión del objetivo central de la traducción. A un extremo relegamos la traducción literal, cuyo peligro hemos tratado de esbozar, y con LA TRANSPOSICION logramos el primer rompimiento

con ella. Con este primer dispositivo procedemos hacia el conjunto
de métodos que constituyen la TRADUCCION OBLICUA, o sea la
nueva noción de la traductología que pretendemos explicar de aquí
en adelante, en un esfuerzo de destruir los mitos que se han formado
a través de los tiempos.

Partamos de los siguientes diagramas:

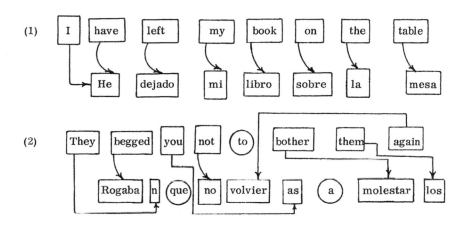

En el primer ejemplo hay correspondencia estricta hasta el nivel
ínfimo de los morfemas. Es decir, no sólo hay correspondencia
ontro clcmentos de rango superior o 'lexemas' (verbo, sustantivo)
sino entre los elementos simplemente gramaticales o 'morfemas'
(auxiliar, preposición). Esto equivale a decir que hay correspondencia a 'nivel lexémico' y 'morfémico'. Pero hay todavía un hecho
más que observar: en este ejemplo la idea del inglés coincide perfectamente con la del español y, al mismo tiempo, la cstructura del
inglés (sujeto, verbo, objeto directo, complemento de lugar) coincide
también con la del español. Ocurre lo que en lingüística se expresa
como la 'correspondencia formal' de estructura y contenido en las
dos lenguas (grado cero).

En el segundo ejemplo, no hay 'correspondencia formal' ni
estricta, pues las estructuras patentes de una y otra lengua se han
diferenciado. Hay segmentos que quedan sin sus correspondientes,
y hay otros que han sido representados por segmentos de 'función'
o 'categoría distinta'. En efecto, la idea de repetición está expresada
en inglés por un adverbio (again) y en español por un verbo (volvieras).
Hay en este ejemplo una 'coincidencia de contenido', pero las
estructuras no se corresponden con exactitud. Ese cambio o reemplazo de 'función' o 'categoría' es lo que merece nuestra atención
por el momento, pues con él se va a definir una de las diferencias
con los 'métodos literales' en los cuales un segmento de determinada

clase era reemplazado por otro segmento de la misma clase, es decir, a un sustantivo sustituía un sustantivo, a un verbo otro verbo, a un adjetivo otro adjetivo, etc. En cambio, los 'métodos oblicuos' nos permiten reemplazar no sólo las unidades sino, como veremos más adelante, las estructuras, con otras de distinta clase, pues la traducción consiste precisamente en 'cambiar de vehículo', porque el vehículo de las ideas no es el mismo ni es igual en las lenguas. Este proceso, aunque los autores se refieran a él con distintos términos (de una categoría a otra, según Jean Rey; de una clase de palabra a obra, según Nida; de un rango a otro, según Catford; o de una especie a otra, según Vinay y Darbelnet) no debe producirnos confusión pues se refieren en fin de cuentas al mismo fenómeno por el cual un elemento oracional cambia su filiación o función gramatical, como se puede ver en:

Before he comes back (verbo)   Antes de su regreso (sustantivo)

8.3.2 La alternatividad estilística y la transposición. La traducción 'oblicua' comienza así con el procedimiento de la TRANSPOSICION, cuya aplicación es relativamente fácil, y es tan indispensable que se lo considera el alma de la traducción. Su nombre se origina de la teoría lingüística de las transposiciones explicadas principalmente por Bull, Bally, L. Tesniére y otros. Como técnica de traducción fue estudiada extensamente por Georges Panneton en una tesis de incalculable valor para la traductología, presentada en la Universidad de Montréal bajo el título de La Transposition, principe de la traduction. Son rôle essentiel dans l'interpretation de la pensée, sa valeur de base technique. La finalidad del procedimiento de la transposición es lograr la naturalidad de expresión en LT, en todos sus niveles, es decir, en el léxico, en la estructura y en el enunciado, y se puede definir como el procedimiento por el cual se reemplaza una parte del discurso del texto de LO por otra diferente que en el texto de LT lleve el principal contenido semántico de la primera. Se nutre del principio de que la misma fuerza semántica o densidad sémica, puede existir en dos especies diferentes, como se vió en los ejemplos dados antes: again y volvieras, comes back y regreso.

Pero hemos sentado ya las bases para la comprensión más satisfactoria del mecanismo de este procedimiento transpositivo y de las razones que lo explican. Si repasamos la exposición del 'proceso transformacional' esbozado en nuestra presentación de la 'gramática generativa' (2.3.1, 2.3.2 y 2.4.8) y nuevamente a propósito del discurso (7.6.1), recordaremos dos cosas importantes: primero que las transformaciones 'no alteran el contenido' porque son distintas maneras de decir la misma cosa, esto es, de expresar la significación básica; y, segundo, que las transformaciones indican las 'relaciones interestructurales' del discurso. Con estos hechos habíamos llegado a dos principios: que con la 'transformación inversa' se puede llegar a estructuras menos complejas como son las 'oraciones prenucleares' para realizar las transferencias, y que las transformaciones constituyen la base de la 'alternatividad estilística', que, en la obra de Bally, se conoce como la 'pluralidad de los hechos de expresión'. Veamos los siguientes ejemplos:

(a) Tradujo acertadamente.
(b) Su traducción es acertada.
(c) Lo acertado de su traducción.
(d) Su acertada traducción.

Como la significación central no ha variado, las cuatro transformas contienen los mismos elementos de pensamiento (salvo cuestiones de matiz que hemos visto a propósito del relieve en el apartado 7.6); sin embargo, la 'acción' o 'tema' está expresada en (a) por un verbo y en (b), (c) y (d) por un sustantivo; la idea de modalidad o manera de la acción se manifiesta en (a) por un adverbio, en (b) por un adjetivo, en (c) por un adjetivo sustantivado (abstracto) y en (d) por un adjetivo de una nominalización.

(a) I wish he wouldn't blunder so.
(b) I wish he weren't so blundering.
(c) I wish he wouldn't behave so blunderingly.
(d) I wish he weren't such a blunderer.
(e) I wish he wouldn't be guilty of such blunders (Bolinger).

En este segundo ejemplo la significación de un elemento del discurso está expresada: en (a) por un verbo, en (b) por un adjetivo, en (c) por un adverbio, en (d) por un sustantivo agente y en (e) por un sustantivo objeto. O también podríamos decir que el elemento está expresado en (a) por un verbo y en (b), (c), (d) y (e) por perífrasis.

Partiendo del ejemplo diagramático dado más atrás y reduciéndolo a transformas:

(a) Tú vuelves a molestarlos.
(b) Tú los molestas otra vez.
(c) Tú los molestas nuevamente.
(d) Tú les causas nuevas molestias.

En este caso la idea de reiteración se expresa en (a) por un verbo, en (b) por una locución adverbial, en (c) por un adverbio y en (d) por un adjetivo, y la de la acción se manifiesta en (a), (b) y (c) por un verbo y en (d) por un sustantivo (perífrasis).

Estas tres series de ejemplos nos confirman que las transformaciones constituyen la base de la 'alternatividad estilística', es decir de las formas variadas de expresar una 'significación básica' en el terreno de la 'estilística interna', y explican el mecanismo de la transposición en el de la 'estilística diferencial' (3.1.5). De estos hechos se deducen a la vez dos corolarios: primero que las 'variaciones estilísticas' empiezan a proyectarse desde el nivel de 'estructura prenuclear' y a partir de él se realizan después las opciones; segundo, que la transposición se inspira en el funcionamiento de la estilística interna.

Con este procedimiento llegamos a una etapa en que empezamos a demostrar lo anunciado en ocasiones anteriores, a saber, que la 'estilística comparada' se ocupa de los 'factores' llamados 'optativos', cuya selección requiere la pericia del traductor, ya que forman el origen de gran número de sus dificultades, a diferencia de los 'factores obligatorios' que una vez conocidos no hay sino que aplicarlos.

Con la transposición, que es apenas el primer paso del sistema oblicuo, se consigue ya un enorme mejoramiento de las traducciones como veremos dentro de poco. Aun en el simple pero inveterado problema de evitar la 'repetición' monótona y carente de sentido nos viene en auxilio. El empírico que se halla frente a ese problema cree que la variación estilística consiste únicamente en encontrar sinónimos para los términos que le oponen obstáculos y no es infrecuente que con ello llegue a los resultados más absurdos, ya que según lo expuesto en la sección correspondiente, lo que nos ofrecen los diccionarios en la gran mayoría de los casos no son 'sinónimos' sino 'parasinónimos' (3.1.3, 7.4.3).

8.3.3 Transposición obligatoria y facultativa. Antes de proceder a enumerar los distintos tipos de transposiciones cabe hacer una distinción necesaria entre la 'transposición obligatoria' y la 'facultativa'. En el caso literal siguiente:

There's a reason for life!   ¡ Hay razón para la vida!

vemos que se ha creado por lo menos una ambigüedad, y con ello se ha infringido en el principio de fidelidad. Se necesita en este caso obligadamente una transposición de sustantivo a verbo:

¡ Hay una razón para vivir!

pero en la frase:

| Of interest to Latin America | (a) De interés para la América Latina |
| | (b) Que interesa a la América Latina |

la transposición sustantivo/verbo es facultativa, ya que, caeteris paribus, también es correcta la primera versión. Otras instancias de 'transposición obligatoria' encontraremos en el curso de esta sección, como el caso de la transposición adjetivo/sustantivo, cuando el sustantivo desempeña en inglés el papel de adjetivo; de la transposición sustantivo/verbo, cuando algunos sustantivos que significan 'acontecimiento' (2.2.3) exigen reemplazo verbal; y, finalmente, es casi siempre obligatoria la transposición de los adjetivos de relación (4.2.4).

8.3.4 Variedades de transposición.

8.3.4.1 Adverbio/verbo

The application of hard work should <u>eventually</u> produce a heaven on earth.	La aplicación del trabajo diligente <u>acabaría</u> por producir un paraíso en la tierra.
I <u>merely</u> asked his name.	Me <u>contenté</u> con preguntarle el nombre.
He was never bothered <u>again</u>.	Nadie <u>volvió</u> a molestarlo (también modulación pasiva/activa).
We're on some planet, <u>obviously</u>.	<u>Es obvio</u> que estamos en algún planeta.
His heart stood <u>still</u>.	Cesó de <u>latirle</u> el corazón.
I <u>just</u> call up a number.	Me <u>limito</u> a llamar un número.
He'll be back <u>soon</u>.	No <u>tardará</u> en llegar.
I <u>only</u> said hello.	<u>No hice más</u> que saludarlo.
I <u>only</u> defended myself.	<u>No hice sino</u> defenderme.
Of a <u>potentially</u> catastrophic scale	Que <u>puedan alcanzar</u> proporciones catastróficas
Which has, or is <u>likely</u> to have	Que tenga o <u>pueda</u> tener

8.3.4.2 Adverbio/sustantivo. Véase también apartado 4.11.

| That won't be <u>often</u> enough. | Eso no sería demasiada <u>frecuencia</u>. |
| <u>Early</u> last year | <u>A principios</u> del año pasado |

Neatly designed	Diseñado con simple elegancia
Most of us came along ever so slowly.	La mayoría de nosotros progresamos con demasiada lentitud.
'I assume it's a fix' said the girl sourly.	Supongo que es un acomodo, dijo la muchacha con amargura.
And gives those who offer it wholeheartedly a sense of dedication.	Y da a quienes la han brindado de todo corazón un sentido de dedicación.
More than a third of their total investment abroad	Más de un tercio de sus inversiones en el mundo
Plenty of protection around	Había un despliegue de protección por todas partes.
It is commonly believed that	La gente cree que

8.3.4.3 Adverbio/adjetivo. Véase también apartado 4.11.

Which hid the distant valley of Las Vegas	Que ocultaba a lo lejos el valle de Las Vegas
He unconcernedly went through the luggage routine.	Pasó despreocupado por la rutina de chequeo del equipaje.
A genuinely international body	Un genuino cuerpo internacional
The houses ran through the night.	Eran casas abiertas toda la noche (y modulación).
'I see', said J. respectfully.	Comprendo, dijo J., respetuoso.
'Don't make any mistake about this job', said M. sharply.	No tome a la ligera esta misión --dijo M., cortante.
He is ten years younger than I.	Tiene diez años menos que yo.
That wall paints very easily.	Esa pared es fácil de pintar.
We have been participating vigorously.	Hemos tomado parte muy activa.
He always had learned quickly.	Siempre había sido veloz para aprender.
To clarify as fully as possible	Para indicar con la máxima claridad
Trade between the U. S. and foreign nations	Comercio entre los EU y las demás naciones

8.3.4.4 Verbo o participio pasado/sustantivo.

Individuals are free to get a living or to pursue wealth as each <u>chooses</u>.	Los individuos son libres de ganar lo necesario para vivir o de perseguir la riqueza según la <u>preferencia</u> de cada quien.
A burst of fear and shock black <u>as he hit</u>	Una avalancha de miedo, de espanto y de tinieblas <u>con el golpe</u>.
<u>Waiting</u> to go to America	<u>A la espera</u> de ser llevadas a América (perlas)
Organization has been <u>made</u> by man.	La organización es <u>obra</u> del hombre.
With the <u>changing</u> needs of the member states	Con los <u>cambios</u> de necesidades de los Estados miembros
This <u>necessitated</u> less recourse to the use of credit.	Disminuyó en consecuencia la <u>necesidad</u> de recurrir al crédito.
We <u>haven't heard from</u> him for a long time.	No hemos tenido <u>noticias suyas</u> por mucho tiempo.
Agrarian reform, or <u>improved</u> standards of living, is also a major goal.	Es así mismo meta principal la reforma agraria, o el <u>mejoramiento</u> del nivel de vida.
He had been thoroughly <u>briefed</u>.	Había recibido una <u>información</u> exhaustiva (doble transposición).
<u>Irrigated</u> crops	Cultivos de <u>regadío</u>
He went <u>to look</u> for him.	Fue en su <u>busca</u>.
The pain that was in him and all over him, <u>stabbing</u>, <u>hammering</u>, <u>grinding</u> him	Los dolores que le torturaban todo el cuerpo, como <u>cuchillos</u>, como <u>garfios</u>, como <u>tenazas</u>
And stood <u>looking</u> after the coffin of	Y siguió con la <u>mirada</u> el féretro de
It was <u>intended</u> to separate.	La <u>intención</u> fue de separar.
The lavatory and shower were immaculate and neatly <u>designed</u>.	El lavabo y la ducha eran de <u>diseño</u> de simple elegancia y estaban inmaculados.
But he gave in and Lucky was his partner until <u>he died</u>.	Pero acabó por ceder y convertirse en socio de Lucky hasta <u>su muerte</u>.
But whatever the job <u>dictated</u>	Pero sean cuales fueren las <u>exigencias</u> de su trabajo

Why couldn't you think of something else to <u>talk about</u>?	Por qué no pudo encontrar otro tema de <u>conversación</u>?
B. suddenly <u>felt</u> they had all the time of the world.	B. tuvo la repentina <u>sensación</u> de que contaban con todo el tiempo del mundo (doble transposición).
Went down in the elevator and out into the <u>roasting</u> street.	Descendió en el ascensor y salió al <u>horno</u> de la calle.
<u>Purchasing</u> power	Poder de <u>adquisición</u>

En esta variedad entran ciertos participios que el inglés emplea a manera de elipsis por 'visión anticipada' o 'cumplida', al paso que la visión del español es analítica; entre los más frecuentes se encuentran <u>decreased, increased</u>:

Decreased purchasing power	Una disminución del poder adquisitivo
Whenever the Commission has reason to believe that the increased imports are attributable	Cuando la comisión tenga motivo para creer que el aumento de las importaciones (no: las importaciones aumentadas) se atribuye
To determine whether an article is being imported into the U. S. in such increased quantities as to be substantial cause	Para determinar si el volumen en que se importa un artículo ha recibido un aumento tal que constituya causa esencial

Otros casos:

A research section has been established which has initiated studies on cost reduction, improved utilization of facilities, etc.	Se ha establecido una sección de investigaciones que ha emprendido estudios sobre la reducción de costos, mejoramiento de la utilización de locales, etc.
Perhaps this is due to such expressions being permitted.	Tal vez se deba a que se permiten dichas expresiones.
As evidence of the renewed protectionist trade attitude	Como prueba de la reanudación de la actitud proteccionista

| He saw a crime committed. | Vio que se cometía un delito. |

Hay aún otros casos en que la 'visión anticipada' se resuelve por otros modos de transposición:

| In search for an agreed policy | En busca de una política en que todos estén de acuerdo |
| Will depend on the type of projects submitted | Dependerá de la clase de proyectos que se presenten |

8.3.4.5 Verbo/adjetivo.

| We will attempt to be brief, <u>relying</u> on subsequent discussion to clarify points which . . . | Trataremos de ser breves, <u>confiados</u> en que en las discusiones subsiguientes podremos esclarecer. |

8.3.4.6 Verbo/adverbio.

As you <u>may</u> have observed	Como ustedes <u>tal vez</u> lo han observado
There <u>used to be</u> an inn there.	Había <u>hace mucho</u> allí una posada.
It <u>kept</u> raining during our vacation.	Llovía <u>de continuo</u> durante las vacaciones.

8.3.4.7 Sustantivo/verbo o participio pasado. Si recordamos las 'categorías semánticas universales' (2.2.2 y 2.2.3) este cambio sería apropiado cuando el sustantivo indica 'acontecimiento' y le sustituye el verbo que de ordinario realiza esta categoría. Esta clase de transposición es la más común ya que el español prefiere el verbo al sustantivo, como se indicó al tratar de sus características y de los anglicismos de frecuencia (4.2.6).

There would be no <u>ties</u> now to the force.	Ahora no habría nada que le <u>atara</u> a la fuerza.
Without the slightest <u>hesitation</u>	Sin <u>vacilar</u> en lo más mínimo
During the <u>remainder</u> of the term	Hasta <u>que expire</u> el mandato
And when the Du Pont <u>man</u> talks to the research chemist	Y cuando <u>el que trabaja</u> en Du Pont habla al investigador químico
And a poor <u>substitute</u> for the product of Scotland	Y no podía <u>compararse</u> ni de lejos con el producto escocés.

His sense of <u>oppression</u>	La sensación que le <u>oprimía</u>
Whereby individuals are free to get <u>a living</u>	Según el cual los individuos son libres de <u>ganar lo necesario para vivir</u>.
At 12:30 they stopped for <u>lunch</u>.	A las doce y media se detuvieron a <u>almorzar</u>.
In order to provide additional <u>clarification</u>	A fin de <u>esclarecer</u> aún más
Within a reasonable period of time after the <u>conclusion</u> of such training	Dentro de un período razonable después de <u>concluido</u> tal adiestramiento

En la comparación hecha de la 'sustantivación' inglesa con la española (4.2.6) se ha establecido que en inglés se dan ciertos sustantivos que, como si fuesen verbos, indican 'acontecimiento'. Sabemos que, por lo regular, un sustantivo indica 'estado'. De ahí que esos sustantivos se resistan a dejarse trasladar al español por medio de otro sustantivo. Hay que trasladarlos por medio del elemento verbal que lleva más fácilmente esa carga sémica de acontecimiento (2.2.3), es decir, por medio de un verbo, y con ello se evitan serios problemas de traducción:

Desiring to conclude an agreement for the <u>avoidance</u> of	Deseosos de suscribir una convención tendiente a <u>evitar</u> (doble transposición)
In order to have a better <u>insight</u> on the matter	A fin de <u>ahondar</u> en la materia
The U.S. <u>involvement</u> in Viet Nam	El <u>haberse inmiscuido</u> Estados Unidos en Viet Nam
This <u>involvement</u> with others, as young men see it, is the heart of the manager's job.	Esto <u>de tener que ver</u> con los demás, a los ojos de los jóvenes, constituye la esencia del trabajo del gerente.
England notified the <u>acceptance</u> of the proposal.	Inglaterra comunicó que <u>aceptaba</u> la propuesta.
This is a <u>follow-up</u> report.	El presente informe <u>complementa</u> . . .

Los sustantivos utilizados como términos de la preposición <u>with</u> admiten la transposición sustantivo/participio pasado:

With the <u>loss</u> of his friend's cooperation	<u>Privado</u> de la colaboración de sus amigos

With the <u>support</u> of the Government	<u>Apoyado</u> por el Gobierno

8.3.4.8 Adjetivo/sustantivo.

I dare say that it was not an immensely <u>powerful</u> influence.	Me atrevo a decir que no constituyó una influencia de inmenso <u>poder</u> (transposición doble).
If the message is to be <u>meaningful</u>	Para que el mensaje tenga <u>significado</u>
A <u>medical</u> student	Un estudiante de <u>medicina</u>
It was another <u>busy</u> day beginning.	Comenzaba otro día de <u>ajetreos</u>.
He found it <u>difficult</u> to arrange for the trip.	Tuvo <u>dificultad</u> en hacer los arreglos de viaje.
The system has proved very <u>useful</u> for our purposes.	El sistema resultó de gran <u>utilidad</u> para nuestros propósitos.
The second most <u>important</u> city in the country	La segunda ciudad en <u>importancia</u>
A <u>native</u> American	Norteamericano de <u>nacimiento</u>
There's something cold, <u>austere</u>, something <u>barren</u> and chill, about this architecture.	Hay en esta arquitectura una <u>austeridad</u> fría, una <u>desolación</u> helada.
But I would be less than <u>candid</u>	Pero faltaría a la <u>sinceridad</u>
And it is not <u>even</u> certain that	Ni siquiera hay <u>seguridad</u> de que
<u>Careful</u> as he was	A pesar de su <u>cuidado</u>
To set someone <u>free</u>	Poner a alguien <u>en libertad</u>
<u>Contributory</u> service	Período de <u>afiliación</u> (jubiliaciones)
I'm not being <u>melodramatic</u>.	No estoy haciendo <u>melodrama</u>.
<u>Indecent</u> assault	Atentado al <u>pudor</u>
The enormity and <u>plushness</u> of the Wivex	La <u>lujosa</u> inmensidad del Wivex
A <u>typical</u> Mexican	Un verdadero <u>tipo</u> de mexicano
Meteor-<u>fast</u>	Con la <u>velocidad</u> de un meteoro
A <u>broken</u> coupling	Una <u>ruptura</u> de acoplamiento

To the man this makes <u>abundant</u> sense.	Para el hombre esto tiene <u>plenitud</u> de sentido.
He shall be deemed to be a resident of the territory of which he is a <u>national</u>.	Será considerado residente del territorio cuya <u>nacionalidad</u> posee.

Esta transposición es ventajosa cuando al adjetivo precede un adverbio y constituye doble transposición (8.3.4.12).

En esta variedad entran los casos en que en inglés se usa un sustantivo con función de adjetivo, para calificar a otro sustantivo, y la transposición de esta estructura es casi siempre obligatoria:

<u>Fringe</u> benefits	Beneficios <u>marginales</u>
A <u>student</u> demonstration	Una manifestación <u>estudiantil</u> (también de estudiantes)

8.3.4.9 Adjetivo/verbo.

But victory was <u>short-lived</u>.	Pero el triunfo <u>duró</u> poco.
There was warmth in his smile but his eyes were <u>watchful</u>.	Su sonrisa era cálida, pero sus ojos no <u>dejaban de escudriñar</u> (también modulación por contrario negativado y explicitación).
He pulled sharply upward into a <u>full</u> loop.	Ascendió agudamente hasta <u>completar</u> un giro.
Without the <u>companion</u> assurance that such success was moral	Si no <u>se añadía</u> la seguridad de que ese éxito era moral
It seems to be <u>incompatible</u> with	No parece <u>armonizar</u> con
It is <u>doubtful</u> whether	Se puede <u>dudar</u> si (que)
We are of the opinion that the <u>necessary</u> first step remains to be taken.	Somos de la opinión de que todavía queda por tomarse la primera medida <u>que se necesita</u>.
It's getting <u>dark</u>.	Comienza a <u>obscurecer</u> (también concentración).

8.3.4.10 Participio pasado/adjetivo. Véase también lo dicho en 8.3.4.4.

<u>Improved</u> inputs	Insumos <u>mejores</u> (o de mejor calidad)

Continued aid	Ayuda continua (o constante)
With increased capacity for dry and refrigerated storage	Con mejor capacidad de almacenamiento seco y refrigerado
The man gave a disgusted grunt.	El hombre dejó escapar un gruñido colérico.

8.3.4.11 Transposición de determinantes y partículas.

8.3.4.11.1 Artículo indefinido/artículo definido.

She has a pale complexion.	Tiene el semblante pálido.

Véase la cuestión tratada sobre determinantes en la sección relativa a anglicismos de frecuencia (4.2.3).

8.3.4.11.2 Posesivo/artículo definido. Véase también el tema de los posesivos en anglicismos de frecuencia (4.2.2).

Your hair is too long.	Tienes el cabello muy largo.
My whole body aches.	Me duele todo el cuerpo.
He spends his money carelessly.	Gasta el dinero sin cuidado.
Your hands are cold.	Tienes las manos frías.
How is your English?	¿Qué tal el inglés?
What did your doctor say?	¿Qué le dijo el médico?
The courts are near my building.	Las canchas están cerca del edificio donde vivo.
This is your Chief of Protocol.	Les habla el Jefe de Protocolo.
To your right, the White House.	A la derecha, la Casa Blanca.

8.3.4.11.3 Otras partículas.

At the time	En esa época
The latter	Este último
We went to the bar and had a whiskey and soda.	Fuimos al bar y tomamos un wisky con soda.
Rough and ready	Burdo pero eficaz
The Trust Fund shall consist of such amounts as may be deposited in it.	El Fondo Fiduciario estará formado por las sumas que en él se depositan.
In the course of any proceeding under this subsection	En el curso de un procedimiento previsto en la presente subsección

Their only pastime was to sit and think.	Cuyo único entretenimiento era sentarse a pensar
Anesthesia and administration thereof	Anestesia y su administración

8. 3. 4. 11. 4 Transposición de that.

We envisage an organization more attuned to those external problems which impinge on its people.	Contemplamos una organización orientada hacia ciertos problemas que afectan a su pueblo.
But we best get under that hot shower. I don't want you to catch a cold.	Pero es mejor que tomemos una ducha bien caliente, pues no desearía que te resfriaras (también compensación de that afectivo).
You see, I go to the bar, I see this fellow sitting there.	Así que voy al bar, veo sentado allí a un fulano (también de that afectivo).
This section is concerned with	La presente sección se ocupa de
A problem like that	Un problema de esa naturaleza

8. 3. 4. 12 Transposición doble adverbio + adjetivo/sustantivo + adjetivo. La estructura adverbio + adjetivo, como forma de intensificación es abundantísima en inglés, de ahí que traducida al español literalmente en todos los casos ocasionaría otra serie de 'anglicismos de frecuencia' (4. 2. 1). Esta variedad de transposición contribuiría eficazmente a reducir el índice de frecuencia del adverbio en español. Sólo en las obras de Borst, Kirchner y Bolinger hemos comprobado más de 300 de estas estructuras, y las presentan como las más usuales. Nos limitaremos a dar ejemplos de unas pocas:

After being warmly embraced by her	Después de que ella le dio un abrazo lleno de afecto
To these sordidly powerful criminal mobs	A estas bandas de criminales sórdidas y poderosas
Substantially similar taxes	Impuestos de naturaleza similar
Unless he does something extremely stupid	A menos que cometa alguna gran estupidez
He was unusually successful in early life.	En temprana edad tuvo un éxito extraordinario (también transposición de early).

It was absolutely quiet.	Reinaba una completa calma (también modulación de <u>it</u> <u>was</u> y compensación).
It was a severely cold winter.	Fue un invierno de frío atroz.
The waiting room was luxurious and tropically hot.	La sala era lujosa pero se mantenía a la temperatura de los trópicos.
Flagrantly silly statement	Afirmación de flagrante ridiculez
His progress was heart-breakingly slow.	Progresaba con lentitud desesperante.
Not only as a fact of life that must be accepted but as an inherently good proposition	No sólo como un hecho de la vida que debe aceptarse sin más, sino como una proposición de bondad inherente
It was an exuberantly optimistic ethic.	Era una ética de exuberante optimismo.
He was an amazingly skillful public relations man.	Fue un hombre de relaciones públicas de habilidad asombrosa.

8.3.4.13 Transposición del grupo adjetivo + sustantivo. Es también bastante común en inglés. Constituye un medio táctico bastante avanzado de estilística para el cual se requiere más sensibilidad y discreción que para las variedades anteriores:

The thoughtful deliberation of his movements	La intención deliberada de sus movimientos
As though Rome was always a town of frivolous innocence	Como si Roma hubiera sido siempre un centro de diversiones inocentes

8.3.4.14 Transposición cruzada o quiasma. Esta clase de transposición concierne a las unidades dobles del inglés formadas por un verbo y su partícula. El funcionamiento de la transposición en equis se explica porque en inglés la acción no está expresada por el 'verbo' sino por la 'partícula'. El verbo se limita a indicar la forma o 'modalidad de la acción'. En español, al contrario, el verbo comporta toda la fuerza sémica del acontecimiento y deja a cargo de sus locuciones adverbiales los pormenores o modo en que se realiza dicha acción. El español expone en estos casos primero el resultado, y luego las circunstancias diversas de la acción. El inglés, si recordamos sus características principales expuestas en otra sección (3.2.2), en la organización de la experiencia emula en

forma cinemática el orden de las imágenes y de las sensaciones.
Analicemos los siguientes ejemplos:

He elbowed his way through

Se abrió paso a empellones

Como habíamos afirmado antes, aun en la descripción de un hecho
concreto nuestra lengua se independiza del orden general en que se
suceden las imágenes. Este proceso quiásmico nos sirve también
para apoyarnos en el principio sentado a propósito de las visiones
del mundo (2.2.1). Cada lengua, se ha dicho, disecta y simboliza
a su manera la experiencia objetiva. Lo que el español considera
como hecho principal es la acción y, por lo tanto, confía su manifestación a un elemento importante, el verbo. Ese mismo hecho
principal en inglés no es sino un aspecto secundario de cuya manifestación se encarga la partícula, aunque con la salvedad de que
ciertas partículas inglesas, de modo especial las preposiciones,
son menos gramaticalizadas que en español, es decir tienen mayor
carga sémica, y a veces fuerza semántica independiente, y a ello
se debe precisamente que en esa lengua puedan reforzar de esa
manera una significación. Constátese la transposición cruzada en
los siguientes ejemplos:

The bus rattled off.	El bus arrancó con estrépito.
The door flew open.	Se abrió la puerta con el viento (también inversión).
It flew away.	Desapareció en el aire.
He ran out.	Salió a la carrera.
He jumped up.	Se elevó de un salto.
He smiled into her eyes.	La miró en los ojos sonriendo.
Then he walked back to his hotel.	Y se volvió al hotel caminando (también transposición de partículas).
He swam across the river	Cruzó el río a nado.
Blown away	Llevado por el viento.
They rowed out.	Salieron remando.
As if an angel had flown across the skies of the country (Gregory Rabassa)	Como si un ángel atravesara el cielo de la patria (G. García Márquez)
As the foam-flecked chestnut thundered past the post	Cuando el alazán cubierto de espuma pasaba como una centella por delante del poste

He tiptoed out.	Salió de puntillas.
The burglar slipped out.	El ladrón se deslizó furtiva-mente.
The new Super-G-Constellation roared over the darkened continent.	El nuevo 'super-G-constellation' sobrevolaba rugiendo el continente oscurecido por la noche (también explicitación (8.8)).
The bullet hit a rail and whined off into the night.	La bala rebotó contra un riel y se perdió gimiendo en la noche.
As they flashed past the Chevrolet	Mientras pasaban a toda velocidad frente al chevrolet

Nótese ahora cómo se impone nuevamente el espíritu del español al pasar la modalidad al 'plano intelectivo'. En efecto, al expresarla en nuestra lengua, produciría una redundancia, pues en casos como los que vamos a ver, queda sobrentendida:

The bird flew into the room.	El pájaro entró al cuarto.
He walked across her office into the Chief's room.	Cruzó su oficina (de la secretaria) para entrar en la del jefe.
The ship sails into the harbor (ejemplo de Malblanc).	El barco entra al puerto.

De estos ejemplos se desprende que cuando se interpone otro hecho de lengua, en este caso la situación y el plano intelectivo, ya no es necesario hacer explícita la modalidad de la acción porque se sobrentiende, a menos que se trate de describir un sentido o detalle distinto y específico, pues un ave podría entrar a una habitación caminando (o a pequeños saltos) por el dintel de una ventana o una puerta, pero esos casos especializados no son pertinentes a esta demostración.

8.3.4.15 Segundo modelo de transposición cruzada. Se aplica a la configuración: <u>verbo de posición + gerundio</u>:

She   sat   knitting   by the fire (J. Rey)

Tejía   sentada   junto a la chimenea

Her husband lay snoring on the kitchen floor (J. Rey). Opposite him sat the girl forking down frankfurters. And we started across the street toward the Select, where Cohn sat smiling at us from behind the marble-topped table.	Su marido roncaba tendido en el piso de la cocina. La muchacha engullía salchichas sentada frente a él. Y cruzamos la calle hacia el Select desde donde Cohn nos sonreía sentado a una mesa de mármol.

Nótese que en otro ejemplo del mismo autor, se pierden ciertos rasgos semánticos de intensidad (1.2.1.1 y 8.10.4) del verbo de posición:

She stood looking over my shoulders.	Ella miraba por encima de mis hombros.

Nosotros sugeriríamos: <u>ella miraba inmóvil por encima de mis hombros</u>; pero si el contexto no aconseja esa mayor intensidad, podría decirse simplemente: <u>ella se quedó mirando por encima de mis hombros</u>.

8.3.4.16 Otros modelos de transposición cruzada

8.3.4.16.1 Con la combinación sustantivo abstracto + preposición + sustantivo cuantificable:

The availability of services is broad

Los servicios   disponibles (que se pueden prestar)

son numerosos.

En efecto, es más natural pensar que los servicios que se prestan son numerosos y no que una disponibilidad sea amplia. Nótese también la transposición sustantivo/adjetivo. Véase otro ejemplo:

The recommendation for action has two aspects.	Las medidas recomendadas tienen dos aspectos.

8.3.4.16.2 Al igual que la preposición (o más apropiadamente 'posposición') en el primer modelo de quiasma, el 'adjetivo' también puede asumir la fuerza de la acción dejando al verbo la expresión de los detalles. El resultado pasa, así mismo, a primera posición.

Los semas del adjetivo inglés se transferirán a un verbo español, y, los del verbo inglés, cuando menos a una perífrasis:

The mobs   were roaring   hoarse

El populacho   se enronquecía   de tanto gritar

He pushed the door open.	Abrió la puerta de un empellón.
He kicked the door shut.	Cerró la puerta de un puntapié.
Another man shot him dead.	Otro hombre lo mató de un tiro.
The rabbit tore itself free.	El conejo se liberó a puro forcejeo.

8.3.4.16.3 En este nuevo caso, un 'sustantivo' viene a tomar el lugar de la preposición y del adjetivo en su función de expresar la acción principal:

He laughed   his   approval

Aprobó   con una sonrisa (o riéndose)

He looked his wish.	Mostraba su deseo con la mirada (o se le leía en los ojos el deseo).

8.3.4.16.4 Con su característico poder de síntesis el inglés permite construcciones de 'sentido reflexivo' con verbos 'intransitivos':

He talked himself out of a job

Perdió una oportunidad de empleo por hablar demasiado

En estos casos el procedimiento de quiasma se combina con el de explicitación (8.8.3 y 8.8.4). Véanse otros ejemplos:

He could argue himself out of the game of roulette on the grounds that he hadn't understood his orders.	Podría excusarse de haber jugado a la ruleta argumentando que no había comprendido bien las órdenes.
He just talked me into it.	Me acaba de convencer con sus argumentos.
You can't spend your way out of a recession.	No se puede salir de la recesión a fuerza de gastos.

8.3.4.16.5 Transposición cruzada verbo + again / volver a + verbo

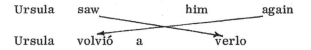

Ursula   saw   him   again

Ursula   volvió   a   verlo

Este quiasma se aplica a un caso único, como se puede colegir, pero tiene gran importancia por la frecuencia con que ocurre este sintagma en inglés y en español. Aunque a primera vista pueda esto parecer como la invención de la pólvora, el lector se sorprenderá al constatar que aún los traductores de experiencia se debaten con el problema de evitar la constante repetición de nuevamente, como en lo vio nuevamente, alternando esa forma con otro estribillo lo vio de nuevo, cuando no se les ocurre otras variantes más felices, como en:

The complainant alleged again   El recurrente reiteró su
                                     alegación de

Pero si no les permite el caso, vuelven a caer en la rutina de de nuevo o nuevamente. El lector puede constatar en la versión inglesa de la obra de Gabriel García Márquez (Cien años de soledad) los innumerables casos de verbo + again, los cuales casi invariablemente corresponden en el original a volver a + verbo, que demuestra ser un giro natural y frecuente del castellano. El inglés puede sustituir again por any more:

No one worried any more.   Nadie volvió a preocuparse.

8.3.4.17 Transposición de los grandes signos (2.1.4). Demos una nueva mirada al ejemplo presentado en el diagrama del comienzo del presente capítulo:

They begged you not to bother   Rogaba que no volvieras a
    them again.   molestarlos.

En él constatamos que además de la sustitución de again por volvieras, saltan a la vista otras diferencias: begged se encuentra en tiempo perfectivo; rogaban, en tiempo imperfectivo; que y a no tienen correspondiente en inglés; to no tiene correspondiente en castellano. No se deben estas discrepancias simplemente a la falta de equivalencias en el nivel léxico, sino a una modificación en la organización de las relaciones semánticas e interestructurales de mayor alcance que la simple sustitución de una categoría grammatical por otra; en efecto, en inglés tenemos la estructura de un 'complemento verbal' que justifica la presencia de <u>to</u> y el español opone a ella una 'cláusula de relativo' que a su vez justifica la presencia de <u>que</u>. Se ha producido una transposición en un ámbito más amplio del enunciado, pues hemos sustituido una oración que en inglés tenía una configuración sintáctica por otra de diferente configuración. En igual forma, si examinamos algunos de los ejemplos que al ser tratados se los refirió exclusivamente al procedimiento de sustitución de una categoría por otra, descubriremos que conllevan otros cambios menores, como los siguientes:

I only defended myself.   No hice sino defenderme.

Según se puede observar, no sólo el verbo <u>hice</u> sustituye al adverbio <u>only</u>, sino que aparece una nueva forma que es <u>no hice sino</u>, y la forma finita de <u>defender</u> ha pasado a forma no finita. En el ejemplo de transformación verbo/sustantivo:

Before he comes back   Antes de su regreso

el cambio del verbo <u>comes back</u> por el sustantivo <u>regreso</u> va acompañado de una modificación secundaria de no menor importancia: <u>he</u> se transforma en <u>su</u>, es decir, un pronombre sujeto se vuelve adjetivo posesivo, lo que da carácter doble a la transposición, aunque no hemos tratado ese caso bajo el acápite de transposición doble. Estos cambios concomitantes de algunos de los procesos estudiados nos demuestran que pueden salirse del campo puramente léxico y afectar a las construcciones, unas veces en pequeña escala, otras en gran escala, para llegar a una alteración radical del enunciado. Esto se constata palpablemente en el ejemplo más complejo:

He talked himself out of a
    job.

Perdió una oportunidad de
    empleo por hablar demasiado.

Expresándonos en términos que hemos previsto en el capítulo 2, la transposición se ha operado en el ámbito de los 'grandes signos' (2.1.4). Reténgase, sin embargo, que siempre hemos agregado la salvedad de que todos los demás factores no varíen, pues lo mismo que ocurre con las expresiones exocéntricas, también al enunciado se aplica el principio de que no resulta de la suma de las alteraciones efectuadas sino del efecto total. En otras palabras, las alteraciones tienden a un fin que es el de convertir la prosa inglesa en prosa castellana. Por digno y efectivo que parezca el estilo de la segunda lengua, con su realismo y precisión, traducido sin alteración alguna parecerá algo insípido y descolorido en español. Por eso se ha dicho

que la transposición es el alma de la traducción y al extenderse a
rangos sintácticos más altos se vuelve más compleja y multidimensional. La estructura semántica se altera a veces en tal
forma que es difícil precisar la manera en que se relacionan unas
con otras las partes correspondientes. A eso añádase que los procedimientos con frecuencia se complementan y combinan; por
ejemplo, en un mismo caso puede haber transposición y modulación,
en otro, transposición y explicitación, etc., y en formas más complejas mientras más alto es el rango sintáctico, como ocurrió con
la modificación de complemento verbal en oración relativizada.
Veamos otros casos, una muestra ínfima de los incontables que
encontramos a diario, que podrá servirnos de guía en el dominio
de este procedimiento. Aunque nos sea difícil llegar a una clasificación completa de sus variadísimas formas, recordemos uno de
los pensamientos de Georges Mounin, de que "para una teoría de la
traducción ningún punto de partida es demasiado pobre, con tal de
que permita salir del círculo de la intraducibilidad".

(1)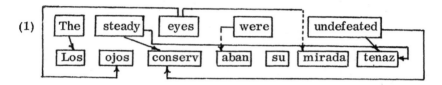

    Se puede constatar en este diagrama la combinación o comple-
mentación de cuatro procedimientos: (a) transposición: adjetivo
(steady) se sustituye con verbo (conserv-); participio pasado (undefeated), si se lo considera como adjetivo, se representa por un
verbo (conserv-), y si se lo considera como verbo, se representa
por un adjetivo (tenaz); (b) modulación de la base conceptual o de
punto de vista (véase la sección siguiente) de steady y undefeated a
tenaz; (c) compensación: los rasgos sémicos de un segmento de la
cadena, steady, se reparten entre conserv- y tenaz (véase el procedimiento de compensación en la sección correspondiente); (d) modulación: el lexema ojos se modula con mirada para no debilitar la
imagen, y puede considerarse también una compensación de la
intensidad de la expresión original.

A dialogue that, hopefully, will establish an agreed basis on which we can fashion a system which	Un diálogo que, esperamos, esta-blezca una base en la que todos estén de acuerdo (o que cuente con el acuerdo unánime) para que sobre ella modelemos un sistema

There's lots of talking here.   Se habla mucho aquí.

Hay alteración radical de la cadena de LO y de su organización
sémica. En efecto, no se trata únicamente de la sustitución de
lots of con mucho; there is no tiene correspondiente estricto (formal)
en español, ni se en inglés. Hay además modulación de aspecto
verbal.

Después de estudiar los procedimientos que se van a tratar en
adelante, el lector podrá analizar en la misma forma los siguientes
ejemplos:

But they, as much as those
they led, were affected by it.

Pero, en unión de sus subordi-
nados, fueron afectados por
él.

But for the bulk of his rainy-
day savings, he gives his
proxy to the financial and
personnel departments of
his organization.

Pero para el grueso de sus
ahorros, confía en los departamentos financiero y de
personal de la organización
en que trabaja.

People would be, as they are
naturally enough inclined to
be, lazy and indolent.

La gente sería perezosa e
indolente según la ineludible
inclinación de su naturaleza.

Reform was everywhere in the
air.

La reforma se respiraba en
todas partes.

8.4 La modulación

8.4.1 El problema de los métodos empíricos. El examen del
funcionamiento de la transposición, realizado en la sección precedente, nos ha permitido ver con mayor claridad las características
fundamentales de la 'traducción oblicua' y de la distancia que la
separa de la traducción ceñida a la letra. Un corolario de ello es,
huelga decir, que tender a un sistema de transferencias más aceptable,
que rechace de plano la traducción literal, significa aplicar con
exactitud procedimientos que se basen en mecanismos lingüísticos, y
no encontrados al azar. Abandonar la 'literalidad' no quiere decir,
por ejemplo, evitar a toda costa lexemas homólogos y sustituirlos
con sinónimos para que así la versión no tenga apariencias de literal.
La 'oblicuidad', en la nueva teoría de la traducción, va más allá de
la simple variación mecánica de los términos del enunciado motivada
por la intuición antes que por el rigor de las significaciones. Se
explicó ya, en primer lugar, que la literalidad o la oblicuidad no se
deciden a nivel lexémico; y, en segundo lugar, que si un lexema en
un contexto dado puede trasladarse a LT con otro igual, sin que los
demás factores del discurso se alteren, el método es legítimo. En

este último caso, cualquier cambio puede inclusive volverse innecesario. En el siguiente ejemplo podemos comprobar los cambios realizados por el simple prurito de cambio, y las anomalías que se producen:

Hendricks plunged into . . . the labyrinth of glass buildings, the blaze of flowers, the multitude of restaurants, exhibits . . . (Leon Uris, Topaz).	Hendricks se lanzó . . . en medio de una auténtica madeja de construcciones de cristal, del llamear de las flores y de la proliferación de restaurantes, exposiciones . . .

De este ejemplo no se colige que el traductor haya aplicado un método serio a sus alteraciones, o se haya guiado por principios de la poética de la traducción; al contrario, en su pluma la descripción adquiere extrañeza porque las unidades pierden su carácter. Se olvida que la posibilidad de 'sinonimia' en los términos concretos es mucho menor que en el plano abstracto y que se requiere sumo cuidado para encontrarla. No se justifica la 'pérdida semántica' que ocasiona la sustitución de laberinto por madeja. El término madeja acusa 'impropiedad semotáctica' en el contexto (5.1.2). No halla respaldo tampoco el retroceso de edificios a construcciones, pues aunque en una ciudad no faltan construcciones, es decir edificios no terminados, se supone que el personaje de la novela recorría un laberinto de edificios como los que ordinariamente se entienden, en una ciudad como Copenhague. Proliferación y construcción, términos seleccionados por el traductor, entrañan proceso y, reflejan semánticamente la llamada 'visión prospectiva', no 'definitiva'. En consecuencia, con proliferación de restaurantes se denota que su número va en aumento. Multitud de restaurantes, en cambio, expresa la 'visión de lo cumplido', que es la idea explícita del texto original. Se advierte además una adición hecha por el traductor, lo de auténtica, que no se colige del texto de LO, a menos que se quiera considerar auténtica madeja como unidad diluida correspondiente a la unidad concentrada laberinto, lo cual tampoco se justifica si recordamos los métodos de identificación de hechos estilísticos (3.1.3). Sea como fuere, lo que queremos puntualizar es que no es esa la forma de evitar el 'literalismo'. Por traducción oblicua entendemos la traducción fiel a la intención del autor y respetuosa del genio de la lengua, a lo cual es imposible llegar con un apego servil a la letra ni con métodos aleatorios y amorfos, sino con procedimientos y técnicas probados y sistemáticos, cuya aplicación requiere del traductor conocimientos lingüísticos y documentación, además de la intuición y del propio juicio. Estas técnicas, aplicadas

con probidad y responsabilidad, sacan al traductor de su camisa de
fuerza, le conceden la libertad y latitud que necesita para lograr
esos dos fines que hacen de la traducción una disciplina rigurosa y
formal.

8.4.2 La modulación y el análisis particular de la experiencia.
El segundo procedimiento que proporciona al traductor esa amplitud
de acción para combatir la literalidad es la MODULACION. Debe su
nombre a Georges Panneton, uno de los precursores del 'sistema
oblicuo' de traducción. La modulación es una noción de estilística
comparada y consiste en un cambio de la 'base conceptual' en el
interior de una proposición, sin que se altere el sentido de ésta, lo
cual viene a formar un 'punto de vista modificado' o una base metafórica diferente. Dicho en otros términos, la significación debe ser
la misma, pero los símbolos son distintos en una y otra lengua.
Este método, dicen Vinay y Darbelnet, "se justifica cuando la traducción literal, o aun la transpuesta, dan por resultado un enunciado
gramaticalmente correcto pero que se opone al genio de la lengua,
es decir que por la modulación se pasa de una forma de pensamiento
a otra para traducir la misma situación". Hemos dicho que la lengua
tiene una 'forma interior', que sería aquel 'punto de vista' desde el
cual se enfoca el mensaje. Según Whorf lo explica, el punto de vista
se relaciona con la manera en que las lenguas disectan la experiencia
o la realidad, y, conforme a esa premisa, una diferencia de punto
de vista se referiría a la diferencia en el análisis lingüístico de la
experiencia. A esta explicación podemos añadir acaso la hipótesis de
Mounin en el sentido de que la diferencia de punto de vista obedecería
además a la 'arbitrariedad' de los 'grandes signos' (2.1.4). La
modulación es pues, en virtud de esos conceptos, el cambio del
criterio del mensaje de LO al criterio de LT atendiendo a la consideración básica del genio de la lengua. La 'transposición' y la
'modulación' son los procedimientos oblicuos más importantes, ya
que una de las condiciones básicas de la traducción es la de no
tratar de reconstruir en LT únicamente la sucesión de conceptos
expreados en LO sino también su nivel lingüístico, su color y su
estilo.

8.4.3 Contexto cultural y molde de pensamiento de las lenguas.
El ejemplo dado para introducir el concepto de traducción oblicua:
God bless you!/¡ Salud!, nos muestra la existencia de una reacción
psicológica y espontánea en las dos lenguas. Habíamos explicado
que para determinar cuál había de ser esa reacción espontánea nos
valíamos de la pregunta: ¿Cómo se dice tal cosa en nuestra lengua?
La respuesta que hemos explorado junto con las nociones fundamentales de estilística comparada encuentra aquí su más clara

aplicación. Frente a un hecho lingüístico que contradiga al espíritu
de la lengua (3. 2. 2) recurrimos ante todo a una solución clave que
consiste en hacerse esa misma pregunta con el fin de seguir activa y
creativamente el molde de pensamiento (thought-pattern) de LT.
Véase prácticamente en el siguiente ejemplo el resultado de este
proceso:

Make your check payable to   (1) Haga su cheque pagadero a
                                     (2) Libre su cheque a nombre de

La primera versión delata la falta de 'modulación', puesto que un
hispanohablante se expresaría normalmente en la forma de la segunda
versión. De ahí que, según la teoría de Whorf, al mismo tiempo que
se relaciona con el espíritu y la 'forma interior' de la lengua, la
modulación obedece también a una razón dictada por el 'contenido'.
En efecto, como se ha visto ya, el contenido varía de una cultura a
otra, y también la 'estructuración del contenido' varía de una lengua
a otra, de tal manera que no hay razón para esperar que cada lexema
o sintagma de LO encuentre un correspondiente exactamente igual en
LT. Y se debe, como acabamos de decir, a que la modulación no
está condicionada únicamente por hechos estructurales. Considerada
en el cuadro del mensaje, tiene también entre sus fundamentos el
'contexto cultural', o sea, los hechos de 'metalingüística' (5. 1. 8 y
5. 1. 9) que le permiten escoger la forma estilística apropiada que en
la lengua destinataria corresponde a la situación que se transfiere.
Si observamos el fenómeno desde el punto de vista del receptor, de
acuerdo con la lingüística de Bloomfield, la traducción debe producir
en el destinatario la misma impresión que la obra original hubiera
causado en su propio receptor, hablando por cierto de obras contemporáneas. Para ese fin es indispensable superar las divergencias
que se manifiestan entre los dos patrones lingüísticos, por medio de
los recursos expresivos de nuestra lengua. En el caso siguiente, por
ejemplo, no se seleccionaría la expresión desde sus pies para trasladar fielmente la situación del texto LO al texto LT:

He lifted him off his feet.   Lo levantó en alto (en medio
                                     de una pelea).

Según la definición dada, la noción por la que debemos regirnos es
la de que a cada lengua le es característico un 'molde particular de
pensamiento'. Vista desde el encuadre de la 'representación lingüística' de las lenguas, la modulación al español se orienta hacia
el 'plano intelectivo' en el cual funciona nuestra lengua, y, la modulación al inglés, hacia el plano de lo 'real' y 'concreto'. En otras
palabras, la modulación nos porporciona la latitud necesaria en la
búsqueda acertada de la calidad innata que existe en las modalidades

privativas de expresión de cada lengua, como se constata en los
siguientes casos:

I haven't heard from you.	No he tenido noticias de tí.
Amount and quality of the effort	Intensidad y calidad del esfuerzo
Attainable concepts	Conceptos posibles

8.4.4 Modulación: plano avanzado de sensibilidad estilística. La
versión que se muestra inexacta y descolorida debe casi siempre sus
defectos a la falta de 'modulación'. Se ha observado que los traductores aficionados aciertan a veces y sin advertirlo a realizar
ciertas 'transposiciones', pero la mayoría de los errores se deben
al desconocimiento de la técnica moduladora que parece escapar en
mayor grado al dominio de la intuición. Acaso se deba al hecho de
que la transposición se efectúa sobre especies gramaticales, mientras que la modulación se remonta a las 'categorías del pensamiento'.
La modulación es una interversión de 'categorías lógicas'. Las
soluciones oblicuas no se imponen por su propio peso. De ahí que
mientras más avanzado el método, más peligrosa se vuelve su
aplicación y, definitivamente, la modulación requiere profundos
conocimientos en materia de lengua y estilística.[48] Por otra parte,
las modificaciones que produce la modulación, por arriesgadas que
parezcan, son muchas veces obligatorias. El traductor debe poseer
gran discernimiento y percepción. El cambio puede afectar a los
semas (rasgos semánticos) centrales de la significación, o simplemente del sentido literal o etimológico para convertirlos en otros
funcionalmente más relevantes. Hay que evitar en todo caso las
formas que por insólitas o desconocidas recarguen la comunicación
y estorben al receptor en la asimilación del mensaje. La 'falsa
modulación' produce con frecuencia la distorsión del mensaje porque
en este procedimiento de traducción más que en cualquier otro tiende
a intervenir la subjetividad del traductor. Es la fase más delicada
del sistema oblicuo. Se comprende entonces por qué el que traduce
a una lengua que no es la materna revela innegablemente la falta de
competencia innata, en el sentido chomskiano del término (2.3.4),
y se ve ahora la razón por la cual es dudoso que alguien llegue a
sustituir al traductor con una computadora. La verdad es que, como
expresan Vinay y Darbelnet, el traductor que no modula no es traductor. El uso eficaz de la modulación constituye la prueba de la
sensibilidad, experiencia e imaginación del traductor, y requiere gran
ingeniosidad y poder expresivo (7.6.1).

En esta técnica tienen así mismo incidencia los conceptos de
obligatoriedad y opción. Se nutre tanto de la una como de la otra.
La primera se hace sentir no sólo en el dominio léxico y gramatical,
como se advierte en los siguientes ejemplos:

The machine is <u>out of order</u>.	La máquina está <u>descompuesta</u>.
<u>He washes his</u> hands.	<u>Se lava las</u> manos.

sino también en el estilístico:

Amidst the thunder of the crowd	Entre los rugidos de la multitud
So many young men get their likes and dislikes from Mencken.	Muchos jóvenes deben sus preferencias y antipatías a Mencken (triple modulación).

La segunda recae en el sinnúmero de posibilidades cuya difícil tarea de selección estará en proporción directa con la 'competencia' (2.3.3, 2.3.4) del traductor o estilista. De esto se deduce que no basta con enumerar, como a menudo se hace con las figuras del lenguaje en los estudios de literatura; hace falta conocer su funcionamiento y los efectos de sentido que se derivan de su aplicación.

8.4.5 Variedades de modulación.

8.4.5.1 Lo abstracto por lo concreto o lo general por lo particular:

I like to have a good look at the people we employ.	Me gusta hacer un examen detenido de la gente que trabaja para nosotros.
Through the measured mile at Daytona	Por la pista de prueba que hay en Daytona
He hasn't as much money as people credit him with.	No tiene la fortuna que se le atribuye.
Ring and state your business.	Llame y diga lo que desea (letrero).
A cop stopped me and asked to see my papers.	Un policía me detuvo y me pidió identificación.
But otherwise looked in reasonable shape	Pero antes de eso parecía estar en buenas condiciones
These boys are tops.	Estos tipos figuran en primera línea.
It looked like a poorly blown bottle.	Parecía un frasco mal hecho.
The clothing no longer fit him.	Dejó de servirle la ropa (también inversión).
To have second thoughts	Cambiar de idea

From the top of the pyramids	Desde lo alto de las pirámides
He couldn't make it work.	No le dio resultado.
It must be worth a lot of money.	Debe valer una fortuna.
No word from Washington yet.	No hay noticias de Washington todavía.
That they had found their way by the song of the birds.	Que se habían orientado por el canto de los pájaros.
A 'follow me' jeep led the plane.	Un jeep indicador guió al avión.
At the edge of the solid taxi traffic	Junto al incesante tráfico de taxis
To take credit	Atribuirse el mérito
Food for thought	Materia de reflexión
Eyeball to eyeball	Frente a frente
You can bet your life	Puedes apostar la cabeza
To hang up the washing	Tender la ropa
To exchange notes	Cambiar impresiones
The gathering storm (Churchill)	La tormenta se avecina (título).
The building blocks of speech	Las unidades fundamentales del lenguaje
It was a hit.	Fue un triunfo.
The simple facts of flight	Las normas elementales de vuelo
Party machine	Organización política del partido (también amplificación)
Travelling wave	Honda progresiva
She has no help in the house.	No tiene criada (también concentración).
Brain drain	Exodo de especialistas (doble modulación).
Built-in microphone	Micrófono incorporado
Frame of mind	Disposición de ánimo (doble modulación)
That's the answer.	Esa es la solución.

8.4.5.2 Modulación explicativa (la causa por el efecto, el medio por el resultado, la sustancia por el objeto, etc.).

Perhaps a bourbon and water would give him some ideas about getting the money to	Quizá un bourbon con agua le ayudarían a pensar en la manera de pasarle el dinero a

That's half my life with the Pinkertons.	Eso es lo que se lleva la mitad de mi tiempo con los Pinkerton.
This lead won't work.	Esta mina no sirve (de lapicero).
Suburbia does not condone shabby gentility.	Las ciudadelas modernas no perdonan a los caballeros de capa raída.
The authority shall also ascertain that the airports are not closed for outgoing flights.	Las autoridades se cerciorarán así mismo que los aeropuertos no estén cerrados para los aviones que salen.
The firing of cannons	El estampido de los cañones
To the practiced eye	Para el ojo experto
He shuddered at the empty eyes.	Se estremeció ante aquella mirada vacía.
Did you ever think about going to British East Africa to shoot?	¿Has pensado alguna vez en ir de cacería al Africa oriental inglesa? (transposición y desplazamiento)
Plant layoffs	Despido de obreros
The way they angled the back yards makes it look like a development.	La perspectiva que se ha tomado de los patios posteriores hace que el lugar parezca una ciudadela.
Blind flying	Pilotaje sin visibilidad
It's all in your mind.	Estás sugestionado.
Economic injection	Transfusión económica
At the height of the battle	En lo recio del combate
It was well after dark.	Era ya pasado el anochecer.
Peaceful and still	Pacífico y sereno
I tell you all this is way over your head.	Puedo asegurarle que usted no se ha imaginado siquiera (doble modulación).
Trembling with the shock of the lights	Temblando bajo la intensidad de las luces
A hell of a noise	Un ruido de los demonios (o un ruido infernal: transposición)

8.4.5.3 La parte por el todo

The smart set	El mundo elegante
Articles of war	Código militar
Vote	Votación

To go for a sail	Ir de paseo en barco
The outside door was wide open and a man stood in the opening.	La puerta exterior estaba abierta y un hombre aparecía en el umbral.

It wouldn't be fair to put the stableboy in the box.	No sería justo que metiesen al mozo de cuadra entre rejas.
Swans for the pond in the center of the track	Cisnes para el estanque que hay en el centro del hipódromo
They walked around several corners until they came to her door.	Doblaron varios corredores hasta llegar frente a su habitación (doble modulación).
There was none of the bitterness of a cripple around the mouth.	No se veía ningún vestigio de la amargura del inválido en su rostro.
But it's left him a bit soft in the head.	Pero le ha dejado un poco blando de mollera.

Period for committee and floor consideration	Plazo para la consideración en comité o en sala (pleno)
Now he could hear the gun.	Ahora escuchaba los disparos (también omisión de can, apartado 8.9.7).

The car at the curb	El auto estacionado en la calle
They got their keys at the desk.	Recogieron las llaves en la recepción (hotel).

8.4.5.4 Una parte por otra

Eyeball to eyeball	Cara a cara
To brush shoulders	Codearse
The other man was already in the driver's seat.	El otro individuo estaba ya sentado al volante.
Protruded from a bolster down each thigh	Sobresalían (las pistolas) de sus fundas sobre las caderas
Up to my nose	Hasta las orejas
At arm's length	Al alcance de la mano (también lo abstracto por lo concreto)

8.4.5.5 Inversión de términos o del punto de vista

Allowable error	Error admisible
The trunk wouldn't hold all those things.	No cabrán todas esas cosas en el baúl.

The smoked salmon was from Nova Scotia, and a poor substitute for the product of Scotland.	El salmón ahumado procedía de Nueva Escocia y no podía compararse ni de lejos con el escocés (compensación).
Competition that so often proves useless	Rivalidad que tan a menudo se revela inútil.
But when he left his friend he added up his impressions.	Pero cuando dejó solo a su amigo pudo resumir sus impresiones.
The almost complete absence of a neck	La cabeza empotrada en los hombros (descripción de un jorobado)
He is suffering the same fears he had as a small child.	Se apoderaron de él los mismos temores que tenía de niño.
Emphasis is ours, or emphasis added.	El subrayado no es del original.
The attention of the Tribunal is invited to the fact that	Me permito hacer presente al Tribunal que
They have found it difficult.	Se les ha hecho difícil.
To take account of	Dar cuenta de
The kind of thinking	El modo de pensar
That took a long time to heal.	Que tardaron mucho tiempo en sanar
You are going to be a father.	Vas a tener un hijo.
And the machinery of contacts connected with it	Y la red de contactos que de él dependían
I took the job from my friend.	Mi amigo me cedió el trabajo.
The black belt from which they hung	El cinturón negro que las sostenía
Glancing across at his companion's plate as if he might reach across and fork something off for himself	Echando el ojo al plato de su compañero, como si se sintiese tentado a meter allí también su tenedor
Thick posts that held the automatic cameras	Gruesos postes a los que se hallaban conectadas las cámaras automáticas
And a miserable thin, almost skeletal body	Y los huesos le asomaban por todas partes en su cuerpo miserable

But don't you go and get the fever and forget your job.	Pero evita que se apodere de tí la fiebre y te haga olvidar el trabajo.
To take an exam	Dar un examen
I will be missed.	Advertirán mi ausencia.
How can you be identified?	¿Cómo podré reconocerle?
The man who called himself Kuznetov	El hombre que decía llamarse Kuznetov
From every point on the unbroken incline	Desde cualquier punto de la pendiente continua
To be responsible for	Tener a su cuidado
As matters turned out	Como se vio posteriormente
Interdependence in production leads to interdependence in economic policy.	La interdependencia en la producción trae consigo la interdependencia en la política económica.
In quite a number of countries those services have been responsible for the tremendous increase.	En numerosos países a esos servicios se ha debido el tremendo aumento . . .
He can take it from there.	El se encargará del resto.
He'll take care of you.	Estará segura con él.
With what I know about handling myself now, I think I'd rather	Con la experiencia que ahora tengo para desenvolverme, creo que me gustaría (también transposición)
I ought to have known better.	Debía haberlo pensado mejor.
Just under five pounds	Casi cinco libras
It's getting dark.	Comienza a obscurecer.
The proceedings have been seen in Latin America as evidence.	Los procedimientos se han tomado en la América Latina como prueba.

8.4.5.6 Lo contrario negativado

I hesitate to condemn him.	No puedo persuadirme a condenarlo.
Don't get so excited.	Tranquilízate.
Until the wind was a whisper	Hasta que el viento no era más que susurro
It is also true.	No es menos cierto.
He said, not unkindly	Dijo, con cierta ternura

Winter isn't far away.	El invierno se aproxima.
That game isn't played very much.	Se practica muy poco ese deporte.
I'm quite positive on that point.	No tengo duda alguna sobre la cuestión.
What both countries and investors should seek is a balance involving changes on both sides that encourage technological transfer, development and research, yet meet Latin America's demand.	Lo que deberían perseguir tanto los países como los inversionistas es un equilibrio que exija cambios de ambas partes para fomentar la transmisión de la tecnología, el desarrollo y las investigaciones, sin por ello desatender la demanda de las naciones latinoamericanas.
Every effort should be made.	No se escatime esfuerzo alguno.
Holding her eyes with his	Sin apartar sus ojos de los de ella (también modulación, 8.4.5.5)
The Roman Empire offered to the Community a unique opportunity.	El Imperio Romano ofrecía a la comunidad una oportunidad sin precedentes.
For he knows that it is all a joke.	Pues sabe que no es más que una broma.
Are not without significance	Tienen cierta importancia
Do not destroy your tickets.	Conserven los boletos.
Their employers were not gamblers in the tradition of old Col. Bradley who was a stately man of courteous deportment.	Estos propietarios no eran jugadores en la línea tradicional del viejo coronel Bradley. No tenían su porte señorial ni su cortesía.
They certainly seem to think of everything.	No hay duda de que no se les olvida nada.
Sounds all right.	No parece malo.
We are doing all right so far.	No nos ha salido tan mal hasta ahora.
Unfriendly	Poco amistoso
Keep going.	No se detenga.
They say it only takes those men twenty minutes to	Dicen que esos hombres no tardan sino veinte minutos en

8.4.5.7 Modulación de forma, aspecto y uso

No. 5 was leading by a length.	El número 5 (caballo) ganaba por un cuerpo.
Highly literary	En alto grado literario
For the period designated at the time of their selection.	Por el período establecido en la fecha de su elección.
A mile from shore	A un kilómetro de la costa (se modula también feet/metros)
The colors fade.	Los colores desaparecen.
May I help you.	En qué puedo servirle.
The size of the vote	La cantidad (o el número) de votos
Another guard slept within earshot.	Otro guardia dormía a pocos pasos.

8.4.5.8 Cambio de comparación o de símbolo

Unarmed combat	Lucha cuerpo a cuerpo
Poor judgment	Falta de criterio
To shift emphasis	Cambiar de prioridad
He appealed to his friends for sympathy.	Apeló a la solidaridad de sus amigos.
It has been proposed in some respected quarters	Se ha propuesto en círculos respetados
The stage is set.	Está preparado el terreno.
Personal interest	Conveniencia personal
Here and there	Por todas partes
Peace of mind	Tranquilidad espiritual
When the stars and the dice were right	Cuando las estrellas y los dados estén a su favor (también equivalencia)
Snail pace	Paso de tortuga (equivalencia)
To have bad thoughts	Tener malas intenciones
Farm houses on back roads	Granjas de lugares apartados
Amount and quality of the effort	Intensidad y calidad del esfuerzo
She passed the word back here.	Ella nos pasó la voz (también omisión).
The traditional international favorite of government and campus, foreign language	El campo internacional que ha sido tradicionalmente favorito del gobierno y de las universidades, lengua extranjera

More than anything else	Más que nada en el mundo
A strange hollow voice sounded within him.	Una voz hueca y extraña resonó en su interior.
He has the whole say around here.	El es el único que opina aquí (también transposición).
Where a group of workers has been certified as eligible to apply for assistance	Cuando a un grupo de trabajadores se les haya aprobado el derecho de solicitar asistencia (modulación de espacio a tiempo y también transposición)
East Coast	Costa del Atlántico (modulación geográfica)
Straw-colored hair	Cabello color de mies (modulación sensorial)
The oppressed of every clime	Los oprimidos de todas las latitudes

8.4.5.9 Modulación de los grandes signos. En todas las clases de modulación ejemplificadas en los apartados precedentes se hace necesario diferenciar (a) que unos ejemplos entrañan modulaciones de 'unidades semánticas menores' y en otros hay modulaciones que producen efectos en 'unidades mayores' del enunciado, en el sentido dado en el presente estudio (2.1.4 y 8.3.4.17); (b) que hay casos de alteración simple y de alteración compleja, entendiéndose por esta última la combinación de modulaciones o de modulaciones y otros procedimientos, en especial la transposición. Por este motivo, como procedimos con el método de la transposición, hemos reservado un apartado par. la modulación configurada a los 'grandes signos', ya que a causa de la complejidad de las combinaciones de procedimientos no es posible trazar una delimitación clara entre ellos, aparte de que en la mayoría de los casos el proceso va realmente más allá del campo léxico para adentrarse en el sintáctico, como podrá constatarse en los ejemplos que se indican a continuación, así como en muchos de los ilustrados en cada una de las variedades anteriores:

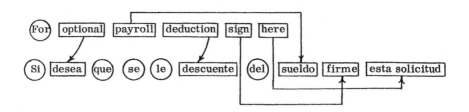

El presente diagrama nos permite observar en primer lugar que se ha modulado la configuración <u>for optional payroll deduction</u> y se la ha transformado en otra compleja y relativizada, lo que nos sirve de ejemplo de una modulación en mayor escala o en mayor rango que la del léxico. En segundo lugar, vemos que unos segmentos de la cadena de LO se han transferido a LT por medio de transformaciones como la 'modulación' por cambio de símbolo: <u>payroll/sueldo</u>; una 'transposición' de adjetivo a verbo: <u>optional/desea</u>; una transposición de sustantivo a verbo: <u>deduction/descuente</u>; una 'amplificación': <u>here: esta solicitud</u>. Por último, hay un elemento en el texto inglés y cinco en el español que no tienen correspondientes, aunque a <u>si</u> se le podría incluir semánticamente en <u>optional</u> y a <u>del</u> en <u>deduction</u>. Constátese el efecto en estos otros ejemplos:

He hasn't as much money as people credit him with.	No tiene la fortuna que se le atribuye.
He says he has money.	Afirma tener dinero.
Unprofessional conduct	Falta a los deberes de la profesión

Las modulaciones aplicadas a los 'grandes signos' pueden ser también de varios tipos.

8.4.5.9.1 De visión factiva (pasiva) a activa. Véase lo dicho respecto a la 'voz activa' en el capítulo de anglicismos de frecuencia (3.3.2.1 y 4.1.6).

8.4.5.9.2 Complementos y frases a configuraciones relativizadas. Véase lo dicho sobre la explicitación por normalización estructural (8.8.4).

8.4.5.9.3 Ordenamiento paratáctico a hipotáctico. Véase la sección correspondiente a 'hipotaxis' en el capítulo sobre anglicismos de frecuencia (4.1.7) y en 'nexos interoracionales' (7.2.2).

8.4.5.9.4 Expresiones interrogativas o de duda a afirmativas. Es una modulación facultativa que se realizará de acuerdo con la clase de texto. Algunos textos como los pedagógicos, por ejemplo, requerirán que se conserven las oraciones en su forma interrogativa. En ciertas exposiciones, sin embargo, el español es sobrio en la intercalación de interrogaciones, a no ser que se las utilice como recurso, al igual que la duda, cuando se quiere afirmar algo. Es muy raro que admita series de interrogaciones. No es posible ofrecer ejemplos porque sería necesario transcribir textos bastante extensos para dar una idea clara de la atmósfera que en la exposición habría de justificar el procedimiento.

8.4.5.9.5 Discurso directo a indirecto. Valen para esta variedad de modulación las observaciones hechas para la clase 8.4.5.9.4.

8.4.5.9.6 La modulación de expresiones exocéntricas. Empecemos con el examen práctico de algunas de ellas: <u>no hay de qué</u>, <u>con el corazón en la mano</u> y <u>llevar la batuta</u>.
La primera es una configuración elíptica que, si recupera los elementos sobrentendidos, significa: <u>no hay nada de qué agradecer</u>. La segunda es una frase que sin otro contexto que la justifique no puede ir sola, por cuanto funciona de complemento, como en la oración: <u>te he dicho todas estas cosas con el corazón en la mano</u>. La tercera con sólo la ayuda de un sujeto puede transmitir un mensaje, como en: <u>los países grandes llevan la batuta</u>.
Del primer examen se colige que estas expresiones desempeñan papeles sintácticos distintos. Lo que tienen en común, sin embargo, es que existe en ellas un elemento abstracto e imaginario que no corresponde a las unidades que las forman; en efecto, cuando proferimos la expresión: <u>con el corazón en la mano</u>, no nos consta que ningún corazón esté realmente en mano alguna; pero entendemos lo que significa: <u>con toda franqueza y sinceridad</u>. En la otra expresión: <u>llevar la batuta</u>, tampoco vemos una batuta llevada por alguien, y sin embargo esa frase tiene su mensaje: <u>dirigir y mandar</u>. En lo que al primer ejemplo se refiere, como se ha visto, es un modismo o giro con valor de oración entera, aunque quedan elementos sobrentendidos, y los hay con frecuencia en español, como <u>no hay para qué</u>, <u>no hay con qué</u>, etc.
Los hechos que sobresalen en estas expresiones son los siguientes: (a) tienen una significación abstracta e intangible (con franqueza y sinceridad, mandar y dirigir); (b) los monemas que las forman, en cambio, poseen significación concreta y tangible; (c) dichos monemas tomados separadamente con sus sentidos concretos pueden emplearse cada uno en cualquier contexto que les sea apropiado, a saber: el corazón palpita rítmicamente, la batuta es de plata; (d) tomados los mismos monemas ya no separadamente sino en conjunto y con su significación global y abstracta, forman dos configuraciones que precisan contextos diferentes; así, la expresión <u>con el corazón en la mano</u> se empleará cuando uno confía sus preocupaciones a un amigo, y, <u>llevar la batuta</u>, cuando los países poderosos dirigen la política mundial.
Es fácil darse cuenta entonces que si tomamos las significaciones concretas de cada una de las unidades integrantes de estas configuraciones y las agregamos, no podemos obtener como producto de esa

suma la significación abstracta de la expresión completa. Se dice, por lo tanto, que el significado de estas expresiones es EXOCENTRICO. Las expresiones exocéntricas son configuraciones cuya significación no puede predecirse valiéndose de la significación de cada monema que las compone. Hacemos notar de paso que será conveniente retener esta denominación para no ocasionar confusiones debidas a la falta de uniformidad de terminología. En inglés se conocen como 'idioms', pero los diccionarios bilingües no nos dan un correspondiente exacto ni coinciden con el concepto anglosajón las definiciones que la Academia Española da a los términos 'modismo' e 'idiotismo'. Por otra parte, los refranes, adagios y proverbios también pertenecen a otra clase que veremos en su lugar oportuno.

Lo contrario del tipo definido es una expresión ENDOCENTRICA, en la cual prevalecen las significaciones particulares de cada unidad que forma la expresión, como en: con papel y lápiz en la mano, o el director me pidió que le llevara la batuta al salón de conciertos.

El estudio de estas expresiones ha logrado ya su lugar en la lingüística. Como varios otros hechos de lengua a los que nos hemos referido y nos referiremos en la presente obra, no es tema nuevo, pero las explicaciones antiguas poca luz han proyectado para nuestra labor de traducir. Casi nunca se las estudia, además, en las gramáticas ni en los tratados de estilística. Sin embargo, constituyen un hecho de lengua que tiene profundas consecuencias en nuestra disciplina.

Cualquier estudio de traductología sería incompleto si no diera la importancia necesaria a este fenómeno y nos quedaríamos a un nivel elemental de la traducción. La 'traducción mecánica' (electrónica) se ha estancado, tal vez para siempre, precisamente por no haberse descubierto la solución para esta segunda y más trascendental parte, cual es la del 'lenguaje figurado' y las 'significaciones exocéntricas'.

Su marcada frecuencia ocasiona un problema constante en todos los niveles funcionales del lenguaje, tanto en la lengua común como en la literaria y tanto en la lengua hablada como en la escrita. Las lenguas están llenas de expresiones exocéntricas, especialmente el inglés con su enorme inventario de dichos y frases hechas. Son las que producen el colorido y la vivacidad y las que nos libran de la monotonía y pesadez del estilo. Pero son escollos constantes del traductor porque su manejo, que veremos enseguida, es más difícil que el de las unidad léxicas. Son expresiones que entran en el dominio de los 'grandes signos' (2.1.4 y 8.3.4.17), es decir, de las unidades de rango mayor mencionadas en el apartado precedente. La mayoría de ellas carece de correspondencias exactas en la otra lengua. A esas dificultades se añade la carencia de 'diccionarios' bilingües y monolingües de expresiones de esta naturaleza. Muchas

de las que se dan en los diccionarios, hay que advertir, son (a) de
distinto nivel de lengua; (b) con pérdidas semánticas; (c) francamente
erróneas; y (d) de distinta frecuencia o arcaicas.

Para comprender mejor su funcionamiento es necesario recordar
la discrepancia demostrada por los lingüistas chomskianos entre la
'estructura subyacente' y la 'estructura patente'. En el caso de esta
categoría de expresiones hay en realidad dos niveles de estructura
subyacente. En un primer nivel existen los rasgos semánticos o el
significado que cada unidad tenía originalmente, antes de constituir
la expresión exocéntrica, es decir, corazón, mano, llevar, batuta.
Luego, en la evolución de la expresión, se produjo un cambio
semántico al integrarse los lexemas en una configuración que
adquirió una segunda significación global, o sea: con toda franqueza
y sinceridad y dirigir y mandar. El fenómeno que nos interesa es el
que trae la segunda significación, la que obedeció al cambio semántico.
Una vez producido el nuevo ordenamiento con su significación global
resulta inútil considerar a cada lexema como unidad, porque se ha
creado una nueva unidad semántica mayor. El concepto de expresión
exocéntrica se ha vuelto unitario, las unidades menores ya no están
presentes semánticamente. Lo que da lugar a confusión cuando no se
practica este análisis es que la nueva significación adquirida mediante
el proceso de 'lexicalización' del grupo (idiomaticization) utiliza para
su realización en la estructura patente los mismos lexemas, vale
decir, los mismos medios con que se realizaban las significaciones
originales. De manera que, en rigor, una expresión exocéntrica
puede ser ambigua. En efecto, si consideramos no sólo la segunda
significación sino también las primeras, en el ejemplo: Juan lleva la
batuta, la ambigüedad se produce porque con ello se podría significar
que Juan tiene la última palabra en todo, o que Juan lleva la batuta que
el director le pidió para el concierto.

A esta altura el lector acaso se pregunte cuál es el objeto de esta
minuciosa explicación de un hecho al parecer tan conocido y corriente
como son las expresiones idiomáticas. La razón es que por falta del
estudio detenido de la naturaleza y funcionamiento de este mecanismo
estilístico es fácil caer en el error que hemos observado con tanta
frecuencia: cuando el traductor que se ve frente a una expresión
exocéntrica, digamos, para su propio peculio, consulta en el diccionario la definición de peculio, y a base de esa definición decide si debe
o no emplear la expresión íntegra, en lugar de buscarla en un
diccionario fraseológico que consigne su significación global. De ahí
que para la expresión to kick the bucket no debemos tampoco tratar
de encontrar un equivalente en un diccionario bilingüe consultando
apenas la definición de bucket. Se cometería el mismo error al
querer traducir al inglés el primer ejemplo nuestro: no hay de qué,
con there is not of what. Este es precisamente uno de los aspectos
a los cuales nos referimos al reiterar en el curso de este estudio que

el traductor debe conocer las estructuras lingüísticas y sus relaciones mutuas a fin de poder manejarlas con eficacia. La razón por la que insistimos es también la de que la mayoría de los traductores se ven tentados a calcar la expresión extranjera.

Queda todavía un último hecho que recordar, similar al que ocurre con el lenguaje metafórico, y es que en estas expresiones hay varios 'grados de lexicalización'. Unas expresiones exocéntricas son 'estables' o 'permanentes' y otras son 'libres' o de reciente formación. Para las primeras hay mayor probabilidad de encontrar equivalencias (8.5), para las segundas hay que recurrir muchas veces al delicado proceso de adaptación (8.6). La dificultad proviene precisamente de que estas expresiones poseen una notable densidad sémica, vale decir, una gran carga de información, que es preciso transportar a otra expresión correspondiente relativamente corta y condensada, como su idiosincrasia lo exige. Así mismo, las estables tienden a perder su viveza por lo gastadas y las libres traen mucha novedad e interés al texto. Los lexemas que tienden constantemente a asociarse se lexicalizan. Es imposible después alterar el orden o los términos. A la expresión tan usual <u>en otras palabras</u> (o <u>en otros términos</u>), por ejemplo, no la convertiríamos a <u>en otros lexemas,</u> aunque hemos venido empleando este término nuevo de lingüística, para referirnos a las unidades léxicas. Una vez lexicalizadas (estereotipadas), estas expresiones no permiten todas las operaciones sintácticas que se pueden realizar con las endocéntricas, como por ejemplo la inversión, la pasivización, la nominalización o la adjunción de un adverbio.

La importancia del estudio de las manifestaciones de este fenómeno es tanto mayor cuanto más estrecha es su relación con uno de los principios fundamentales de la estilística comparada, es decir, la idiomaticidad o el proceder privativo de cada lengua en la forma de expresar la experiencia humana (3.2.2), y una vez que entramos en este aspecto, cabe tener presente que en la traducción de grupos exocéntricos, igual que en el caso de las metáforas, es donde ocurren la mayoría de las 'pérdidas semánticas' y de los casos de 'sobre-traducción' (8.10.4 y 8.10.5).

Según la clase y grado de lexicalización, las expresiones exocéntricas pueden traducirse (a) con expresiones equivalentes de la lengua receptora; (b) si no se encuentran equivalencias, por otras adaptadas; (c) finalmente, si no hay otro recurso, por expresiones endocéntricas o amplificadas. Al identificar las equivalencias debe procurarse que en lo posible sean del mismo nivel y de la misma frecuencia que la expresión original. No se debe traducir una expresión muy conocida y frecuente en inglés por otra poco conocida o desusada en español. La pérdida del carácter de una locución hecha sería aún mayor si se tradujera (y este error es muy común) una expresión exocéntrica nueva o libre, llena de vigor expresivo, por medio de otra gastada, que ha perdido su fuerza evocadora y sus asociaciones, aunque fuera castiza. Este constituye uno de los escollos más grandes en la versión anglo-española. Tampoco se puede volver una expresión de una especialidad funcional de lengua a otra de un campo distinto, a menos que se pueda lograr cierto grado de equivalencia estilística (8.10.5). Obsérvense algunos ejemplos de estos diversos casos (véase también lo dicho en 1.1.3.3.2).

I don't know how I can keep tabs on you.	No sé cómo voy a mantenerme en contacto con usted.
You go on that way and keep your nose clean.	Continúa así y no te metas en líos.
If the money's right and he's in the clear	Si le pagan buen dinero y no corre riesgo alguno
It was a deadly voice that meant business.	Fue una voz implacable de las que no toleran bromas.
Millions were in a predicament not of their own making.	Millones de personas se vieron en un compromiso no por su causa.
To grope with difficulty	Titubear
In this climb the young management man can be a dangerous pacesetter.	En este ascenso el joven empleado de la administración puede sentar ejemplos peligrosos.
With the feeling that he has made it	Con la sensación de que ha llegado a su meta
National income accounting has come of age.	La contabilidad de la renta nacional ha llegado a ocupar un sitio propio en la economía.

Véanse los ejemplos de toda la parte restante de la presente sección.

Al orientarlo hacia los procedimientos modulatorios que acabamos de exponer hemos tratado de hacer ver al traductor que existen ciertas condiciones de profundidad y creatividad que subyacen a la percepción de las categorías de pensamiento que se modulan, y de todos los matices y elementos que entran en juego en la interversión de lo abstracto por lo concreto, de la sustancia por la calidad, de lo particular por lo universal, del agente por el instrumento, etc. La modulación es el sello del traductor profesional. Sin la sensibilidad y penetración, sin la capacidad de aquilatar la pertinencia, no podría el traductor conducir su versión a través de tantas variaciones a una condición libre de las extrañezas y rigideces que caracterizan a la traducción servil. El que no tiene esta preparación, semejante a la

que se debe poseer en el dominio de la literatura para el discernimiento de sus fenómenos tropológicos (poética de la traducción), no
sólo no puede llegar a imbuirse del procedimiento sino que sería
incapaz de sentir siquiera su necesidad. Sin ser arbitrario tiene
que sentirse escritor. Hay que captar el tono; por eso hemos dicho
que las máquinas no traducen. No es posible modular sin una clara
comprensión de la sustancia, la calidad, la modalidad, la acción y
el movimiento, sin percibir los efectos y las proyecciones explícitos
o implícitos en un texto. Hay que extraer la raíz cuadrada de la
expresión que lleva el alma de su autor. Es indispensable comprender a fondo las implicaciones de las divergencias metalingüísticas
que forman el puente entre la estilística interna y la comparada. En
efecto, puede observarse que en la primera, las variedades de modulación se asemejan a las 'figuras de pensamiento' o a la 'tropología'.
Esta no es privativa de la lengua literaria, pertenece también a la
lengua común, pues hay interacción entre ellas y se nutren mutuamente. Bally (Figures de pensée et formes linguistiques) sostiene
que "la figura de pensamiento en su forma absolutamente pura está
fuera de la lengua. Hay figura de pensamiento cada vez que en
ausencia de todo signo lingüístico el hablante transmite y el oyente
recibe la impresión de una discordancia entre la realidad pensada y
la realidad expresada por los signos". "El signo lingüístico para la
figura sólo es el vehículo material; su expresión lingüística varía de
un caso a otro, adhiriéndose a todos los matices psíquicos de la
figura, de suerte que esta puede, en principio, expresarse en un
número indefinido de giros y estos no son--también en principio--
reductibles a ningún tipo general. Es la multiplicidad y la diversidad
de las expresiones lo que caracteriza a la figura de pensamiento".
El punto importante para el traductor es que la modulación no es
sino una operación similar a la tropológica, con la diferencia de que
se realiza no en el interior de una lengua sino de una lengua a otra.
Si las figuras de pensamiento imprimen vitalidad al lenguaje, la
falta de modulación las destruye. La timidez del traductor que no
recurre a estas técnicas sólo puede deberse a su falta de competencia
en lengua, literatura y estilística. El empleo de ese vehículo explicado por Bally nos pondría en capacidad de aplicar el procedimiento
de la modulación en otros casos variados que se indican a continuación:

8.4.5.9.7 De visión figurada a directa. Véase lo dicho acerca
del lenguaje figurado (2.4.3).

We began the seventies with the United States maintaining what became known as a 'low profile' in Inter-American relations.	Iniciamos el decenio de 1970 y en sus relaciones interameri- canas Estados Unidos continuaba con su política de cruzarse de brazos y escuchar.

They lick the old grandstand up with white paint.	Remozan las tribunas con pintura blanca.
He requested London to put a close tail on.	Pidió a Londres que pusieran bajo estrecha vigilancia a.
It was he who had killed the evening.	Fue él quien había arruinado la noche.
You seem to have made quite a hit with him this morning.	Se diría que le dio usted una gran impresión esta mañana.
No five o'clock shadow	Ni sombra de barba a pesar de la hora avanzada
Who have triumphed in a variety of hard schools.	Que había triunfado en muchos campos de acción difíciles.
There was considerable pressure on the land.	Había considerable demanda de tierra.
The seconds ticked by.	Pasaban vertiginosamente los segundos.
And then mopping it off your forehead	Y luego enjugarte la frente
We start from scratch.	Empecemos de nuevo.
Wondered how he was going to slip the man his money	Pensaba como iba a arreglárselas para entregarle el dinero
When a danger signal might have shrilled in his mind	Cuando una señal de alarma debía haber comenzado a funcionar en su cerebro
The United States, as a major actor in the world scene, must make the lion's share of the effort.	Los Estados Unidos, por el papel principal que desempeñan en la situación mundial, tienen que realizar la mayor parte del esfuerzo.
It's better being kicked than being shot.	Es mejor estar bapuleado que muerto.
Listening with half an ear	Escuchando sólo a medias
The workers seem to have quite a machine.	Los trabajadores parecen estar magníficamente organizados.
The events of our times are tending to be political levers.	Los sucesos de nuestra época tienden a ser factores de equilibrio político.
Is he an eye?	¿Es un espía?

Igual que en el apartado anterior, se ven en estos ejemplos las tres formas de transferir una 'metáfora': con una metáfora equivalente, con una metáfora adaptada o simplemente con la expresión del simple fenómeno. El traductor muchas veces se ve forzado a este último procedimiento en vista de la tendencia del inglés al esquema y a la síntesis. Esa lengua utiliza fácilmente un lenguaje parabólico, de imágenes, con las cuales describe pintando los hechos. El inglés aventaja al español en el uso pictórico de la lengua, y el español, si lo imitara mecánicamente, dejaría entrever elementos extraños, que no se adaptan a su genio.

Los ejemplos que se indican a continuación llevan dos versiones: la primera es tomada de un traductor que no modula; la segunda es una sugerencia de modulación que de hecho entraña una pérdida de matices, ya que se sacrifica la vivacidad del lenguaje metafórico, pero que ofrece la ventaja de evitar un efecto jocoso que no estaba en la intención del autor del texto original:

And the existing system typically raises the twin spectres of 'over-banking' and 'bank crisis' against substantial new corporations.

*Y el sistema existente generalmente enarbola los espectros mellizos del 'exceso de bancos' y de la 'crisis bancaria' contra nuevas corporaciones solventes.

Y el presente sistema en forma característica opone a importantes corporaciones nuevas dos amenazas íntimamente vinculadas que son el exceso de bancos y la crisis bancaria.

These corporations will go into the dark when the ghosts of previous banking crisis are around.

*Estas corporaciones caerán en la oscuridad cuando se les presenten los fantasmas de las crisis bancarias previas.

La ruina de estas corporaciones comenzará cuando se haga realidad la amenaza de la crisis bancaria.

A general price freeze, for example, bottles up inflationary forces to be released at a later date.

*Un congelamiento general de precios, por ejemplo, embotella las fuerzas inflacionarias para que se liberen en fecha posterior.

Un congelamiento general de precios, por ejemplo, reprime temporalmente las fuerzas inflacionarias que se desatarán más tarde.

Puts more pressure on the Fed to pump out more money to finance the government spending	*Ejerce mayor presión sobre la Junta para que bombee más dinero para financiar los gastos del gobierno. Coloca a la Junta en un compromiso más serio de poner en circulación mayor cantidad de dinero para financiar los gastos del gobierno

8.4.5.9.8 De una visión figurada a otra. Véase el capítulo correspondiente al procedimiento de equivalencia (8.15) y el 'lenguaje figurado' (2.4.3).

8.4.5.9.9 Visión directa a figurada. Este procedimiento trae por resultado 'ganancia' en expresividad, al contrario del procedimiento inverso en el que se pierde el efecto metafórico. Hay un peligro, sin embargo, contra el que debe guardarse el traductor, es el de romper la 'equivalencia estilística' o de caer en la afectación estilística. Hay en castellano una riqueza notable de locuciones y metáforas usuales, pintorescas y floridas que el principiante o empírico quiere usar a toda costa como alarde de dicción, sin tener en cuenta el nivel de lengua, la especialidad funcional, la tolerancia textual o la vigencia. El resultado será, naturalmente, un estilo churrigueresco. Este procedimiento exige del traductor gran discernimiento, buen gusto y discreción, además de los principios mencionados que debe tomar en cuenta.

Those who by birth I've got some cleaning up to do here in the city first.	Aquellos que por su cuna Pero antes tengo que pasar la escoba aquí en la ciudad (agente de la FBI refiriéndose a negocios de gangsters).
Paul reminded himself to extract the information from his brother as soon as possible. And the distant mountains were yellow in the setting sun.	Pablo se hizo la nota mental de conseguir que su hermano le diera el dato lo más pronto posible. Y en la distancia las montañas se bañaban de oro bajo el sol poniente (también transposición).
Figures rather clearly show that people	Las cifras hablan bien claro de que la gente

Of the great outward movement from the inner city	Del gran movimiento desde el corazón de la ciudad hacia el exterior (también amplificación de preposición)

8.4.5.9.10 Animismo a inanimismo

Your tickets will be waiting at the door.	Se le entregarán los boletos a la puerta.
The National Convention shall be composed of delegates who are chosen through processes which: (i) assure all voters equal opportunity to participate therein, (ii) exclude the use of the unit rule at any level.	La Convención Nacional estará integrada por delegados elegidos mediante procedimientos por medio de los cuales: (i) se asegure a todos los electores igualdad de oportunidad para participar en ella, (ii) se excluya la aplicación de la regla de unidad en todos los niveles.
The Special Fund shall have allocated to it amounts equal	Al Fondo Especial se le asignarán cantidades iguales a
The revision would add the expression 'non-representative'.	La modificación consistiría en agregar el término 'no representativo'.

En realidad habría muchos ejemplos de modulaciones que no sería posible presentar aquí por cuanto habría que transcribir largos textos que contengan la situación o el macrocontexto (5.1.4 y 5.1.5) que permitan al lector suficiente latitud para apreciar el procedimiento. Sólo con el examen de una versión completa de una obra bien traducida sería posible identificar en sus contextos adecuados las distintas clases de modulaciones estudiadas.

8.5 La equivalencia

8.5.1 **Falta de delimitación perfecta entre procedimientos técnicos.** Se habrá notado que ciertos ejemplos de modulación aducidos en la sección anterior dan la impresión de 'lo ya visto u oído'. Como se dijo antes, no es tajante la separación entre un procedimiento y otro; hay combinación o amalgama entre ellos. No hay que olvidar que esto obedece a que las nociones a base de las cuales funciona la lingüística, las categorías que establece, no son absolutas. De un concepto a otro, de uno a otro proceso, se pasa por zonas intermedias, a veces indiferenciadas. La falta de delimitación clara se cumple de modo especial en los hechos de estilística, ya que las 'asociaciones del significado', que forman la base de los hechos expresivos que se conocen como 'figuras del lenguaje' y de otros hechos que no se clasifican de ordinario como figuras (8.4.4), no han sido aún objeto de una clasificación completa y minuciosa. Si estos fenómenos del habla que subyacen a los de la estilística no pueden considerarse en forma separada e independiente, es también inútil pensar que los procedimientos técnicos no pueden combinarse unos con otros, como se constató con las transposiciones y modulaciones.

8.5.2 La equivalencia: caso extremo de modulación. Con la 'modulación' y 'equivalencia' ocurre algo más intrincado. Se puede decir que hay transición entre ellas y se pueden observar, por tanto, grados intermedios. A medida que la impresión de 'lo ya visto u oído' se hace más intensa, penetramos en el campo de la EQUIVALENCIA. Por esa falta de delimitación, a la que podemos añadir, por un lado, la relación confusa entre los hechos propiamente lingüísticos y los pertinentes al mundo extralingüístico, y por otro, que tampoco es nítida la división entre las figuras literarias, v. gr. 'sinécdoque', 'metáfora' y 'metonimia', [49] algunos ejemplos de modulación en realidad constituyen 'lexías', es decir expresiones o 'imágenes fijas', que pertenecerían tal vez con mayor propiedad al procedimiento que nos ocupa en esta sección.

Malblanc, en efecto, corrobora que la 'equivalencia' es el caso extremo del procedimiento modulatorio, o lo que es lo mismo, la equivalencia es una modulación que se 'lexicaliza'. Por cierto, no hay que excluir las consideraciones diacrónicas, ya que pueden ser elocuciones nuevas que encuentran gran aceptación y tienden a establecerse, así como se dan también los casos de expresiones hechas que después de un tiempo pierden su vigencia y desaparecen de la memoria léxica para volver a su estado de construcción sintáctica de discurso.

8.5.3 La visión exocéntrica y su efecto total. El caso de la 'equivalencia' confirma numerosos principios ya enunciados en este trabajo, respecto a la 'traducción oblicua' o a la correspondencia dinámica, pero de modo particular a la 'visión exocéntrica' (8.4.5.9.6), de modismos, figuras de lenguaje, frases hechas, proverbios, dichos, locuciones, giros y toda otra clase de 'grupos unificados' (1.1.3.3.2). Debemos realzar que es así mismo el caso que exige extensa y constante investigación del traductor por la carencia de diccionarios de estas formas de expresión y por la fugacidad de muchas figuras de moda y la vertiginosa aparición de otras en el habla diaria. La longevidad de una expresión es imprevisible y depende de la mayor o menor presión de las fuerzas sociales,

además de otros factores como son la necesidad del término, su
diseminación, la derrota de las expresiones que le hacen competencia
y la riqueza de las asociaciones que evoca.

La traducción, por lo que acabamos de suponer, exigirá unidades
diferentes, en la mayoría de los casos con 'especializaciones de
significación', en las que se considerará el efecto total. No se
pueden realizar las operaciones habituales porque hay alteración
profunda de la expresión, aunque se traduzcan modismos clásicos.
Depende primordialmente del mensaje y de la situación, es decir
que funciona en el plano del contenido y no en el de la expresión. No
se trata de encontrar la identidad sino la equivalencia semántica, que
forma el objeto constante de todos los procesos expuestos en esta
obra, y que hemos procurado explicar de diferentes maneras, ya
que no contamos aún con un acuerdo definitivo y preciso de lo que
es una equivalencia semántica. Adviértase el contraste de forma
en ejemplos que no por sencillos y espontáneos dejen de demostrar
la idea que se halla a la raíz del proceso: God bless you!: ¡Salud!
What a hell of a fellow!: ¡Qué tipazo! Cuando una persona, observa
Stockwell, se abre paso en un bus dice excuse me y, en castellano,
¡permiso! Pero si la misma persona angloparlante se sienta por
equivocación en la falda de otra y expresa: excuse me!, en
castellano no podrá decirse permiso sino ¡perdón! La situación,
como lo hemos explicado, vuelve a ser el parámetro y control; el
cambio de medios de expresión es inexcusable.

8.5.4 La visión endocéntrica irrelevante en equivalencia. Sin
ese cambio, si tratáramos de analizar el sentido por los componentes
semánticos que constituyen la expresión (8.4.5.9.6), ésta se vertiría
en forma confusa e incomprensible. No transmite en verdad el
verdadero mensaje la versión siguiente que se ha hecho de algunos
pasajes de una novela de Ian Fleming, a los cuales se ha aplicado el
procedimiento reservado para 'expresiones endocéntricas':

The boys'll try to fix all kinds of phoney raps on you both, and once you are located I wouldn't give a nickel for either one of you.	Estos sujetos no van a perder tiempo y van a intentar prepararles toda clase de emboscadas. Y una vez que los tengan localizados, no doy un níquel por ninguno de los dos.

Esta traducción literal de no doy un níquel por ninguno de los dos
significaría a un hispanohablante que los dos no valen un centavo,
mientras que de acuerdo con el texto original quería decir: Y una vez
que los tengan localizados, están ustedes perdidos! Véase además la

falta de equivalencia estilística en el modo de hablar: el original
muy campechano: phoney raps; el español, muy distinguido:
prepararles emboscadas.

Best chance would be to get you both on a plane to New York tonight and off to England tomorrow. James can take it from there.	Lo mejor sería que tomasen un avión para Nueva York esta noche y que salieran rumbo a Inglaterra mañana mismo. James puede continuar su trabajo desde allí.

¿Qué trabajo? ¿El de detective? Lo que el autor quería decir es
que la acción que se está llevando a cabo será continuada por James
desde el momento en que él y su compañera de aventuras lleguen a
Londres. Lo único que se logra con esa traducción literal, de las
partes y no del todo, es despistar al lector; sólo el procedimiento
oblicuo de la equivalencia nos puede proporcionar el verdadero
significado global.

8.5.5 Equivalencia de situaciones. En la comparación de las
lenguas, se ha hecho ver ya que la equiparación a nivel lexémico
carece de pertinencia. Los lexemas en cada lengua están inter-
relacionados de acuerdo con sus propias modalidades de asociación.
Compárese una expresión corriente en algunas lenguas: give him
your finger and he'll take your whole hand; si on lui donne long comme
le doigt, il en prend long comme le bras; dá o pé e já quer a mão.
Sólo el último modismo trae una oposición pie/mano, como el español:
a quien le dan el pie, se toma la mano; las demás oposiciones son
dedo/mano, dedo/brazo. Y más extrema aún es la disparidad:
tomar el pelo a alguien y to pull somebody's leg.
Al abarcar la totalidad de la 'situación', la equivalencia se
relaciona íntimamente con la experiencia humana que da a cada
lengua su punto de vista característico y su símbolo propio. Y no
hay que pensar que la versión se vuelva menos exacta por alejarse
de la forma del original. La reacción que se espera debe obedecer
a la intención del autor, a la naturaleza del mensaje e inclusive al
tipo de audiencia. Se ponen en juego las clases semánticas que
deben acomodarse a la expresión que guarde más naturalidad en LT.
En efecto, los que más contribuyeron a consolidar estos métodos
lingüísticos de traducción, Vinay y Darbelnet, postulan que "este
procedimiento permite dar cuenta de una misma situación empleando
medios estilísticos y estructurales enteramente diferentes".
Al traductor no le compete introducir calcos de expresiones
exocéntricas de otras lenguas. Eso les corresponde a los escritores.
A nuestra obligación queda el buscar las formas más universales y

clásicas, lo cual no está exento de dificultades por la falta de léxicos de lenguaje figurado y de diccionarios fraseológicos. Hay que tener en cuenta, sin embargo, que las equivalencias que se seleccionan deben pertenecer al mismo nivel funcional del lenguaje y participar más o menos de la misma frecuencia que la expresión original (8.4.5.9.6).

Al expresar la misma situación dos lenguas pueden no coincidir en los 'exponentes', o puede ser que los exponentes no sean paralelos. Raramente se persigue reproducir el contenido y la forma, salvo en algunas clases de poesía en que esta se halle íntimamente asociada a la forma y propiedades de una lengua. Pero en el plano de la expresión nada se opone a la existencia de contenidos idénticos formulados de manera diferente. El concepto de equivalencia se define como identidad sémica que, aunque fuera sólo parcial, pone en claro el funcionamiento metalingüístico del discurso.

J. C. Catford expresa que: "la meta de la traducción total no debe ser la selección de equivalentes LT con el mismo significado que los segmentos LO, sino la selección de equivalentes LT con la mayor imbricación posible en el área situacional".[50] Es claro por todo lo expuesto en esta obra que es muy difícil trasladar de manera perfecta y completa los detalles del original. Habrá 'ganancias' y 'pérdidas', como se verá en la sección correspondiente (8.10.2). Obsérvense los ejemplos siguientes:

They are as like as two peas. Se parecen como dos gotas de agua.

En este primer ejemplo podemos tener la impresión de una equivalencia completa; no así en este otro:

Every cloud has a silver lining. No hay mal que por bien no venga.

Sin embargo, se considera que es una equivalencia semántica, porque tomada globalmente da cuenta de la misma situación, pues como hemos indicado, los exponentes no son paralelos y se trata de un procedimiento de compensación (8.10). Si se vierte literalmente: toda nube tiene su orla de plata, o algo por el estilo, el receptor de LT podría percibir con dificultad el mensaje, si es que no adquiere una idea del todo distinta de la original. No es éste un caso de los que ofrezcan valores de LO que puedan enriquecer a LT y que, por tanto, deban ser aprovechados por el traductor, de acuerdo con los postulados de la 'poética de la traducción'. Al contrario, se perdería un valor que ya tiene LT y sólo se importaría un elemento de distracción. Son muy distintos los casos en que deben retenerse

los valores de LO, como se verá al tratar de la adaptación y de la
compensación. Diversas razones contribuyen a obscurecer un
mensaje, como se ha visto en diversas secciones, pero en el caso
presente, hay razones particulares de metalingüística (5.1.8 y
5.1.9). Con la 'equivalencia', enseñan Vinay y Darbelnet, nos
alejamos del dominio estructural y entramos de lleno en el dominio
metalingüístico. Por eso hemos dicho que es preciso sustituir el
medio estructural y estilístico para procurarle al receptor la claridad de los conceptos que se traducen.

8.5.6 La equivalencia y los grandes signos. El traductor inexperto en los procedimientos de traducción oblicua tiende a pasar por
alto o descuidar el significado exocéntrico de ciertas expresiones,
esto es la significación global y abstracta que dichas expresiones
adquieren después del cambio semántico sufrido por la amalgama de
las unidades que las forman (8.4.5.9.6). Cuando abordamos estos
grupos expresivos es preciso abandonar la unidad lexicológica en
su sentido estricto y optar por el procedimento de análisis de las
'grandes unidades plásticas'. Como lo hemos reiterado a través
del presente curso, en estos casos la traducción se realiza en una
perspectiva máxima, y no a base de las unidades semánticas mínimas.
Las expresiones I will take a crack at it y wallowing in some kind of
trough deben considerarse cada una como un todo, como lo hace el
traductor del siguiente pasaje de William H. Whyte (The Organization
Man):

Now whether or not these people are riding the waves of the future or wallowing in some kind of trough is a matter of pure prophecy, and later I will take a crack at it.	Ahora bien, el que esta gente gobierne las olas del futuro o se quede chapaleando en cualquier batea, es cuestión de pura profecía, y más tarde le hincaré el diente al tema.

8.5.7 Metáforas y modismos. Al situar a la metáfora en el
procedimiento de modulación de los 'grandes signos' (8.4.5.9),
habíamos indicado que el paso de una 'visión metafórica' a otra
constituye una equivalencia. En verdad, la traducción de una metáfora puede dar lugar a tres operaciones: (a) modulación de una
metáfora transformándola en una expresión no metafórica, (b) modulación de una metáfora a un símil y (c) equivalencia de una metáfora
con otra.
  Siguen también estas pautas los juegos de palabras, pasatiempo
común entre la gente, que no podrán tener éxito si no se observan
los principios y consideraciones anotadas hasta ahora. En efecto,

si no se traduce globalmente, tomando el mensaje en sentido amplio, los receptores no percibirán lo cómico ni lo irónico del texto original. Se dice por lo regular: bueno, no es muy efectivo el chiste porque no se puede traducir al castellano. Lo que ocurre es que no se recurrió a un cambio completo de forma para transmitir el efecto total. En la paronomasia (juego de palabras) hay por lo regular aberración[51] o extensión de sentido. La traducción literal perdería los indicios necesarios para la comprensión cabal de los hechos extralingüísticos, y es el problema más grande de los traductores de obras o tiras cómicas. Desgraciadamente no se ha tratado este capítulo tan importante sobre el método de traducir tal clase de efectos estilísticos que merecen seria investigación por la frecuencia con que nos encontramos frente a ellos. En el presente curso hemos procurado sostener el argumento de la posibilidad de la traducción, vale decir, de la 'traducibilidad'; de ahí que objetemos la excusa de que es imposible traducir ciertos efectos, como los que acabamos de mencionar. El traductor que utiliza todos los medios con que cuenta en la actualidad la traductología puede estar seguro de que sus esfuerzos lograrán los resultados deseados.

Las metáforas que no tienen equivalencia se traducen más apropiadamente con símiles. Ese proceso recae ya en el campo de la modulación, ya en el de la adaptación (8.6). Dígase lo mismo de los 'modismos' que se vierten (a) de un modismo a una expresión llana, (b) de una expresión llana a un modismo y (c) de un modismo a otro. El tercer paso viene a ser, nuevamente, una equivalencia. El proceso de transferencia obligado cuando no hay equivalencia es el de modismo a no modismo, y por eso en el proceso de traducción se pierden muchas expresiones idiomáticas. Puede servirnos de ilustración el caso de ciertas críticas a la política norteamericana con la América Latina en las que se decía:

| The policy of 'low profile' has degenerated in no profile at all. | La política de no llevar la voz cantante ha degenerado en enmudecimiento. |

En esta versión para la primera visión figurada se ha encontrado una equivalencia por medio de una modulación a 'contrario negativado' (8.4.5.6), que pierde precisamente la fuerza de la imagen por la negativación, la impresión no es directa como en LO. Por cierto, el significado global que se quiere transmitir es el de que los norteamericanos han optado por una actitud pasiva en las deliberaciones y negocios interamericanos. En la segunda se pierde la intensidad figurada, pero ha ganado fuerza la antítesis voz cantante/enmudecimiento, a pesar de que el efecto del inglés es más impresionista por el carácter que imprime la repetición: low profile/no profile. Hay que tener presente que la versión adquiere mayor relevancia únicamente dentro de su contexto; en forma aislada no es posible hacer resaltar todas las características del procedimiento. Naturalmente, el proceso inverso, de expresión no idiomática a idiomática, produce una ganancia (8.10.2) e imprime vitalidad a la traducción, porque gracias a la novedad expresiva se intensifican las asociaciones evocadas.

A falta de equivalencia, por ejemplo, al trasladar la metáfora a símil, esto es, al descomponer la metáfora para que se exprese simplemente el fenómeno original, el cambio es menor; pero cuando se hacen cambios considerables se está practicando una adaptación, que será objeto de estudio en la sección siguiente. Es de lamentar que en cuanto a esta y otras técnicas no se puedan experimentar ciertas soluciones, como aconseja Eugene Nida, pues las burocracias no se prestan para experimentos de esta clase. En nuestra larga experiencia con ellas, sólo hemos podido proponer sugerencias en documentos que deben pasar por varias etapas de preparación hasta ser adoptados definitivamente como normas, reglamentos y convenios. Han tenido éxito muchas de ellas, solamente en esos casos, pero no cuando el documento ha tenido que darse de inmediato a la prensa o al estudio de gobiernos y organismos. La timidez y escrúpulo exagerado ha movido a los autores a retroceder y adoptar la forma no metafórica. Aspirar a lo contrario sería presumir demasiado en un medio en que apenas empieza a entenderse la función de la traducción. Si ésta fuera comprendida en verdad podríamos entonces establecer la relación metalingüística que se necesita para producir el mensaje genuino con el estilo apropiado.

Puesto que se tratará en sección aparte, sólo mencionamos de paso el hecho de que el esfuerzo de analizar estas expresiones no de manera global sino en las unidades que las componen degenera en sobretraducción (8.9.4). La innegable importancia que tiene en nuestro campo el estudio de la equivalencia se comprueba ante todo por las razones examinadas en el estudio de la expresividad. El 'lenguaje figurado' es tan extenso que abarca todos los niveles de lengua y, como se ha hecho ver, es la característica que comparten la 'lengua común' y la 'literaria'. El habla común, el habla coloquial, y todos los niveles, sean o no literarios, se caracterizan por la presencia constante de visión figurada y, repetimos, no nos referimos únicamente a las llamadas figuras literarias, sino a una gran variedad de expresiones que todavía no se han clasificado como tales. El lenguaje de la publicidad, que no pertenece a los textos literarios, filosóficos ni religiosos, es uno de los que más creatividad (re-creatividad) exigen, al contrario de lo que muchos decadentes crepusculares han creído (George Steiner, After Babel, pág. 251).

Se ha observado con frecuencia que los traductores, si bien se dan cuenta de que con la traducción literal no consiguen el deseado

efecto total de la comunicación, no recurren a este género de alteración estilística, y se esfuerzan por explicar, con lo cual, aunque
logren dar una idea, contribuyen a la pérdida de movimiento y
compacidad de la versión. Las traducciones explicadas destruyen
todos los matices, sus soluciones no son intercambiables con las
expresiones originales en las respectivas situaciones. El procedimiento debe orientarse a producir un exponente intercambiable de
verdad; es preciso buscar una equivalencia de la más elevada probabilidad. Examinemos algunos ejemplos:

The smart set	El mundo elegante
One thing at a time	Cada cosa a su tiempo
The learning tree	El árbol de la ciencia
Once upon a time	Erase que se era
A lump in his throat	Un nudo en la garganta
He felt lightheaded.	La cabeza le daba vueltas.
She jumped to her feet.	Se puso de pie de un brinco.
That will fix them proper.	Eso les servirá de lección.
So that explained it.	Ahora me explico.
Come again.	Vuelva cuando guste.

You'll be able to swank
around back in London and
tell the story of how you
took 'em at Vegas.

Cuando vuelvas a Londres
podrás pavonearte contando
la historia de cómo te los
llevaste de calles en Las
Vegas.

And the maître d'hôtel made
frequent visits to see that
all was going well.

Y el jefe de saloneros hacía
frecuentes visitas para
cerciorarse de que todo
marchaba perfectamente.

And went off about his business

Y se fue a atender sus
ocupaciones

And the dinner's going to live
up to the occasion.

Y la cena debe de estar a la
altura de las circunstancias.

He smiled to himself.

Sonrió para sus adentros.

He was still toying with the
problem.

Estaba todavía dándole vueltas a
la cuestión.

The two radiant birds slowed
with him, smoothly, locked
in position.

Aquellas dos radiantes aves
redujeron también la suya
(velocidad), en formación
cerrada.

Without warning, Chiang vanished and appeared at the water's edge fifty feet away, all in a flicker of an instant.	Sin aviso, y en un abrir y cerrar de ojos, Chiang desapareció y apareció al borde del agua, veinte metros más allá (véase también el desplazamiento efectivo).
She went by once more and I caught her eye.	Pasó otra vez, su mirada se cruzó con la mía.
That girl of yours got in a frightful row.	Esa chica suya armó una tremenda trifulca.
We gain new insight into the why and wherefore of human behaviour.	Ahondamos más en el cómo y el porqué de la conducta humana.

8.6 La adaptación

8.6.1 Resumen de las modalidades de transferencia. Por lo que se ha estudiado hasta ahora podemos observar que los procedimientos técnicos de traducción están determinados por las modalidades generales en que se opera el traslado de un mensaje del texto LO al texto LT. Dichas modalidades se determinan a través del 'análisis contrastivo' (2.3.5), y son las siguientes: (a) lo que se dice en una lengua se dice en la 'misma forma' en la otra; (b) lo que se dice en una lengua se dice en 'distinta forma' en la otra; y (c) lo que se dice en una lengua 'no se dice' en la otra. En el orden concreto de estos resultados del análisis contrastivo, las formas generales de transferencia vienen a centrarse en los siguientes procesos: (1) una idea se expresa en la misma forma en una y otra lengua: 'traducción literal'; (2) una idea se expresa en una y otra lengua con distintas categorías: 'transposición'; (3) en una y otra lengua se expresa una idea con diferente punto de vista: 'modulación'; (4) la misma situación se expresa con distintas modalidades: 'equivalencia'; y (5) un mismo mensaje se expresa con otra situación equivalente: ADAPTACION. De esta última nos vamos a ocupar en la presente sección.

8.6.2 Significación plena y no mera inteligibilidad. Debemos preguntarnos ahora si una traducción debe ser simplemente 'inteligible' o expresarse con 'plenitud de sentido'. ¿Debe el receptor, después de enfrentarse a una versión poco clara, y de leerla dos veces, quedarse apenas con la impresión de que adivina un mensaje, o debe, sin esfuerzo, percibir una idea con claridad? Hay quienes resuelven sus perplejidades de la manera más simplista: aducen que 'el lector no es ignorante' y que al fin y al cabo entenderá. La gratuidad de esta excusa se prueba por el hecho de que esos mismos traductores ponen el grito en el cielo cuando se ven frente a textos no muy comprensibles a los que vituperan por lo mal escritos y se desatan en denuestos contra el escritor que no ha sido claro en la manifestación de sus ideas. ¿Habrá el autor reflexionado también con ese mismo optimismo de que el lector o 'el traductor no es ignorante', en vez de esforzarse por expresar sus ideas con sencillez y claridad? A la inversa, cuando leemos una obra bien escrita, no podemos sino exclamar: ¡qué bien escribe este autor! ¡Qué manera tan clara de expresarse! Naturalmente, este segundo autor no se confió en la suposición de que el lector es superinteligente. Se propuso escribir de manera que todos lo entiendan. El traductor debe recordar que la comprensión de una obra no depende del grado de inteligencia del lector solamente, sino de los principios que rigen la comunicación, algunos de los cuales fueron mencionados al hablar del ruido lingüístico (6.2.1) y de la carga excesiva de información impuesta a un mensaje hasta volverlo difícil de decifrar (8.2.1.2).

Esas son las razones por las que hemos reiterado que el traductor no traduce para sí mismo, sino para los demás. Por ellas también en la sección correspondiente a la situación hemos advertido la inconveniencia de confiar la traducción de una materia técnica o especializada al técnico o especialista por la tendencia a escribir para que sólo los técnicos o especialistas lo entiendan. No hay que suponer al lector una extraordinaria inteligencia que supla a nuestras deficiencias, y que le permita comprender lo que nosotros no pudimos expresar. Y con ello no nos referimos a casos excepcionales de ambigüedad, vaguedad u opacidad deliberadas, las cuales fueron abordadas en sus respectivas secciones. Carece de honradez intelectual aquella norma de los oscurantistas de que lo único que hay que procurar es que la versión 'suene bien'. Los arbitrios y artificios para disfrazar las deficiencias, que dicho sea de paso casi siempre son el fruto alcanzado por los practicones a través de sus largos años de traducir a ciegas, están muy lejos de constituir procedimientos técnicos, pero sí contribuyen al desprestigio de la traducción. El traductor experto debe procurar que el lector comprenda sin esfuerzo extraordinario y sin siquiera darse cuenta de que se trata de una versión. El lector no tendrá la impresión de que está leyendo una traducción, aunque sepa que es una traducción, si por medio de los procedimientos oblicuos se ha logrado expresar la idea y el mensaje de la lengua extranjera con el equivalente más natural de nuestra lengua (círculo de Praga).

8.6.3 Hechos de metalingüística: viabilidad cultural, no calco cultural. El concepto de 'claridad' del que nos ocupamos en este capítulo no se relaciona únicamente con la forma exterior o lineal; no se circunscribe a la expresión en sí ni al estilo. Veremos que como ha ocurrido con los otros procedimientos técnicos ya estudiados, la adaptación se ejerce más en el 'plano del contenido' que en el de la expresión. Al hablar de la significación plena no nos referimos simplemente al estilo o al vocabulario sino a los hechos de metalingüística (5.1.8 y sig.). En efecto, no puede tener significación plena la expresión blanco como la nieve, ejemplo dado por Nida, en un pueblo en que por ser la nieve tan remota o nunca vista tal comparación no tiene el mismo efecto o acaso no se entiende. En el marco de la experiencia de dicho pueblo lo habitual y natural es comparar la blancura con las plumas del airón. De manera que traducir una diferencia cultural, practicando un calco metalingüístico, como habría ocurrido al trasladar blanco como la nieve, puede ocasionar confusión o inclusive hacer un mensaje ininteligible. Con la comparación blanco como las plumas del airon, en cambio, la comunicación es más relevante y significativa, pues se conforma a la manera en que ese pueblo en cuestión analiza la realidad de su experiencia. El proceso de conformar un contenido a la visión particular de cada lengua se conoce como la ADAPTACION, que vamos a explicar en seguida.

Con el procedimiento de la 'adaptación' la traducción alcanza su verdadero valor y dinamismo, adquiere 'viabilidad cultural', según las enseñanzas de Robert P. Stockwell. La adaptación nos permite evitar un calco cultural que puede producir confusión u obscuridad, pérdida de ciertos elementos extralingüísticos indispensables para la asimilación completa de una obra, o puede incluso ocasionar un contrasentido. Nida expone así mismo en otro ejemplo, que por la dificultad de traducir a cierta lengua la parábola biblica de la higuera, por tener esta planta connotaciones nocivas en la comunidad que hablaba esa lengua, se hubo de recurrir a una adaptación utilizando el nombre de una planta autóctona. Para ese pueblo, vertida la parábola con el mismo símbolo, habría resultado no sólo imcomprensible sino absurda. Hemos empezado con los ejemplos de Nida porque junto con Whorf está entre los primeros expositores de los fenómenos metalingüísticos, y él es quien más ha recalcado su importancia en este método de traducción, tratando en la forma más amplia las diferencias que existen no sólo entre civilizaciones sino dentro de una misma civilización. ¿Cómo, se pregunta este lingüista y etnólogo, traducir las gentes del pueblo en una civilización que no tiene la misma estructura de clases sociales, o de castas? El problema de la 'viabilidad cultural' ha sido el objeto de estudio de lingüistas y traductores de la época actual y sólo puede resolverse por medio del procedimiento de adaptación, que constituye la técnica más avanzada de nuestra disciplina, y que, por lo tanto, requiere mucho discernimiento.

"La adaptación en el límite extremo de la traducción--dice Malblanc--, se aplica a casos en que la situación que debe evocar una idea o un mensaje no existe en LT, y es necesario crear otra situación que evoque la misma idea". La definición que nos dan Vinay y Darbelnet es similar, y a ella añaden: "hay aquí, por tanto, un caso particular de equivalencia, una equivalencia de situaciones". Cuanto hemos dicho al hacer notar la transición entre modulación y equivalencia vale también para la equivalencia y la adaptación, cuyas fronteras se confunden.

Vinay y Darbelnet ofrecen a su vez un ejemplo muy gráfico en la demostración de esta técnica: el de un padre inglés que besa a su hija en la boca al llegar a su hogar después de un largo viaje. Traducir literalmente he kissed his daughter on the mouth sería, explican estos autores, "introducir en el mensaje un elemento que no existe en LO". La versión aconsejable sería: abrazó tiernamente a su hija. Esto nos demuestra con claridad que para la transmisión cabal de un mensaje el aspecto metalingüístico es una constante que debe tomarse en cuenta, con la misma importancia que las demás constantes, como la significación lingüística, el contexto semotáctico o la situación. Un inglés puede besar a su hija en la boca, pero este dato cultural pasa a la otra lengua con la modificación que dicta la correspondiente convención social, de otra manera se daría una impresión extraña y falsa en español.

Extraña y falsa es, por cierto, la impresión que tienen los latinoamericanos que leen cierta traducción de una novela norteamericana en la cual el traductor vertió indiscriminadamente baby-sitter por niñera, convirtiendo el romance entre el padre de familia norteamericano y una alumna universitaria en un romance entre un padre de familia sudamericano y la criada. En realidad, la niñera en nuestro medio es una empleada doméstica; no corresponde al concepto norteamericano, y se debía en ese caso haber practicado una adaptación en gran escala.

Catford nos pone por caso el de un adolescente inglés que puede de manera muy sencilla dirigirse a su padre en el estilo familiar, mientras que es posible que un adolescente oriental tenga que usar formas honoríficas en tal situación. Tanto el respeto como el cariño--nos explica--pueden estar presentes en la situación, pero es posible que el respeto no sea un rasgo estilísticamente relevante para el hijo inglés, mientras que sí lo es para el asiático.

Se ve, pues, claramente que la metalingüística explicada por Whorf y Trager (2.4.5 y 5.1.8) constituye el fundamento de los procedimientos de equivalencia y adaptación. En ellos se cumple la relación que existe entre los hechos sociales, culturales y psicológicos y las estructuras lingüísticas. Tiene también aquí su más nítida aplicación la doctrina de las visiones del mundo (2.2.1), según la cual cada lengua tiene su concepción particular de la realidad y cada pueblo ve el mundo a su manera. El mismo Whorf expresa: "We dissect nature along lines laid down by our native languages".

No podemos pues pretender recortar la realidad en la misma forma
en que lo hacen los hablantes de otra lengua. Si colocásemos uno
sobre otro los mosaicos de conceptos de dos lenguas veríamos que
ni la forma ni la superficie de muchos de esos conceptos coinciden
perfectamente. Existen zonas de recubrimiento, pero también
lagunas y diferencias, y son éstas las que nos interesan. Vinay y
Darbelnet las conocen como las 'divergencias metalingüísticas', y
explican que se encuentran al fondo de las más notables dificultades
de traducción. Lo importante es reconocer que en el enorme
mosaico de las lenguas hay zonas en que las dos culturas, como el
aceite y el agua, no se mezclan. Hay que entender pues que estos
no son problemas de lengua sino de etnología, de formación, de
sangre. Cuanto mayor la diferencia entre culturas, tanto más grave
será la dificultad. Recordemos que en esta visión que cada lengua
tiene de la realidad se apoya la noción del genio de la lengua. Lo que
parece natural en una lengua puede no serlo en otra. Ya que la
adaptación tiene por meta alcanzar esa naturalidad, no se la puede
estudiar fuera de la consideración de los hechos de metalingüística
ni del proceder privativo de cada lengua.

Por las ilustraciones estudiadas en los párrafos precedentes,
podríamos observar que Nida dramatizó esta clase de diferencia
comparando una lengua de gran cultura, el inglés, con lenguas
vernaculares y aun con culturas orales. En el presente curso, no
buscamos comparaciones del español con lenguas exóticas porque
sin ir tan lejos tenemos trascendentales diferencias entre las lenguas
que nos ocupan. Las convenciones y modos de vida del inglés y del
castellano revelan diferencias más penetrantes que las que nos puede
sugerir un análisis superficial. El traductor que estudie a fondo las
dos culturas no dejará de sorprenderse ante los numerosos contrastes
metalingüísticos, que por otra parte son fáciles de comprender si
recordamos que aún de un país latinoamericano a otro son notables
los contrastes culturales. Muchas dificultades que encontramos en
nuestros viajes no siempre fueron motivadas por la lengua, sino por
las distintas maneras de ver las cosas. Gran parte de los llamados
errores de traducción no son causados sino por el desconocimiento
de nuestros pueblos, de su vida y de su historia. Como lo realza
Martinet: "Les bons traducteurs ont tojours [insisté] sur le fait que,
pour traduire, la connaissance d'une langue ne suffit pas, mais qu'il
faut y ajouter celle du pays qui la parle, de ses usages, de ses
moeurs, de sa civilisation, et de préférence directement par de con-
tacts sur place". El traductor analiza de continuo, aun sin saberlo,
hechos sociolingüísticos, pues cada vez que oponemos un sistema
lingüístico a otro, en este caso el inglés y el español, partimos
obligatoriamente de 'bases sociolingüísticas'. Einar Haugen expresa
que el estudio verdadero de una lengua no es otra cosa que lo que

ahora llamamos 'sociolingüística', o la acumulación y la organización de los datos sobre las relaciones entre hombres en las situaciones vividas. La traducción espera beneficiarse de los descubrimientos de esta ciencia, que dicho de paso está en boga en los
Estados Unidos, y de sus contribuciones a la determinación de las
divergencias metalingüísticas.

8.6.4 La adaptación y el lenguaje epistolar. Aunque no es
nuestro propósito detenernos sobre el 'estilo epistolar', deseamos
hacer algunas observaciones sobre la extrañeza y, con no poca
frecuencia, la cursilería de las cartas traducidas con apego tan servil a la forma que resultan en verdaderos calcos de la manera de
pensar del original. Las 'cartas' constituyen una clase de texto
difícil de traducir. Sin embargo, al igual que otros casos que hemos
hecho notar a través de este curso, es el más descuidado, tanto por
el traductor como por los usuarios. En efecto, la traducción de
cartas se confía casi universalmente a las secretarias, bilingües o
no, por la sencilla razón de que no se comprende el alcance del
problema. El estilo epistolar de los organismos internacionales
servirá de modelo de la nueva jerga que está formándose con
aportes de las dos lenguas: del español, palabras; del inglés y del
español, sintaxis híbrida; y del inglés, punto de vista y genio. La
dificultad, por lo tanto, no se debe a razones de léxico, aunque las
versiones están salpicadas de anglicismo de frecuencia; se debe
primordialmente a la necesidad de aplicar el procedimiento de la
adaptación, porque en el género epistolar es donde resaltan con
mayor vividez las 'divergencias metalingüísticas' de las que nos
hablan Vinay y Darbelnet. Antes que traducir una carta, hay que
'adaptarla'. Además del enfoque general de su propósito, hay en
una carta aspectos cuyos exponentes no corresponden a los de
nuestra lengua, empezando desde el saludo: señor Embajador, y
no querido o estimado Embajador. El trato informal es característico del inglés, y con el tratamiento usual con you ha salvado la
situación. Como es bien conocido, el hispanohablante es muy
sensible a los títulos, a las formas de tratamiento y a las manifestaciones de cortesía en general. Las fórmulas de saludo y protocolo
están llenas de sutilezas y varían según las relaciones entre el
signatario y el destinatario, que determinan los sentimientos o las
consideraciones. Aun los memorándumes requieren giros intro-
ductorios y de presentación temática para neutralizar lo escueto del
inglés que no se inmuta en empezar: This is to . . . o This is a
follow-up of our telephone conversation. (Véase lo dicho acerca de
la 'tolerancia textual' en 7.3.2). El castellano no pierde su
solemnidad y cortesía, y al referirse a un personaje expresaría:
el Secretario de Estado, doctor Henry Kissinger, en lugar de

Secretary Kissinger. Y tanto la forma introductoria como la de despedida son distintas. No terminamos una carta con un simple atentamente, salvo en cartas comerciales. La extensa fórmula castellana representa fielmente por una parte la subjetividad que según lo hemos anotado distingue al espíritu de nuestra habla y, por otra, la ceremonia y respeto de que siempre se rodean nuestras relaciones con los demás. Es muy usual, pues, escribir: Hago uso de la oportunidad para saludar a usted muy atentamente y expresarle el testimonio de mi alta y distinguida consideración, u otras fórmulas por el estilo, lo que obviamente es demasiado para la parquedad anglosajona. No hay necesidad, como hemos dicho, de comparar culturas exóticas para encontrar divergencias metalingüísticas espeluznantes, como aquella de que en la civilización llamada occidental atribuimos al corazón la función central de nuestros sentimientos mientras que en otras culturas dicho centro puede ser el hígado o el estómago; entre las mismas dos culturas que comparamos en este curso hay innumerables diferencias que cuando no se adaptan producen esos innumerables absurdos que plagan el estilo epistolar. Véase lo dicho bajo el epígrafe de metalingüística (5.1.8).

8.6.5 ¿Deben retenerse elementos foráneos? Conviene aclarar en este punto que habrá elementos que deben retenerse en LT. Tomemos por ilustración el ramo jurídico en el que siendo diferentes las leyes de las naciones y distintos los sistemas por los que se guían las dos culturas, deben conservarse ciertos elementos y situaciones por extraños que parezcan, ya que al alterarlos se causarían serias deformaciones del razonamiento de cada sistema. En tales casos se deja la adaptación jurídica en manos de los expertos en derecho. Hay así mismo, en toda clase de textos, casos en que es necesario conservar valores, percepciones y prácticas de la otra cultura por su importancia simbólica, porque son valores que enriquecen a la lengua receptora, y porque si se los altera, el mensaje pierde su carácter. En esos casos se efectúa la transición por varios medios, entre ellos, la 'modificación externa' (3.3.1.1 y nota 30), o la 'aposición especificativa' (8.8.2). Esto puede ocurrir cuando no se encuentra una forma apropiada de equivalencia o de adaptación, o cuando conviene conservar a la vez el 'color local', para de esta manera no incurrir en el 'calco cultural'.

Véase el siguiente ejemplo en el que se conserva el color local, pero que a pesar de que podría comprenderse sin mayor dificultad, es necesario hacer la aposición para destacar que se trata de un dicho:

You have to play my way be-cause it is my ball.	Tienes que jugar como yo quiero porque es mía la pelota, como reza el dicho inglés.

En forma análoga, si no se halla equivalente en LT para una expresión de LO, o si el equivalente es tan insólito que no va a ser comprendido, es preferible una adaptación por modificación externa. Por ejemplo, el dicho handwriting on the wall es popular entre los de habla inglesa. Si lo trasladamos mecánicamente: escritura en la pared, no tendría significado alguno para los hispanohablantes, o tendría significados distintos, como tal vez las propagandas políticas que con frecuencia se escriben en las paredes. Hay que observar en primer lugar que el hecho bíblico es efectivamente conocido por los de habla española, pero no lo reconocerían en la forma en que lo expresa el inglés. Resultaría más fácil evocar el hecho añadiendo: la amenaza que apareció en la pared del Rey Baltazar. Hemos observado que con mucha frecuencia se tiende a introducir expresiones raras sin tener en cuenta un principio básico de la teoría de la comunicación: la velocidad de descodificación de un mensaje por parte del receptor. Se ve en el caso presente cómo un hecho, acaso conocido por los dos pueblos, debe ser evocado de distinta manera para trasladar a la otra lengua una misma situación.

Aunque veremos después otros métodos oblicuos, el estudio que hasta aquí hemos realizado sobre la transposición, modulación, equivalencia, adaptación, el relieve, el desplazamiento y la inversión nos sirve de excelente medio para luchar contra la tiranía del calco y de la literalidad, esto es, nos libera del oscurantismo que ha reinado por tanto tiempo en el mundo de la traducción. La influencia liberadora proviene de modo especial del modelo transformacional (8.3.2). Y nos ayudan también a poner fin a los mitos que han prosperado amparados en la ignorancia de los principios básicos de nuestra disciplina.

Ha habido quienes creían en mantener en una versión los 'elementos foráneos' transportados del original. Pero ya nos hemos dado cuenta por los ejemplos vistos en esta sección de que hay efectos nocivos que se derivan de esa teoría. Además, el verdadero elemento foráneo se produce, por ejemplo, en un escrito español en el que se interpola una cita o un término inglés. El autor ha creado, en ese caso, un elemento extranjero en el español. ¿Cómo trasladarlo al inglés, si ese elemento ha sido precisamente tomado de aquella lengua? Sería una tarea inútil. Lo que tal vez se podrá hacer es compensar de alguna manera las pérdidas semánticas o estilísticas, y de eso trataremos en la parte correspondiente a la 'compensación' (8.10). Aun en la forma externa de la 'traducción literaria' hay que hacer estas adaptaciones: Kunitz traduce a Baudelaire, pero no en los mismos cuartetos en que escribió el poeta francés, porque es una forma rara en inglés, que sólo distraería la atención del lector que debe concentrarse en lo que dice Baudelaire.

En síntesis, no debemos dejarnos llevar ni por un extremo, representado por Ortega y Gasset, quien sostenía que deben conservarse los elementos extraños hasta el punto máximo de tolerancia de la lengua receptora, ni por el otro extremo propugnado por Ezra Pound, que aconsejaba: "make it new". Veremos más adelante que este útlimo consejo no puede aplicarse ni en poesía.

Fuera de los campos y casos en que es necesario conservar el 'elemento foráneo', toda falta de adaptación significaría obligar al lector a transportarse a una realidad extraña y falsa, y para evitarlo hay que efectuar los giros radicales y alteraciones en gran escala. A este útlimo proceso se refiere Nida cuando insiste en los adjustments que se deben hacer para compensar las divergencias metalingüísticas, aunque el término no sea muy específico. Pero la adaptación tiene que ser, además, 'contemporánea' y 'universal'. Una expresión de notable frecuencia en LO no puede equipararse con otra que haya perdido su vigencia en LT, ni una expresión de uso extendido en LO puede sustituirse por un regionalismo o localismo.

8.6.6 La adaptación en escritos no literarios. La necesidad de adaptación no se hace sentir tan sólo en la versión de obras literarias y de disciplinas filosóficas, políticas o religiosas. En las materias con que nos enfrentamos a diario en el ámbito de las instituciones internacionales, entidades gubernamentales, empresas privadas, esa necesidad se impone con mucha mayor frecuencia de lo que se puede creer, ya que en todos los niveles funcionales la lengua adquiere modalidades y concepciones particulares que no se pueden omitir. El término suburbio no es equivalente en las civilizaciones de las lenguas que nos ocupan. En nuestras ciudades es un barrio pobre, en las norteamericanas y europeas son urbanizaciones y ciudadelas modernas donde prospera la clase media (William H. White, Jr., The Organization Man). College no puede traducirse por colegio, ni por colegio universitario como se ve en algún diccionario, pues en nuestro sistema educacional no hay un concepto de colegio universitario. Colegio llamamos a los institutos secundarios, y éstos, a la vez, no corresponden a high school; en efecto, al final de la enseñanza secundaria el estudiante de nuestros países se gradúa de bachiller y puede ingresar a la Sorbona. El estudiante de Estados Unidos que termine la escuela secundaria no puede hacerlo, a menos que curse antes dos años de college. Y en el mismo campo educacional, ¿cómo traducir sin adaptación: 'F' students have changed into 'straight A' within a matter of days. Dormitorio, como sabemos, no abarca el concepto dormitory de las universidades norteamericanas. El mismo concepto de educación no es paralelo, según lo hemos demostrado en la sección correspondiente (5.1.9).

El <u>hospital</u> en la gran mayoría de los casos no es sino para las
clases de bajos recursos, al contrario de los hospitales norteamericanos; en la América Latina son muy comunes las clínicas
particulares adonde van los enfermos de mayores medios económicos.
<u>Confitería,</u> como la nuestra, donde se concurre a la tertulia y a
tomar el té o un coctel, no puede ser ni <u>candy shop</u> ni <u>bar</u>. <u>Minister</u>,
como apunta Stockwell, en nuestros países corresponde a misionero.
<u>Farm people</u> no es equivalente a <u>agricultores</u> ni a <u>obreros agrícolas</u>
y hay que hacer las distinciones necesarias. Los agricultores
nuestros pueden ser dueños de las tierras y no trabajarlas, o sólo
administrarlas; los trabajadores agrícolas, en cambio, pueden ser
gente analfabeta, lo que no ocurre en los Estados Unidos. <u>In-tray</u>
en el escritorio de un funcionario no es una <u>bandeja de entradas,</u>
como hemos leído en cierta traducción, porque nada significa para
un hispanohablante. Es un ejemplo del caso mencionado en que se
traslada al español una frase sin sentido. Véase el disparate del
pasaje sin adaptación:

'M', said Bond as she looked   --M--dijo Bond cuando ella lo
up, 'and Bill says it looks   vio entrar--Bill dice que se
like a job. So don't think   trata de un trabajo para mí.
you are going to have the   Así que no pienses que vas a
pleasure of shoveling that   echar todo eso en mi bandeja
lot into my in-tray'.   de entradas.

Pudo haberse dicho: <u>no vas a echar todo ese montón de trabajo</u>
<u>sobre mi escritorio,</u> o algo por el estilo.

<u>I'll buy you a drink,</u> vertido literalmente perdería la cortesía
debida a la persona que se invita, pues nosotros no invitamos de esa
manera. El <u>viernes trece</u> no entraña superstición para nosotros
sino el martes trece. Lo mismo que el <u>gato</u> no tiene <u>nueve vidas,</u>
como en inglés, sino siete. La <u>escalera occidental</u> no tiene nigún
sentido para una persona de nuestros hábitos, a quien habría que
orientarla diciéndole que después de entrar en un edificio tome la
escalera de la derecha o de la izquierda. Será distinto el caso si
se emplea tal calificación en un plano arquitectónico en que la
descripción se justifica. Requieren notable frecuencia de este
método las referencias de tiempo, colores, sistemas de construcción,
oficios, pesas y medidas, vida social, etc. Si en una obra en que no
tenga relevancia la exactitud, no es necesario hacer la conversión
detallada de estas medidas, basta con dar una aproximación. En uno
de los ejemplos dados encontramos: <u>a mile from shore: a un kiló-</u>
<u>metro de la costa.</u> Tratándose de una novela en que no viene al caso
precisar la exactitud de la distancia, sólo se lograría recargar la
comunicación con expresar: a 1,40 kilómetros de la costa. Por el

mismo estilo, no hace falta hacer notar lo raro que parece leer en
ciertas versiones del discurso de Lincoln: hace cuatro veintenas de
años, o hace ochenta y siete años. Una aproximación suena mejor
en español: hace casi un siglo o hace más de ochenta años, pues no
hay exigencia de precisar el número exacto. Así mismo, en un discurso, el Secretario de Estado norteamericano se refería, en la
versión española, a dos docenas de países latinoamericanos, cuando
se pudo haber dicho simple y llanamente veinticuatro, porque el
español no cuenta de esa manera a los países ni a las personas. En
el mismo discurso se señalaba a una media docena de naciones que
se abstuvo de votar, lo cual da una impresión extraña. Si se nos pide
en nuestros países una identificación personal, mostramos la cédula
de identidad, no la licencia de manejar, pues la mayoría de los
habitantes no tiene automóvil. En nuestras medidas no existen
bushels ni acres, y la gasolina se compra por litros, no por galones.
En inglés size se aplica a casi todo lo conmensurable. The size of
the economy, of the undertaking, of the exports and imports, of the
vote, etc. Ya es corriente decir el tamaño de la economía, pero
decimos en español la magnitud de una empresa, el volumen de las
exportaciones, el número de votos. En los informes técnicos y
administrativos cunden las estaciones del año, cuando hay regiones
de nuestro continente donde no se tiene idea de lo que es otoño.
Sólo trae confusión decir que la exportación de automóviles disminuyó
en el otoño pasado. Sería necesario hacer la modificación necesaria:
los últimos meses del año pasado. Habría que especificar la estación
cuando se trate del cultivo de un producto o a los efectos de hacer
notar el clima de las diversas regiones, recordando, eso sí, que la
época de las estaciones no corresponde en todos los países. ¿Y qué
decir del famoso año calendario? A quién se le ocurriría decir: yo
nací en el año calendario 1940? A este respecto recordemos que lo
normal y sustancial de una cosa no se explicita. Se explicita únicamente la excepción y la calidad. Si se trata del año fiscal o económico, hay que expresarlo, porque se sale de lo ordinario; y se puede
decir año calendario cuando es necesario realzar la diferencia; de
otra manera, el año es el año natural, sin necesidad de calificarlo.
Igual se puede decir del disparate: segundo período ordinario de
sesiones de la Asamblea de la OEA. Lo ordinario no hace falta expresarlo, pertenece al 'plano intelectivo' en que se mueve nuestra
lengua. Pero sí se dirá segundo período especial de sesiones de la
Asamblea de la OEA, porque en este caso se trata de la excepción o
especialidad y se justifica la explicitación. Así mismo, a fat cats
opondríamos en español peces gordos, a developers, urbanizadores,
o las compañías urbanizadoras o constructoras. En fin, la familia
en inglés consta de cónyuges e hijos. Cuando se le pregunta por la
familia a un soltero responde: I'm not married. Si es latinoamericano
el interrogado empieza a hablar de los padres, tíos y primos. La

adaptación desempeña un papel importantísimo en la traducción de 'títulos de obras', de 'titulares' y en el 'lenguaje publicitario'. El capítulo de una novela hacía en su título el siguiente juego de palabras: <u>Nothing propinks like propinquity</u>. El traductor daba la siguiente equivalencia: <u>Nada acerca tanto como la proximidad</u>. No habría sido difícil conservar el efecto sensorial por medio de una adaptación: <u>Nada aproxima tanto como la proximidad</u>. Véase en cambio la adaptación lograda en esta otra versión:

Not only do people move out and in, but, in a sort of musical-chairs cycle, there is a growing amount of movement within the communities.	No sólo la gente cambia de casa y rápidamente, sino que, por una especie de ciclo parecido a esos juegos de 'quítate tú para ponerme yo', se presenta una creciente cantidad de movimiento dentro de las comunides.

Véase la falta de adaptación en este otro:

But there are other residents for whom arrival in the Park Forests and Levittowns is, psychologically at least, a crossing of the tracks.	Pero existen otros residentes para quienes llegar a los Park Forest y los Levittown es, al menos psicológicamente, pasar la vía del tren.

En esta versión, en primer lugar habría que realizar una modificación externa (explicitación): <u>a las ciudadelas de Park Forest y Levittown, que son más prestigiosas</u>. En segundo lugar, pasar la vía del tren carece de relevancia en español, pues esta expresión no es popular, como en inglés, para indicar el cruce de una línea divisoria de clases sociales. En el pasaje se alude a la conocida expresión <u>from the wrong side of the track</u>, que significa de la parte de la ciudad que es socialmente inferior. Y en otro pasaje todavía:

Only in nearby industrial towns do people show exuberance in the captainship of the American car; foxtails and triumphant pennants, like Cyrano's plume, fly defiantly on cars there, and occasionally from the radiator a devil thumbs his nose at the passing mob.	Sólo en las cercanías de las poblaciones industriales la gente muestra exuberancia en la capitanía del automóvil norteamericano; colas de zorro y banderolas triunfantes, como la pluma de Cyrano, penden arrogantemente de los automóviles de esas zonas, y ocasionalmente desde el radiador algún

> demonio se suena las na-
> rices burlándose de la
> muchedumbre que pasa.

To thumb one's nose at somebody no significa sonarse la nariz
sino hacer un gesto vulgar, lo cual se perdió en la traducción.
Igualmente, constátese este otro ejemplo:

I was kicked again under the table and saw Frances, Robert's lady, her chin lifting and her face hardening.	Recibí otra vez el puntapié por debajo de la mesa, y vi a Frances, la dama de Roberto, que levantaba la barbilla y el rostro endurecido.

No es dicho ni hábito en español eso de levantar la barbilla y el
rostro endurecido. Cuando una persona da un puntapié por debajo
de la mesa a otra que está diciendo algo indiscreto sin saberlo, está
al mismo tiempo mirándola con enojo: la persona enojada frunce el
ceño, tiene miradas fulminantes, o gestos iracundos, o se le ve la
dureza en el rostro: faltó a la versión una adaptación o equivalencia.

8.7 La amplificación

8.7.1 La equivalencia de unidades desiguales. Los procedimientos que hemos estudiado hasta ahora constituyen los métodos
principales de la ejecución estilística. En esta segunda parte del
presente capítulo vamos a presentar otros procedimientos que complementan a los anteriores y se combinan con ellos en el proceso
dinámico de transferir la integridad del mensaje a nuestra lengua,
observando su temperamento y molde característico. El primero de
estos métodos complementarios es la AMPLIFICACION. Para comprender mejor su funcionamiento examinemos los siguientes diagramas:

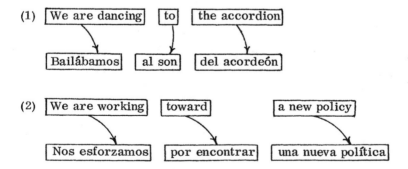

(3)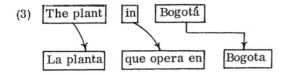

No es difícil constatar en estos ejemplos que las preposiciones _to_, _toward_ e _in_ han sufrido una 'expansión' en las configuraciones correspondientes de LT. Reparamos también en que el desarrollo dado a la preposición se ha realizado en el primer caso por medio de un sustantivo; en el segundo, de un sintagma verbal; y en el tercero, por medio de una relativización. La expansión puede afectar no sólo a las preposiciones sino a otras categorías gramaticales:

He said cockily   Dijo con aire presuntuoso.

En cuyo caso el elemento afectado es un adverbio y el medio por el cual se lo ha amplificado, una caracterización (4.2.1).

La primera distinción que nos conviene hacer en esta descripción es que en lingüística, el concepto de 'amplificación' se opone al de 'economía'. No nos referimos aquí a la oposición entre los conceptos tradicionales ampuloso/conciso. Por 'economía expresiva' entendemos la contracción del enunciado producida por la reducción, en número o extensión, de los signos que lo componen (Vinay y Darbelnet).

8.7.2 Economía y concisión. Por supuesto, la economía trae como consecuencia la 'concisión'. El alcance del presente tratado no nos permitirá extendernos sobre esta última noción. Nos limitaremos tan sólo a recordar la gran importancia que tiene para el escritor, y, es lógico, para el traductor. La lectura de Maupassant nos haría formar una idea cabal de lo que es el don de la concisión. En su obra Bel Ami, por ejemplo, describe el salón de Clotilde María en siete renglones. En su obra De dónde son los cantantes, Severo Sarduy sienta la norma de la concisión en escritura moderna. En especial a partir de Cristo sale de Santiago (pág. 117), el lenguaje se comprime en una constelación de descripciones, o mejor, de impresiones, en miniatura. Si no es un don, esa cualidad puede ser una conquista, y este aspecto le interesa mucho a quien haya superado el mito oscurantista de que el traductor nace, como el poeta. El presente curso servirá para demostrar que el traductor puede hacerse, y ser mucho más competente que los tantos que se creen haber nacido traductores, como la multitud de poetas malos que creen igual de sí mismos, pero que sólo producen antipoesía. Como una constatación del estilo conciso como resultado de la formación, léase Un coeur simple, de Flaubert. La concisión es la base del 'cuento moderno' y de su técnica de 'mosaico'. Las obras de Machado de Assis son también buenos ejemplos de esta cualidad del estilo.

Hacemos también abstracción del hecho de que la traducción tiende a ser más larga que el original, fenómeno que hemos citado a propósito de la noción de 'margen' (1.3.2), y que no se debe exclusivamente a razones de amplificación.

8.7.3 La economía del inglés y del español. La economía obedece a razones de estructura, como hemos visto en el caso de las unidades de traducción simples y diluidas (capítulo 1) y como se verá en el curso de esta sección. Todos los que han practicado la traducción anglo-española tienen la experiencia de que la versión española tiende a ser mucho más larga que en el caso inverso. Este 'margen' se debe precisamente a la gran economía de la lengua anglosajona. Si recordamos las características y propiedades enumeradas bajo el epígrafe de representación lingüística (3.2.1), esa lengua posee la ventaja de ser concreta, perfilada, aerodinámica, directa. Las 'preposiciones', a diferencia de las nuestras, tienen mayor 'fuerza semántica' y se bastan por sí mismas para indicar una función, como en los diagramas que acabamos de ver, al paso que en LT ha sido necesario recurrir a 'giros analíticos' que amplían la expresión. Puesto que esas propiedades del inglés hacen necesario el procedimiento de la ampliación en gran porcentaje y en las diversas formas en que vamos a estudiar enseguida, es natural que la versión española sea más larga. Sin embargo, las lenguas romances también poseen ciertas características económicas, tanto en el nivel léxico como en el sintáctico, de manera que existe la posibilidad de practicar la concentración en infinidad de casos de nuestra versión. Añadase que, según lo expresado en el tema de la representación lingüística, y como hemos reiterado en múltiples ocasiones a través de este libro, el español se desenvuelve en el 'plano intelectivo', y se puede decir que eso redunda en un fenómeno de economía, de supresión de elementos que en ciertos aspectos abundan en la lengua inglesa a pesar de su característica concisión, pero que se vuelven innecesarios y van implícitos en castellano. Véase, por ejemplo, esta oración tomada de Jonathan Livingston Seagull:

As he sank low in the water a strange hollow voice sounded within him.	A medida que se hundía, una voz hueca y extraña resonó en su interior.

Está sobrentendido que se hundía en el agua, la ausencia material que se observa en la estructura patente se presencia en el plano del entendimiento. Además de que en el microcontexto la fuerza semántica de hundirse se basta a sí misma, en el macrocontexto de la obra, que trata de gaviotas y de mar, el agua se mencionará tan sólo en casos muy específicos.

La economía o concentración, o condensación en la teoría de Greimas, que tiende a comprimir el mensaje, se apoya también en la ley del menor esfuerzo y en las características de concisión de cada lengua. La amplificación tiende al contrario a desarrollar analíticamente la expresión o el término. La 'amplificación' es el procedimiento por el cual en LT se emplean más monemas (lexemas y morfemas) que en LO para expresar la misma idea (Malblanc, Vinay y Darbelnet).

8.7.4 Casos de amplificación

8.7.4.1 Amplificación del adverbio. Remitimos al lector a la sección en que se estudian los anglicismos de frecuencia (4.2.1). En ella se vio que uno de esos anglicismos son los adverbios, por tenerlos el inglés en muy alto porcentaje, en particular los terminados en -ly Se vio también que la preferencia general de nuestra lengua no tolera tan alto procentaje, en especial de los terminados en -mente, por la pesadez que comunican al estilo. Por esa razón muchos de los adverbios se traducirán por una locución adverbial, proceso que hemos visto en lo correspondiente a las transposiciones (8.3.4):

Santiago, Chile 5 (AP)--The Peruvian Ambassador here, Arturo García, today called an article published . . . grotesque.	Santiago de Chile, 5 (AP)--El Embajador del Perú en esta capital calificó hoy de grotesco un artículo publi- cado . . .
I told her that life here is not interesting.	Le dije que la vida en esta ciudad carece de interés.
The boys there don't like sports.	A los muchachos que viven allí no les gusta los deportes.

Como se ve en estos primeros ejemplos, el deictivo solo no funciona en español.

To speak aloud	Hablar en voz alta (levantar la voz)

Here, we are not so far along.

En este respecto no hemos adelantado tanto.

The choice of how much to produce and sell in each country, how much to export between the two, and what transfer price to put on intrafirm exports

La decisión sobre el volumen que habría que producir, vender en cada país y exportar entre ellos y los precios que se han de fijar a las exportaciones entre las empresas

I followed him to where his wife was seated.

Lo seguí hasta el lugar donde estaba sentada su mujer.

The discussions thus far within the special committee

Las discusiones hasta ahora sostenidas en la comisión especial

The decline in production which began in the 1920s went on into the 1940s when many of the trees became affected.

El descenso de la producción que empezó en el decenio de 1920 se prolongó hasta el de 1940, época en que muchos de los árboles fueron atacados por.

As to how collective economic security can be achieved

En cuanto a la forma de lograr la seguridad económica colectiva

Unless the context otherwise requires

A menos que el contexto exija una interpretación diferente

If any

Si se diera el caso

Concentration on the interview ahead

Se concentraba en imaginar la entrevista que le esperaba (doble amplificación)

The driver somehow hauled it into a sitting position on the seat.

El chofer lo tiró como pudo para colocarlo de nuevo en el asiento (también transposición).

Interestingly, this group has a heavy representation.

Es interesante advertir que este grupo tiene una fuerte representación.

Whether that solution has been appropriate is a matter of controversy

En cuanto a saber si la resolución ha sido apropiada, es cuestión discutible.

No two piano performances are exactly alike but each represents

Será difícil encontrar dos ejecuciones de piano que se parezcan por completo, pues cada una representa

No reader of this paper will be so naive as to expect sensational solutions.	No será ninguna persona que lea esta obra tan ingenua para esperar soluciones espectaculares.

8.7.4.2 Amplificación del verbo. Hay muchos casos en que el español preferirá una perífrasis en vez del verbo simple:

I don't know what you mean.	No sé lo que quieres decir.
To generalize	Hacer generalizaciones
To review	Pasar revista, dar una mirada
To surface	Salir a la superficie
To erupt	Entrar en erupción
To endanger	Poner en peligro
To retreat	Batirse en retirada
Have agreed as follows	Han convenido en las siguientes disposiciones
On the Secretary's promise to consult	Sobre la promesa del Secretario de Estado de celebrar consultas
They do work in the embassy.	Trabajan efectivamente en la embajada.
I do want that book.	Quiero de veras ese libro.
And knelt down on the ground	Y se dejó caer al suelo de rodillas
In any case, John assured himself, he was just about	En todo caso, se dijo John para tranquilizarse, estaba para lograr
We've got to concentrate on people with foreign names and Jewish names.	Tenemos que concentrar nuestra actividad en la gente de apellidos extranjeros y judíos.
I had picked her up because of a vague sentimental idea that it would be nice to eat with someone.	Había entablado conversación con ella y la había llevado conmigo con la vaga idea sentimental de que sería agradable cenar con alguien
We passed close to Georgette dancing with another one of them.	Pasamos junto a Georgette que bailaba con otro de ellos.

I went out onto the sidewalk, passed the tables of the Rotonde, still crowded, looked across the street. He decided I don't film well.	Salí a la acera, pasé por entre las mesas del Rotonde, todavía lleno de gente, miré al otro lado de la calle. Decidió que no soy fotogénica para el cine.
Scouting is no substitute for the school in the educational process, but it does serve as a complement to it.	El escultismo no sustituye a la escuela en el proceso educacional pero le sirve innegablemente de complemento.
Until the deportee can be assumed to have been accepted by another State	Hasta que existan razones para suponer que otro Estado ha aceptado recibir al expulsado

8.7.4.3 Amplificación del adjetivo. Como en el caso del adverbio, es necesario dar una mirada a lo expuesto en el estudio del adjetivo como anglicismo de frecuencia (4.2.4) y las variedades correspondientes de transposición (8.3.4).

Of the great outward movement from the inner city	Del gran movimiento desde el corazón de la ciudad hacia el exterior (doble amplificación)
The classlessness also stops very sharply at the color line.	El desclasamiento se detiene súbitamente en una línea que separa a la raza de color.
The combination made him conspicuous.	El conjunto le daba aspecto notorio.
They came to life with fury, throwing tiny sparks and sinking into red rigidity.	Revivieron con furia, lanzando pequeñas chispas y cediendo por fin al rojo vivo y rígido (también compensación).

8.7.4.4 Amplificación del pronombre. La amplificación del pronombre es un caso exclusivo del español porque las otras lenguas romances no adolecen de la ambigüedad tan frecuente y molesta del posesivo su, como se ha indicado en el capítulo correspondiente (6.1.1). En varias clases de escritos administrativos, pero con mayor frecuencia en discursos, el su debería restringirse a la tercera persona, pues ese es el sentido que por lo general no confunde a un auditorio, y su empleo para la segunda persona causa inevitable 'desplazamiento de la situación'. Por tanto, cuando el pronombre se refiere a la segunda persona hay que recurrir a la amplificación.

I intend to discuss the economy of your programs.	Deseo discutir la economía de los programas que ustedes dirigen.

Si dijésemos: <u>de sus programas,</u> la oración sería equívoca. Si se realiza una modificación externa de segunda persona: <u>de sus programas de ustedes,</u> se cae en un estilo coloquial, poco difundido además, que afea el estilo. En ciertas regiones de España se suele en la conversación efectuar ese condicionamiento contextual por el estilo de: ¿<u>cómo está su madre de usted</u>?

Para eludir el escollo, algunos traductores cambian arbitrariamente la forma de tratamiento a fin de llenar la laguna con el pronombre <u>vosotros.</u> Sería por cierto muy cómodo expresar: <u>la economía de vuestros programas.</u> Sin embargo, expresamos ya que fuera de algunas regiones de España, los doscientos millones de hispanohablantes del resto del mundo ya no usan esa forma, a no ser en la correspondencia protocolar, pero en ese caso ya se trata de una forma de rango distinto.

En esa misma clase de correspondencia, son muchos los casos en que hay que realizar la amplificación de <u>your</u> por medio de <u>vuestro, -a,</u> puesto que, según vimos en la sección dedicada a la adaptación (8.6), cuando en inglés se comienza un oficio con Dear Mr. Ambassador, en el texto sigue el tratamiento con <u>your,</u> mientras que en español, que exige la adaptación al trato honorífico, continuará en el texto con <u>vuestro, -a.</u> Véanse estas otras proyecciones:

We are hopeful that it will not cause an undue burden on your accounting staff to provide	Confiamos en que la labor de facilitarnos esos datos no constituya una carga indebida para el personal del ramo que usted dirige

Amplificación de otros pronombres:

A strange hollow voice sounded within him.	Una voz hueca y extraña resonó en su interior.
Time after time it happened.	Una y otra vez le sucedió lo mismo.
By either contracting Government	Por uno u otro gobierno contratante
He shall be deemed to be a resident of the territory.	Dicha persona será considerada residente del territorio.

8.7.4.5 Amplificación de los demostrativos. La referencia anafórica del demostrativo español es débil y deja una laguna. La transición debe ser más gradual, y la razón, como lo hemos expresado en el tema de la hipotaxis (4.1.7), es que el español se caracteriza por ser una lengua ligada y articulada en toda la concatenación del discurso. Véase también a este respecto lo relativo a la transposición de determinantes (8.3.4.11).

He aquí algunos ejemplos de amplificación del demostrativo:

This necessitated less recourse to the use of credit.	Disminuyó en consecuencia la necesidad de hacer uso de crédito.
I wonder about that.	Me pregunto si eso es verdad. (Quién sabe si eso es verdad!).
That and the machinery of contacts	Ese teléfono (por el contexto) y la red de contactos
A problem like that	Un problema de ese género

8.7.4.6 Amplificación de proposiciones. Hay distintas variedades de amplificación de preposiciones:

8.7.4.6.1 Por un sustantivo:

Within two weeks	Es un plazo (en el curso) de dos semanas
The night express for Birmingham	El expreso nocturno con destino a Birmingham
If I were to learn so much about flying	Si estuviese destinado a aprender tanto en materia de vuelo
He was dressed in full Western costume down to the silver spurs.	Llevaba un traje completo del Oeste, hasta el detalle de las espuelas de plata.
In such cases the person accompanying the deportee shall, if possible, escort him back to the deporting State.	En tales casos, la persona que acompaña al expulsado debe, si es posible, acompañarlo en su regreso al Estado de expulsión.
When a person deported from one Nordic State is to be conveyed in transit through other Nordic States	Cuando una persona expulsada de uno de los Estados nórdicos debe cruzar en tránsito el territorio de otros Estados.

8.7.4.6.2 Por un verbo:

Basic authority for trade agreements	Autorización básica para concertar acuerdos comerciales
Under Norwegian law	Que autoriza la legislación noruega (también con sustantivo: en virtud de).
To serve as the basis for a progress report to the Permanent Council	Que ha de servir de base para el informe de progresos que habrá de rendirse al Consejo Permanente
The procedure in that House	El procedimiento por seguirse en esa Cámara
With a light from his bedroom	Con una luz que traía de su alcoba
Sony tape for best recording	Cinta Sony asegura la mejor grabación
To help someone up	Ayudar a alguien a subir
I'll help you with the trunk.	Te ayudo a llevar el baúl.
Has expanded the scope of this study beyond the terms of reference established by the General Assembly	Ha ampliado el alcance del presente estudio que habrá de ir más allá de las atribuciones establecidas por la Asamblea General (doble amplificación)
They used to chat over a glass of wine after dinner.	Solían conversar mientras se tomaban una copa de vino después de la cena.
She would look on and on after every one else's eyes would have stopped looking.	Miraba y miraba, cuando los ojos de cualquier otro ser ya se habrían cansado de mirar.
Out of these facts emerges the rationale for the study of capital markets.	De estos hechos surgen las razones que obligan al estudio de los mercados de capital.
In an era of profound change in global relationships	En una era en que las relaciones mundiales sufren profundas transformaciones
Will be determined largely by the fate of the Trade Reform Act	Será determinada principalmente por la suerte que corra la ley de reforma comercial
He pointed to the forces of change.	Señaló las fuerzas que impulsaban al cambio.

And flapped his wings harder, pressing for shore	Y aleteó con más fuerza luchando por llegar a la orilla
Trees down to the water's edge	Los árboles llegaban hasta el borde del agua
The problem of full utilization of the capacity will become more important.	Adquirirá más importancia el problema de lograr la utilización máxima de la capacidad (también transposición).
He walked out through the glass door into the hot night.	Salió por la puerta de cristal que se abría hacia el calor de la noche (también transposición).
The truth of the matter, he decided over coffee	La médula de la cuestión, decidió mientras tomaba su café
And the reflections from the highway As instructed	Y los reflejos que emanaban de la carretera Siguiendo las instrucciones (también transposición)
The President is urged to take all appropriate and feasible steps within his power.	Se insta al presidente a que tome todas las medidas pertinentes y posibles que le permitan sus atribuciones.

8.7.4.6.3 Por un participio pasado:

The declaration of 28 May 1919 between Denmark, Norway and Sweden	La declaración del 28 de mayo de 1919 suscrita por Dinamarca, Noruega y Suecia
Begun by the declarations of ministers in Tokio in September 1973	Iniciada por la declaración formulada por los ministros en Tokio
All members of an association of countries for trade purposes	Todos los miembros de una asociación de países dedicada a fines comerciales
The working group on meat	El grupo de trabajo encargado de asuntos relativos a la carne
The worldwide impact of U.S. inflationary expansion after 1965	El impacto mundial de la expansión inflacionaria acaecida en los Estados Unidos a partir de 1965

Previous experience with output in excess of its long-term potential levels	La experiencia tenida anteriormente con el producto que había excedido sus niveles potenciales a largo plazo (la segunda amplificación es de la variedad precedente)
Desiring to conclude an agreement for the avoidance of	Deseosos de suscribir una convención destinada a evitar (también transposición)
To nullify an existing contract with a United States citizen	Anular un contrato suscrito con un ciudadano de los Estados Unidos
We felt the curious eyes on us.	Notamos los ojos de los curiosos fijos en nosotros (también transposición).
I cite the Vienna Convention on Diplomatic Relations of 1971.	Cito la Convención de Viena sobre Relaciones Diplomáticas suscrita en 1971.
Agreement between the United States and the Organization of American States	Acuerdo suscrito por el Gobierno de los Estados Unidos y la Organización de Estados Americanos
The car at the curb	El auto estacionado en la calle (también modulación)
The issue at Quito was whether the economic sanctions should be lifted.	La cuestión planteada en Quito fue si se debían levantar las sanciones económicas.

8.7.4.6.4 Por relativización:

The girl in the living room	La muchacha que está en la sala
The policeman with the revolver	El policía que tiene el revólver
Financial operations outside headquarters	Operaciones financieras que se realizan fuera de la sede

La infracción de este procedimiento ha llevado a una multitud de disparates y constituye uno de los errores más frecuentes; se ha dado en llamar, por ejemplo, oficinas fuera de la sede a las oficinas que la OEA tiene fuera de su sede, o sea, a sus oficinas del exterior. Véase lo dicho acerca del literalismo de las organizaciones internacionales (8.6.6).

The people around him	La gente que lo rodea
Within modern linguistics	En lo que hace a la lingüística moderna
To increase imports of the article under investigation	Para aumentar las importaciones que se investigan (también transposición)
For adequate agricultural production modern inputs are required.	Se requieren insumos modernos para que la producción agrícola sea adecuada.

El proceso inverso, naturalmente, conducirá a la condensación, que se opera en menor escala en las versiones anglo-españolas:

To the extent that the appropriations allocated to the current year are not obligated	Si no se han utilizado las asignaciones presupuestadas para el corriente año
The Institute provides supervision	El Instituto supervisa

Respecto al procedimiento de la amplificación queremos hacer notar un hecho que hemos comprobado con nuestra experiencia. Hemos impartido la enseñanza de las materias contenidas en este curso a traductores que han practicado la profesión empíricamente por varios años. La asimilación y los resultados en la aplicación práctica fueron mucho más notables en cuanto a los procedimientos que requieren 'supresión de elementos'. Acaso se deba a la doctrina arraigada de que hay que lograr concisión a toda costa, y a la cual se dedican con afán, siguiendo el aforismo conocido de "limpia, pule y da esplendor". Pero, en cambio, en lo que se refiere a todo procedimiento que requiere 'adición' o 'expansión analítica', como la amplificación, la modulación, la adaptación y la explicitación, el progreso fue siempre demasiado lento. Es el fruto de la escuela antigua, la escuela alquímica de la literalidad, que inculcaba al traductor la timidez, le envolvía en su camisa de fuerza y lo aherrojaba en un estilo hermético. El traductor inexperto sucumbe ante el temor de desviarse del significado léxico que procura verter palabra por palabra, la mayoría de las veces con la denotación más común que encuentra en el diccionario, haciendo caso omiso de su función en la estructura lingüística o en la situación. Con ese método no se resuelve la diferencia entre las estructuras de las dos lenguas oponiendo a la distinta estructura del inglés los dispositivos propios del español. Está convencido de que una versión no puede ser fiel si se le agrega o quita cualquier elemento por insignificante que sea. Lo que en realidad logró esa escuela es privarle de los medios de lograr la traducción fiel en el sentido genuino del término.

8.7.5 Amplificación reforzativa de preposiciones. La clasificación que acabamos de ver, propuesta por Jean Rey, abarca el proceso de la amplificación en toda su amplitud. La amplificación de las 'preposiciones' no es sino una de sus variedades, el caso sexto. Vinay y Darbelnet la consideran también como una variedad de amplificación, pero la tratan en forma separada y con distinta denominación. Para estos autores, la amplificación de las preposiciones, que llaman 'étoffement', que sería el refuerzo de las preposiciones por medio de un adjetivo, participio pasado, sustantivo o, inclusive, una perífrasis o locución. El concepto de refuerzo se basa en la naturaleza de las preposiciones, que por sí mismas se bastan en inglés, pero que no son autosuficientes y dejan lagunas en español. Pero si los dos procedimientos son similares y el segundo en efecto forma parte del primero, esto es, ya que la 'amplificación reforzativa' de las preposiciones es una variedad de amplificación, preferimos el enfoque global en que se apoya la clasificación estudiada en la sección precedente. Con ello no desconocemos que el tratamiento especial asignado por estos autores a la amplificación de preposiciones se debe a la importancia que merece el estudio de estas partículas en estilística comparada y, por lo tanto, en traductología. Las preposiciones en gramática generativa se describen como la exponencia (representación), en la estructura superficial, de los indicadores de caso que se hallan en la estructura subyacente, según la teoría de Charles J. Fillmore (The Case for Case). Siendo en número tan reducido, tienden a señalar un sinnúmero de relaciones subyacentes y de dependencia, y comportan, por esa razón, una notable carga sémica, lo que las vuelve semánticamente poco específicas, como lo hemos observado al tratar de ellas en otros apartados (6.1.1 y 6.1.2). De ahí la dificultad que crean para el traductor, pues fácilmente se convierten en factores de ambigüedad. En inglés, se ha dicho ya, las preposiciones se bastan solas porque ejercen una función más vigorosa. En esa lengua las preposiciones directamente unidas a los sustantivos tienen la capacidad de indicar cualquier relación, por ejemplo de lugar, sin producir vacíos. En castellano, en cambio, esa misma relación de lugar requiere una cláusula, como lo corroboran los ejemplos de la modalidad relativizada (8.7.4.6.4). Constituyen así un notable caso de la 'economía' y de la dinámica del inglés.

8.7.6 Caracterización y sobrecaracterización. Otro recurso muy común del español para evitar la vaguedad de las relaciones que marcan sus preposiciones son, como hemos visto en los ejemplos anteriores, las llamadas 'locuciones prepositivas'. En el caso del adverbio, por ejemplo, al estudiarlo entre los anglicismos de frecuencia (4.2.1), habíamos apuntado que el problema se resuelve por medio de la transposición a una frase prepositiva. Esta forma de expansión se conoce con el nombre de 'caracterización'. Malblanc, por su parte, llama 'sobrecaracterización' a la 'ampliación material' de la preposición por medio de locuciones. Las locuciones pueden constituir, a la vez, 'modulaciones lexicalizadas' (estables), modulaciones libres y modulaciones aparentemente libres. Cabe, por lo tanto, hacer aquí una nueva distinción, abundando en lo reiterado. Los procedimientos a menudo no se encuentran aislados: se combinan entre ellos, se complementan o se fusionan unos con otros. En el caso presente, vemos que el mismo procedimiento es a un tiempo una caracterización, una amplificación y una transposición. No nos extrañemos pues que ciertos ejemplos que se han visto hasta ahora hayan podido muy bien considerarse también en el ámbito de otros métodos. La transposición podría considerarse un procedimiento básico, es decir, la sustitución por una locución, o por un sustantivo, puesto que en la mayoría de los casos el término de la preposición es un sustantivo, por ejemplo: painlessly: sin dolor. Sin embargo, según lo visto en la modulación, la versión del lenguaje metafórico puede tomar tres formas: (a) transferencia de la visión metafórica a visión directa, la cual participa de la modulación y de la adaptación; (b) transferencia de una visión metafórica a otra, que es a un tiempo una modulación y una equivalencia; y (c) transferencia de una visión directa a una visión metafórica, la que constituye, como acabamos de ver, una modulación y una sobrecaracterización. Todas ellas, a su vez, cuando constituyen una expansión material de un término, recaen en el proceso general de amplificación. El inglés se caracteriza por la condensación, que le imprime rapidez; pero en español también muchas de estas amplificaciones sirven a menudo para comunicar vivacidad sobre todo cuando se pasa a la visión figurada:

Before the world	A la faz del mundo
Within the Assembly	En el seno de la Asamblea
In spite of the efforts	A despecho de los esfuerzos
From the inner city	Desde el corazón de la ciudad
Way back in 1890	Se remonta a 1890

8.7.7 Amplificación y ampulosidad. Debemos retener que en el sentido en que la hemos explicado, la 'amplificación', pese a consistir en 'giros analíticos', nada tiene que ver, como advertimos al principio, con la 'ampulosidad' del estilo. No es tampoco la manía de explicar, como se aclaró a propósito de la paráfrasis (8.2.2.1).

Los traductores que no comprenden las razones estructurales de la amplificación se convierten en declamadores. Nuestro objetivo es lograr la claridad, pues no traducimos para nosotros mismos sino para los demás; pero esto no significa que se deba explicar cada vez que se encuentra una dificultad, en contradicción con el principio de que el español actúa en el plano intelectivo. Si se olvida la naturaleza estructural del procedimiento, tendríamos, entonces, que explicarlo todo, pues siempre habrá quien ignore algún término, en particular si es técnico. Dumping, en la pluma de cierto traductor se convertía en: inundación del mercado con productos de bajo precio para destruir la competencia, en vez de utilizar el término económico: abaratamiento artificial. Aparte de la hojarasca y redundancia, una versión de esa clase distrae la lectura y recarga la memoria temporal. La explicación en versiones literarias anula los matices, destruye las imágenes y los efectos de las unidades plásticas. La amplificación es adición, pero no inflación del estilo; si es defectuosa, producirá una complejidad sintáctica y semántica.

8.8 La explicitación

8.8.1 Diferencia entre amplificación y explicitación. En la sección precedente hemos estudiado uno más de los importantes aspectos del funcionamiento lingüístico: la amplificación. Es un desarrollo analítico, hemos dicho, en virtud del cual un monema de LO puede estar representado por una secuencia de monemas de LT. En el proceso inverso, está demás decir, con un monema de LT se puede expresar lo que en LO se había concebido como una secuencia de monemas, y es lo que constituye la concentración.

En los apartados siguientes vamos a explorar otra clase de expansión que obedece sobre todo a razones de semántica. Este es el proceso llamado EXPLICITACION, y con él, como su denominación lo indica, se expresa en LT lo que está implícito en el contexto de LO. En verdad hay con frecuencia importantes índices semánticos y metalingüísticos sobrentendidos en la lengua anglosajona que el traductor debe hacer explícitos en castellano. Es ya conocida la ventaja del inglés en cuanto al poder de concentración lingüística del pensamiento, y es lógico que si no se ponen en claro ciertos elementos el mensaje resultaría oscuro o impreciso. Con este método se persigue una finalidad 'explicativa' y 'especificativa'. Tales elementos pueden estar implícitos ya por razones de hábitos lingüísticos individuales, de características propias de una lengua, o ya por motivos de familiaridad del receptor del mensaje original con los aspectos de su cultura o con la experiencia que se transmite. Examinemos el siguiente ejemplo:

The Secretary of State testified against the provision that automatically excludes all OPEC members.	En las audiencias previas el Secretario de Estado argumentó en contra de la disposición que excluye ipso facto a los miembros de la OPEP.

Si se empleara el mismo lexema inglés testificó, se produciría confusión para el que no está enterado de las etapas que sigue un proyecto de ley en el Congreso de los Estados Unidos. Se creería a primera vista que el Secretario de Estado compareció como testigo en algún tribunal. Sin embargo, en LO la expresión lleva implícitos todos esos elementos porque el receptor original cuenta con la información del proceso de audiencias previas. Y en la secuencia siguiente:

To help resolve the basic question of delegation	Para resolver los problemas básicos de la delegación de poderes

Decir únicamente la delegación, redundaría en anfibología; en efecto, bien podría aplicarse también a la designación de delegados. En esta tercera ilustración:

If the assistance of the police authorities at the place of an intermediate stop is desired	Si el Estado que deporta desea obtener la asistencia de las autoridades de policía en el lugar donde se haga escala

Por lo que podemos constatar, el primer ejemplo es de 'explicación'; el segundo, de 'especificación'; y el tercero, de 'realización' (manifestación) de un 'actante'. Son estas tres razones principales las que justifican el procedimiento de la explicitación.

Como habíamos señalado, la amplificación obedece principalmente a cuestiones de estructura. To endanger, por ejemplo, requiere una secuencia de monemas en la correspondencia de la otra lengua: poner en peligro. Peligrar no podría usarse en tal caso porque no es transitivo (no se puede decir: peligrar la paz y la estabilidad continental). En forma análoga, no podría decirse: la casa más allá de la iglesia (the house beyond the church), sino la casa que está (queda) más allá de la iglesia. Por otra parte, en los ejemplos de esta sección, puede ser que no se realice la explicitación, o que no sea requerida por la estructura léxica o sintáctica. Claro que al no efectuarla se presentaría un vacío en la comunicación del mensaje, razón por la cual se ha dicho que este método recae en la semántica y en la situación (5.1.5), y que tiende a facilitar la interpretación.

Con ello no se quiere decir que la amplificación sea un procedimiento obligatorio y la explicitación, optativa. Hay casos dictados por razones de comprensión del mensaje o de efecto total en que los dos procedimientos son obligatorios.

8.8.2 Restricciones a la explicitación. Como en todos los procedimientos estudiados hasta ahora, es indispensable no perder de vista el efecto global de la comunicación, y en este caso, como en el de la amplificación, reiteramos la importancia de observar los principios de la 'equivalencia estilística' (8.10.5). En efecto, cuando hemos dicho que es necesario explicitar elementos que el original puede llevar implícitos no hemos querido decir que se exprese abiertamente y con franqueza lo que es sutil o disfrazado en el original y tiene la intención de ser así. Según estudiaremos más tarde, habrá que respetar las reticencias, los suspensos, las elipsis, la opacidad, la multivocidad, todos los recursos efectistas de una obra. Lo que se persigue con la dinámica de la traducción oblicua es transmitir el mensaje fiel sin dar lugar a la pérdida de contenido en favor de la ganancia de forma.

Si no se puede concebir más posibilidades que la de ceñirse servilmente a la letra, la explicitación será imposible; si existe el temor de añadir elementos al texto, la explicitación será difícil; si el traductor es irresponsable, este procedimiento será peligroso, pues como notamos a propósito de la amplificación, se dejará llevar fácilmente a la paráfrasis, en el sentido peyorativo del término (8.2.2.1). Las distinciones más refinadas sólo serán el fruto del análisis riguroso y del discernimiento del traductor que conoce los secretos del funcionamiento de las lenguas. Se requiere una fina percepción de los fenómenos lingüísticos y un criterio firme para comprender los 'límites' permitidos por estos procedimientos que constituyen un aspecto muy difícil de la traductología. Esos límites se imponen de modo especial en español, lengua de monemas signos, que prefiere a menudo dejar mucho a la inteligencia y a la imaginación, y rehuye las más de las veces los pormenores de la experiencia real. El genio de la lengua nos impone ciertas 'restricciones' en la aplicación de los procedimientos que implican adición de elementos a la cadena del discurso.

A la inversa, según el período siguiente:

El descenso que se inició en el decenio de 1920 se prolongó hasta el de 1940, época en que muchos árboles fueron atacados por la escoba de la bruja.	The decline which began in the 1920s went on into the 1940s when many of the trees became affected by the witchesbroom disease.

Esta clase de condicionamiento contextual, mencionado ya en el caso de la adaptación, se llama 'aposición especificativa', que es una forma de explicitar. Ha sido necesario aplicarla en inglés, como se constata en el ejemplo dado, pero no así en español, pues en los países latinoamericanos se entiende sin dificultad por ser conocida la plaga que muchas veces arrasó las plantaciones de cacao. Este proceso se puede extender incluso al campo literario:

Mantur estalla como un lago vivo (Pablo Neruda).	Mantur, the valley, cracks like a living lake (N. Tarn).

8.8.3 Casos de explicitación. Vale la pena pues recalcar que el presente procedimiento se requerirá cuando por causa del apego a la letra el mensaje pueda ser comprendido en forma errónea, tienda a perder el significado, o cuando se perturbe la asimilación del texto por faltar ciertos rasgos que no fue necesario realizar en la estructura patente del original, o, en última instancia, cuando lo exija el genio de la lengua.

La explicitación se practicará así para realzar un actante, por ejemplo, cuando se trata de oraciones pasivas inglesas con actante (agente o participante) tácito, que sea necesario manifestar para esclarecer una idea; para resolver ambigüedades producidas por la indeterminación de relaciones entre objeto y acontecimiento (2.2.3); para realzar ciertos incidentales; para especificar una relación compleja sobrentendida por el lector original que conoce la situación extralingüística, como relaciones de causalidad, la atribución, el cambio de visión figurada a directa, para especificar relaciones anafóricas y catafóricas, la alusión vaga, etc., como en los diversos ejemplos que indicamos a continuación:

We've seen the great art.	Hemos visto las grandes obras de arte.
It was beautiful control.	Fue una hermosa muestra de control.
Living for the moment	Viviendo sólo para el momento presente
Internal and external auditors	Auditores de la institución y de firmas contratadas
Any person that has been expelled or under Finish or Swedish law, has been repatriated and at the same time prohibited from returning without special permission	Toda persona que haya sido expulsada o que, en virtud de la legislación finlandesa o sueca, se le haya repatriado y al mismo tiempo prohibido que regrese a esos países sin autorización especial

He shook his head.	Movió la cabeza afirmativamente (asintió con la cabeza).
If I were meant to learn so much about flying, I'd have charts for brains.	Si estuviese destinado a aprender tanto en materia de vuelo, tendría por cerebro cartas de navegación (también amplificación de preposición).
Sounded in a voice of highest ceremony	Sonaron en una voz solemne propia de las altas ceremonias
As well as our traditional cooperation ties throughout this hemisphere, with Venezuela, for example	Así como nuestros nexos tradicionales de cooperación con todos los países de este hemisferio, entre ellos Venezuela
The run of that play is amazing.	Es asombroso el número de veces que se ha dado esa obra.
We have been closely cooperating with others within the administration.	Hemos colaborado con otros funcionarios de la administración.
Effects of the welfare of the interacting nations	Efectos en el bienestar de las naciones que forman parte de esa interacción
A need for specific skills	Necesidad de personal especializado en ramos específicos
Except in important meetings, where assignments may be scheduled two days in advance	Salvo en reuniones importantes en que pueda programarse con dos días de antelación la asignación de tareas
Introduction and referral	Presentación de proyectos y traslado a comités
They roared over La Guardia.	Sobrevolaron con estrépito el aeropuerto de la Guardia (también transposición cruzada).
Their long journey halfway across the world	El largo viaje que había de conducirles a través de medio mundo (también transposición)
Ten grand attached	Diez billetes de los grandes como recompensa
And found himself in a station waiting-room	Y se encontró en una sala de espera de una estación de ferrocarril

The gun was still on the floor within reach of the first free hand.	El revólver estaba todavía por el suelo, al alcance de la primera mano que se liberase para tomarlo.
Among the grey houses and shops marked 'Drugs', 'Barber', 'Bank'	Entre las casas grises y tiendas sobre las que se leían los rótulos: 'Farmacia', 'Peluquería', 'Banco'
And they were soon back in the jungle of neon Classlessness in suburbia	Pronto estuvieron de nuevo en el bosque de luces de neón Pérdida de clases en las urbanizaciones modernas
The fruits of social revolution are always more desirable in anticipation than fact.	Los frutos de la revolución social son siempre, cuando se los considera anticipadamente, más deseables que el hecho mismo.
The modification or continuance of any existing duty	La modificación o continuación de cualquier derecho de aduana en vigor
Nothing in this subsection shall be construed as prior approval of any legislation.	Ninguna disposición de la presente subsección será interpretada como aprobación previa de legislación alguna.

8.8.4 La explicitación como normalización sintáctica. Hay también una variedad de 'explicitación' que se basa en la nececidad de 'normalización sintáctica', sin que por ello deje de obrar en el plano semántico, pues siempre están en juego los rasgos semánticos de la frase. La normalización sintáctica es necesaria, en primer lugar, conforme a lo indicado a propósito de ciertas alteraciones menores que ocurren en el proceso de 'transferencia literal' (8.2.1.1), cuando se añaden o suprimen morfemas, sin cambiar la estructura de la frase. Repetimos el ejemplo para facilitar la recapitulación:

John hit Paul.	Juan pegó a Pablo.

Con ello se demostró que la aplicación de la transferencia literal no ha dado por resultado un cambio de estructura, pues sólo se ha añadido la preposición requerida por la gramática particular del español.

Ahora bien, la 'normalización' se hace necesaria además cuando en LO se han suprimido elementos por razones propias de la gramática del inglés, como se ilustra con la siguiente oración:

| The man next door | El hombre que vive a lado |

Los segmentos omitidos en LO son who lives, los mismos que se normalizan en la versión española. La clase de explicitación que estudiamos ahora está referida a este segundo caso de 'normalización sintáctica', que, debemos aclarar, no se contrae únicamente al caso del ejemplo sino a otros elementos y a otras 'formas elípticas' y en general a las 'deficiencias estructurales'. Como ha ocurrido en todos los procedimientos estudiados hasta ahora, la explicitación puede ser optativa:

I admire and respect her.	La admiro y la respeto.
	La admiro y respeto.
I saw them fighting with the police.	Los vi peleando con la policía.
	Vi que peleaban con la policía.

En el análisis del método de la omisión (8.9) se verá que en español se omiten distintos elementos sintácticos, ya por determinarlo así la preferencia de la lengua, ya por razones de orden gramatical. En igual forma, también el inglés omite segmentos en sus secuencias o configuraciones; sin embargo, este dispositivo no coincide en las dos lenguas, y en muchos casos, lo que suprime la una hay que volver a expresar en la otra. Las 'omisiones inglesas', o deficiencias estructurales, que con mayor frecuencia exigen explicitación en español son las siguientes:

(1) Omisión de elementos idénticos:

George will take the course and Bob might too.	Jorge seguirá el curso y Roberto tal vez lo hará también.
They can pay the full fare, but probably won't.	Pueden pagar el pasaje completo pero probablemente no lo harán.
His face was as inocent as a child's.	Su cara era tan inocente como la de un niño.

(2) Omisión del agente. Es un caso del inglés bastante común en que se ha practicado una 'transformación deletiva'[52] del agente. Puede considerarse una forma elíptica de 'pasivización':

That wall paints very easily (The wall is painted very easily).	Esa pared se pinta con toda facilidad.
A problem like that solves with no difficulty (can be solved).	Un problema de ese tipo se resuelve sin dificultad (también amplificación).
The play reads better than it acts.	La lectura de esta obra es más impresionante que su representación en escena.
The clothes washed quickly.	La ropa se lavó rápido.

A este grupo pertenecen ciertas construcciones inglesas cuyo verbo 'intransitivo' adquiere 'valor pasivo':

I went over to the bed and put my arms around her. She kissed me, and while she kissed me I could feel she was thinking of something else. She was trembling in my arms. She felt very small (Hemingway). She was felt very small).	Fui hasta la cama y la abracé. Me besó, y mientras me besaba presentí que pensaba en otra cosa. Su cuerpo temblaba en mis brazos y me parecía tan diminuto.

(3) Omisión por anticipación. Este caso ha dado lugar a una serie de solecismos en la versión castellana:

Which are concerned with different levels of, and attitudes to, the communication process	Que se ocupan de los diferentes niveles del proceso de comunicación así como de las actitudes que se han tomado frente a él (también desplazamiento)

Son raras las ocasiones en que se puede conservar la forma inglesa, y es cuando no hay conflicto en el régimen preposicional:

Nontariff barriers to and other distorsions of trade	Obstáculos no arancelarios y otras distorsiones del comercio

(4) Formas elípticas inglesas de coordinación y subordinación. Tomamos aquí el término 'elíptico' en un sentido lato, incluyendo en ello no sólo los elementos que se han suprimido sino también los que dan la impresión de que faltan. Hay muchos casos de palabras

inexpresadas cuya omisión no significa deformidad gramatical (deficiencia estructural), explica Vossler, sino virtud de 'economía expresiva'. Veamos los ejemplos siguientes:

Whatever his faults, he was a good friend.	Sean cuales fueren sus defectos, ha sido un buen amigo (véase apartado 7.2.3).
Though tired, he kept climbing the mountain.	Aunque se sentía cansado, continuaba escalando la montaña.
Whatever it's subject, I'm interested in the study.	Sea cual fuere la materia, me interesa el estudio.
Anyone can see you are an eye.	Cualquiera puede darse cuenta de que eres un detective (también modulación).
However strong coffee never keeps me awake.	Por cargado que esté el café nunca me quita el sueño (también modulación).
A place he goes in summer	Un lugar a donde va en el verano
The handsomest steam locomotive ever built	La locomotora más hermosa que se haya hecho nunca

En este caso se pueden también considerar otras formas elípticas, estudiadas como una variedad de amplificación (8.7.4.6.4), producidas por la transformación llamada de 'reducción de la cláusula relativa':

John thought (that) Mary (was) exceptionally clever.	Juan pensó que María era de inteligencia excepcional (también transposición doble, 8.3.4.12).
There's something keeps upsetting me.	Hay algo que me sigue perturbando.
A story I heard today	Un suceso que escuché hoy (No: un suceso escuché hoy)

Pertenecen también a este caso las oraciones elípticas inglesas con 'complemento verbal':

I asked them not to talk anymore about politics.	Les pedí que no discutieran más de política.
He begged them not to let him leave.	Les suplicó que no le dejaran salir.
We watched for the results to be posted.	Esperamos a que se anunciaran los resultados.

Incluimos, finalmente, en esta clase de explicitación ciertas estructuras elípticas inglesas de gran 'concentración' y 'expresividad', algunas de las cuales se consideraron también como variedades de transposición cruzada (8.3.4.14):

He laughed his approval.	Lo aprobó con una sonrisa (sonriendo).
You just talked me into it.	Me acabas de convencer con tus argumentos.
I talked her into it.	La persuadí a fuerza de palabras.
She danced herself to death.	Se partió el alma de tanto bailar.
We talked ourselves into Persepolis.	Nuestras conversaciones nos llevaban a Persépolis.
She'll talk your head off.	Hablará hasta volverte loco.
She cried her heart out.	Se deshizo en lágrimas (lloró lágrimas de sangre).
To knock a place flat.	Derrumbarlo todo hasta dejarlo aplanado (con tractor).
He's drinking his troubles away.	Bebe para olvidarse de los problemas.
She's dreaming her life away.	Se pasa la vida soñando.
It sticks so I can't get it loose.	Se pega tan fuertemente que no puedo aflojarlo.
He shook so that we could hardly hold him.	Se sacudió tan violentamente que casi no podíamos sujetarlo.
Why does he run so?	¿Por qué corre tan rápido?

8.9 La omisión

8.9.1 Expansión vs. omisión. Algunos de los procedimientos estudiados en las secciones anteriores, a saber, la adaptación, la amplificación y la explicitación, para resolver ciertos problemas de correspondencia se han valido de uno de los mecanismos lingüísticos más flexibles y productivos en el campo de la traducción: la 'expansión analítica'. Se ha hecho notar que el traductor inexperto por lo regular no se atreve a recurrir a los procedimientos que tienen que ver con la expansión (8.7.4.6.4), por su propensión a la literalidad y por el desconocimiento del principio, reiterado en el presente estudio, de que la fidelidad no consiste en el apego a las palabras sino, al contrario, en el respeto a las ideas, para cuya expresión pueden utilizarse todos los recursos que las lenguas ponen a nuestra disposición. Cuando gracias a la competencia subyacente el traductor desentraña en su lengua todo medio de expresión que le permita transferir la idea, y no más ni menos que esa idea, junto con la intención del autor, está cumpliendo con ese ideal de fidelidad mejor que aquellos que la distorsionan y tergiversan por esclavizarse a las palabras. Luego hemos hecho también una advertencia sobre el caso opuesto, de aquellos que pretenden tomarse libertades y sobrepasar los límites permitidos por los procedimientos técnicos descritos hasta ahora, con lo cual logran producir una paráfrasis. Caería ésta fuera de toda noción que hemos tratado de explicar conforme a un sistema que rechaza decididamente el literalismo y fomenta la traducción oblicua.

8.9.2 La omisión como procedimiento. Queremos ahora presentar una técnica muchas veces ignorada y sobre todo mal aprovechada que nos permite también llegar a la traducción oblicua por un procedimiento ya no de expansión, sino, a la inversa, de OMISION. Comenzamos observando que, pese a las trilladas nociones que nos han inculcado a través de nuestros años de estudiantes sobre concisión, el traductor mediocre no osa suprimir ciertos segmentos innecesarios del enunciado. Cree que al traducir hay que transferir todas las palabras de LO sin olvidar ninguna. El resultado, como veremos, será recargar el castellano de elementos extraños, de pleonasmas, de tautologías (6.1).

Antes de proseguir con este tema, veamos con una ilustración lo que se acaba de afirmar:

> While we regret these restrictions, we do not believe that they violate U.S. obligations under the OAS Charter. Preferential treatment is basically designed to assist developing countries for whom this concession can make a significant contribution to their development needs by stimulating diversification of their exports and enhancing their capacity to earn foreign exchange.

Un breve examen nos indica las relaciones de estructura subyacente que existen entre 'tema' y 'propósito' (7.4.1 y sig.) y el grado de 'densidad sintáctica' (7.5.1 y 7.5.2):

Preferential treatment will assist developing countries.
These concessions can make contribution for them (the developing countries).
Concessions can make contribution to their needs (of developing countries).
Concessions stimulate diversification of their exports (of developing countries).

Concessions enhance their capacity (of developing countries).
The developing countries earn foreign exchange.

Se puede apreciar que la unidad developing countries aparece en
la oración, explícita y tácitamente, seis veces: una como objeto
directo, otra como objeto indirecto, tres por alusión y, por fin, una
como sujeto no expreso. La reiteración da por resultado cierta
insistencia sobre el propósito (en la oposición tema/propósito).
Este examen que hemos estudiado en su capítulo correspondiente
como 'movimiento temático' viene a corroborar lo que a simple
vista de la lectura del párrafo se deduce que el orador recalca que
se está cumpliendo con las obligaciones para con los países menos
desarrollados. Sin embargo, lo que causaría dificultad al traducir
a un período español bien construido es la densidad sintática, que
se desprende también del mismo análisis. En efecto, en forma
directa o indirecta, la idea de países menos desarrollados se repite.
Estos hechos han confundido al traductor que se ciñe a la letra y da
la versión que se indica en la columna izquierda:

?Aunque lamentamos estas restricciones, opinamos que no
están en contravención de las
obligaciones de los Estados
Unidos conforme a la Carta de
la OEA. El trato preferencial
ha sido diseñado básicamente
para ayudar a los países en
vías de desarrollo, para los
que estas concesiones pueden
hacer un aporte significativo
a las necesidades de su desarrollo estimulando la diversificación de sus exportaciones
y mejorando su capacidad de
adquirir divisas.

Aunque lamentamos estas restricciones, opinamos que
no están en contravención de
las obligaciones de los Estados
Unidos estipuladas en la
Carta de la OEA. El régimen
preferencial ha sido con-
cebido para ayudar a los
países menos desarrollados,
a cuyas necesidades de desarrollo podrían estas concesiones hacer un notable
aporte, estimulando la
diversificación de sus
exportaciones y mejorando
su capacidad de adquirir
divisas.

Si comparamos las dos versiones observamos que en la primera
el traductor se ha esmerado en no dejar olvidado ningún segmento del
original y en trasladarlos 'fielmente' al castellano logrando con ello:
(a) una estructura extraña al español (7.2.3) (para los que estas concesiones pueden hacer un aporte significativo a las necesidades de
su desarrollo) en la cual es obvio el pleonasma: para los que/su;
(b) repetición de su/sus/su. Con el cambio de giro dado en la
segunda versión se ha conseguido eliminar la construcción importada,

dar fluidez al período y omitir uno de los pronombres posesivos que recargaban el estilo. (Nótese de paso la amplificación dada en la segunda versión a la preposición under, 8.7.4.3.2).

Continuando con nuestro tema, queremos decir que la 'omisión' es un procedimiento como cualquier otro de los procedimientos de traducción, y como ellos, muchas veces obligatorio. En algunos métodos anteriores hemos visto que en español se desarrolla lo que el inglés expresa en forma sintética; con el presente método, en cambio, el español se desembaraza de toda verbosidad, de los elementos extraños al genio de la lengua y de los obstáculos a la asimilación del mensaje.

8.9.3 La omisión y el genio de la lengua. La 'omisión' obedece al principio lingüístico de la 'economía' (8.7.1 y 8.7.2) y al requisito de 'naturalidad' de la equivalencia que habrá de encontrarse en la lengua receptora. En esta noción de la equivalencia enseñada por la escuela de Praga (en especial, Vladimir Prochazka) y seguida por Eugene Nida y otros traductólogos, hay un aspecto que si bien es fácil de comprender es tan difícil de poner en práctica. Dicho aspecto es el de la naturalidad. Una equivalencia no sería natural si contuviera elementos inusitados o ajenos al espíritu de la lengua, o simplemente incorrectos, como se ha verificado en el ejemplo del principio. Y el estilo no sería natural si se lo ampliara más de lo necesario hasta volverlo verboso y extravagante. El concepto que subyace a todo ello es, por supuesto, el de la 'preferencia particular' que tiene cada lengua. En el estudio de la redundancia (6.2.0) se vio que hay elementos característicos de la lengua española, los afectivos entre ellos, que exigen expansión analítica. Tengamos ahora presente, además, que el plano intelectivo en que actúa nuestra lengua la obliga a ser sobria. El castellano rehusa explicar hasta la saciedad y pintar los detalles de la experiencia como lo practica el inglés. Como se ve, hay factores encontrados que hay que tener en cuenta. Estos fenómenos por una parte exigen la omisión de la verbosidad y, por otra, que antes de poner en práctica cualquier método amplificatorio, hay que recordar estas características del español.

8.9.4 La omisión y la sobretraducción. La idea central consiste pues en no violentar la versión española por el afán de volver a ella todos y cada uno de los segmentos del texto LO. Partamos de una ilustración práctica con las dos siguientes expresiones:

The committee has failed to act.
The failure to act on the part of the committee.

(Hacemos abstracción por el momento del error craso que no pocas veces se ve en la prensa: *el fracaso de no actuar por parte de la comisión).

Desde el punto de vista del proceso que estudiamos, el traductor que no escatima un solo monema violentará el castellano con los siguientes giros:

La comisión dejó de actuar.
El haber dejado de actuar la comisión.

Constátese la distorsión que ha producido la traducción literal de los dos casos al trasmitir un elemento que no está sino en apariencia en el original. Según esa traducción literal la idea deformada es la de que la comisión estuvo actuando pero que cesó de actuar. El esfuerzo de alcanzar una fidelidad mal entendida le convierte al traductor en su enemigo. Si analizamos brevemente la estructura subyacente vemos que hay un segmento usual en el inglés pero que es necesario suprimir a fin de encontrar el equivalente más natural en español. En efecto, si se omite ese elemento que causa la distorsión, el español expresa la idea cabal con:

La comisión no actuó.
El no haber actuado la comisión.

Lo fundamental es recordar que esta clase de errores ocurren cuando se ven dos unidades de pensamiento donde hay una sola. El resultado es que se traduce más de lo que en el fondo existe en el original y se da así lugar al fenómeno de la SOBRETRADUCCION (1.3.2).

Igual que con el verbo to fail, con muchos otros se forman esta clase de expresiones en inglés. Véase, por ejemplo, la fórmula del verbo to grow + adjetivo: to grow quiet, to grow old, to grow angry, to grow aware, etc., en que la traducción se contenta con un solo verbo simple o reflexivo: tranquilizarse, envejecer, etc. Lo mismo dígase de formas tales como to have a meal, to have a swim, proved to be, etc. Sería así un error ver dos unidades cuando en ellas hay una sola, pues equivalen a un verbo simple: to eat, to swim. Pertenecen a esta clase los sintagmas con to help:

| And a loan is currently being negotiated to help implement this plan. | Y se negocia ahora un préstamo para poner en marcha el plan. |

Como se vio en el capítulo 1, es muy engañoso tomar la palabra como unidad de sentido, a menos que se tenga en cuenta el concepto nuevo que tiene en lingüística. Obsérvese en el siguiente ejemplo un caso similar que requiere omisión:

I hailed a horse-cab and the driver pulled up at the curb.	Llamé un cab y el cochero lo paró al borde de la acera tirando de las riendas del caballo.

Es fácil darse cuenta que la configuración última: tirando de las riendas del caballo, sobra. El expresarla involucraría los siguientes hechos: (a) se realiza una expansión analítica de un elemento de pensamiento que, de acuerdo con el espíritu del español, se sobrentiende; sabemos ya que nuestra lengua actúa en el plano intelectivo o de la comprensión (3.2.1); (b) se da prominencia a un elemento secundario, es decir, se asigna prioridad de atención a algo que no la tiene en el original (7.6.4).

El procedimiento de la omisión está pues muy relacionado con la 'sobretraducción', según la cual, en el escrúpulo de traducirlo todo, se traduce demasiado, como se comprueba en la siguiente versión:

He handed the dice-cup to Bill. Bill rattled them and rolled, and there were three kings, an ace, and a queen.	Le pasó el cubilete a Bill. Bill hizo sonar el cubilete como una matraca y tiró. Tenía tres reyes, un as y una reina.

El autor no tenía, al juzgar por el original, la intención de destacar un hecho secundario, aunque explícito: es cosa tan normal que el jugador siempre sacuda el cubilete antes de tirar los dados. El asignar esa prioridad a un detalle sin importancia en un determinado texto se convierte en distracción de la lectura. Recuérdese que también en el ejemplo estudiado: the ship sailed into the port corresponde al español: el barco entró al puerto; el detalle del uso de las velas para navegar hacia el puerto es propio del inglés, en español se sobrentiende (8.3.4.14). Habíamos visto, así mismo, al tratar de la modulación del lenguaje figurado (8.4.5.9.7), que muchas veces a la visión metafórica del inglés hay que oponer simplemente la visión del fenómeno natural en español, lo que en último análisis puede considerarse pérdida de esa manera tan rica de pintar la realidad que posee la lengua anglosajona. Véanse también todas estas cuestiones planteadas bajo el tema del relieve. Y en este otro ejemplo:

And social benefits available to the country from the	Y los beneficios sociales que proporcionarán al país la

construction and eventual operation of the Itaipu power dam	construcción y eventual operación de la represa hidráulica de Itaipú

No se puede evitar que un hispanohablante se pregunte la razón de ese recargo de información. Si un político de lengua castellana habla a su nación, dirá con seguridad que la construcción de carreteras traerán beneficios al país, pero no la construcción y eventual funcionamiento de las carreteras, ya que se sobrentiende que tanto la represa como las carreteras funcionarán y se explotarán después de construidas. Sin embargo, como se ve lamentablemente en el ejemplo, la timidez del traductor le hará sentir culpable de no haber cumplido con su fiel obligación de traducir todas las palabras del original.

En los primeros ejemplos hemos constatado la falta de omisión obligatoria, y en el último, de una optativa. Los primeros producen un error de concepto, y degeneran, como hemos visto, en 'sobretraducción'. El último constituye un ejemplo de verbosidad. La omisión ejerce su influencia en todos los procedimientos estudiados, pero está relacionada de especial manera con estos dos últimos fenómenos.

8.9.5 Elementos carentes de sentido. Fuera de los casos en que ciertos elementos del texto LO tienen el efecto de cambiar el sentido y entorpecer el estilo en LT, las técnicas de traducción aconsejan así mismo librar a la versión de todo elemento que trasladado a ella carezca de sentido:

To speak of a mutual convertibility from one particular language to another	Hablar de una convertibilidad recíproca de una lengua a otra

Por este ejemplo se destaca que, siendo todas las lenguas particulares, el término particular en este caso no añade sentido alguno. No existe una lengua universal a qué oponerla, como en el caso, por ejemplo, en que se opone gramática particular a gramática universal. El lexema particular, lo mismo que específico, en inglés son demasiado frecuentes y las más de las veces se los intercala como comodines (dummy elements), de manera que no hay por qué verterlos siempre al español convirtiéndolos en anglicismos de frecuencia (4.2). Sirvan de ilustraciones del mismo caso:

There were long benches, and tables ran across the room, and at the far end the dancing floor.	Había unos bancos largos y mesas corridas en torno a la sala, y al otro lado una pista de baile.

¿Tiene la palabra <u>corridas</u> alguna función o sentido en esa versión? Es simplemente traducir en exceso.

He was not in love yet but he realized that he was an attractive quantity to women.	Aun no se había enomorado, pero se dio cuenta de que tenía un atractivo para las mujeres.

¿Tendría la expresión <u>una cantidad atractiva</u> alguna significación en español? Si se quisiera, por cierto, transmitir el matiz de ese dicho habría que encontrar una equivalencia (8.5).

What a speech! I would like to have it illuminated to hang in the office.	¡Qué discurso! Me gustaría tenerlo para colgarlo en la oficina.

El traductor hizo bien en omitirlo, pues sólo se preguntaría el lector qué se habría pretendido decir con: iluminar el discurso y colgarlo en la oficina. A menos que se haga la completa expansión de: enmarcarlo, colgarlo en la oficina y poner luces para iluminarlo, pero en este caso no valdría la pena extenderse tanto, pues la expresión sobria del español basta.

The cafés were just opening and the waiters were carrying out the comfortable white wicker chairs and arranging them around the marble-topped tables.	Se estaban abriendo los cafés y los mozos sacaban los cómodos sillones de mimbre blanco, arreglándolos alrededor de las mesas de mármol.

El detalle <u>marble-topped</u> del inglés desaparece.

No sólo un término, sino a veces una secuencia puede carecer de sentido en LT. Obsérvese cómo los elementos trasladados meticulosamente por el traductor han recargado la comunicación y han vuelto incomprensible la descripción de la siguiente frase:

The Negro's perfect circles of gentian violet banded with lovely gold turned toward Sammler, but the face showed	Los perfectos círculos color violeta de genciana del negro en estupenda montura dorada, se volvieron hacia Sammler y

the effrontery of a big animal (Saul Bellow, <u>Mr. Sammler's Planet</u>).	aquella cara mostraba el descaro de un gran animal (Véase en el apéndice el texto 2 en que se discute la versión de este pasaje).

Cabe hacer ahora una distinción. Cuando el elemento asémico (carente de significación) se halla en el texto de LO y no se puede decidir sobre su verdadero significado, tendremos que hacer un esfuerzo por poner nuestra mejor interpretación en el texto de LT y hacer al pie de la página una advertencia al lector.

8.9.6 La omisión y la situación. En un plano más avanzado, la omisión, dispositivo por el cual se pueden inclusive crear figuras literarias, trae como consecuencia ciertos 'efectos expresivos'. La supresión del <u>verbo</u>, por ejemplo, sirve para acelerar una imagen o para comunicar vivacidad y movimiento:

To one side of this, in a rocking chair, sat Julian Sorel.	Al lado, en una mecedora, Julián Sorel.

(Además omisión de <u>this</u>, facilitada por el contexto, para evitar un posible entorpecimiento de la frase).

En inglés hay matices aspectuales que el español prefiere dejar a cargo de la 'situación'. Nuestra lengua no es profusa en la manifestación de circunstancias o detalles que en inglés abundan y pintan el cuadro de la realidad. Pero en cambio, el verbo, por su fuerza expresiva, le permite deshacerse de ellos. Al estudiar la 'transposición cruzada' (8.3.4.14) se vio como se dejaban de expresar ciertos elementos por interponerse un hecho lingüístico diferente al que rige esa clase de transposición. El ejemplo de Vinay y Darbelnet:

The bird flew into the room.	El pájaro entró al cuarto.

Sólo en el caso en que fuera necesario detallar la manera específica en que se realizó la acción se podría manifestar, por ejemplo: <u>el gorrión entró a saltos por la ventana,</u> o <u>la paloma entró caminando con toda calma,</u> etc. Pero en el ejemplo dado la modalidad de la acción queda implícita, esta vez no en el verbo solamente sino en la 'situación', es decir, en la circunstancia de que un pájaro no puede entrar de otra manera. Como se deduce de este análisis, hay fenómenos que trascienden los hechos de gramática y vocabulario. Se hace necesario, por lo tanto, crearse una idea psicológica de la omisión, no un concepto puramente gramatical, y esto lo afirmamos para todos los casos examinados en el presente estudio. La observancia de este procedimiento deletivo es uno de los medios de conservar la economía de la lengua.

8.9.7 Casos más generalizados de omisión. La determinación de los elementos que deben suprimirse debe surgir del análisis atento del contenido. Como lo hemos indicado, es fácil darse cuenta de las 'repeticiones', 'redundancias abusivas' y de las 'tautologías' de los escritos descuidados. Las ampliaciones innecesarias y las 'repeticiones disfrazadas', en cambio, requieren un análisis más profundo. A estas dificultades se suma la de que no ha sido hasta ahora posible clasificar los casos que requieren omisión. Al igual que el caso de la redundancia, que puede presentarse en todos los niveles del discurso (6.2), los segmentos que nada añaden al sentido de una elocución, o al contrario lo deterioran y confunden, ocurren también en todas las categorías gramaticales y semánticas. Ciertos constituyentes, además, pueden eliminarse en unos casos pero no en otros. Lo único que nos puede servir de orientación respecto a ellos es su frecuencia. De esa manera, unos segmentos serán también abolidos con más frecuencia que otros. Los demás podrán ser casos que exigen análisis aislado. Queda mucha investigación por hacer en este campo y nuestras advertencias no son sino guías que pueden servir para llegar a un estudio más sistemático de este método mal manejado por los traductores. Consideremos algunos casos.

8.9.7.1 Omisión de redundancias abusivas más frecuentes:

Through collective and cooperative action	Mediante cooperación colectiva
Regarding the aspect of company reluctance to buy in the spring	Respecto a la renuencia de las compañías a comprar en la primavera
In many cases companies profit from the research grants.	Muchas compañías sacan provecho de las donaciones para investigación.
The discussion was of a violent and sensitive character.	La discusión fue violenta y sensible.
The weather conditions that existed in Washington became intolerable.	Las condiciones climáticas de Washington se volvieron intolerables.
The mission compiled data on the statistical systems of the existing Latin-American institutions.	La misión compiló datos sobre los sistemas estadísticos de las instituciones latinoamericanas.

In spite of the <u>fact</u> that he doesn't play well, he has been admitted for the tournament.	A pesar de que no juega bien, fue admitido al campeonato.
Analysis is also an important <u>factor</u> in translation.	El análisis es también importante en traducción.
You are not interested in the <u>field</u> of practical linguistics.	Usted no está interesado en la lingüística práctica.
And other external capital <u>flows</u> to Latin America, furnished in the recent past	Y otros capitales del exterior suministrados a la América Latina en el pasado reciente
In many <u>instances,</u> governments respond to our protests.	Nuestras protestas a menudo obtienen algo de los gobiernos.
He always thought he would be writing along fiction <u>lines.</u>	Siempre pensó que se dedicaría a escribir novelas.
He talked to her in a decisive <u>manner.</u>	Le habló con decisión.
We are not dealing with any subject of a political <u>nature.</u>	No estamos tratando de ninguna cuestión política.
To open market <u>opportunities</u>	Para abrir mercados
And the difficulties which they find in those <u>particular</u> provisions	Y las dificultades que encuentran en esas disposiciones
My delegation believes that this meeting of the Council can make a useful contribution in <u>this regard</u> and we have come here prepared to explore with you what contribution is likely to be.	Cree mi delegación que esta reunión del Consejo puede hacer una contribución útil y hemos venido preparados para explorar con ustedes en qué va a consistir dicha contribución.
It <u>seems</u> that we have an opportunity to discuss the problems we are faced with in our trade relations.	Tenemos una oportunidad de discutir los problemas que enfrentamos en nuestras relaciones comerciales.
The Council asked the Secretariat to carry out <u>specific</u> studies on personnel management and the <u>specific</u> practices in the OAS.	El Consejo pidió a la Secretaría que realizara estudios sobre administración de personal y las prácticas de la OEA.
The prices have a <u>tendency</u> to go up during the summer.	Los precios suben durante el verano.
His uncle had an administrative <u>type</u> of position.	Su tío tenía un cargo administrativo.

8.9.7.2 Omisión de simples repeticiones:

He wrote a novel, and it was not really such a bad novel as the critics called it, although it was a very poor novel (Hemingway).	Escribió una novela que en realidad no era tan mala como después los críticos la juzgaron, aunque era una obra muy deficiente.
I first became aware of his lady's attitude toward him one night after the three of us had dined together. We had dined at l'Avenue's and afterward . . . (Hemingway)	Me di cuenta por primera vez de la actitud que le mostraba su dama una noche en que los tres cenamos juntos. Habíamos estado en el restaurante l'Avenue y luego fuimos . . .
That sounds like an innocent occupation, but Cohn had read and reread 'The Purple Land'. 'The Purple Land' is a very sinister book if read too late in life (Hemingway).	Esta parece una ocupación inocente; pero Cohn había leído y releído 'La tierra púrpura': un libro muy siniestro si se lo lee cuando hemos pasado cierta edad.
Georgette smiled that wonderful smile, and we shook hands all round (Hemingway).	Georgette tuvo una maravillosa sonrisa, y todos nos dimos las manos.

8.9.7.3 El auxiliar can con verbos de percepción:

I can hear music in the next room.	Oigo música en la otra oficina.
I could see the lights across the bay.	Se veían las luces al otro extremo de la bahía.
I can taste salt in my coffee.	Siento la sal en mi café.
I can see many faults in your work.	Observo muchas faltas en tu trabajo.
Anyone can see you are not from here.	Cualquiera se da cuenta que no eres de aquí.

El auxiliar can + infinitivo de algunos otros verbos:

The positive motivators can induce	Los motivadores positivos inducen
You can be sure	Esté seguro
This problem can be solved in two days.	Este problema se resuelve en dos días.

8.9.7.4 El participio presente de to use. Using + sustantivo + infinitivo = participio presente + sustantivo.

Using a sponge to wash the clotted blood from his throat	Lavándose con una esponja la sangre cristalizada del cuello

8.9.7.5 Algunas preposiciones que sólo hacen idiomática la expresión inglesa, pero que no tienen valor semántico en español:

Hurry up.	Apresúrate.
On their way down from Washington to Miami	En su viaje de Washington a Miami
Feeling about in the darkness	Que tanteaba en las tinieblas
Then he gave himself over to that hand.	Luego se confió a aquella mano.

8.9.7.6 Los artículos y otros determinantes:

He has a secretary.	Tiene secretaria.
Let us turn now to some arguments of a general nature in favor of	Pasemos ahora a otros argumentos generales en favor de

Véase lo dicho acerca de los artículos (4.2.3).

8.9.7.7 Los pronombres personales sujetos y el it como sujeto anafórico:

The Council is the main organ of the Organization. It serves as the executive board.	El Consejo es el órgano principal de la Organización. Actúa como junta directiva.

O por medio de un 'ordenamiento hipotáctico':

The atmosphere in the big gambling room had changed. It was now much quieter.	El ambiente había cambiado por completo en la gran sala de juego que ahora se encontraba más tranquila.

Véase lo dicho acerca de los sujetos pronominales (4.1.2).

8.9.7.8 Una serie de adverbios y otras palabras. Entre ellos se pueden mencionar hereby, herein, thereon, therein, thereof, then, thereto, such, any, as, etc.

I hereby declare	Declaro.

Appeals and final orders of the Minister thereon	Apelaciones y resoluciones finales del Ministro
And matters incidental thereto	Y otras materias similares
He also suggested that, if the only survivors were children, then the total yearly pension payable could not exceed	Sugirió también que, si los únicos sobrevivientes son los hijos, la pensión total por año a ser abonada no podría superar
To carry out the functions related to peaceful settlement set forth hereinafter in this Charter	Para desempeñar las funciones relativas a la solución pacífica que se estipulan en la presente Carta
And forward its comments thereon to the U. S. mission in writing	Y envíe sus comentarios por escrito a la misión de los Estados Unidos
Duly responds herewith to the reply submitted by the complainant	Responde debidamente a la réplica presentada por el recurrente (No: por medio de la presente)
We might now consider modifications which must be added to our provisional rule as stated in paragraph eight.	Podemos ahora estudiar las modificaciones que deben aplicarse a nuestra regla provisional establecida en el párrafo ocho (No: como se establece, que es error muy común).
May enter into trade agreements with foreign countries or instrumentalities thereof	Puede concertar acuerdos con otros países o con sus agencias (No: o con sus respectivas agencias)
Where an individual is a resident of both territories, then this case shall be solved in accordance with	Si una persona física es conciderada residente de los dos territorios, se resolverá el caso de acuerdo con
I urge all staff members to be alert for savings and economies--both large and small.	Ruego a todo el cuerpo de funcionarios buscar la manera de realizar economías --grandes y pequeñas.
There are hereby authorized to be appropriated to the trust fund . . . such sums as may be necessary.	Se autoriza asignar al fondo fiduciario . . . las sumas que sean necesarias.

The Commission shall promptly
notify the appropriate agency
so that such action may be
taken as authorized.

La Comisión notificará sin
demora a la dependencia
competente para que se tome
la medida autorizada.

Whenever a petition is filed under
this subsection, the Com-
mission shall transmit a copy
thereof to the Representative.

Cuando se presente una petición
en virtud de esta subsección,
la comisión enviará una
copia al Representante
(también: ˙cuando, en vez
de cuandoquiera).

Expenses incurred in transport-
ing a worker and his family,
if any, and household effects

Gastos incurridos por transporte
de un trabajador y su familia
y de sus enseres domésticos
(No: si la tuviera)

8.9.7.9 There + verbo que no sea to be:

There rose in his imagination
visions of a world empire.

Surgieron en su imaginación
visiones de un imperio
mundial.

Not long after this, there
occurred a sudden revolution
in public taste.

No mucho tiempo después de
ello, sobrevino una in-
esperada revolución en los
gustos del pueblo.

8.9.7.10 Otros ejemplos diversos:

The implications of increasing
interdependence among
nations

Las implicaciones de la creciente
interdependencia de las
naciones (o de la depen-
dencia entre naciones)

The problems associated with the
proper determination of

Los problemas de la determinación apropiada de

The most productive areas lie
in a horse-shoe shaped belt
on the northern, western and
eastern slopes of the moun-
tains. The belt is broken in
the South where the dry sea-
son is longer and more marked
than elsewhere.

Las áreas más productivas
quedan en una zona de forma
de herradura situada en los
declives de las montañas,
tanto al norte como al orien-
te y occidente. La zona se
interrumpe hacia el sur donde
la estación seca es más larga
y acentuada.

Windbreakers are common, however, to prevent the wind from blowing the flowers off the trees.	Son comunes, sin embargo, los rompevientos, para impedir que los árboles pierdan las flores (plano intelectivo).
Fixed working hours system	Horarios fijos
Flexible working hours system	Horarios dinámicos
New space would be required to house departmental work areas.	Se requeriría nuevo espacio para las oficinas del departamento.
Possibility of including additional topics in the agenda	Posibilidad de añadir temas a la agenda
We are looking for a place that is possibly quiet.	Buscamos un lugar que sea tranquilo.
I intend to make rather a long stay at the Hilton in Caracas.	Pienso hacer una prolongada estadía en el Hilton de Caracas (Véase sobre <u>rather</u> en anglicismos de frecuencia).
But rather simply an imperfect one	Sino simplemente imperfecto
He's remarkable for both his intelligence and his skill.	Es notable por su inteligencia y habilidad (véase sobre <u>both</u> en anglicismos de frecuencia).
The only other nomination made so far is that of the Argentinian Ambassador.	La única candidatura propuesta hasta ahora es la del Embajador de Argentina.

8.10 La compensación

8.10.1 La fidelidad y la traducción oblicua. Hay casos complicados de traducción en que es difícil encontrar una correspondencia adecuada y precisa y muy a menudo el traductor se excusa de una solución deficiente arguyendo que no se puede hacer otra cosa mejor, que es poco menos que imposible encontrar una solución, o que en español no se puede expresar de tal o cual manera una cosa. Por parte del lector de una obra, igualmente, es muy común la observación de que una versión siempre pierde en comparación con el original. Lo segundo puede ser verdad hasta cierto punto que se va a aclarar en esta sección, mas lo primero sólo tendría justificación para el traductor a cuyo alcance no han llegado los métodos ni principios de la traductología aplicada. Como lo hemos reiterado a través de nuestro estudio, la finalidad que nos hemos propuesto es contribuir con diversos hechos, si bien algunos no investigados por completo, a demostrar que la traducción oblicua es posible y la única que puede lograr la fidelidad. Creemos que a este punto de nuestro modesto esfuerzo de demostración debe estar ya sentada la verdad de que la traducción literal sólo puede continuar siendo un mito para los que no son especialistas en nuestra disciplina, pero para quienes se dedican a ella no puede sino ser el más grande de sus errores.

La teoría de la COMPENSACION se nutre precisamente en esos dos hechos o problemas: la dificultad de encontrar la equivalencia acertada y natural, y la pérdida de contenido o matices que sufre una versión.

Examinemos los siguientes diagramas:

(1) But he is entitled to all
    Pero es acreedor a todos

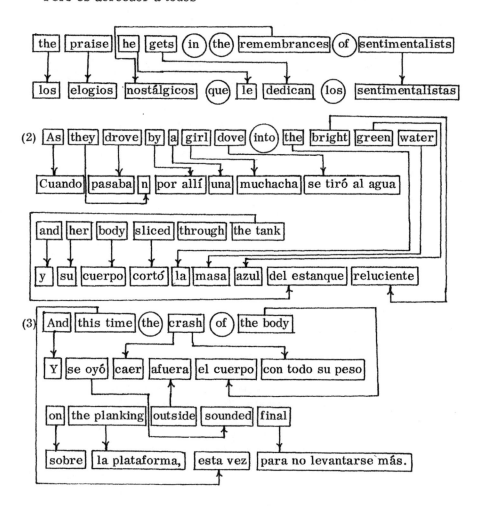

En el primer ejemplo, el contenido de la unidad de pensamiento in the remembrances ha pasado a formar parte de otra unidad elogios nostálgicos. De paso, nostálgicos: un solo monema (condensación) frente a in the remembrances. Se ha practicado luego una modulación consistente en la inversión de términos de gets a dedican (8.4.5.5). Sin embargo, se puede afirmar que no se trata simplemente de una modulación y de una transposición sustantivo/adjetivo (remembrances a nostálgicos), pues el adjetivo es sólo parte de otra unidad. Con esta operación oblicua se ha logrado transmitir el mensaje y mantener un estilo adecuado. Pero el hecho fundamental que debemos hacer notar aquí es que ciertos rasgos semánticos que no han podido transferirse con el mismo segmento del inglés aparecen en otro segmento del castellano.

El segundo ejemplo es mucho más complejo. Hay no sólo traslado de rasgos semánticos, o semas (terminología de J. A. Greimas), de una unidad lexicológica a otra, sino una alteración radical de la organización semántica y sintáctica. La traducción literal sería: Cuando pasaban por allí una muchacha se tiró al agua verde y brillante y su cuerpo cortó a través del tanque, y con ella no sólo no se transmitiría con fidelidad el pensamiento del escritor sino que la prosa dejaría mucho que desear. El reordenamiento de las unidades, el traspaso de unos fragmentos de pensamiento de una unidad a otra, como de bright water a estanque reluciente, la modulación sensorial de green a azul, y la modulación de la sustancia por la calidad (8.4.5.8) de water a masa son procesos de creatividad y de poética para mantener las imágenes, la vivacidad del relato, trasladando rasgos o semas de una unidad de pensamiento a otra.

En el tercer ejemplo, no menos complejo por la combinación de varios procedimientos, vemos que los semas de crash se reparten o distribuyen en caer y en con todo su peso; se aplica la modulación de causa a efecto (8.4.5.2) en sounded y se oyó; se desplazan otros componentes, como this time y outside; y se explicita (8.8) final con la expansión para no levantarse más.

Estos hechos vienen a esclarecer los dos problemas planteados al principio de este tema. Primero, si se aplican los procedimientos de la traducción oblicua (8.2.2.1, 8.3.1) es posible encontrar equivalencias más acertadas y precisas que los giros insólitos y vacilantes que nos proporciona la traducción mecánica verbum pro verbo, y es posible transmitir con mayor fidelidad el pensamiento y el efecto total proyectado por el autor de una obra. Segundo, en cuanto a la versión que se desmejora o pierde su riqueza frente al original, es fácil darse cuenta que ello ocurre cuando no se han puesto en práctica los principios y procesos técnicos o cuando el que realizó la versión desconoce los secretos de la escritura y carece de la sensibilidad de la poética (5.1.7).

8.10.2 **Las nociones de ganancia y pérdida semántica.** Si realizamos por un momento el análisis a la inversa, suponiendo que en el primer ejemplo no se hubieran aplicado las técnicas explicadas y nos hubiéramos contentado con una traducción literal, nos encontraríamos en verdad frente a una de esas versiones cuyas pérdidas percibiría sin esfuerzo cualquier lector que conozca la lengua del texto original.

Aparte del traslado de elementos semánticos de una unidad de traducción a otra, se han descrito otros hechos estilísticos, como la modulación sensorial en el segundo ejemplo (en español agua azul guarda mayor propiedad semotáctica frente a agua verde, salvo casos 'especializados' que no tienen pertinencia inmediata), y el reordenamiento de elementos en el mismo ejemplo para evitar el disparate de su cuerpo cortó a través del tanque, así como la explicitación del tercer ejemplo. Lo mismo podemos decir de la exponencia de dove por se tiró al agua y de sliced por cortó, que tienen mayor densidad sémica en inglés y pierden cierta expresividad en español, pues de acuerdo con las discrepancias estudiadas sabemos que no posee la misma ventaja en la representación detallada de la realidad. Al igual que lo enunciado sobre otros procedimientos, no se persigue una ganancia en la forma con detrimento del contenido; con estas nociones nos referimos primordialmente a ganancia o pérdida de contenido. Como lo comprueban los ejemplos, sólo una vez lograda la equivalencia más aproximada tiene el traductor la oportunidad de dar un paso más hacia la elaboración y lograr efectos expresivos de tonalidad y matices que estudiaremos más adelante en relación con la 'equivalencia estilística'.

8.10.3 **La compensación de elementos de contenido.** En esta perspectiva, toda 'pérdida de significado' que se produzca en un segmento o unidad de traducción debe compensarse en otro punto del texto, y no por otra razón se ha dado a este método el nombre de 'compensación'.

La compensación es un procedimiento desconocido entre los traductores practicones; pero a decir verdad, apenas lo empiezan a estudiar sistemáticamente los lingüistas. No se menciona siquiera en las obras sobre teoría o práctica de la traducción. Sin embargo, la consideramos de enorme importancia, puesto que penetra todos los aspectos de la disciplina, todos los niveles lingüísticos, el plano de la situación y el metalingüístico, y casi todos los demás procedimientos que hemos estudiado hasta ahora, pues todos contribuyen al equilibrio del mensaje. La razón fundamental está en que de acuerdo con las diversas teorías, entre ellas la de las visiones del mundo, la de los planos de representación lingüística, la del genio de las lenguas, no hay correspondencias perfectas entre dos lenguas que se comparen. La estilística comparada nos señala precisamente los contrastes que hay entre ellas, y la traducción se enfrenta muy a menudo con una serie de pérdidas y ganancias, ventajas y desventajas, concentraciones y diluciones, economías o amplificaciones, que sólo pueden resolverse gracias a la 'compensación', ya que los mismos componentes conceptuales pueden aparecer en las dos lenguas bajo perspectivas diferentes. Hay ciertos rasgos semánticos que se encuentran discontinuos en varios monemas y que pueden recogerse en uno solo o en menor número de ellos, y hay rasgos semánticos concentrados en uno o pocos monemas que deben sujetarse a una distribución analítica, según que las deficiencias provengan de la lengua de la cual se traduce o de la lengua destinataria.

8.10.4 Los parámetros de la situación y la metalingüística. En la traducción oblicua o dinámica toda la estructura semántica puede alterarse tan profundamente que a veces es difícil determinar la forma exacta en que se relacionan los segmentos correspondientes, como se advirtió a propósito del margen que se revela al realizar la evaluación de una traducción (1.3.2). La 'medida' capaz y la única segura de conseguir el equilibrio es la 'situación' en la que se desenvuelve el mensaje de LO y de LT. La 'situación' y la 'metalingüística' son los parámetros, cuya importancia hemos señalado en cada uno de los procedimientos estudiados, pero tienen una función especial de servir de pauta para, en primer lugar, no recargar el contenido de una misma unidad en manera de dificultar la descodificación, y, en segundo lugar, para compensar en otros sectores, o repartir la densidad en una elocución equilibrada. En el caso del segundo diagrama, por ejemplo, si se dejara toda la densidad sémica en la primera oración, tal como se halla en el texto original, se corre el riesgo de hacer violencia a la interpretación del lector que habría de retroceder de la laguna de la segunda oración a los datos de la primera para encontrar la relación perdida por los segmentos. Lo que persigue la compensación es producir el equilibrio más apropiado de la carga o densidad informativa total. Pero la 'medida común' debe entenderse, por cierto, dentro de la noción de relatividad de los fenómenos lingüísticos, que hemos hecho notar en algunas ocasiones anteriores; es decir, debe tenerse en cuenta que la medida exacta será imposible, pues cada lengua organiza su experiencia de tal manera que no podemos postular que se logre una coincidencia cabal en la otra lengua, pero la situación y la metalingüística proporcionan el control necesario para mantener las pérdidas al mínimo. Las dos lenguas tienen sus propiedades, ya sea la concentración, la rapidez, etc., pero las precisiones de esas características no coinciden. Si existe una teoría de que las lenguas difieren más en los niveles más cercanos a la estructura lineal (2.3.5), este

principio tiene su aplicación innegable en este nivel de la traducción.
Se puede constatar lo dicho en las siguientes proyecciones:

It was with this definition in mind, as well as in light of the previous practice of the Department of State in granting privileges and immunities to members of missions to the OAS, that the United States suggested the inclusion of the term 'technical' in the language of Article 1.	⁓ Fue precisamente en esa definición y en la práctica seguida por la Secretaría de Estado cuando se conceden privilegios e inmunidades a los que forman parte de misiones ante la OEA, en las que los Estados Unidos se basaron para sugerir el empleo del término 'técnico' en la redacción del artículo primero.

Los segmentos subrayados determinan la compensación realizada.
Se la ha hecho posible gracias a un reordenamiento de la primera
parte del párrafo. Nótese la ganancia estilística en la concentración de las dos unidades with . . . in mind y in light of en una sola
se basaron.

The atmosphere in the big gambling room had changed. It was now much quieter.	El ambiente había cambiado por completo en la gran sala de juego que ahora se encontraba más tranquila.

Además de la compensación adviértase la ganancia estilística con
el paso de la construcción paratáctica a la hipotáctica (4.1.7). Sin
la vinculación de las frases ni el desplazamiento de un rasgo
semántico, la versión perdería su cohesión; el resultado sería
demasiado flojo:

	El ambiente había cambiado en la gran sala de juego. Se encontraba ahora mucho más tranquila.
Best chance would be to get you both on a plane to New York tonight and off to England tomorrow.	Lo mejor que podrían hacer los dos es tomar un avión para Nueva York esta noche y salir rumbo a Inglaterra mañana mismo.

El dinamismo de and off se compensa con la amplificación mediante
salir y la adición de mismo. En apariencia, tomando la frase aislada,

se produce una pérdida, ya que en el español no se implica que hay
otros personajes que llevan a los dos al avión o que les preparan los
arreglos de viaje, pero en realidad no existe tal pérdida, pues el
resto del contexto, que no se transcribe aquí, lo dice muy claro.

However, there are <u>trade-offs</u> which must be made between facilitating air transportation and protecting other national interests.	Sin embargo, es necesario hacer <u>concesiones</u> para facilitar el transporte aéreo <u>sin dejar de</u> proteger otros intereses nacionales.
And the gamblers stood, and <u>clawed</u> at the handles of the machines as if they hated what they were doing.	Y los jugadores, de pie ante las máquinas, tiraban de sus manivelas con <u>tanto furor</u> como si las odiasen.

Adviértase la ganancia con la anticipación <u>de pie ante las máquinas,</u>
en vez de retardar la información; pero al compensar con <u>tanto furor</u>
se ha expresado sólo el fenómeno natural, con pérdida del efecto
figurado, como ocurre siempre en la modulación de visión metafórica a visión directa (8.4.5.9.7).

8.10.5 La equivalencia estilística: compensación de tonalidad,
intensidad y matices. Hemos visto entonces que las pérdidas de
contenido semántico ocurren en la traducción literal por el esfuerzo
vano de querer siempre encontrar segmentos equivalentes en el
mismo punto de la cadena.

Queremos exponer ahora que hay otros rasgos estilísticos que se
compensan en un nivel más elevado de la traducción, esto es, en la
'reelaboración estilística' como lo habíamos anunciado en otras secciones. Nos referimos a los rasgos de 'tonalidad' e 'intensidad' y de
otros diversos 'matices' y 'resonancias', de los cuales se debe pre-
ocupar el traductor una vez superado el problema de la compensación
de contenido.

Se hizo incapié a propósito de la amplificación y explicitación
sobre el concepto del 'significado pleno', que abarca no sólo los
rasgos absolutamente necesarios para la transferencia de un mensaje
básico, sino otros rasgos que forman el poder evocador de una obra,
rasgos requeridos por la tonalidad del mensaje y por los 'medios
efectistas'. La elaboración no es propia únicamente de la lengua
literaria. Es indispensable para satisfacer ciertos requisitos de
fluidez, expresividad y claridad en muchos niveles de lengua, por
ejemplo, el lenguaje jurídico, que exige un notable dominio de
tonalidad, intencionalidad y de las unidades dialécticas. Todo
escrito mantiene un registro propio, de acuerdo con su naturaleza

o propósito, el receptor a quien va dirigido y las circunstancias
de la comunicación.

Pues bien, una de las condiciones básicas de la traducción es la
EQUIVALENCIA ESTILISTICA. Esta consiste en comunicar a la
versión el mismo tono y matices del texto original. No podemos, en
la expresión de Taine, "hacer de un cuadro a colores una copia al
carbón, ni viceversa". La traducción según el viejo molde fue
fustigada en el Quijote: "el traducir de una lengua a otra . . . es
como quien mira los tapices flamencos por el revés, que aunque se
ven las figuras, son llenas de hilos que las escurecen, y no se ven
con la lisura y tez de la haz". La 'equivalencia estilística' comprende pues la compensación de matices, de color, de ritmo y
tesitura, de expresividad en general. Hay que compensar el grado
de intensidad, pues constituye parte de esos matices y virtualidades
del estilo. Pero va aún más allá, desde el punto de vista integral
de la poética, requiere una perspectiva multidimensional que interprete las sutilezas y los toques finales orientados a lograr el efecto
que se persigue en vista de las circunstancias señaladas, sin descuidar la coherencia interna y el desarrollo normal de las imágenes
y del discurso en su macrocontexto.

La 'propiedad' del estilo, de la frase, de la palabra, se repetía
en nuestra educación tradicional en literatura, pero nunca se nos
explicaba realmente en qué consiste. El traductor iniciado debe
comprender que todos los elementos mencionados, además del contenido, son rasgos componentes de la propiedad. El mensaje debe
ajustarse al contexto primero en contenido, pero eso no es suficiente.
Hay ciertos ingredientes positivos del estilo que consolidan la contextura emocional, abandonando lo superfluo e ineficaz. El propósito
del autor debe emerger con claridad gracias a las incidencias emo-
tivas y estéticas que completan la propiedad.

La equiparación de estos fenómenos de tonalidad del estilo podría
parecer muy fácil al traductor de escritos estadísticos o de informes
financieros, pero no debe engañarse así el que se enfrenta con textos
de diferentes grados de 'expresividad', en los que a veces es imperativo prestar gran atención a la 'forma', y el que elabora textos
que precisan gran cuidado no sólo a la forma del estilo sino a todos
los matices psicológicos para producir un efecto esencial, como por
ejemplo en los textos 'exhortativos'. Ninguna de estas clases de
textos permite retener las calidades del estilo de LO hasta el punto
que interfieran con el proceder normal y característico de LT.
Muchos traductores han dedicado largo tiempo de su experiencia a
los insípidos textos de 'jerga científico-social', y del planeamiento
económico; sin embargo, nos encontramos casi todos los días con
los textos de carácter social, cultural, político, publicitario, ricos
en todas las manifestaciones expresivas que merecen manejo experto

para producir efectos análogos en los que nos leerán en nuestra
lengua. Y en la categoría de texto 'informativo', que constituye el
gran volumen de nuestro trabajo, no puede desecharse la necesidad
de esta formación teórica y práctica y de un notable poder de expresión, de creatividad e innovación.

En este encuadre, la ganancia no se persigue por el simple
prurito del arte por el arte. Las 'ganancias estilísticas' deben
ceñirse al molde del original. Si se trata de una nota oficial y
sencilla, en términos de Dear Mr. Brown, no se puede, como hacen
los aficionados, lanzarse a una pomposidad del tipo: me es placen-
tero llevar a vuestro conocimiento . . . Abundan en verdad los
declamadores para quienes ser buen traductor consiste en subir el
tono a cuanto llegue a su pluma. En la ignorancia de los principios
de equivalencia estilística, traducen good por excelente; I can say
por puedo declarar; it is clear por es patente; well established por
sólidamente establecida; en fin, versiones altisonantes e hinchadas.
Inclusive los traductores de obras literarias y de poesía quieren
hacer una creación propia, no una traducción: imponen un movimiento
superior a la progresión expositiva del original, se exceden en una
intensidad que no se ve en el autor ni se propuso lograrla, aceleran
las imágenes hasta que el poeta o escritor traducido apenas puede
ser reconocido o desaparece por completo. Lo que es sutil e
insinuante en el original no puede exponerse en forma unívoca,
franca ni enfática. Ya hemos mencionado algunos casos en que se
ha juzgado que un escritor aparece 'mejor' en la traducción, y en
traducciones realizadas por eminentes escritores, como el caso
de Edgar Allan Poe al francés (Baudelaire), el caso de Rimbaud al
inglés (T. Sturge Moore), el caso de Baudelaire al inglés (Robert
Lowell) y miles de otros casos. Nuestra obligación es hacer que la
versión parezca una obra primigenia, como si el autor la hubiera
escrito en nuestra lengua, pero no mejor que la original. No hay
que sepultar al autor en nuestro estilo o creación hasta volverlo
indiscernible. Cada autor tiene un cuociente que hay que extraerlo
para reelaborar una obra genuina.

Otros siguen el proceso diametralmente opuesto y transforman
un discurso digno y elegante en una exposición pedestre, bajando la
tonalidad con la destrucción de matices, [53] la mala selección de
epítetos, la sintaxis inapropiada. El traductor que tenga limitado
poder de expresión (7.6.1) no podrá alcanzar la equivalencia
estilística. Cuando esta se deteriora, leer una obra literaria,
según alguien ha dicho, es como besar a una mujer por detrás de
un velo. No queremos decir con esto que debe lograrse la pureza
del original, que es cosa imposible, por sensible que fuera el
traductor a todos esos matices y transmutaciones, y, en poesía,
a ese ritmo y música subliminal que se siente y se la comunica en

toda la expresión o en todo el poema sin que parezca haber sido aplicada artificialmente. Todos estos casos desembocan ya en sobretraducción, si se va hasta el extremo de querer traducir mejor que el autor original, ya en falta de compensación, cuando se empalidecen y borran los efectos estilísticos.

Se comprende entonces que la compensación conserva el colorido, la vivacidad, el carácter, la intensidad, o cualquier otro rasgo inmanente, y hace posible evitar versiones que sean pálidos reflejos de sus originales. Burton Raffel relata que al traducir un poema notó que un verso había perdido su matiz y expresó: "It was too flat; the sense was clear, but the aura had evaporated". Cuando los matices se evaporan la versión es estéril, letárgica. Y Christopher R. Longyear, al hacer la crítica de una traducción expresa: "The very good translation . . . is to be commended highly for its accuracy to the original, but its literary impact on the reader is markedly not the same as it is in the original". El mismo García Márquez ha expresado de la versión francesa de Cien años de soledad: "es buena, pero yo no siento el libro en francés". De donde se ve que algunos buenos traductores pueden traducir el contenido, pero pasan por alto los elementos que conducen a un efecto, a un impacto en el lector, y que muchas veces no están en las palabras sino en las grandes unidades estilísticas. La 'equivalencia estilística' en su extremo más eficaz recoge y distribuye virtualidades del discurso que son como ecos que se difunden de una palabra a otra, de una oración a otra, y a veces de un párrafo a otro.

Podemos discernir ahora el gran engaño que encierra la aseveración de ciertos traductores de que sus traducciones siempre resultan superiores a los textos originales. Recordemos que una de las condiciones que debe reunir una traducción es la equivalencia estilística, no la superioridad estilística. Si el nivel de lengua es elaborado, su equivalencia en LT lo será también. Si el original pertenece a cualquiera de los niveles de lengua, o a cualquier especialidad funcional, literaria, política, diplomática, administrativa, etc., la equivalencia guardará la misma tonalidad y sus características propias. Tanto una versión que refleje una copia al carbón de una obra brillante como una versión ampulosa que en el original no sea más que una sencilla exposición, son falsarias. El texto original determina el registro y el traductor debe saber descubrirlo. La verdadera comprensión del original, expresamos antes, es la que interpreta el original temática y estilísticamente. No se puede traducir un término positivo por un superlativo, ni un término prosaico por otro altamente literario, ni una sintaxis sencilla por otra digna de un Castelar, o de una demostración hegeliana.

Si el texto original adolece de defectos de construcción, de solecismos, y el traductor los corrige, por supuesto que en este sentido la versión será superior al original, pero en esta sección no nos referimos a esta clase de mejoras. Desgraciadamente, aunque algunos traductores tienden a hacer rimbombante una simple información estadística, de acuerdo con nuestra experiencia sabemos que el caso más común es el de las versiones empobrecidas, no sólo de significado sino de matices, de modo especial en los niveles de escritos más elaborados y en general en obras literarias. Este fenómeno, volvemos a insistir, no afecta tan sólo al léxico sino a la sintaxis. Los matices inciden en una gama de efectos expresivos, como el relieve, el énfasis, la sorpresa, la anticipación, la reticencia, el suspenso, la ironía. Casi todos esos matices, como hemos estudiado, vienen a recaer principalmente en la significación emotiva.

Otros experimentos de compensación:

We propose that the draft GATT Standards Code be taken off the shelf and that work be resumed at the earliest possible date.	Proponemos que se prosiga lo más pronto posible con el trabajo del abandonado proyecto de Código de Normas del Gatt.
As he felt his way along the hall to push open the bedroom door	Así que le faltaba atravesarla a tientas, empujar la puerta del dormitorio
But the good eye was dark-bright, full of observation.	Pero el ojo sano, gris y brillante, escudriñaba (también transposición).
And with the faintest twist of his wingtips	Y le bastó un casi imperceptible giro con los extremos de las alas
He hugged in his forewings, extended his wingtips. Staring down Who had slipped up behind him	Estrechó sus alas extendiéndolas sólo hacia los extremos. Devorando con los ojos Que de pronto se encontró detrás de él
The two books nestled tightly under the arm Only you wouldn't let me.	Los dos libros apretados bajo el brazo Pero eres tú quien no me ha dejado hacerlo (también explicitación).
The steady eyes were undefeated.	Los ojos conservaban su mirada tenaz (Véase el correspondiente diagrama en el apartado 8.3.4.17).

He went off to the movies.   Se fue al cine (No: fue al
                              cine).

CAPITULO 9

PROCEDIMIENTO GENERAL DE LA TRADUCCION

9.0 Introducción. Una vez comprendidos los pasos del análisis y las técnicas de transferencia tratados en los ocho capítulos precedentes, podemos ya bosquejar en éste el procedimiento operacional de la traducción, que abarca dos grandes etapas: la preparación del proyecto de traducción y la revisión o evaluación. Consideraremos la primera en los siguientes aspectos: lectura del texto, análisis de su especialidad funcional (para determinar el enfoque técnico que deberá aplicarse y explorar algunos de los problemas que habrá que resolver), ejecución de la traducción y consulta durante el processo. La revisión se estudiará también en diversas fases: lectura de la versión, lectura del texto original, comparación de texto y versión, y lectura final.

9.1 La traducción

9.1.0 Introducción. Al llegar a este capítulo el lector se ha formado una perspectiva general de cuanto constituye la traductología aplicada, esto es, sus principios, postulados y métodos de ejecución estilística. Con ellos se tiende a desvanecer los 'mitos' y prejuicios esterilizantes que se han forjado respecto a nuestra disciplina. El traductor no se improvisa; o, lo que es lo mismo, no nace traductor. El traductor se hace. Es lógico que, como para todo otro campo de actividad, deberá tener inclinación y talento; pero en toda profesión el talento y habilidad se encauzan y desarrollan con el estudio. La preparación sistemática del traductor es indispensable, pues el 'arte de la traducción' empieza únicamente cuando el análisis contrastivo ha creado una conciencia palpable de las divergencias estructurales de las dos lenguas, cuando se ha adquirido la sensibilidad a su respectiva representación lingüística y a sus manifestaciones

385

metalingüísticas, y cuando se dominan los procedimientos técnicos
para superar esas diferencias y poner a prueba nuestro poder de
expresión. Además de ese mito hay otros: que para traducir, lo
único que hace falta es un diccionario; que un traductor puede formarse en un cursillo de verano: que las traducciones bellas son
infieles y las feas fieles; que cualquiera que hable más de una lengua
puede ipso facto considerarse traductor; que la traducción a segundas
lenguas tiene igual valor que la traducción a la lengua materna; que
existen dos clases de traducción, la literal y la libre; que los años de
experiencia le dan al traductor todas las técnicas, y muchos otros más.

Se comprende pues el propósito fundamental de la presente obra:
al contrario de lo que pretenden esos mitos, el vasto dominio de
nuestra disciplina demanda del traductor un notable acervo cultural,
pero al mismo tiempo un conocimiento profundo de los elementos
básicos que hemos tratado de bosquejar en los capítulos que preceden.

9.1.1 Lectura del texto: identificación de características y
problemas. La perspectiva lograda nos permite ahora establecer el
procedimiento práctico en el que se organiza la operación traductiva:

En primer lugar, antes de acometer cualquier traducción, se
debe dar 'lectura' atenta y completa al texto. La fase del análisis,
según se ha insistido, es tan importante como la búsqueda de equivalencias en la lengua receptora. Sería ilógico querer traducir un
texto sin la observación de sus caracteres estilísticos. Es necesario
determinar a grandes rasgos los hechos del discurso que se van a
encarar. La insistencia en este primer paso del proceso no es
superflua si, como se comprueba pragmáticamente, se considera
que muchos traductores tienden a abordar un tema sin tener una idea
ni remota de la clase de texto y de las exigencias que impone, del
nivel o niveles de lengua en que está escrito, de la visión del autor
y de otras circunstancias necesarias que constituyen la situación
(5.1.5). Está demás decir que las consecuencias serán una traducción defectuosa, la pérdida de tiempo que entraña el retroceder
repetidas veces desde una pista errada y el tener que recomenzar el
párrafo o una etapa avanzada del texto.

El análisis debe realizarse como una exploración de las diversas
posibilidades y problemas desde el punto de vista del proceso traductivo. Hay quienes hacen una lectura previa no para medir las
dimensiones técnicas de la tarea sino llevados por la simple curiosi-
dad que despierta un tema interesante, o para admirar su novedad y
comentar su valor literario. La finalidad de la lectura debe ser
ante todo la de establecer la situación. Según se ha explicado en
diversas secciones, el grado de dificultad de un texto depende en
gran parte de la 'situación', que figura entre las nociones centrales
de traductología y ha sido la base de los postulados de Georges

Mounin sobre la traducibilidad y la intraducibilidad. La preparación del traductor es indispensable, por supuesto, pero esta fase de análisis preliminar debe aproximarlo precisamente a la posibilidad, no a la imposibilidad de traducir.

El resultado más importante de la lectura debe ser, pues, el reconocimiento de la clase de texto y de sus diversos estratos: el léxico, la sintaxis oracional y la gramática extraoracional (7.1.1 y sig.). Es necesario, así mismo, darse una idea de la perspectiva general del estilo y de la intencionalidad de la obra. El análisis del texto, como hemos visto en el capítulo respectivo, es muy complejo. Después de su identificación se procede a un análisis descriptivo de los hechos de traducción y de los métodos que habrán de aplicarse, pues son cuestiones indispensables de orden pragmático. Las 'necesidades metodológicas' se calcularán a partir de la 'índole del texto'. Si es del tipo 'informativo' o 'enunciativo', requerirá un léxico convencional, una forma de discurso menos elaborada. Si es del tipo 'prescriptivo' o 'directivo', el lenguaje que se emplee será funcional, pero de ciertos efectos psicológicos. Si es del tipo 'expresivo', privará en él la personalidad y voluntad expresiva del autor. Lo esencial es que el traductor tenga una idea clara de las características del texto y de la gama de consideraciones, tales como los aspectos verbales, de la significación de los tiempos, el enlace del discurso, la frecuencia y rango de las expresiones exocéntricas y los hechos de metalingüística que necesiten adaptación.

Para la identificación del texto, K. Reiss nos ofrece también otra tipología basada en el punto de vista de la traducción: el texto cuyo acento recae sobre el contenido es informativo, como los 'científicos' y 'técnicos'; el texto cuya importancia radica en la forma es el expresivo, como los 'literarios' de diversas clases; el texto que tiende al efecto en el destinatario, que tiende a persuadir, es el 'exhortativo'. A estos se añaden los 'audiovisuales', es decir, los textos que llegan a su destinatario por los medios colectivos tales como el teatro, el cine, la radio y la televisión.

9.1.2 El acervo intelectual y cultural del traductor. Frente a estas condiciones generales del texto, entra en juego el 'acervo intelectual' y 'cultural' del traductor. Insistimos en este requisito en sus dos aspectos: como parte de la preparación profesional y como preparación inmediata a la traducción. El análisis será, en consecuencia, el fruto no sólo del simple conocimiento de las lenguas, como se ha explicado ya, sino de la capacidad de comprender el comportamiento de las estructuras y de manejarlas en la forma más productiva. En cuanto al tema concreto que debe abordar el traductor, su acervo estará determinado por sus estudios generales o especializados, sus lecturas y por las traducciones anteriores. Es una verdad poco conocida por los que no son especialistas del ramo que el traductor tiene que mantenerse informado en todo cuanto le sea posible, y que esta información es permanente, sobre todo en materias de actualidad, los acontecimientos mundiales de todo género. La experiencia nos ha enseñado que en una multitud de casos las decisiones del traductor están en relación directa con su madurez cultural y con las informaciones que asimila diariamente. Y la tarea es aun más ardua si se piensa que el proceso no consiste sólo en informarse, sino en investigar las equivalencias y los términos correspondientes a los hechos de los que se entera. Sus lecturas no conocen límites en niveles de lengua ni en variedades de estilos ni en los usos actuales. Parece superfluo advertir, pero a cuantos traductores no se ha visto aplicar estilos que no van con la índole del texto, o que no corresponden a la época del texto. Sólo la lectura constante puede llevar a la percepción de esas diferencias.

El otro tipo de información íntimamente relacionado con la disciplina es la 'extralingüística', a la cual nos referimos al hablar de la situación ideal (5.1.7). Si, como se ha afirmado en diversas oportunidades, no se traduce simplemente de una lengua a otra sino de una cultura a otra, el traductor debe ser bilingüe y 'bicultural'. Esto no quiere decir que sólo tenga un ligero barniz de cultura norteamericana sobre frágiles cimientos de cultura latinoamericana, de tal modo que después de pocos años no se pueda precisar sobre cual de las dos culturas edifica. Por bicultural entendemos al traductor que ha penetrado los fenómenos 'sociolingüísticos' del inglés y del español.

9.1.3 La documentación. Las lecturas referidas a la preparación inmediata del tema constituyen la DOCUMENTACION. Además de poseer un amplio acervo intelectual, hay que informarse sobre la materia que se va a traducir. Para ello sirve la consulta de obras sobre el mismo tema, artículos, traducciones anteriores. Los glosarios prestan apreciable ayuda, en especial cuando son fraseológicos y contextuales. Hay que analizar el contexto comunicativo; sin la comprensión de las circunstancias en que tuvo lugar la comunicación original no puede colegirse en forma genuina el sentido de un mensaje. Todos estos pasos nos guían a la determinación de la sustancia y de la clase de consulta que se debe realizar, ya sea en documentos, con los colegas o con expertos de la especialidad de que se trate.

La 'consulta con los colegas' es uno de los medios auxiliares más importantes de la traducción, y a primera vista se podría creer que se encuentra al alcance de todos, pero a pesar de que se puede afirmar que existe, es el menos entendido y el peor aprovechado.

La eficacia de la consulta se ha desvirtuado por la forma errónea en que se la realiza, como consecuencia del desconocimiento de la manera en que funciona la traducción. Su práctica errónea es una de las pruebas de que con la intuición sola o con la sola experiencia, por prolongada que fuera, no se consigue descubrir métodos acertados. La verdad simple es que lo que no se aprende no se sabe. Hay traductores que han ejercido la profesión por más de 30 años y todavía no comprenden la naturaleza de la consulta.

Cuando el traductor consulta a un colega debe plantearle el problema en forma general, sin darle ideas preconcebidas, y dejarle luego que lea el texto, sin interferencias, para que pueda posesionarse de la situación, que no la tiene, puesto que no ha tomado parte en la traducción. En lo posible se le proporcionarán ciertos datos que le ayuden a formarse esa situación. El resto lo deberá asimilar él, con la lectura y análisis.

Sería elemental insistir en que al traductor consultado no se le debe exponer la situación tal como uno se la ha figurado de antemano, ni explicar la solución que pensamos dar al problema, ni los motivos que nos inducen a ello. Es aún más contraproducente empeñarse en sostener que no puede existir otra solución mejor que la nuestra. El traductor solipsista empieza a defender su posición aun antes de obtener una respuesta. Si está tan convencido de la infalibilidad de su razonamiento, no tiene por qué consultar. Si lo hace, es de suponer que espera contar con nuevos elementos de juicio para llegar a una decisión.

Las interferencias de este procedimiento amorfo crean en el traductor consultado una situación falsa, inducida por la subjetividad de quien le consulta y le imposibilitan llegar a una decisión, ya que no se le deja otra salida que prejuzgar a base de sugestión. No se podrá confiar en los resultados de una consulta realizada de esa manera: el habla es un 'fenómeno psicológico' y susceptible de manipulación. Para ofrecer una contribución útil, la mente del traductor consultado debe estar completamente libre de ruido.

En cuanto a la 'consulta con los expertos', se debe lograr de ellos que expliquen en su propia lengua los términos problemáticos, pero que no traduzcan ni traten de tomar las decisiones que le corresponden al traductor. Los traductores que tienen cargos permanentes en las empresas o instituciones poseen una ventaja situacional sobre los temporeros, por cuanto conocen las principales actividades de su organización y, por tanto, están en mejores condiciones de reconocer las equivalencias semánticas de las materias con ellas relacionadas.

9.1.4 El proyecto de traducción. Después de las fases de
análisis y documentación, el traductor procede a realizar la primera
versión, aplicando los principios, procedimientos y técnicas
bosquejadas en el presente estudio. La versión que produce el traductor es un PROYECTO DE TRADUCCION, y se verán a continuación
las razones. Intuitivamente el empírico sabe que 'cuatro ojos ven
mejor que dos', y no por ser una impresión empírica carece de verdad. El proyecto de traducción se encuentra en un grado inferior de
elaboración, calidad, precisión y totalidad. La integridad de estos
aspectos se lograrán únicamente con la 'revisión', de la que se
tratará en la sección siguiente. No queremos decir con ello que el
traductor no haya realizado una obra completa en lo que atañe a su
competencia o a la labor que de él se espera. Pero es inútil que
invierta más tiempo en el afán de perfeccionar su versión. Por
ciertas condiciones inherentes al proceso traductivo, no es posible
perfeccionarla. En efecto, el traductor está abrumado por el
influjo e interferencia del inglés y de los problemas inmediatos que
ha tenido que afrontar y que todavía actúan en su mente, como los
del análisis correcto del mensaje y los métodos que han debido
aplicarse para su transmisión. Hay una variedad de efectos derivados de esa presión que no los puede ver por esa tiranía del texto
original. Para traducir bien, aconsejan los que han estudiado a
fondo este proceso, es necesario comprender el inglés, y luego
tratar de olvidarlo, para reestructurar la idea en LT. El problema
del traductor radica precisamente en la enorme dificultad de
olvidarlo en seguida, de entender el pasaje de un texto y dejar de
un lado la lengua original para concentrarse exclusivamente en la
propia. Habría que dejar reposar la traducción, por lo menos por
algunos días, para volver a ella con una mirada fresca y nueva.
Pero aun así es difícil que la misma persona que traduce vea su
versión con el espíritu crítico y de evaluación independiente de los
problemas inmediatos. Sólo pueden hacerlo los revisores. La
revisión ha surgido de la necesidad de resolver esos problemas de
interferencia y por otro muy humano que es el de que podemos
cometer errores. No tenemos la intención de establecer diferencias
subjetivas de tareas, sino de distinguir las dos fases de la operación.
No importa que la realice un traductor o un revisor; quienquiera que
la haga, la primera versión será siempre un proyecto. Hay allí
implícito un problema de interferencia lingüística (2.3.4) al cual
nadie puede escapar. En cierto congreso de la OEA un orador hizo
notar que ciertas cosas que se les escapaban a los expertos no se
les escapaban a los traductores, porque los traductores ven todo lo
que los demás no ven. En forma análoga, dando un paso adelante,
hay cosas que sólo ven los revisores facilitados por su mirada de
conjunto libre de la subordinación a la lengua origen.

Sin embargo, no se desea insinuar que el traductor deba presentar un trabajo incompleto;[54] su proyecto debe haber alcanzado una contextura formal, utilizable, y debe haber completado los detalles, pues el revisor, como veremos dentro de poco, no se encarga de detalles, como a menudo lo creen los que desconocen nuestra profesión. El proyecto de traducción es un texto casi definitivo. No es fácil por cierto trazar una línea fronteriza inconfundible entre las fases de operación, pero en cuanto al destinatario concierne, el proyecto de traducción es más difícil de digerir y asimilar por el recargo de comunicación que hemos explicado ya (7.3.4). Se verá después que la tarea del revisor consiste precisamente en adecuar y conformar la comunicación para la comprensión total del mensaje en el macrocontexto de la obra.

9.2 Crítica, evaluación y revisión

9.2.0 Introducción. Entre una de las tantas definiciones de traducción se ha destacado la de la escuela de Praga, según la cual la traducción consiste en crear en la lengua término el equivalente más ajustado posible al mensaje de la lengua origen, tanto en el 'aspecto temático' como en el 'estilístico'.

Los que no son traductores por lo regular no se han percatado de la segunda parte de esta definición. Por lo general sólo se piensa en la primera, es decir, que la traducción consiste en verter una idea de una lengua a otra, y nada más. Los que se interesan por el verdadero funcionamiento de este proceso, en cambio, deben tener muy presente que el requisito de la equivalencia más aproximada se aplica también al estilo. Eugene Nida nos habla así mismo del 'equivalente natural más próximo', y por natural entiende que no haga violencia a las tendencias vectoriales de la lengua término, sino que le pertenezca, se armonice y disuelva con ella, como hemos tratado de exponer a propósito del genio de la lengua (3.2.2). Como se ha visto, el traductor actúa bajo la presión y dominio de las tiranías, de los automatismos de LO y de la búsqueda de correspondencias. Por ese hecho hemos afirmado que su producto es un proyecto. La 'crítica' y la apreciación orgánica y dialéctica es tarea del revisor. El trabajo de éste no es de pequeños detalles e inadvertencias, que de ello se encargaría un corrector de pruebas de galera. Su trabajo no es, como la gran mayoría lo piensa, uniformar la terminología, corregir la puntuación, llenar vacíos dejados por el traductor. Si nos vale un símil tomado de un campo relacionado con el nuestro, reparamos en que la crítica literaria no censura inadvertencias de un escritor; su visión es multidimensional. El revisor es 'estilista' y 'crítico'. En efecto, la traductología abarca esa dicotomía, la teoría y la crítica de la traducción. De manera que el revisor que comprende su papel no puede contentarse con localizar y enderezar oraciones desaliñadas. La posición de la crítica y revisión de traducciones se expone en forma más detenida y ejemplarizada en otro ensayo: Gerardo Vázquez-Ayora, La traducción de la nueva novela latinoamericana al inglés.

9.2.1 La coherencia interna y el carácter dinámico de la revisión. Hemos dicho que la visión del revisor es muy amplia, opera primordialmente sobre las macroestructuras (teoría del texto: Teun A. van Dijk, Louis T. Milic, William Hendricks y otros). Debe proyectar una contribución creadora. Sus criterios objetivos y rectores serán la eficiencia de la comunicación y la unidad de propósito. Trata de mantener el espíritu que anima a todo el texto original. Todo ello se resume en la COHERENCIA INTERNA, es decir, la adecuación de todas las partes del cunjunto. Por eso el revisor comienza su labor leyendo la versión, no el original. La lectura que debe realizar es crítica, desde el punto de vista de esa cohesión y del carácter total del mensaje. El mismo Nida explica: "El lenguaje consiste en algo más que significaciones de símbolos y de combinaciones de símbolos; es esencialmente una clave en operación, o, en otras palabras, un código que funciona según un propósito o propósitos específicos". De ahí que no se puede prescindir de todos estos factores, como la finalidad, el destinatario, las circunstancias de la época, etc., si se desea verificar la conformidad global o las 'relaciones hipotácticas' del discurso. Las 'relaciones gramaticales' y 'semánticas' forman una gran red en el texto entero y son de diverso orden. Van desde la simple concordancia de sustantivos y adjetivos, de sustantivos y verbos, pasando por la compleja concatenación y subordinación de oraciones y párrafos, hasta la especificidad literaria y de la poética de la traduccion, y todo ello según la naturaleza de la obra que se traduce.

Leerá luego el texto original, antes de empezar a examinar el desarrollo y enlace lógico de los párrafos, el movimiento temático, la densidad sintáctica, la secuencia de los tiempos, la presentación y preponderancia de las ideas importantes y todos los demás aspectos del discurso. No debe olvidar que su objetivo principal, como lo comprueba la definición dada, es verificar la exactitud de la traducción. Pero además de esa función básica, el análisis del revisor es crítica y evaluación al mismo tiempo, y ha de tender a la máxima expresión. En eso radica su acción creativa. Para lograr la naturalidad del conjunto debe poseer un sentido profundo de la lengua, de la literatura y un alto grado de competencia en las técnicas de traducción para juzgar si el traductor las ha aplicado con acierto y si son apropiadas a la índole del texto. Eso no lo puede lograr

palabra por palabra o renglón por renglón, como se ha visto que
proceden muchos revisores.

9.2.2 La coherencia externa y la inteligibilidad. La COHERENCIA
EXTERNA abarca todos los hechos del lenguaje que conducen al efecto
y a la 'inteligibilidad', no en el sentido de si se entienden las palabras
o si son bien formadas las oraciones, pues además de las palabras y
de los modismos hay que tener en cuenta los valores connotativos de
los grandes signos, el universo semántico del discurso. En este
sentido se interesa no sólo por lo que le pueda faltar a una versión,
sino por lo que le pueda sobrar. El revisor aplica aquí su sentido
de precisión y de matices. No puede aceptar una lengua neutra que
a veces es el producto del traductor timorato que toma una posición
equidistante para no comprometerse y no se pronuncia en casos difíciles para no ser tomado en error. Debe tener presente el consejo
de Martinet de que la traducción es "une demarche double: comprendre et fair comprendre", o el de Marcel Cressot: "il faut que
nous soyons compris". No se perdonarán ambigüedades: para el
traductor, la ambigüedad es un error cardinal. Tampoco se dejará
pasar un estilo escueto y árido, o en el que ciertos elementos queden
implícitos. Hay traductores que no tienen experiencia en escribir
y, como los escritores principiantes, no salen de la aridez en que
los retiene el deficiente manejo de los mecanismos y dispositivos de
la lengua (2.3.3). Sabemos que el que no tiene experiencia en
escribir dice muy poco, no se explícita, ni da forma desenvuelta a
sus ideas. Permanece atado a la traducción literal tímida y llena
de escrúpulos. En fin, el revisor cuidará de la macrosintaxis y de
las consecuencias deseadas en la significación total. Esto entraña
entender también por qué el autor ha seleccionado la suya, aunque
su selección no haya sido deliberada.

9.2.3 La posición de ventaja constructiva del revisor. Nos
hemos dado cuenta por lo discurrido que el revisor se halla en una
'posición de ventaja' constructiva respecto al traductor. Esta verdad es precisamente la razón de ser y el principio fundamental de
la 'revisión'. De otra manera no se justificaría. La apta comparación de Julio Casares nos hace columbrar mejor esa razón: "La tra-
ducción--nos dice--es una aduana por la que pasa, si los oficiales
no están alertas, más contrabando de expresiones extranjeras que
por cualquier otra frontera lingüística" (Babel 2, 5-7). El traductor
experimentado que se encarga de la revisión, o el revisor, como se
lo llama, gracias a esta posición de ventaja operativa puede con
mayor facilidad liberar a la traducción de los influjos y tiranías de
LO, bajo los cuales opera el traductor, preocupado de los problemas

inmediatos de los microcontextos, de transferencia y de aplicación de técnicas, como se ha explicado en la sección anterior.

En nuestros comentarios sobre la efectividad del lenguaje recordábamos la obligación del traductor de desprenderse de cualquier motivación, prejuicio u otro elemento subjetivo que pudiera perjudicar la intención genuina de la obra. La relación del traductor con el tema tiende a crear predisposiciones subconscientes que pueden dar cierto color a la versión, con distintas consecuencias en el efecto final. Es obvio el deber del traductor de superar esas predisposiciones; en caso contrario, se convierte en serio problema de la traducción el conservar la objetividad e imparcialidad a las causas. No sólo nos referimos a causas que atañen directa o indirectamente a sus intereses, sino a cualquier asunto que le atraiga o le emocione, en cuyo caso el traductor que no tiene la ecuanimidad necesaria, se deja llevar por el entusiasmo, se compenetra como si fuera partícipe, y añade en el proceso elementos subjetivos. En otras palabras, se apropia del tema en un sentido ajeno al que hemos tratado de inculcar en este curso, sin que sea mal intencionada su actitud. El revisor, en cambio, por no haber estado involucrado en los problemas de la tradución, logra una visión más serena del estado de cosas. En suma, el traductor durante el proceso traductivo ve más en lengua extranjera, el revisor ve en lengua extranjera y en la propia.

9.2.4 Obstáculos de la revisión. Nos damos cuenta poco a poco de los factores complejos y multidimensionales de la crítica y evaluación de traducciones. La primera preocupación, estamos de acuerdo, es la exactitud de la versión y la lealtad al mensaje, con todo lo que ello implica. Como hay una zona indiferenciada más o menos amplia entre la traducción literal y la oblicua, el revisor se ve ante los 'obstáculos' de la oscuridad que produce la primera y los extremos a que puede llegar la segunda. A él le toca establecer el equilibrio, no absoluto, sino adecuado al tema. Los obstáculos serán mayores mientras menos experiencia tenga el traductor, y no se diga si el traductor ignora los elementos esenciales de la traductología aplicada. El revisor debe entonces esclarecer, explicitar, amplificar, compensar los pasajes oscurecidos por las visiones literalistas y poner un límite a la libertad de opciones estilísticas ciñéndose a las normas del discurso.

Un hecho poco entendido entre los usuarios de las traducciones es el de la dificultad de lograr un buen estilo reelaborando un proyecto ejecutado por un traductor que no es competente. Y no es un caso raro. En realidad, la calidad de los proyectos de traducción puede fácilmente deducirse de cuanto hemos dicho sobre el proceso de crítica y evaluación de traducciones. Si estas no se han realizado sobre bases técnicas, es lógico que será defectuosa la selección lograda por los traductores. Es por eso que creemos, petulancia aparte, en la importancia que para el traductor tiene la presente obra: como hemos dicho ya en ocasiones anteriores, mientras más se apliquen a las traducciones los principios científicos y métodos de la lingüística, éstas tenderán a 'converger' y a 'asemejarse'. Se afirma ahora que las buenas traducciones nunca se vuelven obsoletas. La crítica literaria se vuelve obsoleta, porque varía de un crítico a otro. Sólo las malas traducciones tienden a variar notablemente de un traductor a otro. Es axiomático entonces que la obra del traductor tenderá también a aproximarse a la del revisor. Es muy importante que el traductor comprenda no sólo su labor sino la del revisor. El antagonismo que aun ahora se crea entre los empíricos se debe sobre todo a que no comprenden sus misiones respectivas. Entre los traductores a quienes hemos iniciado en estos métodos y procedimientos hemos notado un cambio radical en sus actitudes. La revisión que se limita apenas a señalar errores y a censurar, está pasada de moda. Los traductores están cansados de ella. Hay que discutir principios, no censurar imprecisiones aisladas. Sin este enfoque sistemático y riguroso el traductor no puede ni siquiera comprender por qué su versión es un proyecto ni por qué el revisor efectúa a veces alteraciones radicales en su versión. Al contrario, a los traductores que han sido preparados sobre estas bases, sólo les preocupa encontrar la explicación del principio en que se apoya una modificación de su trabajo, en un plano intelectual que le permite aprovechar los beneficios de la crítica para perfeccionar su dominio de las técnicas. Estos comprenden la posición del revisor, libre de presiones, que le da una visión más penetrante del todo. Cuando se ha llegado a esta etapa de acercamiento lograda gracias a la unificación de técnicas se produce otra circunstancia que deseamos recalcar en este estudio, que no es un factor insignificante en nuestra tarea, y es el trabajo en equipo. Es otro de los hechos que benefician a las empresas u organismos que cuentan con su propio cuerpo de traductores. La mutua consulta entre traductores y revisores dentro de este espíritu de colaboración en el cumplimiento de un deber que se ha puesto en nuestras manos. Los traductores somos los transmisores de los pensamientos y corrientes de ideas en el mundo. La gente de diversas naciones y culturas se entiende por nuestro intermedio. Nuestra honradez intelectual nos exige adoptar todos los recursos que la lingüística pone a nuestro alcance para no falsificar o deformar la comunicación que los receptores esperan, con justificada exigencia, con la mayor fidelidad, veracidad y precisión.

9.2.5 Fases de la revisión. El procedimiento de revisión sería pues aproximadamente:

(1) Lectura de la versión LT, o sea, del proyecto de traducción, con el fin de apreciar el efecto total del tema y del estilo.

(2) Lectura del texto LO, a grandes rasgos, por párrafos y, si es posible, por capítulos. Recuérdese que lo más eficaz es dar una mirada de conjunto y decidir la situación general. Debe cuidarse de que el proyecto no ofrezca al lector pistas falsas o desviaciones de su propósito informativo, expresivo, exhortativo o directivo. Ubicarse en el plano de aplicación del sistema oblicuo más ceñido al nivel socio-profesional del lenguaje. Como se ha visto al tratar del método de la compensación y de la equivalencia estilística (8.10.5), cada nivel y tipo de texto tiene su propio registro y tonalidad. Sin la apreciación del mensaje íntegro mal puede aplicarse la clase de registro apropiada.

(3) Comparación de los textos para verificar la exactitud de las correspondencias y la fidelidad de la traducción en general.

(4) Lectura final de la versión LT. Es preciso dar los toques finales para lograr una completa cohesión e inteligibilidad. Para el enlace del razonamiento hay que prestar especial cuidado a las unidades dialécticas (1.1.3.1.3). Se procurará dar vida a la versión con el lenguaje corriente, pues como puntualiza Emilio Lorenzo, la lengua no es estática, se encuentra en constante ebullición. No hay pues que recurrir a arcaismos léxicos ni estructurales ni escribir cartas con fórmulas del siglo XV. Tiene enorme importancia en este sentido la propiedad del uso y la propiedad semotáctica (5.1.2), para no recargar la comunicación con elementos que interfieren en la asimilación. Con esta lectura final se decide, en último análisis, si la comunicación es eficiente y natural.

9.2.6 Los títulos. Los TITULOS deben dejarse para el final, sea en el proceso de traducción como en el de revisión. La elaboración de títulos es una ciencia aparte, poco conocida y muy descuidada, causa de los mayores problemas del traductor. El título debe emanar de la visión de conjunto que hemos tratado de esbozar, y por tanto estaría a cargo del revisor. Depende de razones metalingüísticas más que de consideraciones lingüísticas. Sólo pueden resolverse con la aplicación de los métodos de adaptación, equivalencia y modulación. El título pretende abarcar todo el universo semántico de la obra o de su rasgo impactante, sin querer decir con ello que sea necesario sustituir títulos con otros totalmente irreconocibles, como a veces se acostumbra en el cine. Véase por ejemplo Fiesta de Hemingway, que no puede considerarse una adaptación propiamente dicha, sino una sustitución del original The Sun Also Rises.

Haciendo abstracción de estos extremos, hay que aplicar ciertas técnicas de traducción oblicua. La traducción de títulos es un arte no descubierto todavía en los organismos internacionales. Como quiera que se los trate, parece que el traductor o revisor tienen menos perplejidades con los títulos cortos, o de obras propiamente dichas, pero muchas dificultades con los títulos de informes, memorándumes, así como de documentos y actas de entidades y congresos internacionales.

Una gaceta primitiva del siglo XVII se titulaba: "Gazeta nueva, que refiere variedad de sucessos así políticos como militares de la Asia, Africa, Europa y América, hasta los primeros días de Agosto de este año de mil y seyscientos y sesenta y cuatro". Otra gaceta aragonesa de 1695: "Gazetilla extraordinaria en que se refieren las noticias que por un Expreso que de Barcelona pasó ayer a Madrid se tuvieron de Italia y Cataluña; y assi mesmo se añaden otras que el Martes vinieron por Francia".

Por lo que ha podido fácilmente colegir el lector, en los títulos antiguos dominaba el 'verbalismo'. Y como se ha dicho ya, el sustantivo gana prominencia en el lenguaje periodístico y publicitario de la actualidad, de los cuales son parte integrante los títulos y titulares. Estos, siendo por excelencia 'sintéticos', capsulares, se caracterizan por la 'construcción nominal'. El título es por naturaleza impresionista, estático y abstracto, por ello recurre al sustantivo, y, además, tiende a perder los artículos: Localización de banda guerrillera por el ejército, o Banda guerrillera localizada por el ejército y no La banda guerrillera fue localizada por el ejército. Como explica Bernard Pottier, la visión que domina en los titulares es una 'visión factiva', en contraposición a la visión activa del texto o discurso. Obsérvense estos otros ejemplos: El Presidente de la República a Europa (titular); Ha viajado a Europa el Presidente de la República (texto) o El Presidente de la República viajó a Europa (texto). En síntesis, lo que deseamos sentar es que la traducción o elaboración de títulos guarda sus secretos. Es necesario pues recurrir a los especialistas y no pretender que todo el mundo los fabrique a ciegas. De esto se olvidan los funcionarios de las grandes burocracias quienes piensan que cualquier persona puede confeccionarlos. Como fruto de esa mentalidad, se leen a diario esperpentos como los que se ilustran a continuación:

(1) Nota de 6 de enero de 1975 que envió el Presidente de la Comisión Preparatoria de la Asamblea General al Secretario General de la Organización para remitirle una nota del Embajador del Reino Unido de Gran Bretaña e Irlanda del Norte en la que da por retirada la solicitud de concederle el beneficio de designar a un Observador Permanente ante la Organización.

(2) Anteproyecto de Estatuto del Fondo de Jubilaciones y Pensiones del Personal de la Organización de los Estados Americanos que somete a la consideración del Grupo el Presidente del mismo.

(3) Estudio para los requerimientos de mayor espacio para las sesiones plenarias de la Asamblea General.

(4a) Comisión Especial para Estudiar el Sistema Interamericano y Recomendar Medidas para su Reestructuración.

(4b) Grupo de Trabajo para Estudiar Medidas Tendientes a Fomentar el Cooperativismo en América.

(5) Nota No. 246-A de 23 de mayo de 1973 que envió el Embajador Representante Permanente de los Estados Unidos de América al Presidente de la Comisión Preparatoria de la Asamblea General con la que le transmite el Texto del Discurso Pronunciado por el Excelentísimo Señor William P. Rogers Secretario de Estado de los Estados Unidos en la Casa de Bolívar en Bogotá, Colombia, el 18 de Mayo de 1973.

Analicemos estos ejemplares para no prolongar esta lista que sería interminable. Los ejemplos primero y quinto en poco se diferencian de la 'gazetilla aragonesa' de 1695. Pero al juzgar por el aspecto estilístico, que es el que nos interesa ahora, es tremenda la 'verbalización', que contrasta con un titular o título de los albores del siglo XXI, en que como lo hemos advertido se destaca la 'sustantivación' y la 'visión factiva'. En ellos domina, así mismo, la 'visión activa transitiva' en vez de la 'visión factiva atributiva'. La cantidad de información es abrumadora, casi ofrece el contendio entero del texto, por lo tanto, carecen de la brevedad, concisión y estilo de gran concentración semántica que produzca el efecto psicológico. Hay además palabras que podrían descartarse sin pérdida alguna, como Reino Unido de Gran Bretaña e Irelanda del Norte que podría reducirse a Inglaterra; u Observador Permanente ante la Organización que sólo acumula una repetición más, pues la organización ya se mencionó al principio y sólo bastaría con Observador; lo mismo dígase de la posibilidad de abreviar el número de la nota, la segunda parte del título de Estados Unidos, las palabras texto, pronunciado y Colombia.

En el ejemplo número 2 surge una confusión, pues no se sabe de qué grupo se trata; parece que esa información era importante y debía comenzarse por ella; pero se ha comenzado por anteproyecto y se ve la violencia que ha tenido que sufrir la expresión hasta terminar con un comodín que no remedió la situación: el Presidente del mismo.

El ejemplo número 3 serviría de ilustración típica de traducción literal: el enfoque es extraño a causa de las preposiciones calcadas en el mismo orden del inglés, de manera que no hay prioridad entre

sesiones y requerimientos. No creemos que presente dificultad
mayor este título que podría formularse mejor: 'Estudio de las
necesidades de espacio para las sesiones plenarias de la Asamblea
General'.

En cuanto al ejemplo número 4. a., podemos recordar que se
empezó a llamar a dicha comisión con otro nombre: 'Comisión
Especial de Reestructuración del Sistema Interamericano', de
manera que ahora tiene dos nombres. Este puede servir de ejemplo
de la arbitrariedad de los grandes signos, según el postulado sobre
el signo lingüístico (2.1.4). Naturalmente, si el primero es forzado
y contrario a la índole de la lengua, tenía que imponerse en el habla
común otra preferencia más espontánea, que es el segundo título.
Lo que violenta al español en este caso es la preposición para, que
es un calco del inglés: Committee to study. En español no se dice
comisión para estudiar, sino comisión de estudio o encargada de
estudiar o encargada del estudio. Tal vez a causa del calco de
estructura extraña (7.2.3) el título no fue digerible en español. El
hecho que los miembros de la misma comisión la llamaran con otro
nombre prueba que no se lo había elaborado en forma espontánea y
de acuerdo con el genio de la lengua. En el título adoptado después,
que es más espontáneo, se han eliminado inclusive dos informaciones
que se presuponen.

El ejemplo 4. b adolece del mismo calco de la forma inglesa to
study, la cual pudo haberse abreviado: 'Grupo de estudio sobre el
fomento del cooperativismo en América'. Grupo de trabajo es simple
neologismo, que no tiene por qué privar, en especial cuando se
busca la flexibilidad.

En resumen, los títulos deben ser, en primer lugar, breves.
Deben sugerir más que decir. En segundo lugar, deben ser sus-
tantivados y de visión factiva. No hay que acumular información en
ellos, porque entonces dejan de ser títulos y se convierten en textos.
Si se los formula en esta última forma se desvirtúa su finalidad y en
vez de atraer la atención del lector se le obliga a pasar por alto.
En el afán de ser meticulosos para proporcionar todos los datos al
lector, se le ha hecho perder todo interés.

9.2.7 Evaluación de la traducción. El revisor podrá también
evaluar una traducción por medio de la 'traducción inversa' (1.3.2).
Esta consiste, como se desprende fácilmente, en traducir a la
inversa, a la lengua del texto original. Al referirnos a este sistema
de verificar la exactitud de una traducción, en el capítulo primero,
hemos advertido que quedará siempre un 'margen' justificable de
libertad o de dilución, de modo especial si no se ha practicado la
compensación (8.10.1). El margen debe ser mínimo y nunca llegar
a tal grado que constituya una distorsión. El margen es muchas

veces medida peligrosa porque está determinado principalmente por los medios de enlace, a través de las unidades dialécticas (1.1.3.1.3), de oraciones y temas, que son importantísimos para la comprensión plena del mensaje. En efecto, son estos 'elementos conectivos' los que se resisten a la verificación por el método de la 'traducción inversa', pues a menudo no son simétricos (reversibles), y la razón es que no se ha llegado a sistematizarlos. Hay soluciones que son relativas y recurren a la creación literaria. La selección, al revertirlos, sería muy difícil porque, en forma análoga a la de las preposiciones, son de número reducido y por lo general cargadas de funciones. Sin embargo, pese a estos inconvenientes, el método debe aplicarse a temas de gran importancia, relativamente cortos, como 'tratados', 'leyes', 'resoluciones', 'principios', 'declaraciones', y temas de carácter 'político' y 'doctrinario'. Entre otros métodos de verificación, no recomendamos el de la 'lectura en voz alta'. Hay que reconocer que la 'lengua escrita' no es igual a la 'hablada'. En la lengua hablada existen hechos de elocución que no aparecen en la lengua escrita. Se conocen estos como 'rasgos suprasegmentales', que no están en los segmentos lineales de la expresión escrita, como la entonación, el timbre de la voz, las pausas de registro variado, las expresiones físicas de la persona, etc. Cuando el traductor lee en voz alta, está inconcientemente dando la entonación y haciendo las pausas donde él las tiene preconcebidas, pues las reconoce por ser las expresiones creadas durante su proceso de traducir. En cambio, la persona ajena, que lee sin esos rasgos de entonación ni pausas, sin esos elementos suprasegmentales, puede ser que no entienda de la misma manera o que en su lectura interprete los acentos intensivos de distinta manera que el traductor que está consciente de las operaciones por él realizadas.

Un método que da buenos resultados es el de dar el texto a leer a los colegas que no han tomado parte en la traducción. De la impresión que ellos tienen al leer por sí mismos se podrá colegir si hay o no desviación o dificultad de comprensión o interpretación distinta de la que requiere el original. En esta clase de textos sería conveniente esta clase de prueba, y en otros, cuando su extensión no lo permita hacer, por lo menos se podría practicar con los párrafos o pasajes más abigarrados y complejos.

En cuanto a este último método, en nuestra experiencia con traductores jovenes y antiguos hemos observado no sólo ignorancia sino resistencia. La persona de actitud solipsista por lo regular se empeña en que sus colegas le digan que la solución por él encontrada es la única y la mejor. Si no se lo dicen, intenta convencerlos con el nuevo argumento de que ha probado todas las formas posibles y que no puede haber otra mejor. La perceptividad del traductor experto, al contrario, le hace relfexionar, dar una mirada

retrospectiva a su análisis, reelaborar su versión a la mínima
vacilación que detecte en sus colegas en la interpretación del
mensaje. El traductor que trabaja solo es el que más errores
comete, y víctima del subjetivismo.

9.2.8 Comité de estilo. Uno de los sistemas más eficaces de
'revisión' que se emplean en algunos organismos internacionales es
el de COMITE DE ESTILO. No hay que confundirlo con los comités
de redacción, que preparan proyectos de documentos. El 'comité de
estilo' actúa después de terminados los debates sobre los proyectos
a fin de darles la forma definitiva para la publicación. Es como un
comité editorial, pero con funciones específicas de comparar y conformar los textos en las lenguas oficiales de que se trate.
Decimos que es un sistema eficaz porque la manera en que funciona
se aproxima a las condiciones que hemos indicado como ideales para
que una traducción alcance su más alto grado de eficiencia (5.1.7). A
propósito de esas condiciones habíamos expuesto que de las tres
posibilidades que se presentan: (1) traducción por los estilistas e
intervención de los expertos en la fase final de la revisión; (2) traducción por los expertos e intervención de los estilistas en la fase
de revisión y (3) traducción por los expertos sin ninguna intervención
de los estilistas, la primera es la mejor y la última la menos aconse-
jada. La organización de la revisión por medio del comité de estilo
satisface mejor esa primera condición, ya que de él forman parte
tres clases de participantes: los expertos principales, delegados por
los gobiernos, en cualquier ramo del conocimiento o actividad del que
se haya ocupado la reunión o congreso; los expertos del organismo
internacional que han asesorado o colaborado con los primeros
durante todo el curso de las reuniones, y con frecuencia desde mucho
antes, durante la etapa de preparación; y los estilistas que asesoran
en todo cuanto atañe a lengua y estilo. Unicamente los primeros son
miembros titulares del comité. Este plan permite satisfacer las exigencias de 'contenido y forma' que persigue la revisión. Los expertos
delegados tienen a su cargo mantener intacto el 'contenido' sobre el
cual se ha definido un congreso en el sentido genuino en el que se ha
discutido y acordado. Están en posición de hacerlo porque conocen
la intención de sus gobiernos, las discrepancias que han tenido lugar
en los debates y las soluciones alcanzadas con la participación de
todos. Lo deben hacer, además, porque son los que tienen que dar
cuenta a los grupos, sectores y a veces a las naciones enteras a quienes han representado en las reuniones. Los expertos de los organismos
documentan a los primeros para facilitarles esa labor, sirviéndose para
ello de todos los datos pasados o históricos, de los materiales de la
reunión o de la correspondencia oficial que contribuya a aclarar puntos
dudosos o la verdadera intención de las delegaciones que no están

presentes en el comité de estilo, pues forman parte de éste únicamente los delegados necesarios de cada lengua oficial del organismo.
El asesoramiento que prestan en este comité los estilistas es in-
valorable. Las motivaciones e intereses creados (no usamos este
término en sentido peyorativo) de los miembros del comité pueden
variar desde los más débiles hasta los más fuertes, según la importancia de las materias, los capitales involucrados o la gravedad
de los problemas políticos. Por tanto, aunque su interés en que la
información quede inconfundible en todas las lenguas oficiales es
decisivo, a veces tienden a soslayar los requisitos de forma que
contribuyen precisamente a sus propios objetivos: transmitir mejor
sus ideas, pensamientos e intencionalidad. Como el estilista
maneja las estructuras de las lenguas en el sentido de la gramática
generativa que hemos esbozado en esta obra, y maneja las técnicas
de transferencia y reestructuración, con su experiencia puede
mentalmente segmentar el texto en unidades de análisis para verificar
rápidamente si se halla todo el contenido en cada lengua, si se
destacan debidamente las ideas según su prioridad, y sobre todo
para sugerir variantes y alternativas que transmitan el contenido y
satisfagan la manera en que el comité desea que se exprese, con
todos los medios tácticos del estilo. Nuestra experiencia nos ha
demostrado que los desacuerdos que surgen entre los expertos o
delegados son muchas veces únicamente malos entendidos de forma.
El estilista les presenta las 'alternativas', que son, según hemos
visto, distintas formas de expresar las mismas cosas (2.3.3, 3.1.3,
3.1.6, etc.), con acento en los puntos deseados, y con una simple
variación de forma se logra un acuerdo unánime. El estilista, una
vez que los miembros del comité espresan el sentido genuino del
mensaje que se persigue exteriorizar, hace las correcciones
necesarias teniendo presente todos los aspectos estudiados en el
tema del discurso. Uno de sus problemas inmediatos será, por
ejemplo, cuidar que, como todo lo que se produce en comité, la
versión no contenga 'oraciones injertadas' (oraciones collage), sino
'engendradas', conforme a los principios lingüísticos, para que el
lenguaje no pierda su naturalidad ni se menoscabe el efecto que
buscan precisamente los participantes. Al mismo tiempo que es
eficaz el comité en llegar a la preparación definitiva de un texto
para la publicación, se ejerce un control saludable: los expertos de
los organismos no podrán inclinar una resolución en favor de
intereses burocráticos, los intereses de los delegados que no forman
parte del comité de estilo están defendidos, y los estilistas no
podrán excederse en su 'poder de expresión' (7.6.1) ni en su riqueza
de recursos que puedan añadir elementos que menoscaben el sentido
del texto o elementos subjetivos. Recuérdese a este propósito lo
dicho acerca de la maleabilidad y tolerancia de espíritu que debe

tener el revisor en su misión. La labor se complementa así con el control de la 'subjetividad', la visión de conjunto por diferentes personas y por la erudición con la que cada clase de participantes contribuye, con lo cual se llega más fácilmente a dar forma a un texto y eficacia a la comunicación. Para poder realizar su misión con mayor competencia, el estilista debe conocer con anterioridad los textos y estudiarlos, apuntando sólo las posibilidades de sugerencias antes de estar seguro de la verdadera y definitiva significación, la cual la adquirirá una vez que la expongan las partes interesadas en el comité de estilo. Será también, por cierto, muy valioso para que el sistema funcione como es debido, que el presidente del comité exponga, antes de iniciar las labores, la misión del comité, la finalidad que se persigue, el procedimiento que se va a seguir, enumerando específicamente los aspectos esenciales del trabajo y de la colaboración de todos. Sobre todo se deberá evitar un obstáculo con que a menudo tropieza el comité de estilo, que se deriva del enfoque errado del funcionamiento de la lengua y de la comunicación. Muchas veces los miembros del comité pretenden en vano que una forma dada, producida en el calor de los debates, sea fiel exponente de lo que se acordó en un congreso, pese a la dificultad de descodificación que encuentran los demás miembros. Es un empeño inútil seguir ese proceso que es contrario a la forma en que funciona naturalmente la expresión de las ideas. El proceso de comunicación sigue la dirección contraria: lo que se acordó constituye la sustancia, y hay que servirse de la forma para transmitirla con eficacia. La forma es el código que debe funcionar según el propósito de los delegados y expertos. Por lo tanto, la forma debe cambiar si es necesario para precisar las verdaderas intenciones. No se justifica pues, decir "que por favor no se altere la redacción a la que se llegó después de largos debates". Si el comité de estilo vaciló sobre el verdadero sentido a causa de la redacción defectuosa, eso significa que debe modificarse la forma para eliminar las dificultades; de otra manera, todos los lectores futuros del documento se verán frente a la misma incertidumbre, y no tendrán quien les explique todo cuanto se deja consignado en el acta del comité de estilo. El control que el autor ejerce sobre la forma determina el grado progresivo en que el lector comprende el fondo. Un texto bien redactado no necesita explicaciones, como cuando leemos un libro bien escrito.

NOTAS

1. En el presente curso se emplearán indistintamente significación, sentido o significado como equivalentes de meaning. El término significado se evitará cuando pueda confundirse con signified (significado), es decir, la faz conceptual del signo lingüístico.

2. Gramaticalizado: que se despoja de su sentido conceptual ordinario, en la evolución de la lengua, o que de monema léxico (lexema) pasa a ser monema gramatical (morfema).

3. Lengua y habla, equivalentes de la dualidad saussuriana: langue y parole.

4. C. P. Otero, traductor de Chomsky, emplea los términos competencia y actuación como correspondencias de competence y performance.

5. Por paradigma no se entiende aquí el concepto tradicional de 'cuadro de flexiones de una palabra tomado como modelo de una serie'.

6. Deep structure y surface structure. Traducción de C. P. Otero: estructura latente y estructura patente. En este curso en vez de latente emplearemos subyacente.

7. La versión de C. P. Otero es: horma u oración horma. En inglés: kernel sentence.

8. Embedding y self-embedding: incrustación y autoincrustación, traducción de C. P. Otero.

9. Se llama recursividad a lo que puede repetirse de manera indefinida, propiedad esencial de las reglas de la gramática generativa. 'A recursive rule is a rule which reapplies indefinitely to its own output' (Katz 1966, 123). Algunas de las reglas que producen oraciones, por ejemplo, pueden emplearse más de una vez para configurar una oración cualquiera. La propiedad de repetirse indefinidamente en el discurso particular está controlada por la actuación.

10. Véase nota 4.

11. Bellas infieles se decía de las traducciones bonitas en apariencia, pero que en el fondo tergiversaban el sentido. Con las técnicas actuales, aunque no están aún perfeccionadas, es posible que una traducción sea fiel y bella al mismo tiempo. El mito de las bellas infieles se cumplía en la época de la traducción empírica y artesanal.

12. Gramaticalidad: la formación correcta, hasta cierto punto, de una oración, conforme a las reglas de la gramática. La corrección refleja el juicio intuitivo del hablante. Los grados de gramaticalidad (o agramaticalidad) dependen, aunque falta investigación sobre el tema, de las reglas que se violen.

En primer lugar, tenemos dos extremos de gramaticalidad: (1) En sentido estricto, una oración es inaceptable cuando se aleja de las normas gramaticales establecidas, por ejemplo: *la juventud siempre practicaron el deporte. (2) En sentido lato, hay oraciones aberrantes que no infringen reglas sintácticas, pero dan lugar a una incongruencia semántica: ?Ambos padres de Juan están casados con tías mías. O violan reglas psicológicas: ?Asistí a un almuerzo de madera; ?Haré lo que pude.

Entre estos extremos se pueden describir dos casos: (1) Tenemos oraciones aberrantes cuando se violan categorías gramaticales: *Juan lloró que Pedro vendrá; (2) Cuando se violan rasgos sintácticos y contextuales: *la piedra ronca (a piedra le falta el rasgo 'animado' y la afinidad semotáctica para aparecer con el verbo roncar).

Nótese además que de los últimos dos casos, el primero es menos aceptable, pues el segundo, si el contexto es apropiado, puede recibir una interpretación metafórica, por medio de los fenómenos de animismo y personificación: la roca contempla al mar.

Para los fines de la estilística diferencial que es lo que más interesa al traductor, hay que recordar que el grado de tolerancia es más estricto en español en que el nivel cultural va muy asociado a la forma de expresarse; en inglés hay mayor tolerancia de 'non-standard language'.

13. Deviant sentences: oración aberrante. Traducción de C. P. Otero.

14. Véase nota 6.

15. Véase nota 7.

16. La diferencia radica en que Ohmann y Jacobs sí llegan efectivamente hasta el nivel de las oraciones nucleares. Su método consiste en descender desde la superficie de los textos que analizan hasta las estructuras más profundas, siguiendo el camino inverso al proceso que generó dichos textos. Luego enumeran y cuentan las transformaciones optativas que mediaban entre el nivel nuclear y el lineal del texto.

17. Véase nota 13.

18. Coaparición: co-occurrence (C. P. Otero).

19. El alcance de este estudio no ha permitido la presentación del cuadro completo de los componentes de la gramática para que quede en claro el radio de acción de la proyección semántica. En cápsula, la proyección semántica consiste en ciertas formas en que los rasgos semánticos hacen sentir su acción recíproca con la sintaxis para formar la estructura patente de las lenguas. Esto significa que la sintaxis recurre a las reglas de proyección semántica, las cuales vienen por ello a ser intercomponenciales (pertenecen a más de un componente). En la estructura patente los constituyentes principales son el sujeto y el predicado. Las características del ordenamiento lineal de la superficie no se relaciona directamente con rasgos de la estructura subyacente. Nótese en el ejemplo siguiente que el sujeto es idéntico en las dos oraciones, pero las estructuras subyacentes son muy distintas:

La niña quiere a sus padres.   La niña es querida por sus
                                 padres.

Las reglas de proyección intervienen para proporcionar la combinatoria necesaria a la interpretación de las oraciones.

20. Véase nota 8.

21. Véase nota 13.

22. Se puede formar una confusión de terminología porque los lingüistas no se han puesto de acuerdo sobre la designación precisa de varios ramos de la lingüística y sobre la terminología lingüística en general. Emplearemos indistintamente los términos de estilística diferencial, contrastiva y comparada.

23. Un significante (faz acústica del signo lingüístico) es discontinuo cuando está constituido por dos o más segmentos fónicos no contiguos. Los segmentos fónicos (morfemas) forman juntos un solo constituyente inmediato de rango superior. La negación, por ejemplo, es discontinua en francés: il ne vient pas; y algunas veces en español: él no viene nunca. La secuencia verbo + partícula en inglés adquiere forma discontinua: he took it over.

24. O la gramática tranferencial (transfer grammar) que consistirá en un contraste de gramáticas transformacionales cuyo fin será mostrar el paralelismo sintáctico-semántico y el margen de diferencias de cada lengua.

25. Las transformaciones anotadas no son las únicas. Podrían aumentarse a la lista varias otras: Who translated Homer?, Was Homer translated by Hermosilla?, Who did Hermosilla translate?, etc., pero no queremos hacer más compleja la comparación en lo

concerniente al punto que deseamos explicar. Además, la interrogación puede tener distinto significado (Grinder).

26. Orden o construcción envolvente se opone a orden o construcción lineal en la que el determinante sigue al determinado. En un orden lineal perfecto al sujeto seguiría el verbo, y a éste los complementos, directo, indirecto y circunstanciales; cada uno de estos constituyentes llevaría inmediatamente detrás los determinantes que le corresponden. Esta tendencia se ha consolidado en alto grado en inglés y en francés. El alemán anticipa con mucha frecuencia los determinantes y el español ocupa en este respecto un lugar intermedio. El castellano que se caracteriza por una gran libertad constructiva favorece los procesos de construcción envolvente, como la anteposición del adjetivo, la inversión sujeto/verbo, verbo/objeto, etc. y en general el desplazamiento de elementos y de series de elementos.

27. Reglas rescriturales: rewriting rules (C. P. Otero).

28. Con verbos, en afirmativo, que indican irrealidad o acción dudosa, como negar y dudar.

29. Con verbos de información, como creer, decir, afirmar, saber, que en negativo entrañan predicción o imposición de voluntad por cuya razón exigen subjuntivo.

30. Como se ha visto al tratar de las visiones del mundo, las clasificaciones semánticas de una lengua pueden diferir de las de otra en distinto grado. En tales casos, para lograr una correspondencia adecuada, ya que no se encuentra una forma alternativa, habrá que describir la estructura semántica del término para hacerla más simplemente asimilable. Lo mismo dígase de la modificación que hay que agregar para transmitir el significado de los tiempos verbales cuando ciertos rasgos aspectuales no están explícitos en el auxiliar. A este proceso se da el nombre de modificación externa o condicionamiento contextual. La modificación externa es una forma de compensación (8.10).

31. La modificación explícita es la que marca explícitamente ciertos aspectos o formas verbales como la duración: estuvo hablando; la anterioridad: hube hablado; etc. En ausencia de la modificación explícita la lengua recurre a veces a la modificación externa: habló por dos horas (véase nota 30).

32. La traducción de C. P. Otero es: oraciones rajadas. En inglés cleft sentences. El término bipartido tiene antecedentes en literatura: "Partido en dos pedazos o partes. Usase en el lenguaje poético y en el científico" (Diccionario de la Real Academia).

33. Qunque en los manuales de inglés se lee que dicha coma es superflua (Perrin and Smith), el uso no ha podido prescindir de ella y rige todavía como una obligatoriedad.

34. La actancia es el conjunto de los tipos de relaciones que existen entre los actantes (o participantes) de una relación predicativa

(Pottier). Por ejemplo: 'Pedro (A^0) entregó un regalo (A^1) a Juan
(A^2) para Carmen (A^3) . . .' La visión se dice monoactancial cuando
se considera un solo actante, biactancial si se consideran dos
actantes: mi hermano está casado; el presidente estuvo acompañado
de su esposa; pluriactancial cuando lleva más de dos actantes, como
en el primer ejemplo.

35. Caracterización: el conjunto de medios que sirven para
expresar la cualidad de una cosa o de un proceso (Vinay/Darbelnet,
Malblanc). Por ejemplo, el adjetivo de relación inglés toma por lo
general la forma de locución prepositiva. Este cambio de exponencia
constituye una caracterización sintáctica: medical student: estudiante
de medicina. Hay muchísimos medios de realizar la caracterización,
pero se utilizan en particular adjetivos, locuciones prepositivas,
adverbios, locuciones adverbiales. La caracterización ocurre con
mayor frecuencia en castellano a causa del carácter sintético del
inglés que le permite emplear un solo monema y al español no le
queda otro recurso que diluir. Algunos procedimientos técnicos,
en especial la modulación (8.4) y la transposición (8.3) hacen uso
de la caracterización.

36. Véase nota 26.

37. Véase nota 30.

38. Se designa con el nombre de sintagma a toda combinación de
monemas. Sintagma autónomo es una combinación de dos o más
monemas cuya función no depende de su lugar en el enunciado. Puede
ser del tipo el año pasado en el que el conjunto de monemas indica
su relación con el contexto. Pero más a menudo está provisto de un
monema funcional que asegura la autonomía del grupo. Los segmentos del enunciado en automóvil, con mis valijas son sintagmas
autónomos (Martinet, Eléments).

39. Sema, en la terminología de Greimas, es un rasgo semántico.
Carga, densidad o configuración sémica depende del número de rasgos
semánticos. Cada lexema tiene sus semas, por ejemplo, el lexema
alto tiene los semas de espacialidad, dimensionalidad, verticalidad;
el lexema largo, los semas de espacialidad, dimensionalidad, horizontalidad, perspectividad; el lexema ancho, los semas de espacialidad, dimensionalidad, horizontalidad, lateralidad.

40. Ambigüedad de construcción es igual que ambigüedad
sintáctica. Bally la llama homonimia sintáctica. Los generativistas:
homonimia construccional o polisemia construccional (Véase Kovacci,
Tendencias actuales de la gramática).

41. No queremos decir que esa sea la forma de traducir poesía.
La traducción de obras poéticas es diferente y sin duda la más difícil.
Las unidades de análisis no son ya las unidades lexicológicas ni los
monemas, sino las imágenes, los símbolos y las figuras. En poesía
casi siempre hay abolición de la sintaxis para dar paso a la

manifestación puramente mítica. Pero el método de traducción de poesía no es el método que tanto hemos escuchado de hacer poesía propia sepultando al poeta en una nueva creación. En este campo también el modelo generativo transformacional ha tenido una influencia liberadora. Es curioso, como lo hemos hecho notar en otros momentos del presente curso, que el lenguaje figurado nace con las aberraciones y anomalías sintácticas y semánticas de la lengua (véase Chomsky, Aspectos). Los efectos estilísticos de la poesía se logran precisamente por el alejamiento de las normas ordinarias de la gramaticalidad, en el sentido bosquejado en este curso. El traductor debe conocer las modalidades de ese alejamiento del uso normal, de lo real, de la forma patente banal. Debe conocer las modalidades de densidad sémica de las expresiones, la diferencia entre palabras imágenes y palabras signos y dominar el funcionamiento de las significaciones exocéntricas. La poesía es sobre todo exocéntrica. En este curso no ha sido nuestro propósito ahondar el tema de la traducción poética, pero es indispensable recordar al traductor que los métodos de traducción poética no se expresan en términos subjetivos ni de libre interpretación. La lengua poética tiende a funcionar por naturaleza en sentido contrario de como lo hace el sentido corriente; tiende a ser cada vez más hermética; funciona en el plano connotativo y no denotativo, y la connotación varía enormemente según los grupos de individuos. La virtualidad asociativa de la poesía es indefinida, como su naturaleza simbólica, el onirismo y la ambigüedad de símbolos. Para la traducción poética se requiere un grado de sensibilidad y excelencia estilística mucho más alto que para la prosa, una coincidencia de inspiración y sentimiento con el poeta a quien se traduce, y es indispensable tener en cuenta el impacto en el receptor para que la poesía cumpla con el mismo propósito del original.

42. "Cuanto más ruido, es decir, obstáculos exteriores a la transmisión del mensaje, exista, mayor papel de lucha contra dicho ruido desempeñará la redundancia" (Martinet, La lingüística, guía alfabética). Según la teoría de la comunicación, en el término ruido se reúne el conjunto de fenómenos que pueden perturbar la transmisión de un mensaje. El ruido lingüístico puede ser un elemento carente de sentido, una repetición viciosa, una impropiedad semotáctica, una forma rara o inusitada, una redundancia abusiva, una tautología, las autoincrustaciones abusivas, una coacción sintagmática, un error gramatical, etc.

43. Véase nota 13.

44. Véase nota 23.

45. Topic-comment: asunto-comentario. (En la versión de C. P. Otero: asuntocomento).

46. Displacement: desplazamiento. Es una variedad de reordenamiento. El reordenamiento en gramática transformacional se
conoce con el término de permutación, pero preferimos evitar este
último por la confusión que puede causar. En efecto, permutable,
en su acepción más común significa interchangeable.

47. Paráfrasis: nos referimos a ella en el sentido consignado en
el Diccionario de la Real Academia, esto es en su concepto tradicional de explicación o interpretación amplificativa de un texto. No
nos referimos a la nueva noción de paráfrasis de la gramática transformacional que en el presente curso se ha omitido para evitar confusión. Según el concepto nuevo la paráfrasis consiste en el grado
de sinonimia que existe entre dos oraciones que se relacionan ya sea
transformacionalmente--poseen los mismos indicadores sintagmáticos
(phrase-marker)--ya sea semánticamente--contienen expresiones
sinónimas. Se puede decir que la oración pasiva es la paráfrasis de
la oración activa, pues son dos formas distintas de expresar la misma
estructura subyacente. Para algunos lingüistas la verdadera sinonimia no existe. Las paráfrasis vienen a ser en realidad parasinónimas.
Según F. R. Lewis, la verdadera paráfrasis es imposible.

48. Como se puede observar en el tratamiento de los diversos
tipos de modulación, estos siguen el camino de las figuras retóricas,
como la metáfora, la sinécdoque, la metonimia, la metalepsis, las
sinestesias, etc., cuyas fórmulas son la parte por el todo, el género
por la especie, una parte por otra, la causa por el efecto, etc. etc.,
pero también sobrepasan a las figuras que hemos conocido en la
preceptiva literaria y abarcan tantas otras, como por ejemplo: la
noción de tiempo por la de espacio, la substancia por la calidad, lo
ausente por lo presente, el movimiento por el estado o por la cosa
en movimiento, el agente por el instrumento, un aspecto por otro,
la duda por la afirmación, lo animado por lo inerte, etc. etc., que
no han merecido en la retórica un nombre específico de figura.

49. Si se examinan las definiciones de metáfora, sinécdoque y
metonimia dadas por la retórica o que constan en los diccionarios
nos daremos cuenta de que ninguna de ellas coincide. Hasta los
ejemplos se prestan unas a otras. El principal elemento de confusión parece ser la descripción de los fenómenos que recubren, que
constituyen una gama numerosa e indiferenciada hasta el punto de que
no se sabe su distribución exacta; por ejemplo, el género por la
especie, la causa por el efecto, la sustancia por la calidad, lo abstracto por lo concreto, lo general por lo particular, lo más por lo menos,
el signo por la cosa, una cosa por otra, o vice versa. La clasificación se vuelve imposible si se considera que existe imbricación
(nota 50) entre estas descripciones. Pasar del género a la especie
o viceversa bien puede ser pasar de lo general a lo particular o
viceversa. En la lingüística actual se trata de explicar estos

fenómenos como dislocaciones de las reglas de subcategorización y de selección de rasgos sintácticos de la teoría chomskiana (véase Ohmann, Enkvist y otros). La obra de Michel Le Guern ofrece un estudio avanzado de estas figuras retóricas.

50. La imbricación se refiere a la zona de sentido que recubren los segmentos de una y otra lengua. Por ejemplo, en español hay cuatro formas distintas para designar la zona de sentido designada en francés con dos formas:

leña	bois
madera	
bosque	forêt
selva	

Se dice entonces que los segmentos LO y LT tienen significados imbricados. Rara vez tienen 'el mismo significaco' en el sentido lingüístico puro, pero mientras mayor sea el número de semas (rasgos semánticos) que tienen en común la equivalencia se aproxima más a la totalidad de la traducción.

51. Véase nota 13.

52. Transformación deletiva del agente: agent deletion transformation (C. P. Otero).

53. No se considera falta de equivalencia estilística el empleo de palabras cultas españolas en lugar de las populares del inglés, pues son las respectivas tendencias de cada lengua:

disease agent	agente patógeno
law makers	legisladores
weather bureau	departamento de meteorología
miracle working	taumaturgia
pleasure seekers	edonistas
pen name	pseudónimo
drug treatment	quimioterapia
soil science	edafología
mercy killing	eutanasia
two-headed	bicéfalo
wheel chair	silla ortopédica
family tree	árbol genealógico
tele-eyepiece	teleobjetivo
track	hipódromo
horse show	concurso hípico
drinking water	agua potable

54. Hemos escuchado en algunos círulos una opinión muy reciente de que el proyecto de traducción debe quedarse al nivel prenuclear, siendo tarea del revisor la consiguiente reestructuración final en la estructura patente. Queda por experiementar si este sistema no perjudica el aspecto estilístico de los efectos, intensidad y matices. No hemos tenido todavía oportunidad de realizar este experimento. Lo que sí ha ocurrido es que poetas de habla inglesa que no conocen el español han 'traducido' a poetas de nuestra lengua sirviéndose de intermediarios. Los intermediarios les entregan un proyecto de versión que contiene las ideas básicas--una traducción 'literal', según informa uno de los poetas traductores--y ellos completan la elaboración. Los resultados han sido, como era de esperarse, poco encomiables.

TEXTOS Y VERSIONES

TEXTO 1

The wind was a monster roar at his head. Seventy miles per hour, ninety, a hundred and twenty and faster still. The wing-strain now at a hundred and forty miles per hour wasn't nearly as hard as it had been before at seventy, and with the faintest twist of his wingtips he eased out of the dive and shot above the waves, a gray cannonball under the moon.

He closed his eyes to slits against the wind and rejoiced. A hundred forty miles per hour! And under control! If I dive from five thousand feet instead of two thousand, I wonder how fast . . .

His vows of a moment before were forgotten, swept away in that great swift wind. Yet he felt guiltless, breaking the promises he had made himself. Such promises are only for the gulls that

El viento bramaba como un monstruo[1] sobre su cabeza. Cien kilómetros[2] por hora, ciento treinta, ciento ochenta, y más veloz aún. La tensión de las alas a doscientos kilómetros por hora ya[3] no era tan grande[4] como antes a cien, y le bastó[5] un casi imperceptible[6] giro con los extremos de las alas para salir sin esfuerzo[7] del picado deslizándose sobre las olas como una bala de cañón blanquecina[8] a la luz[9] de la luna.

Apenas si podía abrir los ojos[10] por el viento,[11] pero se regocijó.[12] ¡A doscientos kilómetros por hora! ¡Y con qué precisión![13] Si me lanzo en picado[14] desde una altura[15] de mil metros[16] en vez de quinientos, ¡quién sabe[17] a qué velocidad . . .![18]

Sus resoluciones tomadas[19] sólo momentos antes pasaron al olvido[20] arrebatadas por la enorme velocidad[21] del viento. Sin embargo, no se sentía culpable[22] de romper las promesas

accept the ordinary. One who
has touched excellence in his
learning has no need of that kind
of promise.

que se había hecho a sí mismo.
Las promesas son únicamente
para las gaviotas que se contentan[23] con lo ordinario.
Quien en su afán de aprender[24]
ha llegado a los umbrales de la
excelencia[25] no necesita esa
clase de promesas.

By sunup, Jonathan Gull was
practicing again. From five
thousand feet the fishing boats
were specks in the flat blue
water, Breakfast Flock was a
faint cloud of dust motes, circling.

A la salida del sol, [26] Juan
Gaviota reanudaba su práctica. [27]
Desde una altura[28] de dos mil
metros los pesqueros parecían
diminutas manchas[29] sobre el
mar[30] inmóvil[31] y azul, la
Bandada de la Comida una nube
de partículas revoloteando[32] en
círculo.

He was alive, trembling ever
so slightly with delight, proud
that his fear was under control.
Then without ceremony he
hugged in his forewings, extended
his short, angled wingtips, and
plunged directly toward the sea.
By the time he passed four thousand feet he had reached terminal
velocity, the wind was a solid
beating wall of sound against which
he could move no faster. He was
flying now straight down, at two
hundred fourteen miles per hour.
He swallowed, knowing that if his
wings unfolfed at that speed he'd
be blown into a million tiny
shreds of seagull. But the speed
was power, and the speed was
joy, and the speed was pure
beauty. (Richard Back, Jonathan
Livingston Seagull).

Estaba vivo, y sentía un leve
temblor[33] de regocijo, orgulloso
de haber dominado[34] el miedo.
Sin ceremonias, [35] estrechó
luego[36] sus alas[37] extendiéndolas
sólo hacia[38] los cortos y
agudos[39] extremos, y se precipitó en dirección[40] al mar.
Cuando[41] pasó los dos mil
metros había logrado la máxima[42] velocidad, el viento palpitante[43] era una sólida barrera
de sonido que hacía imposible[44]
ganar mayor rapidez. [45] Descendía ahora casi perpendicularmente[46] a trescientos veinte
kilómetros por hora. Tragó
saliva, [47] dándose cuenta de que
si desplegaba[48] las alas a esa
velocidad habría estallado en un
millón de minúsculos residuos
de gaviota. Pero la velocidad
era poder, era júbilo, [49] era
belleza pura. [50]

NOTAS

1. monster roar: bramaba como un monstruo. Doble transposición sustantivo/verbo y adjetivo/sustantivo, y modulación de metáfora a símil.

2. seventy miles: cien kilómetros. Adaptación y modulación por razón de uso.

3. now wasn't: ya no era. Omisión de now, pero compensación con ya. Se evita la disonancia por hora no era ahora.

4. nearly: ∅. Con la omisión se pierde en parte el matiz intensivo expresado en inglés por medio de nearly = degree word (Bolinger).

5. with: le bastó. Amplificación de preposición; anticipación a faintest.

6. faintest: casi imperceptible. Compensación de los rasgos semánticos de faintest.

7. eased out: salir sin esfuerzo. Transposición cruzada.

8. gray: blanquecina. Modulación sensorial. Si se colige que la luna ejerce algún efecto sobre el color, no puede hacer a una gaviota oscura; gray en inglés es ambivalente, esto es, puede expresar dos direcciones contrarias; gray hair, por ejemplo, no significa oscuro, sino al contrario, que blanquea por las canas.

9. under the moon: a la luz de la luna. Explicitación que justifica la modulación anterior gray/blanquecina y amplifica la partícula under. Gris bajo la luna sería ejemplo de traducción literal carente de sentido.

10. closed his eyes to slits: apenas si podía abrir los ojos. Modulación por inversión del punto de vista. Sin la modulación se incurriría en notable pérdida de la economía del inglés: to close to slits = to close until they become slits. Esta descripción completa de cerrar los ojos hasta convertirlos en pequeñas rayas (a) volvería flemático el estilo y (b) asignaría prominencia temática a un detalle de segunda importancia.

11. against the wind: por (a causa de) el viento. Modulación explicativa. La preposición against: contra no se puede emplear en la misma forma en que lo hace el inglés.

12. and rejoiced: pero se regocijó. Transposición de partículas. Se muestra también la necesidad de hacer más ligada la expresión expañola.

13. and under control: y con qué precisión. Modulación explicativa causa/efecto.

14. I dive: me lanzo en picado. Dilución de la unidad concentrada.

15. from five thousand feet: desde una altura de mil metros. Amplificación de preposición.

16. feet: metros. Modulación por razón de uso y adaptación.

17. I wonder: quien sabe. Equivalencia.

18. fast: velocidad. Transposición adjetivo/sustantivo.

19. of a moment before: tomadas sólo momentos antes.
Amplificación reforzativa de la preposición.

20. were forgotten: pasaron al olvido. Modulación causa/efecto
y transposición verbo/sustantivo.

21. great swift wind: enorme velocidad del viento. Transposición
adjetivo/sustantivo y desplazamiento, pues el adjetivo pasa a modificar
a velocidad.

22. he felt guiltless: no se sentía culpable. Modulación por contrario negativado.

23. accept the ordinary: se contentan con lo ordinario. Modulación por inversión de términos.

24. touched excellence: llegado a los umbrales de la excelencia.
Amplificación del verbo y modulación explicativa.

25. in his learning: en su afán de aprender. Equivalencia
estilística. Diferencia entre el lenguaje literario en inglés y en
español: el español es siempre más elaborado y rico. Dígase lo
mismo de la nota 20, en el que el nivel literario exige la selección
de términos. Véase la pérdida de vitalidad que ocurriría con en su
aprendizaje.

26. by sunup: a la salida del sol. Dilución de la unidad
concentrada.

27. was practicing again: reanudaba su práctica. Transposición
cruzada.

28. from five thousand feet: desde una altura de . . .
Véase nota 14.

29. specks: diminutas manchas. Dilución y compensación.

30. water: mar. Modulación por cambio de comparación o de
símbolo.

31. flat: inmóvil. Afinidad semotáctica. Mar plano o agua plana
no son compatibles ni ofrecen ningún sentido. Para lograr la
propiedad semotáctica se ha recurrido a la modulación.

32. circling: revoloteando en círculo. Amplificación del verbo
o unidad diluida.

33. ever so: ∅. Igual que nota 4.

34. under control: haber dominado. Equivalencia.

35. without ceremony: sin ceremonias. Equivalencia; en español
prefiere el plural.

36. then . . . hugged: estrechó luego. Desplazamiento de luego.
Véase tolerancia textual.

37. forewings: alas. Pérdida semántica, para evitar el recargo
de comunicación con un término inusitado: antealas.

38. extended his wingtips: extendiéndolas sólo hacia . . .
Compensación de la pérdida precedente.

39. angled: agudos. Modulación por cambio de comparación o de símbolo.

40. directly: en dirección. Transposición adverbio/locución.

41. by the time: cuando. Concentración de la unidad diluida.

42. terminal: máxima. Modulación por cambio de comparación o de símbolo.

43. beating wall: viento palpitante. Reordenamiento de elementos sin pérdida semántica para evitar el recargo y acumulación que se produciría con el viento era una barrera de sonido sólida y palpitante.

44. against which he could not: que hacía imposible. Modulación por inversión de términos.

45. move no faster: ganar mayor rapidez. Modulación abstracto/concreto.

46. he was flying now straight down: descendía ahora casi perpendicularmente. fly down: descendía. Plano intelectivo. straight down: casi perpendicularmente. Correspondencia oblicua, para no debilitar el estilo enérgico de la narración; equivalencia estilística.

47. swallowed: tragó saliva. Dilución y amplificación.

48. if his wings unfolded: si desplegaba las alas. Modulación animismo/inanimismo, y transposición de determinantes.

49. the speed was joy, the speed was pure beauty: era júbilo, era belleza pura. Omisión de la repetición de speed.

50. pure beauty: belleza pura. Posición del adjetivo. Como en el caso de un hombre pobre y un pobre hombre, era pura belleza podría connotar una mera (simple) belleza.

TEXTO 2

He sat and plugged in the electric coil. Water had been prepared at bedtime. He liked to watch the changes of the ashen wires. They came to life with fury, throwing tiny sparks and sinking into red rigidity under the Pyrex laboratory flask. Deeper. Blenching. He had only one good eye. The left distinguished only light and shade. But the good eye was dark-bright, full of observation through the overhanging hairs of the brow as in some breeds of dog. For his

Se sentó y conectó la cocinilla eléctrica. Había preparado[1] el agua antes de acostarse.[2] Le gustaba ver los cambios que se producían[3] en los alambres semejantes a brasas cubiertas de cenizas.[4] Revivieron[5] con furia, lanzando pequeñas chispas y cediendo[6] al fin[7] al rojo rivo y rígido,[8] bajo la redoma[9] de cristal Pyrex.[10] Ora se hacían más profundos, ora palidecían. Tenía un solo ojo bueno. El izquierdo apenas distinguía la luz de la oscuridad.[11] Pero el

height he had a small face. The combination made him conspicuous.

His conspicuousness was on his mind: it worried him. For several days, Mr. Sammler returning on the customary bus late afternoons from the Forty-second Street Library had been watching a pickpocket at work. The man got on at Columbus Circle. The job, the crime, was done by Seventy-second Street. Mr. Sammler if he had not been a tall straphanger would not with his one good eye have seen these things happening. But now he wondered whether he had not drawn too close, whether he had also been seen seeing. He wore smoked glasses, at all times protecting his vision, but he couldn't be taken for a blind man. He didn't have the white cane, only a furled umbrella, British-style. Moreover, he didn't have the look of blindness. The pickpocket himself wore dark shades. He was a powerful Negro in a camel's-hair coat, dressed with extraordinary elegance, as if by Mr. Fish of the West End, or Turnbull and Asser of Jermyn Street. (Mr. Sammler knew his London.) The Negro's perfect circles of gentian violet banded with lovely gold turned toward Sammler, but the face showed the effrontery of a big animal. Sammler was not timid, but he

ojo sano, gris y brillante, [12] que escudriñaba[13] por entre los larguísimos[14] pelos de la ceja, como suele ocurrirles[15] a algunas razas de perros. Pese a[16] su estatura[17] tenía la cara pequeña. El conjunto[18] le daba aspecto notorio. [19]

Lo del aspecto notorio[20] no se le borraba de la mente;[21] le preocupaba. Desde hacía varios días[22] al volver a última hora de la tarde[23] de la biblioteca de la calle 42 en el acostumbrado autobús, había venido observando a un ratero en plena operación. [24] Este[25] tomaba el bus en el Columbus Circle. El delito[26] ocurría[27] al pasar[28] por la 72. Si Mr. Sammler[29] no hubiera sido alto, ni hubiese viajado de pie prendido de la correa, [30] no habría podido con sólo un ojo bueno ver cuanto[31] estaba sucediendo. Mas ahora dudaba[32] si a lo mejor se había asomado[33] demasiado, y se había dejado ver fisgoneando. [34] Llevaba siempre[35] gafas oscuras para protegerse la vista, [36] pero no se le podía tomar por ciego. [37] No llevaba bastón blanco, sólo un paraguas bien plegado, estilo británico. Por lo demás no tenía aspecto de ciego. [38] El ratero también[39] llevaba gafas oscuras. Era un negro fornido, vestía[40] chaqueta de piel[41] de camello, su moda era[42] de oxtraordinaria elegancia, como de la casa[43] Fish del West End, o de Turnbull y Asser de la calle Jermyn (Mr. Sammler conocía bien[44] Londres). Las lunas[45] perfectamente redonas, [46] de color violeta de

had had as much trouble in life as he wanted. A good deal of this, waiting for assimilation, would never be accommodated. He suspected the criminal was aware that a tall old white man (passing as blind?) had observed, had seen the minutest details of his crimes. Staring down. As if watching open-heart surgery. And though he dissembled, deciding not to turn aside when the thief looked at him, his elderly, his compact, civilized face colored strongly, the short hairs bristled, the lips and gums were stinging. He left a constriction, a clutch of sickness at the base of the skull where the nerves, muscles, blood vessels were tightly interlaced. The breath of wartime Poland passing over the damaged tissues--that nerve-spaghetti, as he thought of it. (Saul Bellow, Mr. Sammler's Planet).

genciana, montadas en atractiva armazón[47] dorada, se volvieron hacia Mr. Sammler, pero la cara delataba la ferocidad[48] de un gran animal. Sammler no era tímido, pero había pasado en la vida por más problemas de lo que podía haber esperado.[49] Jamás se resignaría[50] a muchos de ellos, que aun no habían sido asimilados. Sospechaba que el delincuente se hubiera dado cuenta de que un blanco[51] entrado en años[52] y alto (haciéndose pasar por ciego?)[53] lo venía observando y había visto hasta[54] los mínimos detalles de sus robos.[55] Devorando con los ojos.[56] Como si presenciara una cirujía del corazón.[57] Y por más que disimulaba, decidido a no volverse aunque el ladrón lo mirase, la cara[58] provecta, compacta, civilizada, se le encendía,[59] y se le erizaban los cortos cabellos, le punzaban los labios y las encías.[60] Sintió una contracción, un síntoma[61] de enfermedad, en la base del cerebro,[62] donde se le entrelazaban apretadamente los nervios, las venas y los músculos. La Polonia entera[63] de la guerra le pasaba por los nervios afectados . . .[64] como tallarines, según solía decir.[65]

NOTAS

1. had been prepared: había preparado. Modulación visión factiva/activa.

2. at bedtime: antes de acostarse. Equivalencia y transposición sustantivo/verbo.

3. changes of: cambios que se producían. Amplificación de preposición.

4. ashen: semejantes a brazas cubiertas de cenizas. Explicitación. <u>Los alambres cenicientos</u> no trasladaría adecuadamente la imagen del inglés.

5. they came to life: revivieron. Concentración.

6. sinking: cediendo. Modulación por cambio de comparación o de símbolo, con pérdida de intensidad.

7. Ø: al fin. Compensación de la pérdida precedente.

8. red rigidity: rojo vivo y rígido. Transposición sustantivo/adjetivo, modulación sustancia/calidad y amplificación de adjetivo. <u>Rojo</u> pasa de modificador a modificado.

9. laboratory flask: redoma. Ganancia en concentración. Con ello se evita también la acumulación de determinantes.

10. under the Pyrex . . . flask: bajo la redoma de cristal Pyrex. Explicitación y modificación externa. La traducción literal: <u>bajo el frasco Pyrex</u> no sería inteligible, ya que la marca Pyrex pudiera no ser universalmente conocida.

11. light and shade: luz de la oscuridad. Equivalencia. Cuestión de metalingüística: la oposición usual del español no es <u>luz/sombras</u>, sino <u>luz/oscuridad</u>.

12. dark-bright: gris y brillante. Modulación sensorial.

13. full of observation: que escudriñaba. Concentración por la mayor densidad sémica de <u>escudriñar</u> que a su vez compensa a <u>full</u>.

14. overhanging hairs: larguísimos pelos. Modulación causa/efecto. El superlativo compensa a <u>over</u>.

15. as in some breeds of dogs: como suele ocurrirles . . . Amplificación de preposición.

16. for his height: pese a su estatura. Modulación por inversión de términos y amplificación de preposición.

17. height: estatura. Modulación por cambio de comparación o de símbolo.

18. the combination: el conjunto. Equivalencia idiomática.

19. conspicuous: aspecto notorio. Amplificación de adjetivo.

20. conspicuousness: lo del aspecto notorio. Dilución, sin pérdida de la vinculación temática con el párrafo precedente.

21. was on his mind: no se le borraba de la mente. Explicitación del verbo y modulación por contrario negativado. Decir sólo <u>estaba en su mente</u> no conlleva el mensaje del original.

22. Mr. Sammler: Ø. Omisión de actante, para evitar la repetición muy frecuente del nombre.

23. late afternoons: a última hora de la tarde. Equivalencia metalingüística y desplazamiento.

24. at work: en plena operación. Equivalencia. Con <u>con las manos en la masa</u> se intensificaría demasiado la imagen del original.

25. the man: este. Omisión de <u>el hombre</u> por la preferencia particular del español y sustitución con referencia anafórica.

26. the job: ∅. Omisión de elemento que puede crear oscuridad.

27. was done: ocurría. Modulación abstracto/concreto.

28. by Seventy-second street: al pasar por . . . Amplificación reforzativa de preposición.

29. Mr. Sammler if: si Mr. Sammler. Inversión.

30. straphanger: viajaba de pie prendido de la correa. Modificación externa para explicitar una costumbre que pudiera no ser universal. Es una forma de adaptación metalingüística.

31. these things: cuanto. Concentración del español y modulación abstracto/concreto.

32. wondered: dudaba. Equivalencia.

33. drawn too close: asomado demasiado. Modulación por inversión de términos.

34. been seen seeing: dejado ver fisgoneando. Ganancia de matiz del español: fisgonear trasluce mejor la idea del original.

35. siempre. Desplazamiento.

36. visión: vista. Equivalencia.

37. blind man: ciego. Concentración de la unidad diluida.

38. blindness: ciego. Modulación, paso de objeto a paciente.

39. himself: también. Compensación.

40. in a coat: vestía chaqueta. Amplificación de preposición.

41. camel's hair: piel de camello. Modulación de parte por el todo.

42. dressed: su moda. Para no repetir vestía, modulación y transposición.

43. as if by Mr. Fish: como de la casa Fish. Amplificación reforzativa de preposición y explicitación.

44. his London: Londres. Omisión del posesivo, proceder del español.

45. circles: lunas. Modulación explicativa.

46. perfect circles: lunas perfectamente redonas. Dilución y compensación.

47. banded: montadas en armazón. Amplificación de verbo y explicitación.

48. effrontery: ferocidad. Compatibilidad semotáctica: desfachatez o descaro no armonizan con animal.

49. as he wanted: de lo que podía haber esperado. Equivalencia dinámica para evitar una estructura extraña.

50. would never be accommodated: jamás se resignaría. Desplazamiento y modulación por inversión de términos.

51. white man: blanco. Concentración del español.

52. old: entrado en años. Dilución para evitar acumulación de adjetivos.

53. passing as blind: haciéndise pasar por ciego. Equivalencia idiomática.

54. the minutest details: hasta . . . Compensación de la carga sémica de minutest.

55. crimes: robos. Equivalencia estilística. Crimen no se aplica a robo de carteras.

56. staring down: devorando con los ojos. Compensación de la densidad sémica de stare. down: ∅ omisión, plano intelectivo.

57. open-heart surgery: cirujía del corazón. Omisión del determinante, plano intelectivo.

58. his face: la cara. Omisión de posesivo.

59. colored strongly: se le encendía. Concentración y economía del español, gracias a la densidad sémica de encender que compensa a strongly.

60. the lips and gums were stinging: le punzaban los labios y las encías. Inversión.

61. clutch: síntoma. Modulación abstracto/concreto.

62. skull: cerebro. Modulación de una parte por otra.

63. the breath of . . . Poland: la Polonia entera. Transposición sustantivo adjetivo y modulación por cambio de símbolo.

64. tissues: ∅. Omisión, incompatibilidad semotáctica de tejidos con nervios.

65. he thought of it: según solía decir. Modulación explicativa.

TEXTO 3

Fifteen minutes had elapsed when Sid Hendricks entered the block-long red brick building housing a conglomeration of art treasures, sponsored by a Danish brewery.

Habían transcurrido quince minutos[1] cuando Sid Hendricks entró en el gran edificio de ladrillo[2] que ocupaba una manzana entera,[3] en el que se albergaba una colección[4] de tesoros artísticos patrocinada por una fábrica nacional[5] de cerveza.

He paid a krone admission, bought a catalogue, then made directly up a long flight of stairs on the right side of the main lobby.

Hendricks[6] pagó el derecho de admisión,[7] compró un catálogo y subió sin pérdida de tiempo[8] la larga escalera[9] de la derecha[10] del vestíbulo principal.

The room was empty. Hendricks studied it for unwanted guests but could spot none. He thumbed through the catalogue, then moved around the dozens of Degas wire studies of horses and

La sala estaba desierta.[11] Hendricks dio una mirada[12] para cerciorarse de que no hubiera[13] circunstantes sospechosos,[14] pero no vio a nadie.[15] Luego de hojear[16] el catálogo se puso a

ballet dancers, each an experiment to capture phases of motion. He stopped before a glass case and looked long at a particularly magnificent piece, a rearing horse.

'Unfortunately, we do not see much Degas in the Soviet Union.'

Hendricks squinted to try to catch in the glass the reflection of the man who had slipped up behind him, but all he could make out was a transparent disfiguration.

'A few pieces in the Pushkin Museum in Moscow,' the Russian accent labored, 'and somewhat better in the Hermitage, but I do not get to Leningrad often.'

Hendricks turned the page in the catalogue. 'Never been there,' he answered, keeping his eyes straight ahead.

'I have. I'd like to leave.'
'I don't think we've met.'
'Not formally. You are Sidney Hendricks, in charge of the American ININ Division in Denmark.'

'Anyone can get that information out of the Embassy Directory.'
'Then, how about this information? Your boss, Michael Nordstrom, is in Copenhagen to meet the Danish and Norwegian ININ counterparts, Nosdahl and Sorensen, to discuss expansion

mirar[17] las docenas de estudios de Degas que representaban[18] caballos y bailarinas[19] de alambre, con los que el artista trata de captar[20] fases de movimiento. Se detuvo ante una vitrina[21] y contempló por largo rato una pieza de singular belleza, [22] un caballo erguido en sus dos patas. [23]

'Es una lástima[24] que no tengamos muchas oportunidades[25] de admirar a Degas en la Unión Soviética'.

Hendricks trató de distinguir furtivamente[26] en el reflejo del vidrio[27] al hombre que de pronto le hablaba detrás de él, [28] pero la imagen era tenue y desfigurada. [29]

'Unas pocas obras en el museo Pushkin de Moscú--continuó esforzándose[30] la voz[31] de acento ruso--y tal vez más[32] en el Hermitage, pero no voy con frecuencia[33] a Leningrado'.

Hendricks volvió una página del catálogo. 'Nunca he estado por allá' contestó sin volver la vista. [34]

'Yo sí. Y desearía marcharme'.
'No creo que nos conozcamos'.
'Formalmente, no. Usted es Sidney Hendricks, encargado de la División norteamericana de la ININ en Dinamarca'.

'Cualquiera puede ver esa información en el directorio de la ambajada'.
'Bueno, [35] pero ¿qué le parece este otro dato? Su jefe, Michael Nordstrom, se halla en Copenhague para entrevistarse con sus colegas de Dinamarca y Noruega, [36] Nosdahl y Sorensen, y discutir la

of an espionage ring of Scandinavian students studying in the Soviet Union.'

With that, Sid Hendricks turned and faced his adversary.

The two stipulated books nestled tightly under the arm of a man of shorter than average height. Russians look like Russians, Hendricks thought. High forehead, suffering brown eyes of a tortured intellectual, uneven haircut, prominent cheekbones, knobby fingers. His suit showed Western styling but was sloppily worn.

'Follow me and keep a hundred-foot interval.'
Hendricks passed from the room through a group of incoming art students and their instructor. (Leon Uris, Topaz).

expansión de una red[37] de espionaje formada de jóvenes[38] escandinavos que estudian en Rusia'.
Sólo entonces[39] se volvió Hendricks[40] y enfrentó a su adversario.
Era un hombre de baja estatura, [41] con los dos libros de la contraseña[42] apretados bajo el brazo. [43] Los rusos no dejan de ser rusos, [44] pensó Hendricks. Frente alta, los lánguidos[45] ojos castaños[46] de un intelectual torturado, corte de cabello desigual, pómulos salientes, dedos nudosos. El estilo del traje[47] parecía occidental pero lo llevaba muy desaliñado. [48]
'Sígame, pero a una distancia[49] de treinta metros'. [50]
Hendricks abandonó la sala pasando[51] por entre un grupo de estudiantes de arte que llegaban con su profesor.

NOTAS

1. Habían transcurrido . . . Inversión sujeto/verbo.
2. red brick building: gran edificio de ladrillo. Omisión de red. Gran, anticipación de block-long que se diluye en gran . . . que ocupa una manzana entera. Véase la pérdida que ocurriría sin la anticipación: entró en el edificio de ladrillo que ocupaba una manzana entera. Parecería que con ello se indica que hay otros edificios de ladrillo.
3. block-long: que ocupa una manzana entera. Economía del inglés: véase la nota 2. Hay también transposición adjetivo/sustantivo y amplificación del adjetivo.
4. conglomeration: colección. Compatibilidad semotáctica con tesoros artísticos.
5. Danish: nacional. Con esta modulación por medio de una hiponimia amplificativa se evita la asonancia cerveza danesa.
6. He paid: Hendricks pagó. Explicitación de actante.
7. a krone admission: derecho de admisión. Modulación abstracto/concreto.

8. made strictly up: subió sin pérdida de tiempo. Modulación de noción de espacio a noción de tiempo.

9. a long flight of stairs: la larga escalera. Omisión de flight que no se considera en español (adaptación).

10. right side: derecha. Omisión de side.

11. empty: desierta. La tonalidad del texto exige la selección de palabras, con lo cual a la vez se logra evitar la cacofonía estaba vacía.

12. studied: dio una mirada. Modulación causa/efecto, con pérdida de intensidad.

13. for: para cerciorarse de que no hubiera. Amplificación reforzativa de preposición, lo cual a la vez contribuye a compensar la pérdida precedente.

14. unwanted: sospechosos. Modulación por cambio de comparación o de símbolo, justificada por el contexto y la situación.

15. but could spot none: pero no vio a nadie. Omisión de could con verbo de percepción.

16. thumbed through the catalogue: hojear el catálogo. Pérdida de matiz al pasar de una palabra imagen a una palabra signo.

17. moved around: se puso a mirar. Equivalencia y amplificación.

18. Degas wire studies of . . .: estudios de Degas que representaban caballos y bailarinas de alambre. Desplazamiento para evitar el barroquismo en la frase española. Estudios de alambre de Degas resultaría confuso y de Degas sobre caballos sería equívoco. Se hace necesaria la explicitación de la expresión sintética del inglés para evitar la oscuridad.

19. ballet dancers: bailarinas. Omisión de elemento innecesario para ganar economía en español.

20. an experiment to capture: con los que el artista trata de captar. Dilución que salva de la pesadez del estilo. Transposición sustantivo/verbo. Explicitación de actante.

21. glass case: vitrina. Omisión; el sustantivo se basta en castellano: otra ganancia en concentración.

22. particularly magnificent piece: pieza de singular belleza. Transposición doble para evitar el anglicismo de frecuencia.

23. rearing: erguido en dos patas. Dilución para lograr la compensación estructural.

24. unfortunately: es una lástima. Caracterización sintáctica; se evita comenzar el párrafo con un adverbio en -mente. Véase también compensación estructural.

25. see much: tengamos muchas oportunidades de admirar. Amplificación para evitar la expresión pobre: no vemos mucho de Degas.

26. squinted: furtivamente. Transposición verbo/adverbio.

27. in the glass the reflection: en el reflejo del vidrio. Modulación por inversión de términos.

28. who had slipped up behind him: que de pronto le hablaba detrás de él. De pronto, compensación de la densidad de rasgos de slipped up. Le hablaba, explicitación situacional, que también contribuye a compensar la frase capsular del inglés.

29. was a transparent disfiguration: la imagen era tenue y desfigurada. La imagen, explicitación de un rasgo implícito en disfiguration y transposición sustantivo/adjetivo. Fue una desfiguración transparente no sería muy fácil de descodificar.

30. labored: continuó esforzándose. Amplificación del verbo.

31. Russian accent: voz de acento ruso. Explicitación de actante. Necesidad de restablecer la idea sobrentendida en el párrafo anterior para la ilación del discurso. Continuó esforzándose el acento ruso resultaría en animismo forzado y abrupto, ajeno a la índole del español.

32. somewhat better: tal vez más. Modulación y contexto semotáctico: unas pocas obras en el Pushkin y tal vez más en el Hermitage, pero no unas pocas obras en el Pushkin y mejor en el Hermitage.

33. to Leningrad often: con frecuencia a Leningrado. Caracterización e inversión.

34. keeping his eyes straight ahead: sin volver la vista. Modulación por contrario negativado e inversión de términos.

35. Then: bueno. Equivalencia situacional. Se evita el comienzo con entonces.

36. Danish and Norwegian: de Dinamarca y Noruega. Transposición por razones de ritmo y de estilo.

37. ring: red. Equivalencia y afinidad semotáctica: anillo no es compatible con espionaje.

38. of students: formado de estudiantes. Amplificación de preposición. Dilución para evitar la repetición de elementos idénticos.

39. with that: sólo entonces. Equivalencia, se evita la torpeza del estilo.

40. Hendricks turned: se volvió Hendricks. Inversión sujeto/verbo.

41. of shorter than average height: de baja estatura. Concentración, sin los detalles secundarios.

42. stipulated: de la contraseña. Transposición verbo/sustantivo y modulación por cambio de símbolo.

43. nestled tightly under the arm: apretados bajo el braso. Apretados compensa la expresividad de tightly, pero queda un

margen de pérdida de matiz de <u>nestled</u>, por el paso de imagen a simple fenómeno.

44. Russians look like Russians: los rusos no dejan de ser rusos. Equivalencia, conservando el movimiento temático (reiteración) del original.

45. suffering: lánguidos. Modulación causa/efecto.

46. suffering brown eyes: lánguidos ojos castaños. Orden envolvente del adjetivo.

47. his suit showed Western styling: el estilo del traje parecía occidental. Desplazamiento: <u>estilo</u> pasa a ser sujeto y el sujeto pasa a ser modificador. Modulación por cambio de punto de vista.

48. was sloppily worn: lo llevaba desaliñado. Transposición adverbio/adjetivo.

49. and keep . . . interval: pero a una distancia. Omisión del verbo innecesario. Transposición de partículas.

50. hundred-foot interval: a una distancia de treinta metros. Modulación por razón de uso.

51. through: pasando. Amplificación de preposición.

REFERENCIAS BIBLIOGRAFICAS

Agard, Frederick B., and R. Di Pietro. 1965a. The grammatical structures of English and Italian. Chicago: The University of Chicago Press.

Agard, Frederick B., and R. Di Pietro. 1965b. The sounds of English and Italian. Chicago: The University of Chicago Press.

Aid, Frances M. 1973. Semantic structures in Spanish. Washington, D. C.: Georgetown University Press.

Alarcos Llorach, Emilio. 1969. Gramática estructural. Madrid: Gredos.

Alarcos Llorach, Emilio. 1970. Estudios de gramática funcional del español. Madrid: Gredos.

Alarcos Llorach, Emilio. 1971. Fonología española. Madrid: Gredos.

Alfaro, R. J. 1950. Diccionario de anglicismos. Panamá: Imprenta Nacional.

Bach, Emmon. 1964. An introduction to transformational grammars. New York: Holt.

Bach, Emmon and R. Harms, eds. 1968. Universals in linguistic theory. New York: Holt.

Bally, Charles. 1951. Traité de stylistique française. Paris: Klincksieck.

Bally, Charles. 1965a. Linguistique générale et linguistique française. Paris: Francke Berne.

Bally, Charles. 1965b. Le langage et la vie. Génève: Droz.

Barth, Gilbert. La transposition, principe de stylistique comparée.

Barth, Gilbert. 1961. Recherches sur la fréquence et la valeur des parties du discours en français, en anglais et en espagnol. Paris: Didier.

Barzun, Jacques. 1953. Food for the N. R. F. or My God! What will you have? Partisan Review 20. 6.

Bendix, E. H. 1966. Componential analysis of general vocabulary: The semantic structure of a set of verbs in English, Hindi and Japanese. The Hague: Mouton.

Bense, Max. 1962. Theorie der Texte. Köln: Kiepenheuer Wisch.

Bierwisch, M. 1970. Semantics. In: New horizons in linguistics. Edited by J. Lyons. Harmondsworth, England: Penguin Books.

Bloomfield, L. 1926. A set of postulates for the science of language. Lg. 2.153-164.

Bolinger, Dwight. 1972. Degree words. Janua Linguarum, Series Maior, 53. Paris: Mouton.

Bonnerot, L., L. Lecocq, J. Ruer, H. Appia, et H. Kerst. 1968. Chemins de la traduction. Paris: Didier.

Bühler, Karl. 1950. Teoría del lenguaje. Madrid: Revista de Occidente.

Bull, William E. 1954. Spanish adjective position. Hispania 37.1.

Bull, William E. 1961. A visual grammar of Spanish. Los Angeles: University of California Extension Divison.

Bull, William E. 1965. Applied linguistics. New York: Ronald.

Brower, R. A. 1966. On translation. New York: Oxford University Press.

Castagnino, Raúl H. 1967. El análisis literario. Buenos Aires: Nova.

Catford, J. C. 1965. A linguistic theory of translation. London: Oxford University Press.

Cressot, Marcel. 1971. Le style et ses techniques. Paris: Presses Universitaires de France.

Criado de Val, M. 1962. Fisonomía del idioma español. Madrid: Aguilar.

Crystal, David. 1971. Linguistics. Harmondsworth, England: Penguin Books.

Crystal, David, and Randolph Quirk. 1964. Systems of prosodic and paralinguistic features in English. The Hague: Mouton.

Crystal, David, and Derek Davy. 1969. Investigating English style. London-Harlow: Longmans, Green and Co.

Chafe, Wallace L. 1967. Language as symbolization. Lg. 43.57-91.

Chafe, Wallace L. 1970. Meaning and the structure of language. Chicago: The University of Chicago Press.

Chapman, Raymond. 1973. Linguistics and literature. Totowa, New Jersey: Littlefield, Adams and Co.

Chomsky, Noam. 1957. Syntactic structures. The Hague: Mouton.

Chomsky, Noam. 1965. Aspects of the theory of syntax. Cambridge, Mass.: MIT Press.

Chomsky, Noam. 1968. Language and mind. New York: Harcourt, Brace and World.

Chomsky, Noam. 1972. Studies on semantics in generative grammar. The Hague: Mouton.

Chomsky, Noam, and Morris Halle. 1969. The sound pattern of English. New York: Harper and Row.

Danes, Frantisek. 1970. One instance of Prague School methodology: Functional analysis of utterance and text. In: Method and theory in linguistics. Edited by Paul L. Garvin. The Hague: Mouton.

Daviault, Pierre. 1961. Langage et traduction. Ottawa: Imprimateur de la Reine.

Delacroix, H. 1930. Le langage et la pensée. Paris.

Di Pietro, Robert J. 1971. Language structure in contrast. Rowley Mass.: Newbury House.

Enkvist, Nils Erik. 1973. Linguistic stylistics. The Hague: Mouton.

Fillmore, Charles J. 1965. Indirect object construction in English and the ordering of transformation. The Hague: Mouton.

Fillmore, Charles J. 1968. The case for case. In: Universals in linguistic theory. Edited by Emmon Bach and R. Harms. New York: Holt.

Forster, Leonard, ed. 1958. Aspects of translation. Studies in Communication 2. London: Secker and Warburg.

Fries, Charles C. 1952. The structure of English: An introduction to the construction of English sentences. New York: Harcourt Brace.

Galichet, G. 1961. Physiologie de la langue française. Paris: Presses Universitaires de France.

García de Diego, Vicente. 1951. Lecciones de lingüística española. Madrid: Gredos.

Gili y Gaya, S. 1943. Curso superior de sintaxis española. México: Minerva.

Goldin, Mark G. 1968. Spanish case and function. Washington, D.C.: Georgetown University Press.

Greenberg, Joseph H. 1973. Universals in language. Cambridge, Mass.: MIT Press.

Greimas, A. J. 1966. Sémantique structurale. Paris: Larousse.

Guiraud, Pierre. 1954. La stylistique. Paris: Que sais-je?

Guiraud, Pierre. 1955. La sémantique. Paris: Que sais-je?

Guiraud, Pierre. 1958. La grammaire. Paris: Que sais-je?

Guiraud, Pierre. 1970. Essais de stylistique. Paris: Klinsksieck.

Hadlich, Roger L. 1971. A transformational grammar of Spanish. Englewood Cliffs, N.J.: Prentice-Hall.

Harris, Zellig S. 1952a. Discourse analysis. Lg. 28.1-30.

Harris, Zellig S. 1952b. Discourse analysis: A sample test. Lg. 28.474-94.

Harris, Zellig S. 1962. String analysis of sentence structure. The Hague: Mouton.

Hasan, Rugaiya. 1968. Grammatical Cohesion in spoken and written English. London: Longmans.

Haugen, Einar. 1969. The Norwegian language in America. Bloomington: University of Indiana Press.

Hendricks, W. O. 1967. On the notion beyond the sentence. Linguistics 37.12-51.

Hendricks, W. O. 1969. Three models for the description of poetry. Journal of Linguistics 5.1-22.

Hill, Archibald A. 1958. Introduction to linguistic structures: From sound to sentence in English. New York: Harcourt.

Hill, Archibald A. 1964. The locus of the literary work. English Studies Today, Third Series. Edinburgh: University Press.

Hjelmslev, Louis. 1968. Prolégomènes à une théorie du langage. Paris: Minuit.

Hjelmslev, Louis. 1971. Essais linguistiques. Paris: Minuit.

Hollander, John. 1966. Versions, interpretations and performances. In: On translation. Edited by Reuben A. Brower. New York: Oxford University Press.

Jacobs, Roderick A. 1971. Transformations, style, and meaning. Waltham, Mass.: Xerox College Publishing.

Jacobs, Roderick A. 1973. Studies in language. Waltham, Mass.: Xerox College Publishing.

Jacobs, Roderick A., and Peter S. Rosenbaum. 1970. Readings in English transformational grammar. Waltham, Mass.: Ginn and Company.

Jakobovits, Leon A., and Murray S. Miron, eds. 1967. Readings in the psychology of language. Englewood Cliffs, N. J.: Prentice-Hall.

Jakobson, Roman. 1956. Fundamentals of language. The Hague: Mouton.

Jakobson, Roman. 1961. Linguistics and communication theory: Structure of language and its mathematical aspects. Providence: American Mathematical Society.

Jakobson, Roman. 1966. On linguistic aspects of translation. In: On translation. Edited by R. A. Brower. New York: Oxford University Press.

Jespersen, Otto. 1933. Essentials of English Grammar. New York: Holt and Co.

Katz, Jerrold. 1966. Semantic theory. New York: Harper and Row.

Katz, Jerrold, and J. Fodor. 1963. The structure of semantic theory. Lg. 39.170-210.

Katz, Jerrold, and Paul M. Postal. 1964. An integrated theory of linguistic descriptions. Cambridge, Mass.: MIT Press.

Koch, Walter A. 1966. Recurrence and a three-modal approach to poetry. The Hague: Mouton.

Lakoff, George. 1969. The role of reduction in grammar. In: Studies in linguistic semantics. Edited by Charles Fillmore and D. T. Langendoen. New York: Holt.

Lakoff, George. 1971. On generative semantics. In: Semantics. Edited by Danny D. Steinberg and Leon A. Jacobovits. New York: Cambridge University Press.

Lakoff, Robin. 1971. If's, and's and but's about conjunction. In: Studies in linguistic semantics. Edited by Charles Fillmore and D. T. Langendoen. New York: Holt.

Langacker, Ronald W. 1968. Language and its structure. New York: Harcourt Brace.

Le Guern, Michel. 1973. Sémantique de la métaphore et de la métonymie. Paris: Larousse.

Leech, Geoffrey. 1974. Semantics. Middlesex: Penguin Books.

Lester, Mark. 1970. Readings in applied transformational grammar. New York: Holt.

Levin, Samuel R. 1962. Linguistic structures in poetry. The Hague: Mouton.

Levin, Samuel R. 1965. Internal and external deviation in poetry. Word 21.225-37.

Longyear, Chistopher R. 1971. Linguistically determined categories of meanings. The Hague: Mouton.

Lorenzo, Emilio. 1966. El español de hoy, lengua en ebullición. Madrid: Gredos.

Lyons, John. 1968. Introduction to theoretical linguistics. London: Cambridge University Press.

Lyons, John. 1970a. Noam Chomsky. New York: The Viking Press.

Lyons, John, ed. 1970b. New horizons in linguistics. Harmondsworth, England: Penguin Books.

Malblanc, Alfred. 1968. Stylistique comparée du français et de l'allemand. Paris: Didier.

Marías, Julián. 1967. El uso lingüístico. Buenos Aires: Esquemas.

Marouzeau, J. 1959. Précis de stylistique française. Paris: Masson et Cie.

Martinet, André. 1959. Quelques traits généraux de la syntaxe. Free University Quarterly 7.2.

Martinet, André. 1970a. Elements de linguistique générale. Paris: Colin.

Martinet, André. 1970b. La linguistique synchronique. Paris: Presses Universitaires de France.

Milic, Louis T. 1969. Stylistics on style: A handbook with selections for analysis. New York: Charles Scribner's Sons.

Mounin, Georges. 1955. Les belles infidèles, essai sur la traduction. Cahiers du Sud.

Mounin, Georges. 1963. Les problèmes théoriques de la traduction. Paris: Gallimard.

Mounin, Georges. 1970. Histoire de la linguistique. Paris: Presses Universitaires de France.

Mounin, Georges. 1972a. La linguistique de XXe siècle. Paris: Presses Universitaires de France.

Mounin, Georges. 1972b. Clefs pour la sémantique. Paris: Editions Seghers.

Nida, Eugene A. 1964. Towards a science of translating. Netherlands: Leiden and Brill.

Nida, Eugene A., and Charles R. Taber. 1974. The theory and practice of translation. Netherlands: Leiden and Brill.

Nida, Eugene A. 1975. Language structure and translation. Stanford, Calif.: Stanford University Press.

Ohmann, Richard. 1970a. Generative grammars and the concept of literary style. In: Readings in applied transformational grammar. Edited by Mark Lester. New York: Holt.

Ohmann, Richard. 1970b. Literature as sentences. In: Readings in applied transformational grammar. Edited by Mark Lester. New York: Holt.

Pottier, Bernard. 1966. Introduction à l'étude de la morphosyntaxe espagnole. Ediciones Hispanoamericanas.

Pottier, Bernard. 1969. Grammaire de l'espagnol. París: Presses Universitaires de France.

Prieto, Luis J. 1964. Principes de néologie. The Hague: Mouton.

Prieto, Luis J. 1966. Message et signaux. Paris: Presses Universitaires de France.

Procházka, Vladimir. 1964. Notes on translating technique. In: A Prague School reader on esthetics, literary structure, and style. Edited by Paul L. Garvin. Washington, D. C.: Georgetown University Press.

Raffel, Burton. 1971. The forked tongue. Paris: Mouton.

Rey, Jean. 1973. Dictionnaire sélectif et commenté des difficultés de la version anglaise. Paris: Editions Ophrys.

Richards, I. A. 1953. Towards a theory of translating. In: Studies in Chinese thought. Edited by Arthur F. Wright. Chicago: University of Chicago Press.

Rostand, François. 1951. Grammaire et affectivité. Paris: Vrin.

Sapir, Edward. 1921. Language: An introduction to the study of speech. New York: Harcourt Brace.

Saporta, Sol. 1962. On the expression of gender in Spanish. Romance Philology 15. 279-84.

Saussure, Ferdinand de. 1969. Cours de linguistique générale. Paris: Payot.

Savory, Théodore H. 1957. The art of translation. London: Jonathan Cape.

Sinclair, John McH. 1968. A technique of stylistic description. Language and Style 1. 215-42.

Stockwell, R., J. Bowen, and J. Martin. 1965. The grammatical structures of English and Spanish. Chicago: The University of Chicago Press.

Stockwell, R., and J. Bowen. 1965. The sounds of English and Spanish. Chicago: The University of Chicago Press.

Tesnière, Lucien. 1959. Eléments de syntaxe structurale. Paris: Klinksieck.

Thorne, J. P. 1965. Stylistics and generative grammar. Journal of Linguistics 1. 49-59.

Thorne, J. P. 1969. Poetry, stylistics, and imaginary grammars. Journal of Linguistics 5. 147-50.

Thorne, J. P. 1970. Generative grammar and stylistic analysis. In: New horizons in linguistics. Edited by John Lyons. Middlesex, Penguin Books.

Trager, George L. 1942. The field of linguistics. Studies in linguistics. Occasional Papers 1. Norman, Okla.: Battenburg Press.

Trager, George L., and Henry Lee Smith. 1951. An outline of English structure. Studies in linguistics. Occasional Papers 3. Norman, Okla.: Battenburg Press.

Trier, Jost. 1931. Der Deutsche Wortschatz im Sinnbezirk des Verstandes. Heidelberg: Carl Winter.

Turner, G. W. 1973. Stylistics. Middlesex: Penguin Books.

Van Hoof, Henri. 1971. Recherche d'un modèle d'analyse en traduction. Journal des Traducteurs 16. 2:83-94.

Vázquez-Ayora, Gerardo. 1977. Estudio estilístico de 'El otoño del patriarca'. Dispositio. Julio.

Vázquez-Ayora, Gerardo. 1977. La traducción de la nueva novela latinoamericana al inglés. Se publicará en 1977.

Weinreich, Uriel. 1963. Languages in contact. The Hague: Mouton.

Weinreich, Uriel. 1971. Explorations in semantic theory. New York: Cambridge University Press.

Werner, Oswald, and Donald T. Campbell. 1970. Translating, working through interpreters, and the problem of decentering. In:

A handbook of method in cultural anthropology.   Edited by R.
Naroll and R. Cohen.   Garden City, N.Y.:   The Natural History
Press.

INDICE TEMATICO

Las cifras remiten al número de la sección. La sección en que se da tratamiento principal a un tema se indica con un asterisco.

Printed in the United States
35976LVS00003B/5

9 780878 401673